国家社科基金项目西部项目，项目批准号：09XMZ009

云南省社会科学院研究文库

"民族村"的实践与理论探索

"MINZUCUN" DE SHIJIAN YU LILUN TANSUO

—— 云南散居民族地区农村经济社会发展研究

王俊 著

中国社会科学出版社

图书在版编目(CIP)数据

"民族村"的实践与理论探索：云南散居民族地区农村经济社会发展研究／
王俊著．—北京：中国社会科学出版社，2015.4
ISBN 978 – 7 – 5161 – 5860 – 9

Ⅰ.①民…　Ⅱ.①王…　Ⅲ.①农村经济发展 – 研究 – 云南省②农村 – 社会
发展 – 研究 – 云南省　Ⅳ.①F327.74

中国版本图书馆 CIP 数据核字(2015)第 060595 号

出 版 人	赵剑英
责任编辑	任　明
责任校对	石春梅
责任印制	何　艳

出　　版	中国社会科学出版社
社　　址	北京鼓楼西大街甲 158 号
邮　　编	100720
网　　址	http://www.csspw.cn
发 行 部	010 – 84083685
门 市 部	010 – 84029450
经　　销	新华书店及其他书店

印刷装订	北京市兴怀印刷厂
版　　次	2015 年 4 月第 1 版
印　　次	2015 年 4 月第 1 次印刷

开　　本	710×1000　1/16
印　　张	27.25
插　　页	2
字　　数	504 千字
定　　价	78.00 元

序　言

由王俊博士主持的国家社会科学基金西部项目成果在顺利结项之后，很快就将由中国社会科学出版社出版，真是可喜可贺。在书稿即将付梓之际，王俊博士邀我作序，我欣然应允。之所以如此，主要有以下几点。

首先，这是一部学术理论价值和实践应用价值俱佳的好书。大家知道，云南的民族工作长期走在全国前列，创造了民族关系和谐发展的"云南现象"和"云南经验"。而对民族地区进行因地制宜的分类指导，就是云南经验的一个组成部分。云南省委省政府在多年探索、研究、总结的基础上，将全省民族地区划分为民族自治地方、民族贫困地区、边境民族地区、散居民族地区、人口较少民族地区、特困少数民族共六种类型进行工作指导。因地制宜、因族举措、分类指导的原则和方法，有效避免了"一刀切"的弊端，确保了各项民族政策落到实处、取得实效。例如，在散居民族地区，就围绕着认真贯彻落实《云南省民族乡工作条例》、《云南省城市民族工作条例》等专门针对散居民族地区的法律法规来开展工作，以切实保障散居少数民族的合法权益。

然而，随着城镇化进程的快速发展，很多地方掀起了撤乡建镇的热潮，云南的民族乡也从最初的197个迅速减少为148个，今后还会不断减少。作为党和国家解决散居民族问题的民族乡的体制和政策，随着民族乡建制的撤销，也就丧失了实施对象，云南散居民族地区农村的大批少数民族群众，也就缺少了扶持其发展、保障其合法权益的专门政策和法规，致使一些已经撤乡建镇的民族乡出现了种种新问题。与此同时，云南的曲靖、昭通、玉溪、昆明等散居民族地区的党委政府，为了扶持区域内少数民族加快发展，在实践中创造了"民族村"这一新的分类指导模式，即将少数民族人口占30%以上的村寨命名为"民族村"，将原来在民族乡中实施的许多政策，诸如扶持少数民族经济社会文化发展的政策，延伸到民族村中实施，又专门针对民族村采取了一系列特殊政策，诸如"创建民族团结示范村"、"全面小康示范村"、"三村四化建设"等，收到了较好的效果。

　　但是，实践走在前面，经验总结和理论升华却远远滞后了，无论是实际工作部门还是学术理论界，都很少有人认真探讨过"民族村"这个概念及其组织模式到底意味着什么。王俊博士及她所领导的课题组，正是在实地调研中发现了"民族村"这一新的分类指导模式，敏锐地感觉到它或许是民族乡撤乡建镇热潮中，促进散居民族地区农村经济社会发展、保障散居民族地区农村少数民族合法权益的一种新的组织模式，于是就以此为主题，向国家社科规划办提出了课题申请，得到批准后随即展开课题研究，对实践经验进行了总结，特别是对其中所蕴含的学术理论意义进行了升华，并对促进云南省散居民族地区农村经济社会发展提出了政策和法律法规建议。本书认为，依托民族村开展散居民族地区农村的民族工作，是符合散居民族地区实际的基层制度创新，可以为丰富、完善和发展中国特色民族理论体系作出贡献。如果说民族乡的建制是为保障散居少数民族合法权益而作为民族区域自治的一种有益补充的话，那么，民族村亦可作为民族区域自治的有益补充和民族乡的延伸形式，为保障散居民族地区农村少数民族群众的合法权益而发挥积极作用。为此，应制定专门针对民族村的经济社会发展扶持政策，制定《云南省民族村工作条例》。总之，将"民族村"纳入中国特色民族理论体系、纳入中国特色民族政策体系、纳入中国特色民族法律法规体系，是对中国特色民族理论、政策和法律的丰富和完善，具有必要性、创新性和可行性，其学术理论价值和实践应用价值之高、之重要，也就不言而喻了。

　　其次，这是一部主要依靠第一手田野调查资料完成的创新之作。课题立项后，课题组进行了充分的前期准备，随即开展了多次反复、前后长达7个多月时间的田野调查。每次调查回来，他们都在我们研究所交流调研心得，我作为他们的领导，云南省社会科学院民族文学研究所的所长，与他们共同分享了田野调查的种种艰辛及其收获的喜悦。全书共完成了由7个章节组成的总报告，昆明、玉溪、曲靖、昭通4个市的散居民族地区农村经济社会发展分报告，以及4个市下属4个典型民族村的个案调研报告，总计近50万字，成为一本分量厚重、从资料到观点都来自田野的理论与实际紧密结合的创新之作。与时下在书店中随处可见的一些人类学逃避田野的空疏之作，或一些东拼西凑的所谓人类学整合之作相比，其学术品位之高下立见。

　　再次，更为可喜可贺的是，这是由一批年轻同志齐心协力完成的大作。在王俊博士主持下，我所的一批年轻同志加盟其中，有经济人类学博士王贤全、生态人类学博士曹津永和民族民间文学硕士刘镜净。他们出生于20世纪七八十年代，受过系统良好的教育，到我所工作后又负重奋进、自加压力，迅速成长为我所的科研骨干。但是，他们毕竟是第一次承担国家社科基金课题，国家课题的严格要求使他们常常心怀忐忑。记得在课题全部完成后，王俊博士请我对全书做最后把关，我翻阅一遍后告诉她："'丑媳妇总要见公婆'，只要'活'干得漂亮，是不会被埋没的。你就放心拿出去吧，鉴定结论我不敢保证得'优秀'或'良好'，但合格通过是没有问题的。"尽管如此，她还是抱着将信将疑的态度提交匿名评审了。结果，在国家社科基金项目的结项鉴定和管理日益严格，一次性通过的概率下降到20%左右的严峻形势下，本课题却一次性以良好等级顺利通过了评审鉴定，这充分证明了我说的话：面对再严格的评审鉴定，只要"活"干得漂亮，是不会被埋没的。

当然，本书也存在一些不足，诸如资料很多，但概括归纳不够；涉及的问题很多，但理论提炼较弱；受调研对象用官方工作语言陈述事实的影响，学术话语的分量不够……作为他们的"老师"和领导，我希望课题组成员在今后的学术研究中，百尺竿头，更进一步，继续坚持人类学田野调查的优良学风，以"踏石留印、抓铁有痕"的精神，一步一个脚印地走下去，拒绝浮躁，远离忽悠，继续拿出自己的原创性作品来。我将以此与诸君共勉！

郭家骥

2014 年 2 月 21 日

内 容 提 要

散居民族是相对于聚居民族而言的。1991 年，敖俊德在《民族研究》第 6 期《关于散居少数民族的概念》一文中，提出散居少数民族包括两部分人群，一是居住在民族自治地方以外的少数民族；二是居住在民族自治地方以内，但不是实行区域自治的少数民族。本书以居住在非自治地方农村的少数民族为研究对象。

目前全国散居地区少数民族人口已超过 3000 万，占少数民族总人口的 32%。其中，居住在民族自治地方以内的有 700 多万，居住在民族自治地方以外的有 2200 多万，分别占散居少数民族总人口的 24% 和 76%。从民族成分来看，散居少数民族人口中，包括我国 55 种少数民族成分。从地域分布来看，散居少数民族人口遍及 30 个省、自治区和直辖市（台、港、澳未统计）以及全国 97% 的县、市，但相对集中在西南、东北以及中间的连接带上。

新中国成立以来，根据我国各民族大杂居、小聚居，相互交错居住的分布特点，党和国家在大力推行民族区域自治政策，全面保障自治地方少数民族的平等权利和民主权利，扶持和帮助少数民族发展经济、文化和各项事业的同时，也高度关心和重视散居民族工作，采取了一系列措施促进散居民族地区的经济社会发展，使散居民族沐浴着平等、团结、互助、友爱的祖国民族大家庭的温暖。

但是，由于散居民族人口相对较少，占各地的人口比例不高，且居住地域广阔，零星分散于城市、民族乡、民族村（指少数民族人口占 30% 以上的村委会）等区域。因此，在工作中，散居民族工作容易被忽视，难以提上议事日程。由于散居民族与汉族或其他少数民族的相互杂居，存在着语言、文化传统、生活习俗、宗教信仰等方面的差异，有时由于了解不够、尊重不够、交往又很频繁，容易发生矛盾和摩擦，酿成纠纷和事件。同时，在现实发展中，虽不排除极少数散居民族地区的经济社会发展处于较快的进程，但绝大部分散居民族地区，尤其是在农村，其发展是相对滞后的，甚至与周边地区或者其他地区的同一民族之间的发展差距还有扩大的趋势。

在学术研究领域，已有的文献主要围绕散居民族概念、散居民族权益保障、散居民族工作、民族乡理论和工作、城市民族工作等几个主要方面，对散居民族进行了一些研究，为进一步开展相关研究奠定了基本的理论基础，提供了较为丰富的实证资料。但与其重要性相比，散居民族是国内外民族学、民族理论和民族政策研究相对薄弱的环节。特别是目前针对云南散居民族的研究极少，以居住在云南非自治地方农村少数民族的社会经济发展为对象的研究几乎是空白。学术研究关注不够，也是散居民族经济社会发展滞后的主要原因之一。

云南是一个多民族的边疆山区省份，全省有 5000 人以上的世居少数民族 25 个，少数民族人口 1400 多万。2008 年末，云南省未列入其他专项扶持规划的散居少数民族人口 754.19 万人，占全省少数民族人口的 53%，自治地方以外的散居少数民族人口约 400 万，其中约 300 万人居住在非自治地方农村。散居民族地区占全省总面积的 40%。少数民族人口占 30% 以上的村委会共 4437 个，辖 42453 个自然村，分布于今省 16 个州（市）、109 个县（市）、840 个乡（镇）。云南散居民族工作主要包括：民族乡工作，城市民族工作，除民族自治地方外少数民族人口占总人口 30% 以上的村委会、村民小组工作。改革开放以来，特别是"十五"期间，云南省委省政府对云南少数民族发展采取分类指导的特殊政策，对于民族自治地方，实行民族区域自治政策；对于 7 个人口较少民族，实行人口较少民族发展政策；对于 25 个与国外直接接壤的边境县，实行"兴边富民"工程，上述三类政策的实施区域，基本上都在民族自治地方，有效地促进了民族自治地区的经济社会发展。对于散居民族地区，主要有《民族乡工作条例》和《城市民族工作条例》两个法律法规在保障少数民族的权益。云南省有 197 个民族乡（至 2009 年末，全省有 49 个民族乡已撤乡建（并）镇、改办，尚保留"民族乡"称谓的还有 148 个民族乡），其中大多分布在民族自治地方，《云南省民族乡工作条例》主要保障的是自治地方非自治民族的权益；《云南省城市民族工作条例》保障的也只是居住在城市中的少数民族的权益。而对居住在非自治地方农村的大约 300 万散居少数民族，其权益至今没有得到国家民族政策和法律的保障，导致其成为云南民族问题最为多发的地区。主要表现为：一是散居民族地区农村与其他地区的发展差距拉大，贫困问题严重。二是经济社会发展水平最低，目前，云南经济社会发展最贫困、最落后的地方不在民族自治地区和边境地区，而在散居民族地区农村。三是民族关系热点难点问题较多，民族关系协调任务较重。四是民族文化流失严重，民族文化保护面临较大困难。五是民族平等地位得不到保障，民族人才和民族干部成长缓慢等。

　　散居民族人口是民族研究和民族工作不可忽视的重要组成部分，当前在民族工作的实际中，现有的政策已经不能使散居民族平等地享受到党和国家民族政策的帮扶，亟须对现有的民族理论进行研究和探索，不断完善民族政策法规体系。云南散居少数民族地区农村存在的上述问题，在全国都具有普遍性。全国1亿多少数民族中，散居少数民族人口有3000多万；其中有很大一部分居住在非自治地方农村。因此，迫切需要对其进行专门研究。

　　在云南玉溪、昭通、曲靖等地区，民族工作部门从实际工作出发，已经创造性地以"民族村"（少数民族人口占30%以上的村民委员会）为依托，采取一系列特殊政策促进其经济社会发展，取得了良好效果。因此，本研究项目选择了昆明、玉溪、昭通、曲靖四市辖区的农村，作为云南非自治地区散居民族研究的典型区域。本书在梳理相关概念、理论、政策的基础上，总结云南散居民族地区农村发展的主要成就和经验，分析云南散居民族地区农村发展的主要问题和原因，在民族村的工作实践和典型个案研究的基础上，对"民族村"发展的理论进行思考和探索，并在此基础上提出相关的政策构想和立法倡导，以期推动云南散居民族地区农村的经济社会发展。

　　本书分为三个主要的部分：总报告、附录一、附录二。第一部分为总报告，是研究报告的主体部分，分为七个章节。总报告通过对散居民族有关研究文献进行述评，分析云南散居民族地区农村发展现状、问题和原因，在云南民族工作实践的基础上，从理论、政策和法律三个层面，提出了云南散居民族地区农村经济社会发展的理论构想和对策建议。附录一为分市报告，在市、县、乡、村多个层面对不同对象进行调研的基础上，总结各地的散居民族工作的成功经验，分析当前发展中存在的主要问题，并提出相应的对策建议。分市报告由昆明、曲靖、玉溪和昭通四个散居民族地区农村经济社会发展调研报告组成。附录二为个案研究报告，分别选取昆明、曲靖、玉溪和昭通市不同类型的四个民族村（昆明的个案由于涉及撤乡建镇、改办问题，还涉及了民族乡）作为研究对象。这四个选点各有不同的区域位置，有不同的发展方式，具有代表性和典型性。分市报告和个案研究报告作为总报告观点形成的实证材料，既有大量第一手翔实的田野调研资料，又有分析、说明和小结。三个部分的内容共计近50万字。首先将总报告的主要内容和重要观点提要如下。

　　第一章　国内外文献综述与研究的目的、意义和方法

　　对散居民族进行文献综述是进行研究的基础。对散居民族相关的概念、

历史、分布和特点进行梳理分析、对散居民族的政策法规和权益保障、民族乡的研究、城市民族工作、散居民族工作等几个主要方面进行文献梳理，可以看出近20年来有关散居民族的研究呈现上升趋势。尽管目前学术界在一些问题的观点上仍存分歧，但总体上研究得到了更深和更广的推进。从现有研究成果的几个大类，可以看出研究对象主要集中在民族乡和城市散居少数民族。这些成果为掌握散居民族的基本概况，了解有关散居民族的政策法规体系，进一步开展相关的研究奠定了基本理论基础。全国各地区的研究个案和实践经验的总结，为散居民族研究提供了较为丰富的实证资料。

但有关散居民族数据统计和分析，资料的缺乏，不仅给研究带来了难度与不便，也很难通过数据分析散居民族的变化规律，散居的研究还需要继续深入和拓展。从研究对象看，农村中少数民族人口占30%以上的民族村（以下简称"民族村"）的理论或实证研究则几乎是空白。从权益保障和政策法规的完善方面看，目前理论界仅有针对城市散居民族和民族乡散居民族的研究，且亟须进行完善，尚未有民族村方面的探索。因此就目前而言，学术界最少关注的研究领域是除民族自治地方外少数民族人口占总人口30%以上的村委会、村民小组的民族工作。① 而民族村恰恰是分布最广、发展最滞后、民族成分最复杂、人口最多、问题最多发的，因此有关民族村的理论和实证研究是十分必要和迫切的。同时，国内学术界与国外学术界在相关领域的研究对话不足。在当前的研究文献中，国外的研究并不多见。

在明确本书使用的三个主要概念——散居民族、散居民族地区农村和民族村的基础上，阐述本项目研究的目的、意义和方法。

本书将在分析和梳理相关概念、理论、政策的基础上，总结云南散居民族地区农村工作实践的主要成就和经验，分析云南散居民族地区农村发展的主要问题和原因，在民族村工作实践和典型个案研究的基础上，对"民族村"发展的理论进行思考和探索，并在此基础上提出相关的政策构想和立法倡导，旨在推动云南散居民族地区农村的经济社会发展。其现实意义，在于有利于散居民族地区农村加速小康社会的建设进程、巩固民族团结和维护社会和谐、实现区域协调和可持续发展和实现各个民族真正平等。全国1亿多少数民族中，散居少数民族人口有3000多万；其中有很大一部分居住在

---

① 散居民族工作主要包括：民族乡工作，城市民族工作，除民族自治地方外少数民族人口占总人口30%以上的村委会、村民小组工作。参见《今日民族》编辑部《加快脱贫发展步伐　力推兴边富民行动——云南"十一五"少数民族和民族地区经济社会发展新布局》，载《今日民族》2006年第2期。

非自治地方农村。因此项目研究也具有理论意义。

本书研究方法主要包括预研究、田野调查、量化研究与访谈研究等。研究报告由总报告、四个分市报告（昆明、玉溪、曲靖和昭通市）和四个个案研究报告组成。采用文字、图片、图表等多种方式，兼顾理论性、学术性、直观性。

第二章　云南散居民族地区农村经济社会发展的现状与问题

云南省散居民族地区农村地域面积广、少数民族多，人口绝对数量不少，但人口所占比例不高，广泛分布于民族乡、民族村委会、民族村民小组中。在居住相对集中的民族乡村中，少数民族人口比重大。云南散居民族地区农村相对于过去而言，资金、项目投入力度逐年加大，基础设施建设得到改善，经济结构不断优化，收入水平逐步提高；少数民族干部培养选拔力度不断加大，民族教育总体向前发展，民族文化事业繁荣发展，医疗卫生体系建设不断推进，民族关系和谐，社会稳定发展。

但从整体发展看，还存在一系列问题：地区间、民族间经济发展不平衡，发展差距逐渐扩大，贫困问题突出；生存条件恶劣，基础设施薄弱；扶贫资金较少，项目投入不足；少数民族人才缺乏，干部队伍补充艰难；民族教育形势不容乐观，文化保护形势严峻；影响民族团结的因素复杂，维护团结稳定的任务繁重等。

云南散居民族地区农村经济社会发展滞后的原因，受自然、历史、地理等客观条件的限制，受人口素质、思想认识水平、项目资金投入、体制、机制和管理的制约，也是散居民族理论研究滞后及政策、法律不完善的直接结果。

第三章　云南散居民族地区农村民族工作的实践、成效和问题

要改变散居民族地区农村经济发展的总体滞后，社会事业亟须扶持的状况，不仅要靠散居民族自力更生，而且要靠各级政府在项目和资金上的倾斜，更要靠基层民族工作部门不断开创有效的工作方式及创新理论和政策才能助推发展。在云南散居民族地区农村，基层民族工作部门创造性地将散居民族工作的重心逐渐下移到民族村，不断加强最基层、最滞后农村地区的民族工作，并取得了一定的实效，积累了一定的经验。

云南散居民族地区农村以"民族村"为依托开展工作的主要做法，包括率先实施民族团结目标责任制签订到村、民族团结示范村创建、三村四化建设、千村扶贫、百村整村推进、866工程、小康示范村、四新工程、挂钩扶贫村、民族村分类指导等。这一系列创新实践促进了经济社会发展，加强了各民族之间的交往、交流、交融，加强了基层组织和制度建设。

　　但由于带动散居民族地区农村经济社会发展的项目，在较短的时间内难以全面覆盖所有的民族村委会。因此，目前仍有大量民族村处于经济社会发展进程的边缘。由于民族村分布面广，十多年没有投入过项目和资金的村子不在少数。这些村子的发展差距必然和周边地区继续扩大。有一部分散居地区在项目安排上有较大的主观随意性，在民族团结示范村等项目实施选点的选择上，往往考虑选择基础条件好、建设成本低、投资见效快、公路沿线、城镇周围、上级领导视察方便、容易出亮点和成绩的地方进行新农村示范点建设，而最边远、最需要扶持的村子却得不到资金和项目支持。因此，通过完善散居民族理论、政策和法律来弥补项目持续性、覆盖面和选择主观性的不足，就显得十分重要。

第四章　云南散居民族地区农村经济社会发展的理论思考

　　在云南散居民族地区农村民族工作实践中涌现出一批典型的民族村，不断以创新方式开展民族工作，因地制宜地探索着散居民族地区农村的发展思路，体现出了基层的首创精神。云南散居民族地区农村民族工作实践和典型民族村经济社会发展过程中的经验和问题，是创新散居民族理论、政策、法规构想形成的现实依据。

　　建党90周年以来，以毛泽东、邓小平、江泽民、胡锦涛为领导核心的中国共产党人前仆后继、继往开来，坚持马克思主义与中国国情相结合的原则，运用马克思主义的立场、观点、方法研究和处理中国散居民族问题，确立和发展有中国特色的散居民族理论，不仅丰富和发展了中国民族理论，对建立平等、团结、互助、和谐的社会主义新型民族关系，实现各民族共同团结奋斗、共同繁荣发展以及构建社会主义和谐社会有着重要的理论意义与现实意义。[①] 但就现有的理论研究而言，对散居民族地区农村广泛分布的民族村还没有专项研究。而民族村是散居少数民族在农村相对聚居的区域，应将"民族村"纳入中国特色民族理论体系。

　　将"民族村"纳入中国特色民族理论体系是非常必要的。第一，民族村发展的滞后性和不平衡性需要不断完善民族理论。造成民族村经济社会发展滞后的原因很多，但是，缺乏理论、政策和法律体系的保障，也是其中的重要原因之一。第二，用于保障农村散居民族权益的《云南省民族乡工作条例》在新形势下面临调整。一是这个针对云南散居民族地区农村唯一的地方性法规刚性内容不多，不便于操作。近年来，随着国家经济体制改革的

---

① 《建党90周年我国散杂居民族理论政策的成就与历史经验》，中国社会科学网，http：//www.cssn.cn/。

深入，一些政策难以或无法落实。二是随着社会经济的不断发展和民族乡的撤乡建镇，一些原来隶属于民族乡的民族村，也不再享受《云南省民族乡工作条例》中的各项优惠政策，变为普通建制镇中的民族村，从而面临着政策真空。第三，散居民族和散居民族地区的一大特点是发展不平衡，因此从全国范围各民族整体而言，各民族都实现了民族平等（从质上讲），但是各地区之间的民族平等实现（从量上讲）程度是有差别的，民族平等的实现程度出现差别的趋势。①随着经济社会的快速发展，这种事实上的发展不平等还在呈不断扩大趋势，有的已经成为影响民族团结、社会稳定的主要因素。因此，缩小现实的发展差距，将"民族村"纳入中国特色民族理论体系是维护民族平等和团结稳定的需要。第四，基层对于"民族村"理论的认定有基本诉求，但面临民族理论界不能对接的矛盾。"民族村"的理论构想，还有助于在政策的实施效果上兼顾到同一区域基本处于同一经济发展水平的非主体少数民族或者汉族，可能会更为公平。

将"民族村"纳入中国特色民族理论体系具有创造性和可行性。第一，依托民族村开展散居民族地区民族工作是实践工作的创造和发现，促进了散居民族地区农村的经济社会发展，促进了民族团结，加强了各民族之间的交往、交流、交融。这些经验为将"民族村"纳入中国特色民族理论体系提供了实证支持。第二，以民族村为依托开展散居民族地区农村工作符合现实需求，对加强散居民族地区村委会的组织建设和制度建设，具有十分重要的现实意义。第三，依托民族村开展民族工作有助于进一步细化散居民族工作，符合分类指导的原则，具有可行性。第四，可以将民族村作为民族区域自治和民族乡制度的补充形式，而不是制度安排。第五，在乡村一级先试先行民族理论、政策、法规的合理适度调整有助于为类似问题的解决积累经验。

第五章　云南散居民族地区农村经济社会发展的政策建议

改革开放以来，特别是"十五"期间，云南省委省政府对云南少数民族发展采取分类指导的特殊政策，对于民族自治地方，实行民族区域自治政策；对于7个人口较少民族，实行人口较少民族发展政策；对于25个与国外直接接壤的边境县，实行"兴边富民"政策。在"分类指导、因地制宜、因族举措"的工作思路的指导下，上述不同地区均取得了不同程度的发展，分类指导政策促进了这些地区与全省的协调发展。但对散居民族地农村的民

---

① 金炳镐：《民族理论与民族政策概论》（修订本），中央民族大学出版社2006年版，第291页。

族乡，除了《云南省民族乡工作条例》这个地方性法规外，没有其他专项政策法规扶持其经济社会的发展。因此，在分类指导中，当前尤其需要加强散居民族地区农村的扶持政策。

通过制定扶持政策促进散居民族地区农村发展，是贯彻落实科学发展观，实现各民族真正平等的要求，是全面建设小康社会的要求，也是散居民族地区农村各族群众的共同意愿。

制定云南散居民族地区农村经济社会发展政策，应包括科学的指导思想、合理的发展目标、有效的投融资政策和组织领导。制定云南散居民族地区农村经济社会发展政策的主要内容，应包括加强散居民族地区农村基础设施建设、发展民族经济、加强少数民族干部队伍建设、发展民族教育、改善医疗卫生事业和社会保障、发展民族文化事业、积极促进民族团结和加强散居民族地区农村民族工作部门、基层组织建设等。

第六章　云南散居民族地区农村经济社会发展的法律法规建议

归纳起来，我国为促进散居民族地区经济社会发展，所制定的法律法规主要包括以下几个方面的内容：一是切实保障散居民族在政治和族籍领域的平等权利；二是积极帮助散居民族地区发展经济；三是发展散居民族地区的教育和文化事业；四是大力培养和使用散居民族干部；五是尊重散居民族的风俗习惯和严格执行宗教信仰自由。而十多年来，云南省人大先后颁布了《云南省民族乡工作条例》和《云南省城市民族工作条例》、《云南省促进民族自治地方科学技术进步条例》、《云南省民族民间传统文化保护条例》等地方性法规，也是从政治、经济发展、教育和文化事业、风俗习惯和宗教信仰等各个方面保障散居民族的权益。特别是《云南省民族乡工作条例》使得散居民族地区农村群众的权益保障有法可依。

但目前有关散居民族的立法存在着层次较低且体系并不完整、内容适应性不足、特色不突出、保障不均衡、贯彻执行机制不完善等一些问题。究其原因，主要是对散居民族立法工作的重要性认识不够，对现行民族地区法律的片面理解和对民族法律的宣传不尽人意。

因此，加强云南散居民族法制建设，既要提高立法质量，又要加强宣传、执行和监督力度。同时还应该修订完善《云南省民族乡工作条例》指导思想和主要内容。建议制定《云南省民族村工作条例》，明确指导思想、基本原则，制定《云南省民族村工作条例》的框架构想，应该包括总则、民族村的设立条件和批准程序的说明、保障民族村散居民族平等权利、发展民族村经济、发展民族村科技教育文化卫生等社会事业、培养散居民族人才、尊重散居民族风俗习惯、罚则等几个部分。

第七章　本书的初步结论

民族理论和民族政策是推进我国民族地区发展的重要手段，当前我国民族理论研究和民族政策实践环境面临诸多变化，民族理论和民族政策应遵循服务于各民族发展、体现社会公平正义的原则，在民族发展问题上践行科学发展观，应不断实现优化与创新。根据研究的内容，得出初步结论如下：第一，云南散居民族地区农村经济社会发展取得显著成就，但仍面临着一系列问题，散居民族理论研究滞后和政策法律不健全是重要原因之一；第二，云南散居民族地区农村民族工作的实践积累了丰富的经验，取得了显著的成效，是"民族村"的理论、政策、法律构想形成的基础；第三，将"民族村"理论构想纳入党和国家的民族理论体系，是对中国特色民族理论体系的丰富和完善，具有必要性、创新性和可行性；第四，制定云南散居民族地区农村经济的社会发展的政策建议，以"民族村"为依托和主要突破口，是对中国特色民族政策体系的丰富和完善，第五，制定《云南民族村工作条例》有助于推动涉及散居民族方面的立法工作，是对中国特色民族法律体系的丰富和完善。展望未来，应重视并科学解决散居民族理论研究和实践工作中存在的现实问题，通过理论和政策的不断创新促进散居民族地区农村经济社会的繁荣发展。

附录一　分市报告

本书在结合市、县、乡（镇）、村不同层面的调研基础上，形成了四个分市报告，分别是《昆明市散居民族地区农村经济社会发展调研报告》、《玉溪市散居民族地区农村经济社会发展调研报告》、《曲靖市散居民族地区农村经济社会发展调研报告》和《昭通市散居民族地区农村经济社会发展调研报告》。

四个分市报告分别从该区域"散居民族概况"（分布、民族、特点等）、"散居民族地区农村经济社会发展现状"、"加快散居民族地区农村经济社会发展的经验（做法）"、"当前散居民族地区农村经济社会发展存在的主要问题"、"散居民族地区农村经济社会发展和民族工作开展的对策"五个主要方面，紧扣主题，采用文字、数据表格、数据分析图表、图片等不同的方式，对散居民族地区农村经济社会发展问题进行了详细的分析和阐述，而且运用了大量的第一手的访谈和调查资料。这四个报告反映的问题，有的具有一致性，例如，散居民族地区发展受到理论研究滞后、政策和法律法规不完善的制约，基本是共性。而经济社会发展的相对滞后，也是共同现象。因而，通过理论和政策创新推动云南散居民族地区经济社会发展，的确是一个现实的、重要的命题，也是一个可行的方式。

附录二　个案研究报告

本书在田野调查的基础上，形成了四个个案研究报告，分别是《昆明市民族乡撤乡建镇、改办的个案研究——以谷律彝族白族乡、团结彝族白族乡和阿拉彝族乡石坝彝族村为例》、《玉溪市红塔区春和镇黄草坝村委会经济社会发展的个案研究》、《富源县后所镇庆云彝族村委会经济社会发展的个案研究》和《昭通市永善县马楠苗族彝族乡马楠苗族村经济社会发展的个案研究》。

四个个案研究报告对应的是四种不同类型的散居民族地区农村的典型。昆明散居民族地区农村，随着城市化进程的不断加快，距离城市周边的民族乡发生着一系列的变化。昆明市原有的 10 个民族乡已经有 6 个撤乡建镇、并镇或者改办。可以说，这是昆明市散居民族地区农村经济社会发展中一个最为显著的特点。在城市化发展的背景下，很多民族乡为了争取更多的发展资源，甚至主动要求撤乡建镇，使得不断增多的民族村成为政策和法律不能覆盖的区域，这就是散居民族理论、政策和法律需要创新的直接现实原因之一。因此，昆明市散居民族地区农村经济社会发展的情况，将在城市化进程的背景下，把民族乡和民族村结合起来，重点反映这一变化过程，并提出对策建议。

玉溪市散居民族地区农村的发展，采取了分类指导的方式，所选的红塔区春和镇黄草坝彝族村委会是在分类指导中处于经济次发达程度的第二类民族村委会。这一类的村委会一般处于山坝结合区，是大量存在的、经济次发达的非民族乡下的民族村，具有普遍的代表性，既有一定的发展资源和前景，但也存在诸多的发展问题。在玉溪整体经济发展实力较强的背景下，分析其经济社会发展的过程中的问题和与周边发展的差距，探索其在开展散居民族工作中问题，是制定民族村政策和法律所需要考虑的，需要解决的。

曲靖市是典型的工业城市，特别是依托煤炭资源形成的产业是曲靖发展的动力之一。所选的庆云彝族村委会是一个以煤炭开采为主业的村委会，今昔对比，可以探索出工业化背景下，矿村结合发展的模式。通过曲靖市的民族团结示范村建设和创新新农村建设（"四新工程"和"三村四化"建设），庆云村委会曾于 2009 年荣膺"全国民族团结示范村"称号，在经济社会发展、村委会制度建设等多个方面走出了一条成功探索之路，有助于为类似地区发展提供经验。

昭通市散居民族地区农村的最大特点是贫困，甚至是深度贫困。在区位、自然条件、交通条件等制约因素的限制下，整个散居民族地区农村仍处于欠发达的状况，而最能代表这种贫困的永善县马楠苗族彝族乡马楠苗族村，经过昭通市的挂钩扶贫村建设后，马楠村逐渐摆脱了贫困，经济社会发展逐步迈入新的阶段。

所选的四个个案，综合考虑了地理位置、经济发展水平、主体民族、发展方式、发展效果等因素。有处于经济发展较快的中心城市周边的民族乡和民族村，有处于经济次发达的山坝结合位置的半山区民族村，有处于矿村结合部的民族村，还有处于高寒山区的民族村。从经济发展水平来说，有经济发展较快的民族村，有经济发展处于中等水平的民族村，还有经济发展滞后的民族村。主要涉及民族为彝族、白族、苗族。在云南散居民族地区农村开展的一系列开创性的实践工作中既可以总结出可资借鉴的经验，又能发现仍存在的诸多问题，这些问题有的是共性问题。通过分析这些问题形成的原因，继而提出散居民族村发展的参考建议。这些不同类型的散居民族村的经验、问题和对策思考，是散居民族村理论构想的基础，也是提出散居民族地区农村政策和法律框架构想的实证材料。这四个个案，并非完全平行的关系，而是从不同的侧重点，说明创新和完善散居民族村理论、政策和法律的必要性、可行性，并在操作性层面上给出具体的构想。

个案报告参考文献在随文脚注中显示，未在参考文献中列出，为显示出个案报告选点的主体少数民族情况，在个案报告的标题中，使用了"石坝彝族村委会""黄草坝彝族村委会""庆云彝族村委会""马楠苗族村委会"，但为了避免过多重复，在正文行文中省去了全称，只用"石坝村""黄草坝村""庆云村""马楠村"，特此说明。

目　录

总　报　告

附录一　分市报告

附录二　个案研究报告

总 报 告

第 一 章

国内外文献综述与研究的
目的、意义和方法

第一节 国内有关散居民族研究的文献综述

根据国务院新闻办 2009 年 9 月 27 日发布的《中国的民族政策与各民族共同繁荣发展》白皮书，随着中国经济社会的发展，少数民族人口分布范围进一步扩大，目前全国散居地区少数民族人口已超过 3000 万，① 占少数民族总人口的 32%。其中，居住在民族自治地方以内的有 700 多万，居住在民族自治地方以外的有 2200 多万，分别占散居少数民族总人口的 24% 和 76%。从民族成分来看，散居少数民族人口中，包括我国 55 种少数民族成分。从地域分布来看，散居少数民族人口遍及 30 个省、自治区和直辖市（台、港、澳未统计）以及全国 97% 的县、市，但相对集中在西南、东北以及中间的连接带上。② 目前国内对散居民族的研究主要分为以下几类。

一 有关的概念研究

（一）散居民族

散居民族的概念是散居民族研究的基础。"散居民族"是相对于"聚居民族"而言的。敖俊德提出散居少数民族包括：一是居住在民族自治地方以外的少数民族；二是居住在民族自治地方以内，但不是实行区域自治的少数民族。所称散居民族包括建立民族乡的少数民族。以上就是散居少数民族这个概念的内涵和外延。③

---

① 中华人民共和国国务院新闻办公室：《中国的民族政策与各民族共同繁荣发展》，2009 年 9 月 27 日。1990 年全国人口普查资料统计指出，我国散居少数民族人口为 2900 多万。散居少数民族人口数有所增加。

② 黄凤祥、谭传位：《我国的散杂居少数民族概况》，载《民族团结》1997 年 2 月。

③ 敖俊德：《关于散居少数民族的概念》，载《民族研究》1991 年第 6 期。

　　对于散居民族的概念，其他学者另有表述和观点。"聚居民族"是指某一民族集中居住在某一区域，并占有一定数量的比例，那么在这一区域内，不管是否有别的民族，这一民族就是这个区域的聚居民族。"散居民族"是指某一民族的成员以分散居住的状态零星分布在另一民族人员数量占有优势的区域，那么这个民族就是这一区域的散居民族。①

　　裴瑛对此持有不同观点，其认为建立民族乡的民族不应该属于"散居"，而应该属于"聚居"，是聚居少数民族的一种特殊情况。"民族区域自治"不同于"民族自治地方"，换言之，民族区域自治包括民族自治地方（这是主要部分）和民族乡（居于次要地位的部分）。民族乡与自治地方的差别在于该地区少数民族行使当家做主权利的范围、规模、程度上的差别，是"量差"而非"质差"（自治与不自治的区别）。其认为，在民族立法中把"民族自治地方实行区域自治的民族以外的其他少数民族"不加区分地都划归为"散居"少数民族，既同我国现行法律的规定不协调，又同我国民族分布的实际情况不相符。②

　　散居民族的相关概念是与民族的居住形式相联系的。沈林提出在中国民族发展的长期历史进程中，中国各民族的居住形式一般可分为聚居形式、散居形式、杂居形式三种。"杂居民族"是指两个或两个以上的民族共同混合居住在某一非民族自治区域内，虽然其人口数量、地位等方面存在一定差距，但在人们的历史记忆中从未出现人口数量处于绝对少数的散居或外来民族的一种居住民族类型。③陆平辉则认为杂居其实是散居，只不过是一种复杂的散居形式，即多个散居民族之间形成居住领域上的重叠交叉而呈现出来的一种居住形态。④

　　散居民族的概念也是与国家相关政策的动态调整相联系的。对散居民族的称谓，中国共产党在早期的历史文献中先后使用过"散处"、"零星居

　　①　沈林：《散杂居民族工作概论》，民族出版社2001年版。于衍学也持有相同观点：散居民族是指某一民族的成员以分散居住的状态零星分布在另一民族人员数量占有优势的区域的民族，认为民族乡属于"散居"范畴。参见于衍学《散杂居少数民族有关理论的系列研究与探索》，载《社科纵横》2006年第4期。
　　②　裴瑛：《也谈散居少数民族概念以及有关的民族法制问题——〈关于散居少数民族的概念〉质疑》，载《民族研究》1992年第5期。
　　③　沈林：《散杂居民族工作概论》，民族出版社2001年版；于衍学：《散杂居少数民族有关理论的系列研究与探索》，载《社科纵横》2006年第4期。
　　④　参见陆平辉主编《散居少数民族权益保障研究》，中央民族大学出版社2008年版。

住"、"零散居住"① 提法。直至 1984 年 10 月 1 日施行的《中华人民共和国民族区域自治法》中第五十条第三款规定"民族自治地方的自治机关照顾本地方散居民族的特点和需要"。至此"散居民族"的概念才被明确地提出来。1954 年《中华人民共和国宪法》颁布以后，散居民族的概念范畴便随着聚居民族概念的变化而发生了变化。随后根据文件②指示精神，民族乡不再属于民族自治地方即民族聚居地方，而属于"散居"范畴。因此，散居民族的范围因包括了民族乡而扩大了。③

　　针对我国立足于民族问题的政治解决，制定实行保障我国少数民族群体权利的一系列的法律、政策和制度，已经初步形成了以少数民族聚居区为调整对象的民族区域自治法制和以少数民族散居区为调整对象的散居权益保障法制等两个体系。陆平辉指出：第一，目前我国已经初步形成以宪法为核心、以民族区域自治法为骨干、以自治条例和单行条例为主要内容的民族法律法规体系。这一体系分为少数民族聚居区的民族区域自治法制和少数民族散居区的权益保障法制两个部分。第二，我国在实行民族区域自治的少数民族实行优惠政策；在民族散居区则采取了特殊政策和措施保障散居少数民族④的平等权利，例如国务院出台了《城市民族工作条例》、《民族乡行政工作条例》，不少省、自治区、直辖市也相继制定出台了有关散居少数民族权益保障条例。上述两套政策措施体系在政策层面确立起聚居少数民族和散居少数民族之间的界限。第三，民族区域自治制度使聚居少数民族获得了某种独立的政治身份、政治权力和自治事权，确保了聚居少数民族在自己的自治地区内当家做主的权力。围绕聚居少数民族自治权的实现，中央政府在行政体制、干部任命、财政管理、经济发展、文化

---

　　① 1947 年 9 月 7 日《中共中央东北局关于回民问题的通知》中说："北满解放区内在城镇及沿铁路交通要点约有回民十万余人，因各地工作目前主要的还在乡村，又因没有回民工作干部，暂时兼顾不上，而回民支队内有一些回民干部，因此，东北局决定回民支队可派干部到散处北满各地区的回民中进行工作。"这里提到了"散处"一词。1951 年 12 月，李维汉同志在中央民委第二次扩大会议上的报告大纲中指出："由于各种历史的原因，有许多少数民族成分长期地零星地居住在汉族居民（主要在城市居民）之中。"此处又出现了"零星居住"的字眼。1952 年 2 月《政务院关于保障一切散居的少数民族成分享有民族平等权利的决定》中指出："由于各种的历史原因，国内某些少数民族成分，在好多年以来，甚至在好几代以来，即零散地居住在汉族地区。"

　　② 这些文件包括：1955 年 12 月 29 日，国务院发出了"三个指示"，即《关于更改相当于区的民族自治区的指示》、《关于建立民族乡若干问题的指示》、《关于改变地方民族民主联合政府的指示》及 1956 年 10 月 6 日发出的《关于更改相当于区和相当于乡的民族自治区的补充指示》。

　　③ 于衍学：《散杂居少数民族有关理论的系列研究与探索》，载《社科纵横》2006 年第 4 期。

　　④ 为尊重原文，凡原文中使用"散居少数民族"一词的仍作保留，在后文中将会分析"散居少数民族"与"散居民族"在本书研究中的表达并无实质区别。

教育事业等各个方面给予了大力支持和优惠政策，这在制度层面确立起实行民族区域自治的族群即为聚居少数民族，反之则为散居少数民族的认识。随着这两个体系的运行，在我国民族格局内少数民族事实上已经被分为聚居民族和散居民族两种类型。①

目前，在各少数民族既可以是聚居民族，也可以是散居民族的情况下，通过看一个民族是否生活在本民族的聚居区，该聚居区是否实现了民族区域自治②，就可以判断该民族是属于聚居民族，还是属于散居民族。学术界一般认为，散居民族是指居住在民族区域自治地方以外的少数民族和居住在民族自治地方以内但并未实行民族区域自治的少数民族。③

（二）杂居和散杂居民族

目前，以民族分布特点来划分民族的类别，无论是理论上还是实际工作中都还存在不同的看法，较主导的观点认为，"杂居"的划分法是不科学的，其理由是，杂居现象不是民族分布的特点，而是共同点。中国是一个民族杂居的大家庭，在民族杂居的前提下，只能把少数民族划分为聚居少数民族和散居少数民族。④

以沈林为代表的学者认为，在实际工作中，甚至在政策法规中也存在两种不同的情况：一种是只讲"散居少数民族"，另一种是将"散居"和"杂居"混称为"散杂居少数民族"，还有一种是"杂居、散居少数民族"。其认为在理论上以居住形式是可以划分为"聚居"、"散居"、"杂居"的，杂居和聚居、散居在概念内涵上有部分重合，外延上部分交叉。如两个及其以上民族共同建立的自治地方及民族乡或民族村，某种意义上可称作民族杂居地方；又如在某一区域除主体民族外，有多个散居民族共同居住，就整个区域而言，这些民族的居住状态是杂居形式，而就人数占少数的民族而论，其居住形式就是散居了。因此，在一般情况下，在实际工作中，人们往往把杂

---

① 陆平辉：《散居少数民族概念解析》，载《西北民族大学学报》（哲学社会科学版）2011年第5期。

② 民族区域自治制度作为一项重要的政治制度，是我国国家结构形式中的一种中央与地方关系形式，也是我国政府结合少数民族实际情况采取的一项基本政策。从政策实际适用的情况来看，民族自治地方的数量和布局，是与少数民族聚居分布和构成基本相适应的，即它是以聚居居住分布的民族为适用对象的。

③ 陆平辉：《散居少数民族概念解析》，载《西北民族大学学报》（哲学社会科学版）2011年第5期。

④ 沈林、李红杰、金春子、杜宇：《散杂居民族工作概论》，民族出版社2001年版，第44—46页。

居和散居并称，称作"散杂居"。①

在 1987 年中共中央、国务院批转的统战部、国家民委《关于民族工作几个重要问题的报告》中首次出现了"散杂居"一词，并用"散杂居"直接代替了"散居"一词。进而出现了类似"散杂居少数民族"、"散杂居地区的少数民族工作"、"散杂居民族工作"、"散杂居地区"等概念。这样，"散居"就变成了"散杂居"，二者在概念范围上是通用的。②

（三）散居民族和散居少数民族

在我国，散居民族是从地理区域和居住形式上来界定的。以此为标准，我国包括汉族在内的 56 个民族，在不同的区域，既可以称为聚居民族，也可以称为散居民族。如在北京的汉族属于聚居民族，而在西藏的汉族则是散居民族。如果这样界分，提出散居少数民族概念的意义就不大，因此，有必要结合少数民族分布情况去分析散居民族的含义。

少数民族，从民族学意义上来界定，是指在多民族国家中除人数最多民族以外的民族。少数民族在我国具有专门含义，它是特指汉族以外的 55 个民族，因这些民族人口相对汉族人口较少，习惯上被称为"少数民族"。分析我国目前 55 个少数民族的分布状况，绝大多数少数民族基本都同时呈现聚居、散居两种分布状态，只不过分布的地理区域不同而已。如西藏等地区的藏族呈现聚居分布，是聚居民族，而在四川成都、重庆等大城市则呈现散居分布，是散居民族。因此，目前我国各少数民族基本都是一身二任，既是聚居民族，又是散居民族。而在各少数民族都是散居民族时，散居民族与散

---

① 1936 年 5 月 24 日，当时红军总政治部在《关于回民工作的指示》中指出，回族"在回汉人杂居的乡或区，在回民自己管理自己的事情的原则下，组织回汉两民族的乡或区的混合政府"。1940 年 4 月和 7 月由中央西北工作委员会拟定的《关于抗战中蒙古问题提纲》"凡蒙古民族与其他民族杂居的地方，当地政府应设置由当地蒙古民族人民组成的委员会……" 1949 年 9 月的《共同纲领》规定："凡各民族杂居的地方及民族自治区内，各民族在当地政权机关中均应有相当名额的代表。" 1952 年政务院颁布的《关于地方民族民主政府实施办法的决定》其内容有："两个以上少数民族杂居，但未实行联合自治的地区……" 参见沈林《散杂居民族工作概论》，民族出版社 2001 年版。该书作者认为如果仅有"聚居"、"散居"两种类型，那么对一些民族的居住形式就不好归类了，如：基诺族在基诺山是一个聚居程度较高的民族，在景洪或西双版纳傣族自治州的范围内，它显然是与傣、彝、哈尼等民族长期杂居的，无论如何基诺山的基诺族在全州全省或全国范围都不可能算是散居民族的，因为它的形成，它的根它的主体都在这里。在实际工作中，仅有"聚居"与"散居"的划分也是不够的，按目前的文件法规规定如果把基诺、门巴族、珞巴族、阿昌族等族都叫"散居民族"，也是很不科学的，因此作者认为笼统地称为"散杂居民族"好些，一是既方便民族工作的分类指导，即："散杂居民族"好些，二是方便民族工作部门分类指导，三是考虑到散居和杂居的共同点，又照顾它们的不同点。

② 陆平辉主编：《散居少数民族权益保障研究》，中央民族大学出版社 2008 年版。

居少数民族就没有实质的区别了。①

二　形成历史、分布和特点的研究

（一）形成的历史和原因

"大杂居，小聚居"的分布格局是中国民族发展过程中各民族人口长期散居化发展的结果。民族的散居化②是一个民族迁移和民族融合的过程，这一过程自中国民族文明的兴起开始，经历了古代、近代、现代三个时期的发展，到今天这一过程仍在继续，且发展得更加深入和广泛。中国民族的散居化作为一个复杂的社会现象，是受自然与社会、经济与政治、人口与文化等诸多因素共同作用的结果。③

1. 形成的历史

我国民族散居化可以大致分为古代、近代和现代三个时期。在古代自给自足的自然经济条件下，加上自然和交通条件的限制，大规模的民族人口流动较难实现。但是，为了躲避战祸和自然灾害，人们又不得不迁移到异地求生，这就形成了小规模的、持续不断的散居化发展。

中国近代民族的散居化，是从 1840 年鸦片战争开始到 1949 年新中国成立。这一时期，我国境内的 55 个少数民族已基本形成。由迁移、屯田、移民戍边、朝代更迭等原因，已经形成了我国民族"大杂居、小聚居"互相交错居住的格局。另一方面，近代民族人口的迁移主要受到了涉及民族关系的政治性事件的影响，④同时，由于影响民族关系变化的政治性事件都发生在特定区域，因此这一时期的民族人口散居化在很大程度上表现为一种区域性的少数民族人口迁移，东北、西北、南方等三个区域的少数民族人口迁移表现较为明显。⑤

---

① 陆平辉主编：《散居少数民族权益保障研究》，中央民族大学出版社 2008 年版。

② 散居化，从字面意义来分析，代表着迁移之后形成的一种分散化居住状态。散居化表现在特定民族身上，是指某一民族成员离开自己原来的居住区域，迁移到其他地方居住后形成的一种民族人口分散分布状态。这一认识表明，散居化与民族的迁移、民族的融合紧密相连，甚至于说散居化是与特定民族的产生和发展联系在一起的。从我国民族发展史来看，虽然各民族的形成历史久远漫长，但是几乎每一个民族都不同程度地展现出散居化的状态。参见陆平辉、康占北《中国民族散居化的历史与原因考察》，载《贵州民族研究》2008 年第 5 期。

③ 陆平辉、康占北：《中国民族散居化的历史与原因考察》，载《贵州民族研究》2008 年第 5 期。

④ 这些影响包括，如清政府与国民政府的民族与边疆政策、少数民族起义、反"洋教"运动、边疆民族地区割据政权的分裂与统一、帝国主义列强瓜分我国领土与我国边疆地区危机、日本帝国主义的侵略、军阀混战、国内革命战争等等。参见陆平辉、康占北《中国民族散居化的历史与原因考察》，载《贵州民族研究》2008 年第 5 期。

⑤ 陆平辉、康占北：《中国民族散居化的历史与原因考察》，载《贵州民族研究》2008 年第 5 期。

中国现代民族的散居化是从 1949 年新中国成立以后开始，并一直延续至今。这一时期各民族的散居化主要与新中国成立以来我国出现的三次人口大迁移有关，① 民族人口的分布已呈现明显的散居化趋势：一是随着民族地区城市和农村经济的发展，吸引了大批的汉族人口迁移到民族地区从事工农业生产活动。二是随着东部沿海地区经济的高速发展和对劳动力的巨大需求，各族人口从民族内陆地区向东部沿海经济发达地区散居。

目前，我国几乎所有的少数民族人口都呈现散居化的态势。在 55 个少数民族中，分布县（市）的数量呈现快速增长的态势，那些原来聚居程度较高的民族不断散居化，而且那些原来已经散居化程度较高的民族也呈现出继续散居化的态势。②

2. 形成的原因

中国散居民族的形成，既有经济、政治、社会及自然环境等多种因素，同时又为这些条件所限制。因此，我国民族的散居化受到自然与社会、经济与政治、人口与文化等诸多主客观因素的影响，可以分为经济因素、政治因素、自然因素、社会环境因素等四大因素。③ 在研究我国民族散居化发展规律时，要特别注意：散居化的直接原因是不同地区的人口迁移，但是造成这种人口迁移的背景却是深厚复杂的。也许最初引发迁移的只是经济、政治、

---

① 新中国人口迁移的第一个高峰出现在 1954—1960 年。在这一时期，国家为改变旧中国不合理的工业布局，有计划地把沿海地区的工厂企业迁往内地和边疆，使得大批职工和家属随同迁移。新中国人口迁移的第二个高峰出现在 1961—1965 年。在这一时期，对一些工业企业采取了"关停并转"。鉴于大量农村人口涌入城市，住房、粮食供应、交通、就学等方面问题日益突出，严格控制城市人口规模，出现新中国成立后的中国第一次人口大返迁。新中国人口迁移的第三个高峰出现在 1978 年改革开放后至今这一时期。这一时期随着经济发展，极大地促进了各地人员间的流动和往来，人才合理流动，人口迁移逐渐走上了正常发展的轨道。参见陆平辉、康占北《中国民族散居化的历史与原因考察》，载《贵州民族研究》2008 年第 5 期。

② 陆平辉、康占北：《中国民族散居化的历史与原因考察》，载《贵州民族研究》2008 年第 5 期。

③ 经济因素主要包括：社会生产力发展水平的高低，特别是人口与土地资源的配置情况；社会的经济结构情况；国家经济的赋税与徭役情况；国家经济发展中的区域开发情况；民族中想要谋求生存或追求更高生活质量的人口数量。政治因素主要包括：各民族之间的战争或由国内阶级矛盾激化引发的内战；政府为巩固疆土而组织的移民实边；特定的民族政策；外族入侵领土变更。自然因素主要包括：气候的影响；水系的影响；土壤的影响；植被的影响；地势的影响；矿藏资源的影响。社会环境因素主要包括：工作调动与就业安置；经商务工；异地求学与进修培训；投亲靠友；离职退休养老；结婚与离婚。上述四类因素在不同的历史时期中显现出不同的影响力。

在分析新中国成立后少数民族散居化的原因时，沈林等列出了工作调动、分配录用、务工经商、学习培训、投亲靠友、退休退职、随迁家属、婚姻迁入等促使少数民族发生迁移的原因，与陆平辉、康占北的观点有共同点。参见沈林、李红杰、金春子、杜宇《散杂居民族工作概论》，民族出版社 2001 年版。

社会、自然环境当中的某一因素，但发展到后来往往都是诸多因素混合在一起共同作用。①

（二）分布类型

当前理论界一般从散居民族的居住区域对其进行分类，分为以下几种。

1. 城市散居民族

一般说来，城市里的少数民族基本上都是散居少数民族，但是其中应该排除民族自治地方城市中实行自治的民族。城市少数民族人口少而居住又很分散，这是从总体上讲的，但从局部看，由于经济、文化、心理、生活各方面的需要，散居于城市的少数民族又形成了自己相对集中的聚居点，可见我国城市民族的分布特征也是"大分散，小聚居"。城市化是一个国家、一个民族现代化的必由之路，而城市化过程本身实际上就是城市多民族化、文化多元化的过程，这是人类社会历史发展的必然趋势。随着我国社会经济的发展，城市少数民族人口将会越来越多。

习惯上将城市少数民族分为城市世居少数民族和后迁入少数民族。城市世居少数民族主要是指在新中国建立之前因历史上各种经济、政治、文化的原因而形成的，并在一定数量、一定规模基础上以集团或群体形式居住在城市的少数民族。城市世居少数民族的划分，具有一定的理论意义和实践意义，首先它对民族过程与城市过程的相互联系的研究，有着十分重要的意义。

另外，改革开放以来，由于城市化速度的加快和城市少数民族人口的迅速增长，与这个时代特征相联系，又将城市少数民族划分为城市长住少数民族人口和城市少数民族流动人口。一般来说这一划分的标准就是"是否有本城市户口"。"城市少数民族流动人口"的划分也是具有重要意义的，它反映了现代特点和时代要求，为城市民族工作提出了新的任务和工作职责。

2. 民族乡的散居民族

民族乡是我国基层政权的一种形式，作为我国民族区域自治制度的一种补充形式。建立民族乡的首要条件是建乡民族的人口必须占30%以上，按现在我国散居少数民族的概念，居住在民族乡的少数民族绝大部分是散居少数民族。② 我国现有民族乡1200多个，民族乡中的散居少数

---

① 陆平辉、康占北：《中国民族散居化的历史与原因考察》，载《贵州民族研究》2008年第5期。

② 但是也有例外，在我国的许多民族自治地方都建立有相当数量的民族乡，而在这些民族乡中，也居住着为数不少的该自治地方实行自治的民族的人口。例如，居住在新疆维吾尔自治区塔塔尔乡的维吾尔族就不是散居少数民族。

民族约有 800 万。民族乡的散居少数民族人口数基本上占到全国散居少数民族总人口数的 1/3，所以它占有重要的位置。同时，民族乡的重要性不仅体现在其散居少数民族人口占有的比重，而且更为显著的是体现在民族乡是一种解决散居民族问题的政治形式。由此，我们可以看到民族乡散居少数民族又具有鲜明的不同于其他散居少数民族的特点。主要是：居住的相对聚居性，政治的相对自治性，人口变化上的相对稳定性。

3. 农村星散的散居民族

在我国农村广阔的天地之中，除了散居少数民族相对集中的民族乡外，还有相当数量的零星分散在农村各地的散居少数民族。由于历史的原因和经济文化活动的需要，特别是民族间通婚的作用，形成了农村星散居住的少数民族。这种类型的散居民族主要是分散在汉族或其他民族聚居的地区，在人数上占绝对的少数，但他们也有相对聚居的情况，但一般聚居的地区也只有相当于村或村民小组这样的范围。他们是我国散居少数民族中最为弱势的群体，其总体数量大约有 1000 万，它又是一个覆盖面很大的群体，所以这也是一个易发生冲突的群体。在社会生活中他们缺乏"人多势众"的优势，在社会心理上他们有较强的民族意识和敏感性。①

（三）散居民族的特点

1. 基本分布特点

我国散居少数民族的基本分布特点有广、多、杂、散等主要特点，是一种直观的、现象的、外在的民族居住形式的反映。

"广"是指我国散居少数民族在居住地域上分布很广。② "多"是指我

---

① 沈林提出散居民族还有一种分布形式：11 个未实行自治的民族的散居民族。参见沈林、李红杰、金春子、杜宇《散杂居民族工作概论》，民族出版社 2001 年版。陆平辉在分析散居民族的分布类型时，仅列出了前三种，而未列出"11 个未实行自治的民族的散居少数民族"。参见陆平辉主编《散居少数民族权益保障研究》，中央民族大学出版社 2008 年版。我国目前还没有实行民族区域自治的民族有高山、京、布朗、阿昌、德昂、塔塔尔、乌孜别克、赫哲、俄罗斯、门巴、珞巴 11 个少数民族，这 11 个少数民族全体人员都属于散居少数民族。目前除高山、京、俄罗斯三个民族外，其他 8 个民族都建立了民族乡。如果按照《民族乡行政工作条例》中的"特殊情况"的规定，高山、京、俄罗斯三族也可以建立民族乡。在散居少数民族人口的计算中，民族乡的散居少数民族人口也含有几个未实行自治民族的人口的一部分，一般因为差距不大，也就忽略不计。因此，笔者综述时也未列出"11 个未实行自治的民族的散居民族"这一类型。

② 我国 3000 多万散居少数民族人口分布在全国 31 个省、直辖市、自治区（统计数据不包括台湾省）的每一个角落，全国 2000 多个县（市）几乎都有少数民族居住。仅回族就在全国的 97% 以上的县（市）都有分布。

国散居少数民族人口众多，拥有 3000 多万；① 也是指我国散居少数民族的民族成分多。我国 55 个少数民族都有散居人口。"杂"就是指我国散居少数民族在一定地域范围上有几个或几十个民族居住的状态。"散"就是指我国散居少数民族居住很分散。从总体看，我国散居少数民族大多呈零星状散处于汉族或其他少数民族居住的地区，包括城市的街区、农村的村、屯等，许多地区散居到有几户、几人，甚至独户、独人的程度。

散居民族，在地域分布上的"广而散"和在民族人口分布上的"多而杂"是相互联系的。"广"的特点反映了民族散居化规律的作用，同时说明了民族问题的普遍性和民族事务管理的扩展性。"多"的特点反映了散居少数民族人口在全国少数民族人口中的比重或位置，说明了散居少数民族工作的重要性。"杂"的特点反映了我国各民族交错居住状态，反映了社会关系的复杂性。"散"的特点反映了我国散居少数民族处于"汪洋大海之中"的弱势状态，反映了散居民族工作的必要性和艰巨性。

2. 社会文化特点

首先，散居民族在经济生活具有较强的适应性。在我国除一些有清真饮食习俗的民族有少量的"自给自足"的"本民族内向性"经济外，散居民族都与当地人口较多的民族拥有共同的经济生活，在主流社会的经济生活准则面前，散居民族经历了长期的历史磨砺，已具有了较强的适应性，既带有明显的主流社会的准则，又无不显现出浓浓的民族特性来。

其次，文化生活具有兼收并蓄的特点。就中国散居民族的文化变迁来说，大量地主要表现为接受当地实力占优势的民族文化的成分，同时也经常地普遍地表为接受汉族文化的成分。散落在民族自治地方的一些散居民族因为生产、生活、交流等需要，首先受到当地人口较多或占主导地位的群体文化的影响、汉族文化的影响和全球化的影响。这种群体文化间的互相影响以及这种影响的时间的先后、程度的深浅、范围的大小、方面的多少是由各民族所处的自然地理环境、社会历史环境、文化科技环境等方面决定的。例如一些生活在民族自治地方内的散居民族使用双语、三语甚至四语的现象比较普遍。一般来说，散居民族对于当地主流文化的适应过程都要经历接触、冲突和适应三个阶段。在这个过程中散居民族无论是主动的还是被动的，最后都达到了双方相互适应，并形成了散居民族在文化生活中兼收并蓄的特点。

---

① 我国有十几个省、直辖市的少数民族人口中散居少数民族人口超过 50%，有十余个省、直辖市的少数民族人口 100% 都是散居少数民族人口。

最后，社会生活中具有较强的包容性和心理承受力。散居民族，无论是在文化内涵还是在心理承受力以及婚姻家庭和居住等形式上都有很大的包容性，历史发展、社会环境、民族文化变迁使散居民族形成了这一特点，它有利于散居民族的发展。民族间通婚，组成不同民族复合家庭的社会现象，是各民族散居、文化交融、民族关系融洽等综合因素的结果。婚姻形式与民族的居住形式、交往形式和频率、语言兼通状况、文化层次和文化交融情况、心理包容情况密切相关。散居地区和散居民族在这些方面具备比较好的条件，加上我国社会主义的民族平等政策和婚姻自主、自由的原则，散居的不同民族间通婚情况相对较多，复合家庭占一定的比例。①

三　政策法规和权益保障研究

散居民族的政策法规和权益保障的研究是在梳理我国各个层面的政策法规中有关散居少数民族权利的基础上，分析这些政策法规的主要着眼点和立法原则，提出加强保障散居少数民族权益法制建设的重大意义和散居少数民族立法存在的问题，倡导形成以《散居少数民族权益保障法》为基本法、国务院行政法规和规章以及地方性法规和规章相互配套的散居少数民族立法体系，旨在切实保障散居少数民族的权益。

（一）政策法规体系和内容

沈林、李志荣系统梳理了新中国成立以来，党和国家颁布的涉及散杂居②少数民族权益保障的政策法规，分为六个专题，即"宪法"、"法律"、"行政法规"、"部门规章"、"地方性法规"和"地方性规章"中关于散杂居民族权利的规定。③

黄凤祥、谭传位指出我国的散杂居少数民族政策主要包括切实保障他们在政治和一切社会生活领域的平等权利；积极帮助他们发展经济文化事业；注意尊重他们的风俗习惯；严格执行宗教信仰自由政策；注意培养、选拔和任用少数民族干部；建立健全散杂居少数民族权益保障机制。④

归纳起来，我国为促进散居民族地区经济社会发展，所制定的政策主要包括六个方面的内容：政治平等和族籍权益政策；经济发展政策；民族教育文化政策；干部的培养和任用政策；尊重少数民族风俗习惯与宗教信仰自由

---

①　沈林、李红杰、金春子、杜宇：《散杂居民族工作概论》，民族出版社 2001 年版。

②　此处原文使用的是"散杂居"，为尊重原文，不做改动，仍用"散杂居"一词，其含义等同于"散居"，下文同。

③　沈林、李志荣：《散杂居民族工作政策法规选编》，民族出版社 2000 年版。

④　黄凤祥、谭传位：《我国的散杂居少数民族概况》，载《民族团结》1997 年第 2 期。

政策。①

（二）权益保障

1. 基本理论

陆平辉在将散居民族分为城市散居少数民族、民族乡散居少数民族和农村散居少数民族的基础上，论述了散居少数民族概况、散居少数民族权益理论、散居少数民族权益法律保障理论、散居少数民族的平等权利及其保障、散居少数民族的宗教信仰权利及其保障、散居少数民族的风俗习惯权益及其保障、散居少数民族的文化教育权利及其保障、散居少数民族的经济权益及其保障等几个方面的内容。②

2. 法制建设

黄凤祥、谭传位提出加强保障散杂居少数民族权益法制建设的重要性，包括两个条例在内的一些行政法规在实际工作中难以得到全面贯彻落实，已经引起了散杂居少数民族群众的强烈反映。保障散杂居少数民族权益的法制建设，应积极争取《散居少数民族权益保障法》早日出台。③

徐曼指出我国散居少数民族立法的基本情况以及存在的问题，包括现行保障散居少数民族权益的法规没有覆盖散居少数民族生活、工作的各个领域，大多数都是行政法规和规章，缺乏处罚条款，制裁机制不够，法律效力不强等。提出散居少数民族立法的主要内容应包括保障散居少数民族平等的政治权利、促进散居少数民族经济的发展、发展散居少数民族的文化、教育、卫生事业、尊重少数民族风俗习惯和宗教信仰。④

袁仲由指出散居少数民族立法工作与其他立法相比，在立法原则上，既有共性，又有特殊性。在共性方面主要是坚持党的四项基本原则，坚持不同宪法、法律、行政法规相抵触，保证我国的法制的统一。而特殊性要求散居民族立法应突出三点：第一，要突出民族特点。第二，要突出重点：要切实保障散居少数民族的平等权利；帮助散居少数民族发展经济文化；尊重少数民族的风俗习惯。第三，要突出热点。⑤

① 保定召：《国家保障散杂居少数民族的权益（一）》，载《今日民族》2003年第5期；李安辉：《我国散杂居民族政策的主要内容及特点》，载《中南民族大学学报》（人文社会科学版）2011年第2期。

② 陆平辉：《散居少数民族权益保障研究》，中央民族大学出版社2008年版。

③ 黄凤祥、谭传位：《我国保障散杂居少数民族权益的法制建设》，载《民族团结》1997年第6期。

④ 徐曼：《试论完善我国散居少数民族立法》，载《中央民族大学学报》（哲学社会科学版）2005年第3期。

⑤ 袁仲由：《试论散居少数民族立法》，载《民族团结》1996年第4期。

袁翔珠分析了我国现行的散居少数民族权益保障机制，指出了其体系存在的缺陷与不足。提出完善我国散居少数民族权益保障法律制度，将重点放在单行条例的制定上，加强以经济发展为内容的散居少数民族权益保障，大力加强散居少数民族权益保障立法的理论研究。①

安绍伟从加强散居少数民族权益保障工作的客观需要出发，以司法保障为视角，从法律规定和实际需要两个方面，论证了对散居少数民族权益进行司法保障的必要性，并进一步从实体和程序两个方面提出了具体的司法保障措施。②

四　散居民族工作研究

各民族在长期的发展演化过程中，出于生产、生活的需要，或受诸如战争、自然灾害、民族政策等因素的影响，很早就开始了民族散居化的发展。中华人民共和国成立以后，社会环境事实上也对我国民族散居化产生了重大影响。散居化的趋势不可阻挡，而且进程在日益加快。作为我国民族工作的重要组成部分，散居少数民族工作就是要尊重和保障散居少数民族的民族平等权利和一切合法权益，不断增强民族团结，并扶持他们发展经济、文化等各项社会事业。

（一）基本理论

沈林、李红杰、金春子、杜宇分析了散居化是民族进程的一个重要规律，总结了我国散杂居民族的形成和发展过程、特点，以及我国散居民族工作的历程和成就、内容与形式，并对现实状况进行分析，对 21 世纪的散杂居民族工作进行展望，提出要全面彻底地保障少数民族的权利。③

（二）重要性和主要内容

杨侯第的研究表明，民族散居化是整个民族进程中的一个必经过程。随着散杂居地区同外界和周围的经济交往日趋增多，人员流动日渐活跃。部分少数民族由于自身文化背景、风俗习惯的影响，与周围的环境相适应还需要一个过程，因不同民族之间相互了解不够，遇到一些偶然因素，容易引起纠纷。同时，必须加强对散杂居民族工作的领导，把散杂居民族工作与聚居少数民族工作结合起来，在实践中不断总结、尝试、改进工作方法，逐步建立适合当地实际情况的灵活有效的管理机制和管理网络，使其能够及时处理所

①　袁翔珠：《关于完善散居少数民族权益保障法律制度的思考》，载《西南政法大学学报》2004 年第 5 期。

②　安绍伟：《散居少数民族权益的司法保障》，载《西北第二民族学院学报》2004 年第 1 期。

③　沈林、李红杰、金春子、杜宇：《散杂居民族工作概论》，民族出版社 2001 年版。

出现的问题。①

黄凤祥、杜宇指出作为我国民族工作的重要组成部分，散杂居少数民族工作就是要尊重和保障散杂居少数民族的民族平等权利和一切合法权益，积极帮助散杂居少数民族发展经济，帮助民族乡发展教育、文化、卫生等各项事业，培养、使用、选拔散杂居少数民族干部，尊重少数民族风俗习惯，开展民族团结进步活动，宣传民族政策和有关法律法规，健全民族工作网络。②

葛忠兴收录了在全国散居民族经济工作现场经验交流会上交流的论文26篇，其中包括民委有关领导的讲话，内容涉及少数民族经济工作的专项资金、实施帮扶工程、制定扶持政策、优化投资环境、典型示范、整合社会资源等多方面的思考和实践，对指导散居民族经济工作具有重要的参考价值。③

五 民族乡的研究

有关民族乡的研究是散居民族研究中的重要组成部分，其研究重点主要集中在民族乡概念、性质、地位、作用、民族乡经济社会发展、民族乡法制建设、民族乡与民族区域自治的关系等几个方面的研究。

（一）概念、性质、地位和作用

沈林提出民族乡作为我国政权结构中的一种特殊形式，在理论上和实践上都具有十分重要的意义。其著作《中国的民族乡》从理论上阐明了民族乡的性质、地位和作用，在回顾五十年民族乡发展历程的基础上，总结了民族乡工作取得的经验，同时就新形势下如何做好民族工作进行了探索，提出了政策建议，对民族乡制度进行了全面系统的研究。④

黄凤祥、谭传位指出民族乡是我国在少数民族聚居的地方建立的、由少数民族自主管理内部事务的乡级行政区域，是解决我国散杂居民族问题的一种有效的政治形式，是对民族区域自治制度的重要补充。民族乡是在少数民族聚居的地方建立的，具有比一般乡更广泛的自主权。⑤

---

① 杨侯第：《多一些关注：散杂居民族工作的呼唤》，载《民族团结》1996年第12期。

② 黄凤祥、杜宇：《我国的散杂居少数民族工作》，载《民族团结》1997年第4期。

③ 葛忠兴：《散居民族经济工作新思路》，民族出版社2006年版。

④ 沈林：《中国的民族乡》，民族出版社2001年版。沈林提出民族乡理论研究的内容包括民族乡产生、发展的社会历史因素；民族乡的本质、内容和形式；民族乡的地位、作用和特点以及制定民族乡的政策、法律法规制度。同时还分析了撤乡并镇等民族乡面临的困难和挑战，以及民族乡的法制建设问题。

⑤ 黄凤祥、谭传位：《民族乡与民族乡工作》，载《民族团结》1997年第7期。

覃乃昌指出从民族乡产生的社会历史背景、过程、理论及民族乡的实践看，民族乡都与一般乡有很大的区别，体现出自治的性质，属民族区域自治的乡级基层政权，是我国民族区域自治制度的补充。①

颜勇认为民族乡自治性质的确定，并根据其特点使之成为民族区域自治中不同于现有三级民族自治地方的另一种表现形式，从而使杂居区的少数民族也能依据其作为乡一级自治地方的实际，享受少数民族自己管理本民族内部事务的核心自治权。提出为避免混淆，在实际工作中更加名正言顺，并同民族乡自治的本质相吻合，使用自治乡代替民族乡更加妥当、确切。同时指出由于《宪法》和国务院的文件中规定的各种权利，没有具体化，也没有相关的保障措施，导致了民族乡的作用不明确，民族乡工作的一般化、一刀切现象严重，没有完全起到国家建立民族乡的应有作用。因此，探讨民族乡的作用是民族工作的当务之急。②

金炳镐从民族乡建立以及发展，民族乡性质、地位和作用及保障等方面，探讨有关民族乡建设的几个理论问题。③

（二）经济社会发展

晏路深入分析民族乡工作面临的形势和存在的问题，指出我国民族乡经济社会发展相对滞后，民族乡发展不平衡，贫困面仍较大，民族乡生产生活基础设施落后，产业结构不合理，科技、文化、教育、卫生事业发展相对滞后，人口素质低，民族乡的特殊政策、优惠政策贯彻落实难，加之民族乡的撤并与建镇，现行的有关民族乡的法律法规有些条款过时或失效，分税制后自上而下的转移支付不健全，使民族乡工作在新时期面临新挑战。探索加快民族乡经济和社会发展的思路和措施，大力提高对民族乡工作重要性的认识，继续落实和完善对民族乡的优惠政策，进一步加强民族乡的法制建设，提高民族乡干部素质，发挥干部在民族乡经济社会发展中的带头作用，以市场为导向，积极调整农业产业结构将有助于民族乡经济社会全面发展。④

（三）法制建设

杨剑波指出由于历史的原因，中国各民族基本是"大杂居，小聚居"分布，以自治区、自治州、自治县三级行政区域建立的自治地方，仍然不可

---

① 覃乃昌：《关于民族乡的几个问题》，载《民族研究》，2002 年第 3 期。

② 颜勇：《试论民族乡的性质》，载《贵州民族研究》1988 年第 2 期；颜勇：《试论民族乡的作用及其保障对策》，载《贵州民族研究》1989 年第 2 期。

③ 金炳镐：《有关民族乡的几个理论问题》，载《贵州民族研究》1993 年第 1 期。

④ 晏路：《关于我国民族乡经济社会发展的思考》，载《满族研究》2004 年第 1 期。

能保障相当部分散杂居少数民族当家做主，自己管理本民族内部事务等权利，因此在少数民族聚居的乡镇一级行政区域又设立了民族乡，作为民族区域自治制度的补充。① 曹新富也持有相同观点，提出民族乡与一般乡有很大的区别，体现出自治性质，属民族区域自治性质的乡级基层政权，但民族乡不属于民族自治地方的范畴，它属于少数民族杂居区。无论从理论上还是从实践上看只能是民族区域自治制度的补充形式，这就是民族乡在我国民族区域自治制度中的地位。② 唐智提出对于将民族乡误作民族自治地方的现象需做深刻分析，防止谬论继续流传。③

卢贵子则有不同观点，指出民族乡曾经是我国民族区域自治的一种形式，现在也是民族区域自治制度的一种补充。从现实状况看，民族乡与民族自治地方在其职能、职权上的区别是明显的。作者认为民族乡实际上是自治的一种形式，一种自治单位，是属于民族区域自治范畴的。民族乡具有一般乡和自治地方两重性，而更多的是具有民族区域自治地方的属性，是具有民族区域自治性质的基层政权。④

朱玉福指出在民族乡建立和发展的过程中，初步形成了具有中国特色的社会主义民族乡法律法规体系。但是，由于种种原因，我国的民族乡法制建设仍然存在一些问题，国家和地方必须加强和完善民族乡的法制建设，法律法规赋予民族镇以民族乡同样的法律地位，是民族乡小城镇建设的必然要求和发展途径。⑤

六　城市民族工作研究

城市民族工作是散居民族研究的另一重要组成部分，其研究重点集中在城市民族工作、城市民族人口流动和城市民族关系、城市民族的政策法规和权益保障、城市民族对现代化进程的适应等几个方面的研究。

（一）基本理论

沈林、张继焦、杜宇、金春子所著《中国城市民族工作的理论与实践》

① 杨剑波：《当代中国民族区域自治制度的确立及其与民族乡的关系》，载《今日民族》2006年第1期。
② 曹新富：《民族乡在民族区域自治中的地位》，载《今日民族》2005年第1期。
③ 唐智：《民族乡误作民族自治地方的现象及其原因分析》，载《法制与社会》2008年第32期。
④ 卢贵子：《民族乡：民族区域自治制度的必要补充》，载《中国民族》2008年第5期。
⑤ 朱玉福：《加强民族乡法制建设，保障民族乡建设小康社会》，载《内蒙古社会科学》（汉文版）2003年第4期；朱玉福：《民族乡小城镇建设的几点思考》，载《西北第二民族学院学报》2005年第2期。

主要从三个方面对中国城市民族工作的理论与实践进行了论述。① 该书总结
了我国五十年城市民族工作经验，从都市人类学视角论述了城市与人和社
会、城市与民族和民族问题、中国城市化与城市多民族化过程，对城市民族
工作的对象、城市民族工作的内容、城市民族工作的方法及城市民族工作的
问题、发展趋势进行了理论分析，并提出了政策建议。②

　　此外，李华权通过对城市民族工作的地位、特点、功能等方面的思考，
从理论上阐述城市民族工作在当今社会生活中的影响力和作用力。③ 邓行对
城市民族工作的概念、对象、范围、内容作了界定，提出解决城市少数民族
的就业问题、保障城市少数民族的发展权是当前城市民族工作的主线。④ 牟
本理指出切实解决城市少数民族面临的困难和问题，要继续推动民族工作进
社区，使民族工作基层化、社会化。⑤

　　（二）城市民族人口流动和城市民族关系

　　范生姣指出随着我国改革开放的深入和城市化进程的加快，城市民族问
题日益增多，城市民族工作面临新的挑战。在分析原因的基础上提出了解决
这些问题的具体措施。这对做好新时期的城市民族工作、维护城市社会稳
定、构建社会主义和谐社会具有重大意义。⑥

　　冯正春、黄友亮指出改革开放以来，随着经济社会的不断发展，非民族
地区的城市民族工作，成为摆在民族工作者面前的重要课题。⑦

　　牟本理表示城市化必然会带来城市民族构成的变化，给城市民族关系带
来深刻的影响。但目前还缺乏应有的理论准备和政策支持。同时，大批少数

---

　　① 一是回顾了中国城市民族工作的发展历程，阐述了城市民族工作的地位、作用和意义；二
是对中国城市的发展和城市与民族问题的关系进行了理论分析；三是对城市民族工作的对象、内
容、方法等方面进行了探讨。

　　② 沈林、张继焦、杜宇、金春子：《中国城市民族工作的理论与实践》，民族出版社 2001
年版。

　　③ 李华权：《关于城市民族工作的几点理论思考》，载《广西民族学院学报》（哲学社会科学
版）2001 年第 S1 期（人文社会科学专辑）。

　　④ 邓行：《论新时期南方城市民族工作》，载《中南民族大学学报》（人文社会科学版）2004
年第 6 期；邓行：《试论当前城市民族工作的主线》，载《中南民族大学学报》（人文社会科学版）
2008 年第 4 期。

　　⑤ 李士杰：《进一步加强和改进城市民族工作——访全国政协委员牟本理》，载《中国民族》
2006 年第 4 期。

　　⑥ 范生姣：《论我国城市化进程中的城市民族问题》，载《黑龙江民族丛刊》2008 年第
4 期。

　　⑦ 冯正春、黄友亮：《新时期非民族地区城市民族工作浅探》，载《民族论坛》2006 年第
2 期。

民族人员进入城市，也使得影响城市民族团结的事件呈现增多的趋势。对如何做好城市民族关系的协调工作，提出了对策建议。① 郑信哲提出少数民族流动人口是处于城市民族关系问题的最活跃、最敏感位置上的群体，也是最具有不稳定性的群体，其问题所波及的影响也是广泛而深刻的。其提出了建立和健全协调城市民族关系问题的新体制等具体建议。②

（三）城市民族的政策法规和权益保障

毛公宁指出城市化是人类社会发展不可逾越的重要阶段，大批少数民族进入城市，新问题、新情况的出现是城市发展、民族发展中的必然现象。提高对城市和散杂居民族工作的重视程度，加强城市民族工作的立法工作，应把过去由政策调整转到以法律、法规调整上来。赵佐贤表示自治县撤县建市后，可否继续享受自治县待遇的问题已经成为影响民族关系的突出矛盾和问题。高永久提出随着城市化进程的加速和少数民族人口流动，以本民族自尊心和自豪感为主要内容的民族意识逐渐增强，突出地表现为以本民族的现状与其他民族、特别是与汉族对比的现象，更加注重对各项合法权益的维护。③

（四）城市民族对现代化进程的适应

王希恩表示少数民族城市化进程中发生的各类矛盾和纠纷其实都可以归结为两个方面的问题：一是现有的城市环境不利于少数民族的融入；二是少数民族自身对于既有城市环境的不适应。前者涉及现代城市建设的模式问题，后者涉及少数民族城市化中的素质准备问题，并提出了建设性的意见。④

七　其他方面的研究

有关散居民族的研究，除以上几个重要的领域外，还有的文献涉及了散居民族的统计分析、文化保护等方面，另外还有来自全国各地区的研究个案和实践经验。

由于散杂居少数民族人口相对较少，占各地的人口比例很小，而且居住地域广阔而分散，有城市，有农村，所以统计工作一直是一个难题。沈林、和佳、王云新介绍了散杂居少数民族人口统计的概念、目的和意义，对城市少数民族人口、散杂居少数民族人口和民族乡少数民族人口进行了统计

---

① 《中国民族》编辑部：《纵论城市民族工作》，载《中国民族》2006 年第 9 期。

② 同上。

③ 同上。

④ 同上。

分析。①

　　吴梦宝、楼跃文指出长期以来，在推动少数民族地区经济和社会事业发展的过程中，民族经济的繁荣被更多地强调，而对民族的文化建设重视不够。相对于聚居区而言，散居区和人口较少的民族的文化建设面临更为严峻的形势。②

　　在各地区的研究个案和实践经验中，郭家骥、陈铁军指出散杂居民族地区是云南省民族工作分类指导的一个重要地区，是一个情况复杂、发展极不平衡的地区，也是全省扶贫攻坚和全面建设小康社会的重点和难点地区。通过一组典型的民族乡的调研报告反映出散杂居民族地区的发展情况、经验、问题、对策、措施。③ 张海洋、良警宇以西宁、兰州、青岛、北京、山东、黑龙江、四川、青海等地的散杂居民族为对象，调研其现状和需求，内容涉及城市流动人口、城市世居人口、民族乡、民族村以及民族工作机构的调查。④

　　另外，赵殿桦、马昌忠、廖杨、付广华及青海省、哈尔滨市在针对城市民族工作方面，提出创建民族团结示范社区、民族工作重心在很大程度上要由过去传统单一的乡村型逐步向多元复杂的乡村加城市型转移、建立城市民族工作服务型体系、建立健全市、区、街道、居委会四级民族工作网络、健全"五项机制"⑤、加强法制建设等观点。⑥

---

　　① 沈林、和佳、王云新：《散杂居少数民族统计与分析》，民族出版社 2003 年版。
　　② 吴梦宝、楼跃文：《少数民族散杂居地区民族文化的保护与开发》，载《中国少数民族》2004 年第 11 期。
　　③ 郭家骥、陈铁军：《辉煌与发展：看今日云南民族乡——云南民族乡发展报告》，载《今日民族》2004 年第 8 期。
　　④ 张海洋、良警宇：《散杂居民族调查：现状与需求》，中央民族大学出版社 2006 年版。
　　⑤ 即宣传教育机制、社区工作机制、激励机制、少数民族合法权益保障机制、民族关系协调机制。
　　⑥ 参见赵殿桦《总结经验　创新方法　探索路子——昆明市城市民族工作座谈会侧记》，载《今日民族》2008 年第 9 期；马昌忠《如何进一步做好新时期城市民族工作》，载《民族论坛》2008 年第 9 期；本刊编辑部《切实加强城市民族工作，推动湖南民族工作再上新台阶——本刊专访湖南省民委主任王德靖》，载《民族论坛》2008 年第 9 期；本刊编辑部《切实加强城市民族工作，推动湖南民族工作再上新台阶——本刊专访湖南省民委主任王德靖》，载《民族论坛》2008 年第 9 期；本刊编辑部《城市民族工作模式大展示》，载《中国民族》2006 年第 9 期；廖杨、付广华《桂林市城市化进程中的民族问题及其对策研究——南宁、桂林市城市化进程中的民族问题及对策研究之一》，载《广西民族研究》2008 年第 4 期；青海省委统战部《青海省建立健全"五项机制"推动城市民族工作》，载《中国统一战线》2008 年第 11 期；哈尔滨市民族宗教事务局《认真做好新形势下的城市民族工作　努力促进民族团结进步事业发展》，载《黑龙江民族丛刊》2002 年第 1 期。

第二节　国外对散居民族的不同理论认识和政策选择

一　相关的概念

"散居民族"是我国民族学和人类学上的一个概念，既可以从民族的概念范畴去定义，也可以从族群的概念范畴去定义。然而，由于我国民族问题与政治法律的一体性，基于现有的政治设计和制度安排去解析散居少数民族更具有合理性。因此，散居民族具有民族、族群和政策制度三个方面的特征。而在国外理论界没有与我国"散居民族"内涵一致的提法，一个可以与"散居民族"进行类比研究的概念是"人数相对较少和分散分布的少数民族人口"，即 A relatively small and scattered ethnic minority population 或者"在地理上分散分布的少数民族人口"，即 The geographically dispersed minorities。[①]

另一个需要提及的概念是"diaspora"。有一些学者也将"diaspora"翻译为"散居族裔"或者类似的概念。但是英文中的"diaspora"并非与我国指称的"散居民族"完全相对应。"diaspora"一词的发源与研究均兴起于西方世界。大致而言，我国台湾学界对"diaspora"一词的常见译法有"离散"和"漂泊离散"两种；我国大陆学界对这一术语的中文译法也一直未有一致的意见，有的直接搬用台湾学者的译法，如"散居者"（如潘纯琳、傅有德等）、"移民裔群"（如静水等）、"族裔散居"（如王光林、邹威华等）、"散居族裔"（如张冲等）。[②]

但实际上，各类词典关于"diaspora"的译项有两个：一是"散居各国的（犹太）人"，二是"散居在外的（犹太）人所居住的地区"。由此看来，"diaspora"本身是一个名词，主要是散居族裔这样一种现象而非族裔的散居过程，所以当译为"散居族裔"，既是以汉语中对应的名词译出，又兼顾了其民族属性。散居族裔与跨国民族有某种相似性。[③] 虽然从字面上看，散居民族和散居族裔比较接近，但"散居民族"具有民族、族群和政策制度三个方面的特征，[④] 其意义内涵是不对等的。

①　陆平辉：《散居少数民族概念解析》，载《西北民族大学学报》2011 年第 5 期。

②　汪金国、王志远：《"diaspora"的译法和界定探析》，载《世界民族》2011 年第 2 期。

③　无论是国外学者还是国内学者，对"散居族裔"这一概念并没有一致的看法。跨界民族、跨国民族与"散居族裔"的区分，参见汪金国、王志远《"diaspora"的译法和界定探析》，载《世界民族》2011 年第 2 期。

④　陆平辉：《散居少数民族概念解析》，《西北民族大学学报》（哲社版）2011 年第 5 期。

二 国外对散居民族的不同理论认识和政策选择

"民族散居化"作为一个世界范围内普遍的社会现象和历史现象，由于对各个民族的前途命运具有重要的意义，有时甚至关系到相关民族的个体。但由于时代的不同和思想观念的差异，人们对因"民族散居化"而引起的社会现象，如民族之间的相互接触、相互磨合以及这种"散居化"的后果等，都持有不同的认识。沈林等人根据历史上，特别是 20 世纪以来人们对民族散居化的基本的主张，将这些不同的认识分为以下三个类型：一是否认民族散居化，反对民族杂居，主张实行民族间相互隔离，以至民族歧视和种族灭绝政策的"种族主义"；二是积极评价民族散居化，认为"民族散居化"是人类社会发展的必然产物，并预言通过这种"散居化"实现各民族之间的大融合，大同化的"同化主义"；三是尽管肯定"民族散居化"的必然性，也肯定这种散居化有利于各民族之间的相互了解和社会的进步，但不肯定各民族之间未来大同化的必然性，而主张要尊重各民族的特点，尊重各民族发展的权利，并积极为之创造条件，实现各民族的和睦相处，共同繁荣。

（一）种族主义

种族和种族主义产生于近代社会，第二次世界大战期间，以纳粹德国大规模屠杀犹太人而达到顶峰。在法国，种族主义一直到 1946 年初才正式写入辞书之中。在第二次世界大战以后，美国的黑人歧视问题和南非的种族隔离等开始成为比较典型的种族主义，受到国际社会广泛的关注和谴责。早已废除的澳大利亚的白澳主义也属于这种"典型"。

在民族与民族、种族与种族的关系问题上，种族主义认为，种族之间、民族之间的差异是天生的，也是不可改变的，通过改变宗教信仰和教育等后天的、文化的方法是无法改变的。既然民族之间的差异是天生的，也是不可改变的，民族之间的相互接触和相互杂居即民族散居化，不仅对缩小和改变这种差距是无能为力的，而且是十分有害的。

（二）同化主义

同化主义认为，人类什么时候能够消除种族和民族偏见，杜绝任何形式的种族、民族不平等和歧视，实现真正的平等，人类在什么时候就能实现各种族、各民族的大散居，大同化。以就业和婚姻情况为例，传统社会的人们关注的是种族、民族、族体归属和身份、家族等属性因素，力求避免民族之间的"散居"，以免被其他民族所同化。但工业化的进程、大众媒介和交通手段的发展，使人们日益习惯于城市的生活方式，习惯于散居到新的环境中，人们更看中自己的业绩和成果、更加珍惜机会均等和平等。相对而言，人们日益憎恨和反对各种形式的歧视，反对民族之间、种族之间人为的隔阂。总之，工业化和现代化使人们的价值观和行为方式沿着一定程度的相同方向发展，使人们具有的传统个性和属性变得日渐淡薄，从而使民族散居化成为时代发展的必然现象，进而使各类人们共同体之间的相互同化更加容易发生。

尽管一般同化主义者也肯定多民族国家的普遍性，不同意"一个民族一个国家"的所谓"民族国家"论，但实际上又以"民族单一"为自己的目的，始终怀有"非我族类，其心必异"的观点，巴不得尽早同化所有的"非我族类"。一般同化主义在实际推行的政策中也充分说明了这一点。历史上在美国流行过的"大熔炉"论是另一个典型的、具有广泛影响的同化主义思想。①

（三）文化多元主义

在民族散居化问题上，文化多元主义反对"同化主义"的思想，反对一个国家一个语言、一个民族和一个文化的同化主义民族统一政策。要实现多民族、多文化社会的统一，与其依靠同化主义，还不如首先认清引起族群纷争的真正原因。对那些散居在各地的人口较少的民族，中央政府不仅要积极保护他们的传统文化、语言和生活习惯，并给予必要的公共援助，而且，要大力推进禁止种族、民族歧视的政策，积极及时地纠正歧视行为，促进少数族群在教育和职业等领域的社会参与。

文化多元主义政策并不是只针对散居民族和少数族群的对策。其首先是让全体国民认识社会人口的多样性和少数族群在社会、经济和政治上遇到的困难，以培养和增强他们对不同文化、不同语言的宽容；其次要使人们理解要对主流社会的社会制度和组织进行必要的变更，以更好地适应文化多元主义。② 为此，文化多元主义的措施包括许多方面的内容，主要有：第一，尊重各类散居民族如移民、土著民和边远少数民族的文化和语言（为维护其文化和语言提供公共支援）；第二，散居民族与主流社会之

---

① 乔恩·谢泼德、哈文·沃斯：《美国社会问题》，乔寿宁等译，山西人民出版社1987年版，第62—63页。

② "文化多元主义政策"相关的措施有，强制规定要求在公共部门，如行政机关、司法机关、医院和学校等，设置翻译机构，配备翻译人员，在学校要求必修通用语言，并实施第二语言或多语言教育，在公务员招聘中招聘无公民资格的市民，等等，但这些措施需要社会全体成员的理解。这就是说，文化多元主义政策并不只是针对社会边远群体的政策，而是针对包括主流社会人群的所有国民的政策。也许是由于这样的原因，它在1986年左右的澳大利亚曾经被称做"主流"。

间，在文化、语言的教育机会、参与社会的机会等方面实现平等（机会的平等与奖励学习公共语言）；第三，积极推进各散居民族与主流社会之间、少数族群集团之间的相互交流（防止出现族群的隔离区或贫民窟）；第四，向容易陷于不利处境的散居民族提供各种援助，实施各种优惠措施（改正各种歧视政策）；第五，提高主流社会人们对散居民族的宽容程度，加深他们对各种优惠措施和援助的理解，消除各种偏见、成见、歧视意识等（克服妨碍机会平等的文化障碍）；第六，发挥散居民族特别是移民的文化、语言和与母国联系的优势，促进贸易和投资关系等（文化多元主义的经济效益）。由此可见，文化多元主义的作用和影响是多方面的。

文化多元主义也倡导和推进多民族国家一体化，但这种一体化与过去的同化主义所讲的"统一"有本质的区别。其中最大的和最本质的区别在于，这是一种在承认差异、尊重差异的基础上的"一体化"，它不允许为了"统一"而人为地去弱化各民族固有的特点。相反，它力求去挖掘和发挥民族特点所具有的"功能"，使其在多民族社会的"一体化"进程中享有应有的权利，发挥应有的作用。①

第三节　对当前研究的简单评价和本书研究使用的概念

一　当前研究的重点与主要成绩

从以上几个方面的研究可以看出，第一，有关散居民族的研究，近 20 年来呈现上升的趋势，2000 年后的研究成果明显多于 20 世纪 90 年代期间，并且有一些研究成果发表在国家级或者民族学的核心刊物上，显示了研究成果在国内民族研究领域内具有一定影响力。有关的研究成果大体上分为专著、学术论文、讲话稿汇编、文件汇编等形式，反映出学术界和有关政府部门均对散居民族有所关注。

---

① 沈林、李红杰、金春子、杜宇：《散居民族工作概论》，民族出版社 2001 年版。

应该说，多元文化论对于民族问题的解读在我国现阶段有一定的现实意义。例如，它可以避免政治化定义带来的"民族"和"族群"的混同以及族群问题的政治化和权利化，有助于培养与巩固"中华民族"的认同意识，有助于实现民族平等和民族团结。然而，在具体到界定散居民族概念这一问题时，我们却又不得不承认多元文化论的民族视角和族群视角存在缺陷。因为在我国的民族问题已经与政治法律一体化的背景下，不结合对我国民族政策的分析，不从少数民族权利保障制度的角度去分析不同族群在我国民族格局上的差别，事实上也将难以准确把握现阶段我国散居民族的内涵。参见陆平辉《散居少数民族概念解析》，《西北民族大学学报》2011 年第 5 期。

第二，尽管目前学术界在一些问题的观点上仍存分歧，例如，对于散居民族概念的分析，一是认为居住在民族自治地方以外的少数民族及居住在民族自治地方以内，但不是实行区域自治的少数民族，则所称散居民族包括建立民族乡的少数民族。二是认为建立民族乡的民族不应该属于"散居"，而应该属于"聚居"，是聚居少数民族的一种特殊情况。通过对不同观点的梳理分析，总体上使散居民族研究得到了更深和更广的推进。

第三，从现有研究成果的几个大类，可以看出当前的研究重点主要集中在散居民族的概念分析、权益保障、散居民族工作、民族乡的概念、法制建设、经济发展、与区域自治的关系、城市民族工作、城市民族关系、城市民族流动人口、城市民族对现代化的适应的问题，研究对象主要集中在民族乡和城市散居少数民族。这些成果为掌握散居民族的基本概况，了解散居民族的政策法规体系，进一步开展相关的研究奠定了基本理论基础。全国各地区的研究个案和实践经验的总结，为散居民族研究提供了较为丰富的实证资料。

二 当前研究的不足

第一，与其重要性相比，散居民族是国内外民族学、民族理论和民族政策研究相对薄弱的环节。从当前已有的研究内容也可以看出，相对于关注较多的研究领域，目前对散居民族的研究较少关注的领域是散居民族地区的理论研究、政策完善、教育、文化、卫生、人才建设、干部培养、宗教信仰等方面的问题。对散居民族理论和政策研究的不足，是造成散居民族地区经济社会发展相对滞后的重要原因之一。在教育政策的推进中，适合交通方便、人口密集地区的校点调整，在散居民族地区农村问题重重，甚至导致了辍学率的攀高。有关数据统计和分析资料的缺乏，不仅给散居民族研究带来了难度与不便，也很难通过数据分析散居民族的变化规律。同时，国内外民族学界对"民族文化保护、传承与发展"这一问题进行了大量卓有成效的研究，但是对于散居民族的文化保护、传承与发展问题的研究文献屈指可数，其文化流失趋势甚至更为严重，而相关研究尚未得到应有的重视。凡此种种，都说明有关散居的研究还需要继续深入和拓展。

第二，从研究对象看，在对城市和农村的研究中，农村地区的研究主要集中在民族乡的理论、法律和政策上，对民族乡政策中不符合当前经济社会发展的部分所提出的建议较为笼统。一些研究关注到民族乡撤乡建镇、改办的问题，但是没有对民族乡撤乡建镇、改办后的政策走向和散居民族的权益保障继续做深入的探讨。对城市化进程中失地的散居民族农民的民族认同、民族关系、身份转变以及由此产生的医疗、社保、就业、文化建设、心理健康问题以及经济发展路径的转型研究也较为少见。农村中少数民族人口占30%以上的村委会（以下简称"民族村"）的理论或实证研究则几乎是空白。

第三，从权益保障和政策法规的完善方面看，目前理论界仅有针对城市散居民族和民族乡散居民族的研究，就已有的理论、政策、法规而言，也还存在着理论体系不健全、政策保障不均衡、立法层次不完善等一系列问题，亟须进行完善，尚未有民族村方面的探索。因此就目前而言，学界最少关注的研究领域是除民族自治地方外少数民族人口占总人口30%以上的村委会、村民小组的民族工作。[①] 而民族村恰恰是分布最广、发展最滞后、民族成分最复杂、人口最多、问题最多发的地区，因此有关民族村的理论和实证研究都十分必要和迫切。

同时，国内学术界与国外学术界在相关领域的研究对话不足。在当前的研究文献中，国外的研究并不多见。

以上这些缺少研究的领域，与当前散居民族地区的社会经济发展及和谐社会建设息息相关。由于散居民族分布散、类型多、发展不平衡、热点难点问题多，而现有散居民族政策存在亟须调整、修订、补充、完善，很多散居民族，尤其是居住在非自治地方农村的广大散居少数民族，其民族权益至今没有得到国家民族政策和法律的保障，不仅使其与其他地区的发展差距拉大，更导致其成为民族问题最为多发的地区。以上问题将伴随着散居民族地区经济社会发展的实际情况，应当被不断地被纳入到学者和民族工作部门的调查和研究当中。

三　本书研究使用的概念

本书中三个主要的概念，一个是"散居民族"，一个是"散居民族地区农村"，还有一个是"民族村"。通过对现有文献的述评，结合本书研究的实际情况，有必要对这三个概念进行界定。

"散居民族"包括：居住在民族自治地方以外的少数民族以及居住在民族自治地方内，但不是实行区域自治的少数民族。所称的散居民族包括建立民族乡的少数民族。以上，就是散居民族这个概念的内涵和外延。本书以居

---

① 散居民族工作主要包括：民族乡工作，城市民族工作，除民族自治地方外少数民族人口占总人口30%以上的村委会、村民小组工作。参见《今日民族》编辑部《加快脱贫发展步伐　力推兴边富民行动——云南"十一五"数民族和民族地区经济社会发展新布局》，载《今日民族》2006年第2期。

住在非自治地方农村的少数民族为研究对象。为尊重原引文文献和行文方便，本书中使用"散居少数民族"时与"散居民族"为通用概念。

"散居民族地区农村"：本书中所称"散居民族地区农村"，既包括了民族乡所辖区域，也包括农村星散的散居少数民族分布区域，即少数民族人口占30%以上的村委会或村小组所辖区域。本书所选择的案例调查点，有来自民族乡辖区内的民族村或村小组，也有来自普通乡镇内少数民族人口占30%以上的村委会或村小组。因为本书仅涉及散居民族中"非自治地方"这个研究和实际工作都最为薄弱的部分，因此所选的调查点没有来民族自治地方的非自治民族的案例。

本书研究仅涉及分布在非自治地方的少数民族，而不涉及自治地方的非自治民族。因此，就本书而言，笔者将民族自治地方外少数民族人口占总人口30%以上的村委会称为"民族村"，下同。行文中强调"民族村"的理论意义和概念时，一般加引号，作为散居民族的分布类型之一使用时未加引号。

第四节　研究的目的、意义和方法

一　研究的目的、意义

（一）目的

云南是一个多民族的边疆山区省份，5000人以上的世居少数民族25个，其中，与境外同一民族毗邻而居的少数民族16个，特有少数民族15个，人口较少民族8个。根据全国第六次人口普查，全省少数民族人口1533.7万人，占全省总人口的33.37%，是全国世居少数民族最多的省份。2010年，全省少数民族人口比例占30%以上的建制村有6999个，辖68490个自然村，总人口1577.59万人，其中少数民族人口1210.56万人，占总人口的76.74%。[①]

2008年末，云南省未列入其他专项扶持规划的散居少数民族人口754.19万人，占全省少数民族人口的53%，自治地方以外的散居少数民族人口约400万，其中约300万人居住在非自治地方农村。散居民族地区占全省总面积的40%。少数民族人口占30%以上的村委会共4437个，辖42453个自然村，分布于今省16个州（市）、109个县（市）、

---

　　① 云政发〔2011〕163号《云南省加快少数民族和民族地区经济社会发展"十二五"规划》，云南省人民政府2011年7月28日印发。

840 个乡（镇）。

云南散居民族工作主要包括：民族乡工作，城市民族工作，除民族自治地方外少数民族人口占总人口 30% 以上的村委会、村民小组工作。①

改革开放以来，特别是"十五"期间，云南省委省政府对云南少数民族发展采取分类指导的特殊政策，对于民族自治地方，实行民族区域自治政策；对于 7 个人口较少民族，实行人口较少民族发展政策；对于 25 个与国外直接接壤的边境县，实行"兴边富民"工程，上述三类政策的实施区域，基本上都在民族自治地方，有效地促进了民族自治地区的经济社会发展。对于散居民族地区，主要有《民族乡工作条例》和《城市民族工作条例》两个法律法规在保障少数民族的权益。云南省先后建立了 197 个民族乡②，其中很大一部分分布在民族自治地方，《民族乡工作条例》主要保障了自治地方非自治民族的权益，随着民族乡撤乡建镇工作的推进，更多的民族村将处于政策覆盖之外；《城市民族工作条例》保障的也只是居住在城市中的少数民族的权益。对居住在非自治地方农村的大约 300 万散居少数民族，其民族权益至今没有得到国家民族政策和法律的保障，导致其成为云南民族问题最为多发的地区。其主要表现，一是散居民族地区农村与其他地区的发展差距拉大，贫困问题严重；二是经济社会发展水平最低，目前，云南经济社会发展最贫困、最落后的地方不在民族自治地区和边境地区，而在散居民族地区农村；三是民族关系热点难点问题较多，民族关系协调任务较重；四是民族文化流失严重，民族文化保护面临较大困难；五是民族平等地位得不到保障，民族人才和民族干部成长缓慢。

从当前已有的研究综述可以看出，对于散居民族的研究，极少关注到除民族自治地方外少数民族人口占总人口 30% 以上的村委会、村民小组的经济社会发展问题。而这一问题，与当前散居民族地区农村经济社会发展及和谐社会建设息息相关。

从民族工作的实际和学术界的研究现状看，云南散居民族地区农村是最需要关注的区域之一。因此，本书选择了昆明、玉溪、昭通、曲靖四市辖区

---

① 云南散居民族人口数根据《今日民族》编辑部《加快脱贫发展步伐力推兴边富民行动——云南"十一五"少数民族和民族地区经济社会发展新布局》（载《今日民族》2006 年第 2 期）以及规划编制组《云南省扶持散居民族地区发展规划 2010—2015 年（初审稿）》（2010 年 4 月）的材料综合计算得出。根据 2008 年末的数据显示，云南散居民族人口数较"十一五"初期统计的数据有所增长，这和全国是一致的规律。自治地方以外的散居民族人口占散居民族人口数的 53%。

② 云南省原有民族乡 197 个，至 2003 年底有 22 个已撤乡建镇或被撤并，尚保留"民族乡"称谓的有 175 个；2009 年末，全省还有 148 个民族乡。

的农村，作为云南非自治地区散居民族研究的典型区域。民族工作部门从实际出发，以"民族村"（村民委员会）为依托，采取一系列特殊政策促进其经济社会发展，取得良好效果并积累了一定的经验。本书将在分析和梳理相关概念、理论、政策的基础上，总结云南散居民族地区农村发展的主要成就和经验，分析云南散居民族地区农村发展存在的主要问题和原因，在"民族村"的工作实践和典型个案研究的基础上，对"民族村"发展的理论进行思考和探索，并在此基础上提出相关的政策构想和立法倡导，以此推动云南散居民族地区农村的经济社会发展。

（二）意义

1. 现实意义

（1）有利于加速小康社会的建设进程

随着社会的发展，民族散居现象将越来越普遍，散居民族人口也将进一步增加。当前，云南省少数民族和民族地区全面建设小康社会的任务还十分艰巨，还有部分少数民族处于整体贫困状态，全面建设小康社会的重点在民族地区，难点也在民族地区，尤其是在散居民族地区农村。散居民族地区农村经济和社会的发展，有助于解决涉及散居民族群众切身利益的特殊困难和突出问题，提高散居民族群众的生产生活水平。没有散居民族的小康，就没有全省人民的小康；没有散居民族的发展，就没有全省的发展。加快散居民族和散居民族地区农村的发展，直接关系到全省全面建设小康社会的进程。

（2）有利于巩固民族团结和维护社会和谐

当前云南经济发展，社会稳定，民族团结，社会主义民族关系不断巩固和发展。但是，散居民族地区农村经济社会发展滞后，民族之间、地区之间的发展存在较大差距。在民族关系中，还存在着一些不利于团结的因素。社会上还存在对散居民族风俗习惯和宗教信仰不够尊重的现象，在经济权益上还存在一些矛盾，这些都有可能导致伤害民族感情、损害民族团结、破坏社会稳定的事件发生，甚至发生冲突。[①] 从当前发生的民族纠纷来看，与散居民族有关的还占有较大比例。这种状况如果长期得不到改变，将影响民族团结和社会稳定。因此，要维护民族团结，保持社会稳定，就必须协调好散居民族关系，加强散居民族法制建设和权益保障，加快散居民族地区农村发展，才能不断巩固和发展平等、团结、互助、和谐的社会主义民族关系，巩固民族团结、边疆稳定和社会和谐。

[①]　黄凤祥、谭传位：《我国保障散杂居少数民族权益的法制建设》，载《民族团结》1997 年第6 期。

（3）有利于实现区域协调和可持续发展

云南散居民族地区农业资源、能源、矿产和生物资源十分丰富，在云南省经济发展中占举足轻重的地位。同时还拥有秀美的山川河流、众多的名胜古迹和异彩纷呈的民族风情等旅游资源，是有待开发的宝地。加快散居民族地区农村发展，有利于发挥优势，有利于促进生产力的合理布局，对加快云南省发展将发挥积极作用。同时，散居民族地区有的地处重要的生态屏障，分布着众多的自然保护区。近年来，由于人口压力和资源的过度开发，一些农村地区水土流失、草场退化等生态环境问题比较严重。加强散居民族地区农村生态环境保护和建设，促进人与自然和谐发展，对云南省实现区域协调和可持续发展具有重要意义。

（4）有利于实现各个民族真正平等

不能让一个兄弟民族掉队，必须推进城乡之间、地区之间、民族之间的协调发展，让散居民族共享改革发展成果，最终实现各个民族共同团结奋斗、共同繁荣发展。切实保障云南散居民族权益，加强散居民族理论和政策法规研究，加快云南散居民族地区农村发展，是促进各个民族平等的重要手段之一，有助于实现各个民族的发展机会均等。只有在政策上给予特殊的倾斜和照顾，才能不断缩小各个民族及不同区域的同一个民族之间经济社会发展的差距，才能实现真正意义上的民族平等。

2. 理论意义

云南散居民族地区农村和散居民族人口是民族研究和民族工作不可忽视的重要组成部分，当前在民族工作的实际中，现有的政策不能使散居民族平等地享受到党和国家民族政策的帮扶，亟须对现有的民族理论进行研究和探索，不断完善民族政策。云南散居民族地区农村存在的上述问题，在全国都具有普遍性。全国1亿多少数民族中，散居少数民族人口有3000多万；其中有很大一部分居住在非自治地方农村。因此，迫切需要对其进行专门研究。

本书针对居住在云南非自治地方农村的约300万散居民族提出，拟通过进行多次田野调查，在总结基层民族工作创造的成功经验的基础上，从理论上提出并论证"民族村"的概念，把非自治地方"民族村"作为党和国家扶持散居民族地区农村发展的重点区域，提出一套扶持其发展的理论和具体政策措施，并倡导将其纳入中国特色的民族理论和民族政策体系，形成自治区、自治州、自治县、民族乡、民族村的完整体系，提出制定《云南省民族村工作条例》的具体建议，使非自治地区农村散居民族能够平等地享受党和国家民族政策的扶持和帮助，并有助于促进散居民族地区农村社会经济发展。本书研究具有创新思路，也具有重要的学术价值和理论意义。

二　研究方法

（一）预研究

研究之初，课题组根据需要购买了《中国散杂居民族工作丛书》等相关文献资料，并复印了部分省级、市级、县级、乡级有关散居民族工作的政府文件，对文献进行了梳理；项目负责人认真检索了 CNKI（包括中国期刊全文数据库、中国博士学位论文全文数据库、中国优秀硕士学位论文全文数据库、中国重要会议论文全文数据库、中国重要报纸全文数据库）国研、维普、万方、中宏五个主要电子数据库中有关散居民族研究的学术论文逾百篇，对这些论文进行分类、阅读、消化，以便掌握当前学术界的研究情况和研究重点。

在文献研究的基础上，项目研究人员于 2010 年 3 月 16 日召开开题专家咨询会。云南省社科规划办主任杨安兴、云南省社科院科研处处长郑晓云、民族文学所所长郭家骥、副所长李金明、云南省民族事务委员会副巡视员胡忠文等专家和领导到会给课题组提出了宝贵的意见和建议。项目负责人首先向到会的专家和领导汇报了项目研究的主要内容、基本思路和方法、重点、难点、主要观点和创新之处。到会的省民委领导指出该项目研究的启动实施阶段正好是"十一五"末，各级党委和政府正在为"十二五"规划的制定做准备，是一个非常好的时机。近期民族工作部门出台了有关散居民族的政策性文件，其中云发（2009）13 号《中共云南省委、省政府关于进一步加强民族工作，促进民族团结，加快少数民族和民族地区科学发展的决定》提出到2015 年，要做好六项工程的规划和实施，其中包括了"散居民族地区扶持发展工程"。制定和实施扶持散居民族地区发展规划，以民族乡和少数民族比例达到 30% 以上的行政村和自然村为重点，整合各类资金、加大扶贫开发整乡、整村力度。《云南省民委关于印发 2010 年工作要点的通知》提到要开展扶持特困民族、散居民族和民族特色村寨保护与发展的试点工作。《副省长刘平同志 2010 年全省民族工作会上的讲话》提到要编制好兴边富民、人口较少民族地区、特困民族地区、散居民族地区、民族特色村寨保护与发展、少数民族劳动者素质提高"六大工程"的规划。这些文件的制定说明散居民族的发展问题日益受到党委和政府部门的重视。但是迄今为止，非自治地方农村少数民族也一直没有政策法规保障其平等地享有相应的权益。针对民族村的发展，只是在实践中给民族村一些资金和项目方面的扶持，尚无专门的立法保障。因此到会专家肯定了项目的理论价值和实践意义。

到会专家指出项目研究首先要界定"民族村"的概念，应对现有的中国民族政策和法律法规进行梳理，着力点应放在"理论和政策创新"方面；建议至少开展三次田野调查，并在田野调查中广泛听取基层民族工作部门的意见和建议；建议力图通过项目研究真实反映散居民族地区农村少数民族的生存状况，为决策部门提供理论和政策依据；专家对项目报告的篇章结构和项目成员间的工作分工也提出了很好的调整建议，使项目在研究思路、方法、内容、重点等各个方面得到进一步完善和明确。

2010 年 5—12 月课题组进行了研究的预考察，在七个月的时间里，课题组考察了昭通、玉溪、曲靖和昆明 20 个县（区）、19 个民族乡和 9 个民族村①的散居民族工作情况和当地社会经济发展情况，调研组将目标人群分为三个组，分别设计了相关的访谈内容。

针对民族宗教局（或民族宗教委）民族工作分管领导（或助理员）主要了解的内容包括：市、县（区）、乡（镇）目前的散居民族工作状况、经费投入情况、人员配备情况、有无出台过民族工作的政策性文件、现有政策实施中的主要问题、民族村（原民族小乡）开展的工作及思考、对民族村应如何纳入规划的思考、政策和立法方面的需求、对当前民族工作状况意见和建议等。

针对村干部主要了解的内容包括：该村的自然、历史、民族构成的基本情况、有无得到过项目支持、给予项目的部门和资金额度、实施效果、该村在经济（经济收入、支出、产业结构、基础设施状况）、社会（教育、文化、社会保障、人才干部）发展方面主要做法、存在的困难和问题、解决思路、要求和建议、民族工作的基本情况、该村的发展有没有因为政策原因和其他地区产生差距。

针对被访村民主要了解的内容包括：被访者个人情况（姓名、年龄、

---

① 调研考察主要包括昆明、曲靖、玉溪和昭通的以下区域：

昆明市：原官渡区阿拉彝族乡石坝村委会（已经改为经开区阿拉办事处）、原西山区团结彝族白族乡、谷律彝族白族乡（已经合并为团结镇，后改为团结办事处）、晋宁县夕阳彝族乡大绿溪村、五华区沙朗白族乡（已经改为沙朗办事处）。

昭通市：昭阳区、青岗岭回族乡、靖安乡、玉碗镇、大关县、天星镇、彝良县、洛泽河镇、龙街回族彝族乡、奎香苗族彝族乡、树林彝族苗族乡树林村、镇雄县、塘房镇、林口彝族苗族乡、威信县、双河苗族彝族乡、（途经四川分水镇、兴文县、珙县、长宁县、宜宾返回云南境内）昭通水富县、豆沙关、大关县、永善县马楠苗族彝族乡马楠村、鲁甸县桃源回族乡。

玉溪市：红塔区小石桥彝族乡、洛河彝族乡、通海县李山彝族乡、兴蒙蒙古族乡、红塔区春和镇黄草坝彝族村。

曲靖市：富源县后所镇庆云彝族村委会、富源县中安镇回隆回族村、马龙县月望乡深沟彝族村委会、罗平县长底布依族乡、师宗县高良壮族苗族瑶族乡纳厦村、五龙壮族乡狗街村委会水寨壮族村。

民族或支系、受教育程度等）及其家庭情况、主要经济收支构成、参加新农合或新农保的情况、民族语言和民族文化、习俗保留情况、家庭是否得到过政策优惠或资金扶持、这些扶持是以什么项目名义得到的、在经济发展、文化生活、子女教育方面的困难和问题等。

　　研究不仅针对不同的目标人群侧重了解不同的情况，还特别注意到纳入不同性别、年龄、收入、身份人群的视角，对熟悉情况的老人、权威人士做深度访谈，详细记录被访人的性别、姓名、身份、联系方式及访谈的时间和地点等信息，以便后期电话回访，调研中还注意收集图片和语音资料，注意记录工作日志。对一个地区（县、乡镇、村）的整体情况尽量做全面细致的了解，包括区位、面积、人口构成、民族构成、耕地、林地、森林覆盖率、气候、海拔等情况；经济发展情况、教育、卫生、文化、社保等社会事业发展情况、人才状况和民族干部培养使用情况、有无项目进入以及实施进展情况；经济社会发展主要面临的问题；散居民族工作情况，如开展散居民族工作、问题和对策、少数民族干部比例、培养和任用情况、尊重宗教信仰和风俗习惯、民族工作经费投入情况、民族教育和民族文化发展情况、与民族自治地方相比，政策差异导致的经济社会发展的差异如何、民族关系如何、基层按照"民族村"指导民族工作的实际情况和具体做法。

　　通过预考察，研究人员了解到有些在民族自治地区或经济条件、基础设施较好的民族地区实施的教育政策，在发展滞后的散居民族地区往往导致辍学率的上升；一些散居民族乡根据当地实际情况摸索的医疗方案在新医改的背景下艰难不前；散居民族地区人才队伍建设和干部培养困难重重，而实际的民族工作中又呼唤既有现代管理知识又能与本土情况相结合的当地少数民族干部能不断成长；一些民族村寨由于缺乏开展民族文化活动的场地和经费，国外基督教势力乘虚而入，占据了部分少数民族的精神领地；有些民族工作部门的体制不顺和民族村基层的建制不畅导致散居民族工作开展困难；由于散居民族分布散、类型多、发展不平衡、热点难点问题多，而现有散居民族政策存在亟须调整、修订、补充、完善，很多散居民族，尤其是居住在非自治地方农村的广大散居民族，其民族权益至今没有得到国家民族政策和法律的保障，使其与其他地区的发展差距拉大，也导致其成为民族问题敏感的多发地区。

　　研究人员在预考察期间与云南省民委、昆明市民委、团结镇党政办、阿拉乡党政办、晋宁县民宗局、玉溪市民委、红塔区民委、春和镇党政办、通海县民委、李山乡党政办、兴蒙乡党政办、小石桥乡党政办、洛河彝族乡党政办、曲靖市民委、富源县民委、师宗县民委、罗平县民委、马龙县民委、昭通市民委、鲁甸县民委、桃源乡党政办、永善县民委、马楠乡党政办、彝良县民委、威信县民委、镇雄县民委等民族工作部门建立了工作联系,不仅得到了大量、系统的情况介绍,同时还深入到所辖区域的乡镇和村组进行了实地调研,和广大基层民族工作者和散居民族群众促膝交谈,了解到不同类型散居民族地区农村不同的发展经验、困境和思路。

（二）田野调查

田野调查选择了云南典型的散居民族地区,包括昆明市、玉溪市、曲靖市和昭通市的部分民族乡和民族村。其中曲靖市和昭通市没有一个自治县,但是民族人口比重大、民族成分多。在每个区域,又综合考虑到田野调查点的具体区位、自然气候条件、经济社会发展水平、发展方式、发展效果等各个方面的因素,在多个市、县（区）、乡（镇）、村进行了点、线、面相结合的调研。

图1-1　研究区域位置图

　　本书涉及的研究区域为位于云南省中部、东部和东北部的昆明、玉溪、曲靖和昭通四市辖区的农村，图 1 - 1 的粗线范围内。

　　1. 昆明市散居民族地区农村

　　昆明市是一个多民族聚居的边疆省会城市，散居特点非常明显，少数民族在全市 14 个县（市）都有分布，除了石林、禄劝、寻甸三个自治县外，还有 5 个民族乡，47 个民族村委会，2196 个民族散居村，全市有 52 个民族成分（除了塔吉克族、柯尔克孜族、裕固族和门巴族外），少数民族人口 76 万，占全市人口的 14.6%，散居少数民族 44.8 万，占全市少数民族人口的 60%。少数民族分布面积达 11064 平方公里，占全市国土面积的 52%。① 因此，昆明市是典型的散居民族地区，并且少数民族人口多、分布广、成分多、大分散、小聚居、交错分布。

　　昆明市从 1987 年以来建立了 10 个民族乡，随着城市化进程加快，昆明市有 6 个民族乡先后撤乡建镇或者改为街道办事处。分别是：太平白族乡成立于 1988 年 2 月，2001 年 12 月改为太平镇；团结彝族白族乡成立于 1988 年 2 月，谷律彝族白族乡成立于 1987 年，2005 年 7 月团结和谷律乡合并为团结镇，2009 年 7 月又改为团结街道办事处；阿拉彝族乡成立于 1987 年，2008 年 3 月从官渡区划归经开区，2009 年 9 月又改为阿拉街道办事处；沙朗白族乡成立于 1988 年 2 月，2009 年 7 月改为沙朗街道办事处；2012 年 3 月罗免彝族苗族乡改为罗免镇。六个民族乡撤乡改办改镇，就是在昆明市城市化发展的大背景下进行的。

　　昆明市民族乡撤乡建（并）镇、改办是当前和将来一段时间昆明市散居民族地区农村城市化进程的必然阶段。民族乡的体制和称谓改变后，散居民族人口和民族构成并未发生大的改变，群众的生产生活面貌远未完成城市化的过程，在近几年的发展中也面临着新的问题。而原有《云南省民族乡工作条例》也不再适用于撤乡建（并）镇、改办后的地区，目前还没有相应的政策法规来应对这个新的问题。近年经过并镇、改办建立的团结街道办和阿拉办事处均脱胎于民族乡，具有代表性和典型性，需要研究、创新民族理论和政策，使其能够更好地衔接、过渡和发展。

　　2. 玉溪市散居民族地区农村

　　玉溪市是一个少数民族人口多、分布广的地区。玉溪市总人口 212.25 万人，其中少数民族 69.38 万人，占总人口的 32.69%；5000 人以上的有彝

---

　　① 昆明市民族事务委员会：《昆明市散杂居民族地区经济社会发展情况报告》（打印资料），2008 年 6 月。

族、哈尼族、傣族、回族、白族、蒙古族、苗族、拉祜族 8 种世居少数民族，少数民族居住的地域面积占全市总面积的 76.7%。除峨山、新平、元江三个民族自治县以外，玉溪市少数民族散居在红塔区、通海、江川、澄江、易门、华宁 6 县（区）共 23.77 万人，占当地总人口的 15.85%，占全市少数民族总人口的 34.26%。在 6 县（区）中，民族行政村有 121 个（少数民族人口占该村总人口 30% 以上）1063 个村民小组，主要集中在 10 个民族乡①及通海县的纳古镇、华宁县的华溪、盘溪镇（原 3 个民族乡撤乡建镇）。即。其中：红塔区 17 个行政村 133 个村民小组、江川县 8 个行政村 40 个村民小组、澄江县 2 个行政村 13 个村民小组、通海县 22 个行政村 130 个村民小组、华宁县 39 个行政村 334 个村民小组、易门县 33 个行政村 413 个村民小组。②

　　玉溪市是滇中经济社会发展较快的地区之一，周边一些生态环境良好的散居民族地区农村具有开发生态旅游和农家乐的条件及基础，这也是将来一些散居民族地区农村的发展方向之一。但是散居民族分布各异，有的在山区、半山区，有的在坝区，有的地区以矿业为主要产业，有的以养殖、种植业为主，经济社会发展水平不平衡，与周边发展相比仍有明显差距。如何通过民族理论和政策的创新，缩小同一民族不同地区之间、同一区域不同民族之间的发展差距，是本书研究关注的内容之一。

　　3. 曲靖市散居民族地区农村

　　曲靖市有彝、回、壮、布依、苗、水、瑶 7 个世居少数民族和蒙古、哈尼等 38 个其他少数民族，共 44.6 万人，占全市总人口 616 万人的 7.22%，其中 7 个世居少数民族 40.94 万人，占少数民族人口的 96.6%；其他少数民族 1.42 万人，占 3.4%。世居少数民族中达 10 万人以上的有彝族 24.21 万人，占少数民族人口的 54.3%；10 万人以下至 1 万人以上的有回族 7.86 万人，占 18%；壮族 3.4 万人，占 7.7%；布依族 3.2 万人，占 7.2%；苗族 3.18 万人，占 7%；1 万人以下的有水族 8133 人，占 1.8%；瑶族 2396 人，占 0.5%。少数民族人口 80% 散居、杂居在各乡镇，呈"大杂居、小聚居、立体分布"特征，属典型的多民族散居地区。世居少数民族主要聚居在所称的曲靖民族地区，包括 8 个民族乡、非民族乡 99 个少数民族人口占 30%

----

　　①　玉溪市 10 个民族乡是：红塔区洛河彝族乡、红塔区小石桥彝族乡、江川县安化彝族乡、通海县高大傣族彝族乡、通海县里山彝族乡、通海县兴蒙蒙古族乡、华宁县通红甸彝族苗族乡、易门县十街彝族乡、易门县浦贝彝族乡、易门县铜厂彝族乡。

　　②　《玉溪市少数民族散居地区经济社会发展情况汇报材料》（打印材料），2008 年 6 月 2 日。

以上的民族村委会、非民族乡非民族村 554 个少数民族人口占 30% 以上的民族村民小组。曲靖民族地区共有 178 个村委会、2230 个村民小组，其中仅 24 个村散落坝区、83 个村居于丘陵地带，2123 个村则分布在半山区、石山区、深山区和高寒山区。①

曲靖市是典型的工业城市，矿业经济占有较大的比重。曲靖市在发展经济的同时，在民族工作方面开拓创新，通过民族团结示范村、新农村建设、整村推进、散居民族示范村、三村四化建设、千村扶贫、百村推进等一系列政策措施的创新和实施，取得了实效。富源县矿区走出经济发展、科学发展、安全发展、可持续发展之路，无矿区依托生态旅游、和谐民族关系构建和创新性保护与发展民族文化开创和谐发展之路。

4. 昭通市散居民族地区农村

昭通市是典型的少数民族散居地区，既不属于自治州，也无自治县。全市有 19 个民族乡，126 个民族村，2150 个民族自然村，有 24 个少数民族 56 万人，少数民族人口占全市总人口的 10%。其中，回族 18.5 万人，彝族 18 万人，苗族 17.9 万人。昭通散居民族的特点，一是民族人口比例低，绝对数大，历史悠久。少数民族人口总量超过省内部分自治州的总人口。苗族人口占全省苗族总人口的 1/7，回族人口占全省回族总人口的 1/4，同时，昭通又是彝族及其文化的发祥地之一，形成了悠久灿烂的民族文化。二是民族种类多，主体少数民族人口相差不大。彝族、苗族、回族三种民族是昭通世居主体少数民族，人口都在 17 万以上，占了全市少数民族总人口的 97%。三是少数民族人口大分散、小聚居、点多面广。全市 143 个乡（镇）、办事处均有少数民族，1178 个行政村中，只有 120 个无少数民族人口居住，且全市少数民族人口分布不均；② 四是全市少数民族群众绝大部分居住在边远、高寒山区。调研数据显示，80% 以上的苗族居住在高寒山区，近 80% 的彝族群众居住在二半山以上地区，还有 10% 的回族居住在高二半山地区，生产生活水平较低。③

昭通散居民族地区最大的特点就是贫困，民族工作具有特殊性、重要性、长期性、复杂性的特点。昭通市近年来在民族工作过程中，创新性地落

① 曲靖市人民政府：《曲靖市民族散居地区经济社会发展情况汇报》（内部打印资料），2008年5月30日。

② 昭通市少数民族人口分布不均：昭阳、镇雄两县区超过11万人，鲁甸、彝良两县超过7万人，威信、永善超过3万人，其余5县均不到3万人，水富县只有3697人，绥江县仅有619人。

③ 截至2009年底，昭通市民族乡农民人均纯收入1766元，民族村人均纯收入1419元。数据来源：《昭通市散居民族经济社会发展情况报告》（内部打印资料），2010年5月16日。

实和制定了一系列支持散居民族地区农村发展的政策措施，在人才队伍建设、民族教育、民族文化繁荣发展等方面均取得了实效。在贫困的少数民族中，苗族的贫困程度又相对较深，永善县马楠乡马楠苗族村近年的发展措施，反映出创新民族理论和政策的必要性和迫切性。鲁甸县桃源乡桃源回族村的发展，既得益于鲁甸县创新性民族宗教政策的制定和执行，也在农村土地流转及和谐民族关系构建方面取得了突出成绩，对其经验和措施的总结研究，也是具有理论意义的。

通过预考察和田野调查可见，散居民族地区农村经济社会发展水平之间的差异较大，文化差异显著，发展途径的探索多样化，特点各异。有的仍处于深度贫困中，生存和生产环境十分恶劣，经济发展滞后，基础设施薄弱；有的具备发展前景，但是面临资金、项目和政策缺乏的瓶颈；有的相对于其他散居地区而言经济发展较好，但相对于周边汉族地区仍较为滞后；有的在城市化的背景下，已经在建制上发生了改变，面临新的发展问题。

这些散居民族地区的现实状况，综合反映出散居民族群众和基层民族工作者呼唤能够出台有针对性的民族政策，以应对当前散居民族政策缺失和失效的问题，以促进散居民族地区农村经济社会发展。这些调研选点代表了不同自然条件、不同民族、不同区域的多种发展方式。调研中代表性选点的具体情况参见表 1-1。

表 1-1　　　　　　　　本书主要调研地区基本情况简表

调研地区	所属区、乡或者镇（办事处）	村委会（居）	主体民族及比例	其他少数民族	农民人均纯收入	基本情况
昆明市	由原官渡区阿拉彝族乡改为经开区阿拉办事处	石坝村委会（改为居委会）	彝族72.4%		4456 元（2006 年）	阿拉办事处前身为阿拉彝族乡，2008年3月从官渡区划归经开区，2009年9月又改为阿拉街道办事处。土地总面积75.45平方公里，境内铁路、公路纵横交错，石安公路、昆石高速公路、贵昆公路、贵昆铁路、昆河铁路、南昆铁路从阿拉乡境内贯穿而过，加之驻乡单位、部队多，人均占有耕地少，尤其是随着近年来城市化进程的加快和非农业用地需求的增长，普照、石坝两个村委会农民几乎失去了耕地，致使农村富余劳动力和失地农民较多，涉及失地农民的生产生活和社会保障的问题也越来越突出。随着市场取向改革的进一步深化，因经济利益分配，土地、山场、重点工程建设等引发的各类矛盾依然存在，搞好民族团结和维护农村社会和谐稳定的工作依然艰巨。

续表

调研地区	所属区、乡或者镇（办事处）	村委会（居）	主体民族及比例	其他少数民族	农民人均纯收入	基本情况
昆明市	由西山区团结彝族白族乡和谷律彝族白族乡合并为团结镇，再改为办事处	龙潭村委会	彝族、白族 71.21%	苗族	4975 元（2006 年）	昆明市西山区于 2005 年 10 月 18 日撤销团结彝族白族乡和谷律彝族白族乡，成立团结镇。镇政府所在地为原团结乡政府所在地龙潭。新成立的团结镇总面积达到 425.8 平方公里。2009 年改为办事处。城镇化建设使得谷律乡和团结乡由"吃粮食靠返销，花钱靠贷款，生产靠救济"的"三靠乡"变成了"绿色经济大乡，农业生态大乡和民族文化大乡"。但同时也带来新的问题。
玉溪市	红塔区小石桥彝族乡		彝族 35.36%	回族、傣族、哈尼族	6586 元（2011 年）	小石桥彝族乡位于玉溪市东北部龙马山山脉南部，面积 70.4 平方公里，海拔 1800—2438 米，森林覆盖率达 75%，属流水和岩溶地貌，立体气候明显。小石桥乡辖小石桥、响水、玉苗三个村民委员会，23 个村民小组，20 个自然村。彝族人口主要聚居在玉苗、响水两个村委会，自称"苏乃泼"，意为"黑族人"，是一个崇尚黑色的民族。该乡以休闲度假、民俗观光旅游为特色打造生态彝乡，并已初具规模。
	红塔区洛河彝族乡		彝族 90.72%	哈尼族	4099 元（2007 年）	洛河彝族乡地处区境的西南部，总面积约 176.4 平方公里，总人口为 9645 人。全乡辖洛河、把者岱、跨喜、法冲、双龙 5 个行政村，31 个自然村（村民小组）。洛河乡的矿产资源无论是种类还是数量，均居红塔之首，初步探明，仅铁矿储量就在 4800 万吨以上，其他如铁锰矿、铅锌矿等储量均各在 100 万和 10 万吨以上。如今矿产业已成为洛河乡的一大支柱产业。
	通海县里山彝族乡		彝族聂苏支系 49.7%		3462 元（2011 年）	通海县里山彝族乡位于通海县城东南部，总面积 100 平方公里。全乡处于中山地区，地貌多为山谷、山丘和山间小盆地，里山彝族多居住在山区和半山区，属聂苏支系，人口总数接近 4000 人。"山高、箐深、水冷"是对其自然景观的最为简约的概括。该乡现仍有彝文"贝玛"传承人。
	通海县兴蒙蒙古族乡		蒙古族 96.4%		3598 元（2008 年）	兴蒙蒙古族乡是云南省唯一的蒙古族聚居乡，位于云南中南部的通海坝区，总面积 4.77 平方公里，总人口 5514 人。兴蒙乡气候温和，四季如春，交通便利，民族文化资源丰富，是著名的"民族文化之乡"、"美食之乡"、"歌舞之乡"、"建筑之乡"和"甜瓜之乡"。

续表

调研地区	所属区、乡或者镇（办事处）	村委会（居）	主体民族及比例	其他少数民族	农民人均纯收入	基本情况
玉溪市	红塔区春和镇（改为春和街道办）	黄草坝村	彝族98%	回族、白族	4300元（2009年）	春和镇黄草坝村村委会所在地海拔1900米，有玉溪的"香格里拉"之称，境内森林植被丰厚，"祭龙节"、"火把节"、"找皇节"等民族节日追溯着古老的彝族文化，是一块尚待开发的生态旅游宝地，将来以发展旅游业为主要方向之一。
曲靖市	富源县后所镇	庆云村委会	彝族63%	哈尼族、蒙古族、回族、门巴族	6669元（2011年）	富源县后所镇位于富源县城北部，海拔1906—2737米，总面积456平方公里，辖13个村委会，91个村民小组，187个自然村。森林覆盖率29.5%，经济作物以烤烟为主，是一个五分林地、三分耕地、二分牧地的高寒冷凉山区。矿藏资源丰富，有煤、铁、铜、金、锌等，以煤为最，探明煤炭储量1.7亿吨，有煤面积200余平方公里，是云南省气肥煤生产的重点乡镇之一。庆云村委会隶属后所镇，地处后所镇东边，该村以彝族为主（是汉、彝族混居地），其中彝族4100人，汉族2450人。该村由于煤炭开采引发了房屋开裂、地表下陷、水源干涸、民族关系紧张等问题。作为自然资源逐渐枯竭，资源利用方式转型的典型矿区的民族村代表，在探索矿区经济社会可持续发展方面积累了丰富的经验并取得了突出的成绩，目前通过采取一系列有效措施解决群众的生产生活问题，大力发展煤炭务工经济，至2010年底采取资源共享方式投资3000余万元，建成庆云民族团结示范村，受到国务院表彰。
	富源县中安镇	回隆村民委员会	回族72%		2027元（2008年）	富源县中安镇回隆村民委员会是富源县内唯一以回族为主体的回汉杂居民族村委会，地处中安镇西部，海拔2157—2298米，全村辖6个自然村，7个村民小组，共698户2609人。森林覆盖率达40%，自然村均实现水、电、路"三通"。回隆回族村委会通过加强党的基层组织建设，多渠道扩充建设资金，不仅在和谐民族关系构建和民族文化的保护有创新性发展，还正在积极探索土地流转的途径，促进了当地经济社会良性发展。回隆村民委员会被国务院授予"全国民族团结进步模范集体"荣誉称号。

调研地区	所属区、乡或者镇（办事处）	村委会（居）	主体民族及比例	其他少数民族	农民人均纯收入	基本情况
曲靖市	马龙县月望乡	深沟苗族村	苗族87%	彝族	1772元（2008年）	月望乡位于马龙县城东南部，海拔2069—2454米，属高原丘陵地区。月望素有"八月低温，三月倒春寒"的反常气候出现。深沟行政村隶属月望乡，农民收入主要以种植业、养殖业为主。深沟村在80年代曾经是"小康示范村"，解决了温饱问题。但是近十多年来没有一个项目和资金进入深沟村，导致现在又成为了贫困落后的代名词。
	罗平县长底布依族乡		布依族33%	彝族、回族、白族、哈尼族	2778元（2008年）	罗平县长底布依族乡位于罗平县城东部，是进出云南省的"东大门"，因是云南省唯一的布依族主要聚集地而得名。全乡地处低热河谷区，属亚热带季风气候，平均海拔1210米，气候温和，素有"天然温室"和"滇黔锁钥"之称。面积97.8平方公里，辖6个村（居）委会59个村民小组，全乡总户数4043户，总人口16400人。
	师宗县高良壮族苗族瑶族乡	纳厦村委会新安瑶族村小组	瑶族100%		1500元（2011年）	纳厦村委会位于高良乡政府西南，平均海拔1140米，年平均气温18℃，属低热河谷槽区。纳厦村委会下辖10个村小组，共有839户3820人。其中有5个纯苗族村小组，4个纯壮族村小组和一个纯瑶族村小组，少数民族人口占总人口的99%。各民族之间相互通婚，关系融洽。粮食作物主要以水稻、玉米、大豆等种植为主，经济作物主要有油桐、生姜、薏仁等，养殖业以养殖大牲畜，猪、鸡为主。纳厦村委会是师宗县16个贫困村委会之一。
昭通市	彝良县树林乡	树林村	彝族、苗族63.85%		1360元（2009年）	彝良县树林乡位于彝良的东南边陲，是彝良的南大门。海拔1867—2689米，由于东南暖流和西北寒流常年在此交汇，温差大，气候变化快，多雨水，多雾霭，常年阴雨连绵，霜雪冰冻现象严重，素有彝良的"小西伯利亚"和昭通的"迪庆州"之称。总面积124.46平方公里，辖4个村民委员会（其中含树林、林口两个民族村）。受地理气候环境的影响，土地瘦薄，生产生活水平低，是一个典型的集高寒、边远、贫困、落后于一体的民族散居乡。树林村隶属彝良县树林乡，是乡政府所在地，属于贫困村，农民收入主要以种、养业和劳务输出为主。

续表

调研地区	所属区、乡或者镇（办事处）	村委会（居）	主体民族及比例	其他少数民族	农民人均纯收入	基本情况
昭通市	镇雄县林口彝族苗族乡	林口村	彝族30%	苗族	906元（2010年）	林口彝族苗族乡位于镇雄县东部，辖林口、娃飞、菜子、干秋、风岩、硝林、熊贝、木黑8个村（其中林口、娃飞、木黑为民族村）。林口村委会大部分村组未通公路，一些偏远自然村无校点，较偏远的自然村离乡卫生所远，无医疗服务站，群众看病难，畜牧业发展由于科技推广跟不上，采用常规饲养方式，缺乏科技兽医人员。
	威信县双河乡		苗族25%	彝族	852元（2005年）	双河乡位于威信县城东部，国土总面积146.89平方公里。乡政府所在地离红军长征"扎西会议"会址17公里，以南20公里到达"鸡鸣三省"，与贵州毕节市隔赤水河相望。辖茨竹坝、偏岩、过街楼、半河、双河、天池、楠木、菜营8个村民委员会，167个村民小组。境内山地多，平坝地少，25度以上坡地占36%。茨竹坝、天池两村属典型的高寒冷凉地区，其他高寒冷凉地区还有双河、半河、楠木等高二半山区以上。当地散居民族群众戏称其生活生产还处于"通信基本靠吼、交通基本靠走、治安基本靠狗"的情况。
	永善县马楠苗族彝族乡	马楠村	苗族70%	彝族9%	1210元（2009年）	马楠苗族彝族乡位于昭通市永善县东南部，海拔780—3020米，呈"一匹梁子两面坡"地貌，属高二半山区，立体气候明显，年温差较大。马楠乡辖兴隆、桃山、马楠、坪厂、冷水、虹口6个村委会130个村民小组3400户13022人，各民族大分散，小聚居。民族文化丰富多彩、源远流长，曾被誉为"芦笙歌舞史诗之乡"和"蜡染刺绣之乡"。2009年马楠乡农民人均纯收入1210元，仅为永善县的48%，为昭通市的50%。马楠村位于乡政府驻地北部，距乡政府16.5公里，海拔2600—3050米。马楠村有天然草场46054亩，人工草场18000亩，年最高气温18℃，最低气温－16℃，无霜期仅120天。全村辖18个村民小组319户1090人，是一个典型的以苗族为主体民族的散居民族特困村。

续表

调研地区	所属区、乡或者镇（办事处）	村委会（居）	主体民族及比例	其他少数民族	农民人均纯收入	基本情况
昭通市	鲁甸县桃源乡		回族94%	彝族	2808元（2008年）	桃源回族乡位于鲁甸县东南部，面积60.37平方公里，辖5个行政村27个自然村109个村民小组，总户数9679户，总人口39404人，农作物种植以烤烟、水稻、玉米、马铃薯为主，其中烤烟是支柱产业，畜牧、林果产业发展潜力大，劳务输出前景看好。在桃源工业园区尚未建成投产之前，没有工业支撑，属典型的农业乡。

（三）量化研究与访谈研究

对散居民族研究而言，由于散居民族与聚居民族存在很大区别，不仅人口基数大，民族成分众多，人口居住分散，特别是不同类型的散居民族情况差异巨大，在选取样本资料进行以点代面的分析时，往往是选择具有典型性的代表，分别反映某一种散居民族地区的情况。通过多种类型选点的结合，多方位反映散居民族地区农村的情况。本书选取具有代表性的乡、村，深入地进行实地调查，把通过实地调查获得的第一手资料与各地区的相关统计数据结合起来，来对不同类型散居民族地区经济社会发展状况进行深入分析。

在调研过程中，调研组主要使用结构、半结构访谈，通过对不同目标人群①按照一个粗线条式的访谈提纲进行访谈。对访谈对象的条件、所要询问的问题等只有一个粗略的基本要求，访谈者可以根据访谈时的实际情况灵活地做出必要的调整，至于提问的方式和顺序、访谈对象回答的方式、访谈记录的方式和访谈的时间、地点等没有具体的要求，由访谈者根据情况灵活处理。在驻村时间较长的选点，时间充裕的情况下，对于关键人物，如民族工作者、村长、社区长老、社区文化人、致富能手等还进行了深度访谈，② 获得了丰富生动的研究资料。

（四）本书的主要构成

本书由总报告、分市报告和个案报告组成。总报告第一章是国内外相关

① 主要分为：民族宗教局（或民族宗教委）民族工作分管领导（或助理员）、村干部、被访村民。同时还对熟悉情况的老人、权威做深度访谈，并特别注意到纳入不同性别、年龄、收入、身份人群的视角。

② 所谓深度访谈，学界所指的主要就是无结构式的访谈或自由访谈，它与结构式访谈相反，并不依据事先设计的问卷和固定的程序，而是只有一个访谈的主题或范围，由访谈员与被访者围绕这个主题或范围进行比较自由的交谈。

研究文献综述与研究的目的、意义和方法。第二章是对云南散居民族地区农村经济社会发展的现状研究和问题分析。第三章梳理云南散居民族地区农村民族工作的实践、成效和问题。第四章提出云南散居民族地区农村经济社会发展的理论思考。第五章提出散居民族地区农村经济社会发展的政策建议。第六章提出云南散居民族地区农村经济社会发展的法律建议。第七章对本书研究做出初步结论。

由于四个所选的区域在散居民族地区农村经济社会发展方面，除了具备一些相似之处外，也还存在有很大的区别。因此，总报告之后还专门设置了分市报告作为附录一，用于分别总结、分析各地的经验、问题，并提出相应的建议。

为使总报告各章节篇幅协调，主要内容贯通，衔接顺畅，项目研究还单设了个案研究报告作为附录二，用于说明在云南散居民族地区农村开展的创新性工作。个案报告是在昆明市、玉溪市、曲靖市和昭通市调研地区内各选一个，在田野调查的基础上形成，用于说明云南省散居民族地区农村开创性的实践工作。个案报告中两个选点是民族乡下辖的民族村，另两个选点是普通建制镇下辖的民族村，各有不同的特点。四个个案报告所调研到的经验、问题是"民族村"理论提出的基础，也是提出相应政策法规的依据。个案报告内容详见本书附录部分。

（五）报告撰写、修改和定稿

在报告的撰写中，主要分为总报告、分市报告、田野点个案报告等几个组成部分。主要运用的资料有文字、图片、图表。图片包括了地图和照片，用于直观性展示文字所述内容，增加阅读的直观性和可读性，随文编排。总报告中图片的编排，如图1-1表示第一章第一张图片，图2-1表示第二章第一张图片，以此类推。在个案报告中，图片直接编为图1、图2等。

图表包括了说明性表格和数据表格，主要用于系统说明内容和分析数据，总报告表格的编排按照章节顺序编排，在目录中单独编出表格部分的目录，表1-1表示第一章第一个表格，表2-1表示第二章第二个表格，以此类推。个案报告和分市报告中的表格不分章节，随文编入，如表1、表2等。除少数注明来源的图片外，其余均为课题组在调研期间拍摄的。

调研报告完成后，对于还有存疑的问题和不清楚的数据，再次通过返回田野点或者电话回访等方式进行了跟踪，最后修改定稿。所列参考文献是总报告中引用参考的文献，按照引用顺序编排。对分市报告和个案报告中的参考文献，主要通过随文脚注显示，不在"参考文献"中列出。

第 二 章

云南散居民族地区农村经济
社会发展的现状与问题

第一节 云南散居民族地区农村概况

云南省有 56 个民族，5000 人以上的世居少数民族 25 个，其中，与境外同一民族毗邻而居的少数民族 16 个，特有少数民族 15 个，人口较少民族 8 个。根据全国第六次人口普查，云南省少数民族人口 1533.7 万人，占全省总人口的 33.37%，是全国世居少数民族最多的省份。2010 年，云南省少数民族人口比例占 30% 以上的建制村有 6999 个，辖 68490 个自然村，总人口 1577.59 万人，其中少数民族人口 1210.56 万人，占总人口的 76.74%。①

云南省有 8 个民族自治州、29 个民族自治县，民族自治地方共有 78 个县（市），国土面积占全省总面积的 70.2%，人口占全省总人口的 49.3%。

"大杂居、小聚居"是云南少数民族分布的一个显著特点。云南散居民族人口绝对数不少，但居住相对分散，所占地区总人口比例约为 11.8%。全省 8 个自治州、29 个自治县共 79 个民族自治地方集中了 1219 万少数民族人口，在其他的 50 个县（市、区）也都有少数民族分布。同时，在 79 个民族自治地方县内也有大量非自治民族散居其中。

2008 年末，云南省未列入其他专项扶持规划的散居少数民族人口754.19 万人，占全省少数民族人口的 53%，少数民族人口占 30% 以上的村委会共 4437 个，辖 42453 个自然村，分布于今省 16 个州（市）109 个县（市）840 个乡（镇）。

民族乡是散居民族人口相对聚居的区域，2009 年末，全省共有 148 个

---

① 云南省人民政府：《云南省加快少数民族和民族地区经济社会发展"十二五"规划》，2011 年 10 月 11 日。

民族乡①，分布于 16 个州（市）的 71 个县（市、区），总人口 284.37 万人，其中少数民族人口 175.39 万人，占 61.68%，占全省少数民族总人口的 11.43%，建乡民族共有 21 个。2008 年，云南省民族乡（镇）农林牧副渔业总产值 92 亿元，乡镇企业总产值 109.93 亿元，财政收入 9 亿元，财政支出 8.82 亿元，农民人均纯收入 1970 元。②

云南省民族乡、少数民族人口占 30% 以上散居民族聚居村委会、自然村分布情况详见表 2 –1。

表 2 –1　　　云南省民族乡、散居民族聚居村委会、自然村

（少数民族人口占 30% 以上）分布表（2008 年）　　　单位：个

州（市）	民族乡数	村委会个数	自然村个数
16	148	4437	42543
昆明市	5	287	1563
玉溪市	10	123	1001
曲靖市	8	155	1182
昭通市	17	124	1227
保山市	11	113	702
丽江市	18	237	1735
普洱市	11	510	5963
临沧市	13	257	2734
德宏傣族景颇族自治州	5	13	129
怒江傈僳族自治州	3	46	269
迪庆藏族自治州	3	97	687
大理白族自治州	11	711	5072
楚雄彝族自治州	4	565	5097
红河哈尼族彝族自治州	6	510	4806
文山壮族苗族自治州	16	423	4727
西双版纳傣族自治州	7	3	30

根据《云南省扶持散居民族地区发展规划 2010—2015 年》（初审稿）和《云南省民族乡分布情况》（云南省民族事务委员会内部打印本）的数据整理编制。

_____

①　云南省原有民族乡 197 个，至 2003 年底，有 22 个已撤乡建镇或被撤并，尚保留"民族乡"称谓的有 175 个；2009 年末，全省还有 148 个民族乡。

②　规划编制组：《云南省扶持散居民族地区发展规划 2010 — 2015 年》（初审稿），2010 年 4 月；云南省民族事务委员会：《云南省散居少数民族工作基本情况》（内部打印稿）。

　　以调研地区玉溪市和曲靖市为例，表2-2和表2-3分别反映了玉溪市民族乡和曲靖市民族乡村统计情况。

表2-2　　　　　　　玉溪市十个民族乡基本情况（2007年）

	土地面积（平方公里）	总人口数（人）	少数民族人口数（人）	民族人口比重（%）	财政收入（万元）	财政支出（万元）	农民人均纯收入（元）
合计	1302.8	116056	73216	63.09	6513.25	6771.86	3280
洛河彝族乡	176.4	9833	9125	92.80	2603	2134	4099
小石桥彝族乡	70.4	6194	2732	44.10	1205	1097	4696
安化彝族乡	95.6	9373	9038	96.43	599.14	390.54	3092
高大傣族彝族乡	110	11136	7202	64.67	154	410	3750
里山彝族乡	100.1	8459	4235	50.07	340	399	2549
兴蒙蒙古族乡	4.77	5636	5481	97.00	101.8	224.3	3744
通红甸彝族苗族乡	114.5	10738	4260	39.70	314.62	342.6	1998
十街彝族乡	159.44	13310	7202	54.11	254.13	656.62	3423
浦贝彝族乡	178.9	18370	9370	51.01	423	514	3478
铜厂彝族乡	292.69	23007	14571	63.33	567.56	603.8	2933

　　根据玉溪市人民政府：《玉溪市少数民族散居地区经济社会发展情况汇报材料》，2008年6月2日。

表2-3　　　　　　曲靖市民族乡、村统计表（2007年）　　　　单位：人、个、%

县（市）区	总人口	少数民族人口	占总人口的比重	民族乡①	民族乡内村委会	民族乡内村民小组	民族村委会②	民族村委会内村民小组	民族村民小组③
曲靖市	6030424	423644	7.03	8	79	830	99	846	554
麒麟区	679535	28027	4.12				3	16	14
沾益县	409796	22483	5.49				7	61	30
马龙县	197804	14405	7.28				5	31	40
宣威市	1426181	92220	6.47				26	247	185
富源县	753799	62847	8.34	1	3	61	22	217	68
师宗县	394413	67490	17.11	3	38	352	8	44	26
罗平县	580435	75800	13.06	3	22	239	13	127	94

续表

县（市）区	总人口	少数民族人口	占总人口的比重	民族乡	民族乡内村委会	民族乡内村民小组	民族村委会	民族村委会内村民小组	民族村民小组
陆良县	631506	10733	1.7				5	36	15
会泽县	956955	49639	5.17	1	16	178	10	67	82

根据曲靖市人民政府：《曲靖散居民族地区经济社会发展情况汇报》，2008 年 5 月 30 日。

说明：① 8 个民族乡辖 79 个村委会，830 个村民小组。

②民族乡外少数民族人口 30% 以上的村委会，简称民族村委会，99 个，辖 846 个村民小组。

③民族乡、民族村委会外少数民族人口 30% 以上的村民小组，简称民族村民小组，554 个。

　　从以上三表可以看出，云南省散居民族地区农村地域面积广、少数民族多，人口绝对数量不少，但人口所占比例不高，广泛分布于民族乡、民族村委会、民族村民小组中。在居住相对集中的民族乡村中，少数民族人口比重大。云南散居民族地区农村相对于过去而言，已经在基础设施建设、经济结构调整、农民收入水平、人才队伍建设、民族教育、民族文化和医疗体系的建设上取得了显著的进步，民族关系和谐，社会稳定发展。但就整体发展看，仍有很多地区经济发展滞后且不平衡，即使在经济社会整体发展较好的玉溪市，民族乡之间的发展差距依然较大，农民人均纯收入最高的民族乡与最低的民族乡相差 2698 元。很多农村地区的各项社会事业发展仍然亟须扶持。散居民族地区农村在云南民族地区经济发展中最为滞后，在近年的发展过程中，与其他地区的差距逐渐扩大。没有散居民族地区农村经济社会的发展，就不可能有云南省民族地区的繁荣进步。

第二节　云南散居民族地区农村经济社会发展的主要成就

　　云南省委、省政府历来高度重视民族工作，始终把全面贯彻党的民族政策和各项民族法律法规作为我省一项长期的重要任务，采取了一系列的特殊政策措施，不断加快民族地区全面建设小康社会的步伐，不断巩固平等、团结、互助、和谐的社会主义民族关系，促进了民族地区经济社会全面发展。

　　近年来，云南省不断加大财政转移支付和资源整合力度，集中力量实施了一批基础设施、特色产业和社会事业发展等项目，取得了显著成效，散居民族地区农村呈现出整体实力提升的良好发展态势。省委、省政府围绕各民族"共同团结奋斗、共同繁荣发展"的民族工作主题和"决不让一个兄弟民族掉队"的战略目标,为改变散居民族地区农村贫困落后的面貌,加快散居民族地区发展,制定了《云南省加快少数民族和民族地区经济社会发展"十二五"规划》、《云南省扶持散居民族地区发展规划 2010—2015 年》(初审稿)①,通过采取切实有效的措施,云南散居民族地区农村经济社会发展取得显著成就。

一　经济综合实力逐步提升,自我发展能力不断增强

(一)资金、项目投入力度逐年加大

云南散居民族多居住在偏远的山区和干热河谷地带,由于自然和历史的原因,散居民族地区农村的经济发展相对滞后。近年来,各级党委、政府加大了资金、项目投入力度,民族机动金及其他方面的投入向散居民族地区农村倾斜,有力地促进了经济发展。

昆明市级民族专项资金 2005 年增至 500 万元,2006 年增加到 1856 万元。14 个县(市)区财政每年安排县级民族机动金,自治县不低于每年 40 万元,非自治县不低于 30 万元,并按 3% 的速度递增。2009 年全市 14 个县(市)区共安排 535 万元县级民族机动金。② 2011—2015 年,市级民族机动金、少数民族发展资金、散居民族工作经费在 2010 年投入基础上按 10% 的比例增加。③

玉溪市采取资金使用"三部曲",即无偿、借用、信贷,创建"生产垫本金"使用方法,把有限的资金安排在"刀刃上",提高资金使用效率。

曲靖市 2002—2008 年投入 1.91 亿元,着力开展了以市民宗委"六好"要求和省民委"七项工程"为标准的"民族团结示范村"创建活动,共创建示范村 34 个。2006—2007 年投入 4000 多万元,着力实施了民族地区"三村四化"④ 新农村建设,共扶持民族村委会 40 个。2007—2009 年投入 3

---

① 《云南省扶持散居民族地区发展规划》根据《中共云南省委、云南省人民政府关于进一步加强民族工作,促进民族团结,加快少数民族和民族地区科学发展的决定》(云发〔2009〕13 号)文件精神制定,2010 年 1 月。此规划的期限是 2010—2015 年,范围是未纳入其他扶持发展规划,农民人均纯收入低于 1196 原的 1186 个散居民族地区村委会中的 600 个村委会、3000 个自然村,以整村推进为主要方式。

② 《共同团结奋斗　共同繁荣发展——昆明市"十一五"期间民族工作记事》,载《云南日报》2010 年 12 月 28 日。

③ 《昆明市采取特殊举措加快少数民族和民族地区跨越式发展》,中国民族宗教网,http://www.mzb.com.cn/html/Home/report/170941 - 1.htm。

④ 三村四化:文明村、和谐村、小康村及山区努力实现农业产业特色化、道路房屋整洁化、村风民俗文明化、团结互助和谐化。

亿多元，着力实施了民族地区"千村扶贫、百村整体推进"和"小康示范村"工程，共建设以户"八有"、自然村"六有"（小康村"九有"）、行政村"六有"（小康村"十有"）①为内容的民族村委会 76 个、村民小组 812个，民族小康村 2 个。曲靖市民宗委共为"866"工程连续配套整合资金291 万元，逐步改变了散居民族地区农村贫困落后的面貌。曲靖市以项目带动促进社会主义市场经济发展客观要求以市场来实现资源配置，以资本和资源为纽带来形成产业，充分发挥项目带动作用。第一、第二批"千村扶贫、百村整体推进"的"866"工程中，进入盘子的 332 个村委会中已有民族村委会 76 个，3131 个村民小组中已有民族村民小组 812 个，累计投入民族地区资金达数亿元。②

自 2005 年到 2008 年间，昭通市投入到民族地区的资金 44793.04万元，其中：投入到 19 个民族乡的资金 42863 万元，占投入到少数民族地区总资金的 95.7%，是 2000 年至 2004 年这 5 年总数的 3 倍。昭通市级民族机动金从 2004 年的 100 万元逐年增加到 2009 年的 280 万元，到"十一五"末达到 400 万元。县级民族工作经费三年来累计达到874.7 万元，比 2005 年以前翻两番。有两个民族乡落实了财政转移支付高于 5 个百分点的规定，其他民族乡都给予倾斜。昭通市坚持"市总揽、县统筹、乡组织、村实施、群众参与"的方式，紧扣"四通四有三达到"③的目标，自 2011 年起至 2013 年底，用三年时间整合各类资金23 亿元，建设好昭通市 19 个民族乡。2011 年和 2012 年分别建设 7 个，2013 年建设 5 个，解决昭通市 50% 的少数民族人口在经济社会发展中的困难和问题，依托重点实施的 13 类项目工程，促进散居民族地区农

---

① 户"八有"：有安居房、沼气灶或节能灶、卫生厕或卫生厩、小水窖或小水池、人均一亩400 公斤以上亩产的基本农田地、人均一亩特色经果林或经济作物、年人均有一头商品畜出售、一个劳动力掌握一门脱贫致富技术；自然村"六有"：进出村社的简易公路、村内硬化道路、进村入户的通电条件、安全卫生的饮用水、满足群众的医疗条件、培训和输出一批劳动力；行政村"六有"：有进村公路和行道树，有安全卫生饮用水，有进村入户的用电条件，有广播电视电话信号覆盖，有合格的办公房、活动室、卫生室、兽医室和文化室，有群众信任、团结干事的村两委班子和维护群众利益的好制度。

② 吴武：《围绕第一要务履行第一职责 不断推动曲靖民族工作科学发展——改革开放以来曲靖民族工作回眸》，载《今日民族》，2009 年第 6 期；保明富：《高举中国特色社会主义伟大旗帜努力开创曲靖民族宗教工作新局面》，载《今日民族》，2008 年第 1 期。

③ 四通：即通水、通路、通电、通移动通讯；四有：即学有所教、病有所医、住有所居、有致富门路；三达到：即人均有粮、人均纯收入和九年义务教育普及率基本达到国家扶贫开发目标和"两基"攻坚计划的要求。

村经济发展。①

（二）基础设施建设得到改善

散居民族地区农村不断改善基础设施建设，搞好电力、交通、水利、邮电、通信等基础设施建设；建设高稳产田地，解决和改善人畜饮水困难；进一步加强农业科技信息，农产品流通体系和市场体系建设，继续扶持当地搞好天然林保护、退耕还林还草、坡改梯、荒山绿化、水土流失治理等生态环境建设，从根本上改善散居民族的生产条件和生活环境，为减小与其他地区的发展差距奠定了坚实的基础，创造了较好的发展空间。

昆明市对农民人均纯收入低于 2000 元以下的少数民族聚居行政村和自然村，实施民族村寨扶持发展工程，以行政村自然村为单位，编制规划，实施整村推进，整合扶贫、支农、民族和保障性安居工程建设等资金，加大基础设施建设、公共服务设施建设、产业扶持、易地搬迁和劳务输出力度，使特困民族聚居村群众生产生活条件得到较大改善。对民族特色村寨实施保护发展工程，采取国家补助、群众自愿、企业参与等方式，使昆明市世居少数民族都有一批具有民族特色、地域特点和时代特征的村寨，促进民族特色村寨的保护与发展。②

玉溪市集中一定资金力量，重点解决新农村建设中的基础设施突出问题。民族山区新农村建设不可能实现"旧村改造"，重点解决小型水利设施、人畜饮水困难、公路通畅、街道硬化等群众关心的基础设施建设问题。

昭通市 19 个民族乡中，有 12 个被列为扶贫攻坚乡，占全市 63 个扶贫攻坚乡的 19%，126 个民族村中，有 82 个被列为省扶贫攻坚村，占全市 460 个省列扶贫攻坚村的 17.8%。2007 年，昭通市委、政府"百千万帮扶工程"的实施基本上覆盖了 126 个民族村。③ 277 个少数民族聚居点列入了整村推进，占整村推进总数的 24%。实施整村推进项目 133 个，茅草房改造 13730 户。建设民族团结示范村 34 个、改扩建民族乡卫生院 12 个、建设民

① 13 类项目工程包括：易地安置、建设饮水管道、修建油路、新架和改造旧线路、建设通移动通信机站、改造中低产田地、改扩建乡文化站办公用房、拟实施改扩建民族乡政府办公用房、改扩建民族乡中学校舍、改扩建民族乡卫生院、加大"消除茅草房工程"、"安居工程"、"整村推进"和"民族团结示范村"建设及实施"两改一建"工程（改畜厩、改厕所，建沼气池或节能灶）、建设畜禽养殖基地、建设垃圾处理场。

② 《昆明市采取特殊举措加快少数民族和民族地区跨越式发展》，中国民族宗教网，http://www.mzb.com.cn/html/Home/report/170941-1.htm。

③ 童成清：《浅析昭通散杂居地区和谐民族关系的构建》，载《今日民族》2008 年第 1 期。

族村级卫生室 116 个、新建和改造安居房 13730 户、建沼气池 5925 口、有近万户人家建设了水泥院坝、连户路，实施改厕、改灶等项目。对基本丧失生存条件、脱贫无望的实行跨州市易地开发搬迁。截至目前，共迁出少数民族 8280 人，占全市总迁出人数 20700 人的 40%。昭通散居民族的生活质量不断提高，人居环境极大改善。

（三）经济结构不断优化

散居民族地区农村立足资源优势，调整产业结构，转变发展方式，发展特色经济，培育支柱产业。民族乡、村的经济发展，要根据不同民族、所处的不同地域、不同区位及资源状况，因地制宜、分类指导、结合实际、扬长避短，制定适合当地科学的经济发展思路，在项目开发、财政税收、信贷等方面给予优惠扶持。按照"一村一品、一乡一业、一品带一村、一业带一乡、男女都能干、四季都能搞"的原则，积极引导调整产业结构，优先发展循环农业、特色农业、生态农业、农村二三产业、生物能源产业、乡村旅游等。增强节约、清洁、低碳、环保意识，大力发展低碳经济。

在昆明市嵩明县的民族村，回族群众中大营村依托皮张交易市场经营皮张生意；回辉村结合城市改造、农村发展营销旧木材；积德村依靠科技，利用当地肥沃的土地资源发展种植业；团结村将传统养殖与现代科学养殖相结合，积极发展奶牛养殖和肉牛、羊短期积转育肥；杨林村依托香港缤纷园艺公司在当地落户大量种植干花；在苗族群众中，三转弯村结合当地的气候特点及水土资源优势，大力发展反季蔬菜和苹果、花椒种植及养殖业；大哨彝族村紧紧围绕林、畜、粮、果四个字，保护生态退耕还林，科学种养，促进增收。①

"十一五"期间，曲靖市民族地区 178 个村委会，共培植烤烟、蔬菜、魔芋、优质马铃薯等 20 多个优势特色产业，发展百亩以上高产、特色种植示范样板 111 个，建成生猪养殖小区 121 个，培植农业龙头企业 15 个，建立经济合作组织 218 个，发展工业企业 51 个，发展以泡核桃、杉木林为主的经济林 81.5 万亩，经济作物种植面积达 43.2 万亩。② 罗平长底布依族乡发展蔬菜、生姜，中和彝族村发展三七，马龙深沟苗族村发展土鸡，富源鲁纳彝族村发展魔芋，师宗狗街壮族村发展冬早洋芋，宣威建文彝族村发展洋

① 马洪仓：《昆明市散杂居少数民族怎样全面建设小康》，载《今日民族》2003 年第 11 期。
② 赵立雄：《团结一心　开拓进取　努力开创曲靖民族团结进步事业新局面——在曲靖市民族工作会议暨第六次民族团结进步表彰大会上的讲话》，载《今日民族》2010 年第 5 期。

芋，成效显著，被市委、市政府表彰为 2008 年度"一乡一业、一村一品"先进单位。①

昭通市坚持"稳一强二兴三"②的产业结构调整方向，提高资源综合利用水平，积极推进经济增长方式转变。采用"借母还儿、合同管理、农户监督"、"技术干部参与、风险共担、利益均沾"、"协会牵头、提供服务"、"大户带动、农户参与、统一营销、利润分成"和"企业带动、基地配合、农户参与"等五种产业扶贫模式，多渠道筹集资金投入到少数民族贫困地区的产业开发，实现"每村培育 1—2 项能使农民稳定增收的产业"的目标。对实施的重点村、安居温饱自然村、民族贫困乡项目资金进行有机整合，把省市安排用于产业开发的扶贫资金，以及扶贫贴息贷款、小额信贷资金等用好、用活，培植新产业，增加新的经济增长点。③

玉溪市针对民族散居地区的不同情况，坚持实行分类指导的原则。玉溪市 121 个民族行政村，从经济发展程度上可划分为三种类型。一类是经济发展较快的地区，主要以回族人口集中的村镇为主，鼓励和支持发展工商业和交通运输业。第二类主要以蒙古族、白族等山坝结合的民族乡（镇）为代表的经济次发达地区，加大引资力度，积极引导，因地制宜地发展民族地区经济。三是以苗族为代表的经济欠发达地区，重点解决基础设施问题，加大对这些地区的投入和扶持力度。④

（四）收入水平逐步提高

通过"政府大投入、资金大整合、项目大集中、社会大参与、群众大建设"的扶贫新模式，受益民族村寨村村走上水泥路、户户用上自来水、家家告别烧柴取火照明的历史、人人都有一亩高稳产农田和经果林，经济社会发展向前跨越了 10—15 年，农民收入水平也在逐年提高，为散居民族地区农村又好又快发展奠定了坚实的基础。

至 2008 年末，曲靖市 8 个民族乡财政总收入 6261 万元，乡本级财政收入 1650 万元，分别比 2002 年增长 15.3% 和 13.6%；粮食总产量 7.8 万吨，

---

① 吴武：《围绕第一要务 履行第一职责 不断推动曲靖民族工作科学发展——改革开放以来曲靖民族工作回眸》，载《今日民族》2009 年第 6 期。

② "稳一强二兴三"：以优化农业内部结构为重点，推进农业产业化进程；以发展产业集群为重点，推进新型工业化进程，以发展现代服务业和培育文化旅游产业为重点，加快发展第三产业。

③ 胡青：《加快昭通少数民族聚居区新农村建设的思考》，载《中共云南省委党校学报》2006 年 11 月。

④ 明正斌：《玉溪市散居民族地区农村经济社会发展情况汇报材料》（打印稿），2008 年 6 月 2 日。

增长 20%；经济总收入 11.9 亿元，农民人均纯收入 1959.6 元，增 1.1 倍，其中增幅最大的鲁布革布依族苗族乡人均纯收入 2032 元，增了 2.6 倍。99 个民族村委会粮食总产量 11.6 万吨，比 2002 年增长 10.5%；经济总收入 11.1 亿元，农民人均纯收入 1926 元，也增了 1.1 倍。[①]

2008 年，昭通市 19 个民族乡国民生产总值达到 36.1 亿元，占全市 272.3 亿元的 13.3%，比 2007 年的 32.5 亿元增长 11%。民族乡总收入上亿元的有 3 个，分别是昭阳区的守望乡达到 2.07 亿元、鲁甸县的桃源乡达到 1.2 亿元、彝良县的龙街乡达到 1.1 亿元，已经处于全市非民族乡中上水平。人均纯收入高于全市平均水平的有 3 个，分别是昭阳区守望乡达到 2978 元，鲁甸县茨院乡达到 2368 元、桃源乡达到 2348 元。

二　社会事业长足进步，民生改善较为显著

通过培养少数民族干部、加强民族教育，促进民族文化的保护与发展、建设农村卫生服务体系和加强民族工作，使各民族大团结的良好局面不断巩固和发展，散居民族地区农村社会事业显著进步，民生得到较大改善。

（一）少数民族干部培养选拔力度不断加大

近年来，各级党委和政府培养、选拔和任用了一批德才兼备、政绩突出的少数民族干部，切实把少数民族干部队伍培养工作落到实处，使少数民族干部更加适应经济社会发展的要求，促进散居民族地区农村取得更大发展。

曲靖市委明确提出"十一五"期间，按照确定的少数民族干部培养选拔工作目标，一是到"十一五"末，实现少数民族干部人数占全市"三支队伍"总量的 7.2%，达到或高于全市少数民族人口比例；市直党政部门的领导班子 1/3 至少配备 1 名少数民族干部；少数民族人口较多的县（市）区、乡（镇）党政领导班子，应至少配备 1 名少数民族干部。二是全市县处级以上少数民族干部和民族乡党委书记、乡长、民族村委会党总支（支部）书记、主任以及科级以上少数民族后备干部轮训一遍。三是每年分批选派新招考进入公务员队伍的少数民族干部到民族乡或村锻炼一年。四是少数民族人口较多的县（市）区、乡（镇），在公开选拔、竞争上岗中适当放宽少数民族干部的报考资格，可定比例或定族别招录少数民族应试考生。曲

---

① 吴武：《围绕第一要务　履行第一职责　不断推动曲靖民族工作科学发展——改革开放以来曲靖民族工作回眸》，载《今日民族》2009 年第 6 期。

靖市通过做到"六个优先"①，为少数民族干部成长使用提供了更好的条件。规定在各县（市）区党政领导班子中至少配备一名少数民族干部，到2015年市级机关、事业单位和群团组织1/3以上的单位领导班子要配备少数民族干部。民族乡要按照《云南省民族乡工作条例》配备少数民族领导干部，并按要求在乡机关所属站（所）中配备少数民族干部；少数民族人口较多的乡（镇、街道）党政班子至少配备一名少数民族领导干部。力争使少数民族党政、专业技术和经营管理人才所占比例达到并稳定保持在全市党政、专业技术和经营管理人才总量的8%以上。②

　　昭通市拓宽渠道，切实加强少数民族干部队伍建设。一是充分发挥民族干部学校阵地作用，举办少数民族干部培训班四期200人，组织培训人员到省外或市内参观考察。二是与云南民族大学合作，开办少数民族领导干部研究生班2期97人。三是加大提拔使用力度，到2008年，昭通市共有少数民族处级以上干部150名，比2007年的124名增加26名；有正科级少数民族干部251名，比2007年的173名增加78名。四是招录少数民族公务员，选派少数民族干部到上级机关和发达地区挂职锻炼，任新农村指导员，提高了他们工作和解决实际问题的能力。五是按照少数民族干部在县区、乡镇党政领导班子后备库中不低于15%的比例完善县区、乡镇党政领导班子后备库，市、县直机关和事业单位建立一定数量的少数民族干部后备库。在2008年的副处级后备干部推荐工作中，共推荐出20名副处级少数民族后备干部，占2008年后备干部推荐总数的12.3%。六是结合市、县、乡领导班子换届，完善少数民族干部培养选拔措施，改进选拔任用方式。2006年以来，在11县区党委、人大、政府、政协领导班子中共配备52名少数民族干部，占县区党委、人大、政府、政协领导班子成员总数的17.5%。在昭通市103

---

　　① "六个优先"：对德才兼备、政绩突出的少数民族干部，要优先提拔使用；对具备任职条件的少数民族干部，要优先放到正职岗位上；对与少数民族工作密切相关的部门，要优先配备少数民族干部；对本地区本单位急需配备少数民族干部一时又缺乏合适人选的，要打破地区、行业、部门界限，统筹安排，在更大范围内优先配备少数民族干部；少数民族人口相对比较集中的地方，要优先配备少数民族干部；同等条件下，要优先安排少数民族妇女干部和少数民族党外干部。

　　② 至2007年，曲靖市各级机关干部中已有少数民族1425人，占干部总数的8.6%，其中地厅级6人、处级84人、科级797人、其他538人，分别占同级干部数的18.2%、10.4%、9.1%和7.7%；国有事业单位管理人才中有447人，占6.6%，其中处级12人、科级130人、其他305人，分别占7.8%、7.4%和6.2%；国有事业单位专业技术人才中有4838人，占6.1%，其中在管理岗位上工作的88人、具有职业资格的1453人，均占5.2%。参见赵立雄《做好民族工作　建设和谐曲靖》，载《今日民族》2008年第1期；赵立雄《团结一心　开拓进取　努力开创曲靖民族团结进步事业新局面——在曲靖市民族工作会议暨第六次民族团结进步表彰大会上的讲话》，载《今日民族》2010年第5期。

个乡镇党政班子中，配备了222名少数民族干部，分别占全市乡镇和乡镇班子干部总数的77.4%和18.3%，少数民族乡镇党委书记27名、乡镇长31名，分别占乡镇党委书记、乡镇长总数的20.3%和23.3%。在19个民族乡中，少数民族党委书记11名，占民族乡党委书记总数的58%，乡人大主席团设立主席、副主席的15个，占应设立数19个的78.9%，只设主席未设副主席的4个，19名主席中少数民族7名，占主席总数的36.8%，15名人大副主席中少数民族11名，占副主席总数的73%。

（二）民族教育总体向前发展

民族教育是散居民族地区农村经济社会发展的关键所在。各地通过多样化的措施，有力地保障了民族教育总体向前发展的态势。

"十一五"期间，昆明市各级政府对3个自治县5个民族乡投入7.4亿元，实施农村中小学改造项目78个。"十二五"期间，昆明在民族地区增加一批寄宿制民族中小学校，在没有民族中学的县，要在县级中学开设民族班，对在中等专业学校、职业高中、技工学校就读的少数民族农村贫困家庭的学生，以及城市低保户子女实施免费教育并给予生活补助。[1] 重点在县级中学和乡镇中学招生上，各级在招收名额和资金补助上给予倾斜照顾，进一步完善和落实以"奖、贷、助、补、减"为主要内容的资助家庭困难学生的活动。建立教育发展基金，吸纳各种社会教育捐赠，加大散居民族地区农村寄宿制学校的扶持投入力度，加大各类文化技术学校的办学力度。以村委会为单位，办好多功能文化室，继续扫除青壮年文盲。改善职业教育办学条件，加强与高等院校合作，通过代培、委培、定向招生等方式，研究制定有利于散居民族地区农村人才开发的政策措施。[2]

散居民族地区农村的发展，最终要靠少数民族人口素质的提高，才能实现可持续发展。围绕提高少数民族人口素质，曲靖市充分重视发展民族教育。曲靖把市10所民族中学、189所民族小学作为改善教育基础设施、加强师资力量的重点，曲靖市民族中学采取重点投入建设的办法，已建成一级三等高中。普通高中在对少数民族学生招生上，对少数民族考生降低10—30分录取，对没有高中生或高中生较少的少数民族，采取择优、自愿、保送的特殊政策送其就学。在少数民族贫困生救助上，建立少数民族贫困学生档案，市财政每年单列20万元民族教育补助经费，市级捐资助学基金列支10%专项用于少数民族贫困学生困难补助，对小学生、初中生、高中生、大

---

① 《昆明市民族事业：五年实现六大跨越》，载《昆明日报》2010年12月29日。

② 马洪仓：《昆明市散杂居少数民族怎样全面建设小康》，载《今日民族》2003年第11期。

中专生分层次按不同标准实施补助。① "十一五" 期间，曲靖市散居民族地区中小学校舍安全工程稳步实施，新建、修缮校舍约 14 万平方米，"两免一补" 全面落实，初中毛入学率、巩固率、升学率迅速提升。

昭通市创新思路，大力培养少数民族人才。一是全面实施推行农村初中、小学生全面免除 "杂费、课本费、文具费" 的 "三免费" 义务教育，通过 "两免一补" 政策，基本解决了农村少数民族贫困学生因缺书、杂费而上学难的问题。二是在市民族中学开办了苗族高中班，每年招生 50 人，并提高生活补助标准达到每生每月 120 元。三是从 2005 年起，在师专开办民族预科班、少数民族初等教育专业班并逐年扩大招生规模，② 对考入师专的农村少数民族贫困学生和城镇享受低保家庭的贫困学生给予每人 1000 元的一次性资助。四是以 "扶持一个，就业一人，脱贫一家，带动一片" 的思路，从 2006 年起，先后与省内外 6 所中专学校联合办学，共招收应、往届农村少数民族初中毕业生 1272 人，用民族机动金和社会资金给予一次性资助，学成后由学校负责协调安置。③

（三）民族文化事业繁荣发展

繁荣发展少数民族和散居民族地区农村文化事业，加大对少数民族古籍、文物、出版、语言文字、报刊等公益性文化事业的投入扶持力度，促进了散居民族地区农村民族文化的保护与发展。

"十一五" 期间，昆明市已有 723 项非物质文化遗产列入保护名录，其中国家级 1 项、省级 11 项、市级 306 项、县级 405 项。昆明市通过广播电视 "村村通"、文化信息资源共享、乡镇综合文化站和村文化活动室建设、实施民族文化精品战略，打造了一批少数民族文化艺术品牌，建设了一批少数民族文化生态保护村寨，建立了一批少数民族传统体育项目训练基地并举办了九届市级少数民族传统体育运动会。另外，一大批民族文化精品节目在全国全省获得大奖，富民县小水井村苗族合唱团屡获殊荣，在澳门演出并与俄罗斯爱乐乐团进行了友好交流。2009 年，昆明市设立繁荣少数民族文化发展专项资金 500 万元，为繁荣发展少数民族文化注入活力。④

"十一五" 期间，曲靖市民族文化不断繁荣发展。所有民族村实现了村

---

① 赵立雄：《做好民族工作　建设和谐曲靖》，载《今日民族》2008 年第 1 期。

② 民族预科班 2005 年招生 50 人，2006 年增加到 100 人，2007 年、2008 年增加到 200 人。

③ 现已有 300 多人进入工厂实习，实习月工资一般不低于 800 元，从 2008 年 9 月起，每年至少有 300 名农村少数民族中专毕业生就业。

④ 《共同团结奋斗　共同繁荣发展——昆明市 "十一五" 期间民族工作记事》，《云南日报》2010 年 12 月 28 日。

村通广播电视，农村电影放映"2131 工程"全部覆盖，解决了约 1262 个村民小组、40 多万村民收听广播、收看电视的问题。曲靖市大力弘扬民族文化，继承和发展少数民族优秀文化，做好市级 139 项民族民间传统文化保护项目的开发工作，以保护促开发、以开发促保护。繁荣少数民族文化体育事业，办好少数民族传统体育运动会和文艺汇演，努力建设民族文化强市。①

昭通市繁荣发展民族文化，振奋民族精神。举办了昭通市首届少数民族传统体育运动会和省第八届民运会，并且取得了优异成绩，实现了"新民运，新昭通，新形象"的目标。参加了"第五届云南民族民间歌舞乐展演"，舞蹈《四筒鼓》获金奖，苗族《飞歌》获银奖，彝族舞蹈《拽脚舞》、器乐《彝族月琴》演奏分别获铜奖。彝族舞蹈《乌蒙鼓》和《簸箕宴》分别获全国第八届民运会表演项目金牌。举办苗族川黔滇次方言双语教师培训班，举办了昭通市首届民族民间文艺调演。着力打造 100 个少数民族文化点，积极开展少数民族文物古籍的抢救和保护，每年划拨市苗学会、彝学会、回学会各 5 万元资金，作为民族文化研究经费。

（四）医疗卫生体系建设不断推进

加快完善散居民族地区农村公共卫生和基层医疗服务体系，健全和完善新型农村合作医疗制度，逐步提高财政补助标准，是民生改善的重要方面。

"十一五"期间，曲靖市公共医疗卫生服务体系建设不断加强，新建、改建卫生所 168 所，新型农村合作医疗制度在民族地区参保率达 95.8%，民族地区"看病难"、"看病贵"问题得到明显缓解；建立和完善民族乡村疾病预防控制、医疗卫生服务体系；加大民族地区公共卫生建设和医务人员培训的投入力度，对仍无村级卫生所的 22 个民族村委会，每新建 1 所村级卫生所，市级补助 3 万元，县级配套 2 万元，在 3 年内实现民族地区村级卫生所房屋、设备、人员、技术"四配套"目标，基本解决常见传染性疾病和突出地方病流行的问题。

昭通散居民族地区农村过去长期缺医少药，诊断治疗，仅靠一个听诊器、一个血压计、一支体温表、一本处方笺看病。到 90 年代初期，还有两个民族乡没有建立卫生院，17 个建立卫生院的民族乡中，有一半是危房。对此，卫生部门实施了"三项建设"工程，即加强县级防疫站、保健站、乡卫生院基础设施建设。到 1999 年，民族乡卫生院危房率下降到 5%，95% 的民族乡卫生院实现了"一无三配套"，即无危房，有房屋、设备、人才配套。2003 年，19 个民族乡全部建立了卫生院，占地面积 27734 平方米，

① 赵立雄：《做好民族工作 建设和谐曲靖》，载《今日民族》2008 年第 1 期。

房屋建筑面积达到16833平方米,拥有床位208张,职工人数达到177人。到2008年5月,95%的民族乡卫生院配备了X光机和B超医疗设备,有一半以上卫生院有了心电图仪,126个民族村基本建立了卫生室,农村少数民族群众医疗保障制度全面建立,100%的少数民族群众享受农村医保待遇,因病致贫、因病返贫的比例逐步降低。①

（五）民族关系和谐发展

云南省委、省政府始终坚持把加强民族工作、加强民族团结作为全省工作的前提和基础,不断加强党的民族理论、民族政策、民族法律法规和民族知识的宣传教育,使"汉族离不开少数民族,少数民族离不开汉族,各少数民族之间也相互离不开"的思想深入人心;建立健全维护民族团结的长效机制,把问题解决在基层,矛盾纠纷化解在萌芽状态,进一步巩固和发展了民族团结、边境安宁、社会和谐、经济社会快速发展的良好局面。

曲靖市率先在全国实行民族团结目标管理责任制和"民族团结示范村"创建活动。全市共创建民族团结示范村44个,富源县庆云村、罗平县腊者村、沾益县玉碗水村三个示范村特点突出,为民族地区新农村建设提供了标杆和样板,得到了云南省民委的高度肯定。充分利用民族传统节日各民族人员聚集的有利时机,深入开展"民族团结月"、"民族团结周"、"民族团结日"等民族团结教育活动,不断涌现出庆云、回隆等"民族团结示范村"的先进典型,受到国务院的表彰。②

昭通市积极引导少数民族群众高度重视民族团结,既要搞好民族内的团结,更要搞好和其他兄弟民族的团结,营造好各民族平等相待、团结和睦、友好互助的良好社会环境。按照团结、教育、疏导、化解的方针,坚持属地管理,分级负责的原则,明确责任,及时化解各类矛盾纠纷,制定下发了《涉及民族方面的群体性事件应急预案》。昭通市鲁甸县桃源乡"回汉同饮一井水"的民族团结典型被广为传诵。

（六）政策举措突破创新

民族政策是民族地区发展的生命线。近年来,云南散居民族地区注重通过有效贯彻落实党的民族政策和制定颁行地方性政策法规,促进当地经济社会全面发展。

昆明市把民族地区的社会经济发展列入全市"十一五"规划,把民族

---

① 王永泉:《三十年民族事业　九大历史性跨越》,载《今日民族》2008年第10期。
② 赵立雄:《团结一心　开拓进取　努力开创曲靖民族团结进步事业新局面——在曲靖市民族工作会议暨第六次民族团结进步表彰大会上的讲话》,载《今日民族》2010年第5期。

工作写入了市委第九次党代会工作报告；把构建和谐民族关系作为构建和谐昆明的一个重要内容，写入《中共昆明市委关于构建和谐社会的实施意见》中；制定了措施有力、规定明确、政策优惠、操作性强的《中共昆明市委昆明市人民政府关于进一步加强民族工作，加快少数民族和民族地区经济社会发展的决定》，明确了全市民族工作面临的形势和任务，制定了一系列帮助少数民族和民族地区加快经济发展和社会进步优惠政策和措施。2009 年，昆明出台了《昆明市关于进一步繁荣发展少数民族文化事业的决定》，2010年，又起草了《昆明市清真食品管理条例》。这些政策措施，加快了民族地区跨越式发展进程。[1]

玉溪市出台了《关于进一步做好培养选拔少数民族干部工作的意见》、《关于县区党政群机关从企事业单位选调科级干部笔试控制分数线的通知》等培养选拔少数民族干部的有关文件。制定了在市县党政群机关选调干部时，对少数民族考生笔试控制分降低 5 分，对彝族山苏和仆拉支系、哈尼族布孔支系、苗族、拉祜族等人口较少和特困民族考生降低 10 分的政策。[2]

曲靖市深入贯彻落实民族政策法规，把党和国家制定的民族政策法规同曲靖民族工作实际相结合，市委、市政府制定出台了《贯彻省委、省政府〈关于进一步加强民族工作，加快少数民族和民族地区经济社会发展的决定〉的实施意见》，制定了"高度重视民族工作，加强对民族工作的领导；采取特殊政策措施，加快民族地区经济发展；切实加强民族教育，促进民族地区社会事业；培养少数民族干部，开发民族地区人才资源；增强各民族大团结，巩固社会主义民族关系"五个方面的一系列具体政策，促进民族地区经济社会发展，为民族团结工作提供了政策保障。在扶持少数民族和民族地区发展方面，采取了一系列特殊政策措施，要求各级各部门把工作重心下移到民族地区村民小组一级，将民族乡、村、组的经济社会发展目标、布局、措施、项目列入各部门、行业的"十一五"规划。[3]

昭通市委、市政府从讲政治的高度深化对昭通民族工作特殊性、重要性的认识，积极制定政策。2005 年出台了《中共昭通市委、昭通市人民政府关于进一步加强民族工作，加快少数民族和民族地区经济社会发展的意见》。2006 年对《中共昭通市委、昭通市人民政府关于进一步加强民族工作　加快少数民族和民族地区经济社会发展的意见》提出的主要任务进行分

① 何琼香、魏文钧：《民族事业五年实现六大跨越》，载《昆明日报》2010 年 12 月 29 日。
② 马良昌：《玉溪市构建和谐民族关系的思考》，载《今日民族》2008 年第 1 期。
③ 赵立雄：《做好民族工作　建设和谐曲靖》，载《今日民族》2008 年第 1 期。

解，落实到有关单位和部门。2006 年，草拟了《关于做好"十一五"期间培养、选拔少数民族干部工作意见》和《昭通市"十一五"期间少数民族和民族地区人才培养工作实施方案》。① 根据《昭通市扶持民族乡经济社会发展规划（2011—2013 年）》推进民族乡经济社会全面发展。

云南散居民族地区农村在近几年的发展中，在各地党委和政府的扶持下，通过政策举措不断创新推动经济社会发展并取得了显著的成就。

根据 2010 年制定的《云南省扶持散居民族地区发展规划 2010—2015 年》中，将未纳入其他扶持发展规划、农民人均纯收入低于 1196 元的 1186 个散居民族地区村委会中的 600 个村委会、3000 个自然村作为实施对象，以提高散居民族地区群众物质文化生活水平和促进人的全面发展为中心，以实现基本公共服务均等化为目标，以解决散居民族地区农村突出问题和特殊困难为切入点，以整村推进为主要方式。② 如果该发展规划能推进实施，云南散居民族地区农村经济社会发展将迎来新机遇，迈上新台阶。

通过时间纵向对比的方式，云南散居民族地区农村经济社会发展取得了显著成就；但通过空间横向对比的方式，云南散居民族地区农村经济社会发展还面临一系列问题，有待通过理论、政策、法律和实际工作等各个方面的努力不断加以解决。

第三节　云南散居民族地区农村发展面临的主要问题

近年来，随着云南经济的飞速发展，少数民族的分布面貌也在不断发生变化，在市场化、城市化的进程中，一些原来处于聚居状态的少数民族从原来的聚居区或散居区不断扩散，分布范围越来越广，各地区的民族成分也更

---

① 童成清：《浅析昭通散杂居地区和谐民族关系的构建》，载《今日民族》2008 年第 1 期。
② 规划期内项目总投资约 54.6 亿元，每年投入约 9.1 亿元。资金筹措以省级投入为主，省级相关部门根据所负责的项目筹措资金进行安排，同时积极争取信贷资金、对口帮扶资金等社会投资。项目由州市具体组织实施，实施基础设施建设、整村推进、支柱产业培育、小城镇和集市建设、社会事业等方面的 16 个项目，具体包括交通项目、通电及能源建设项目、广播电视和电话项目、安全饮用水项目、村容村貌改造项目、安居工程项目、易地扶贫搬迁项目、整村推进项目、产业培植项目、小城镇和集市建设项目、教育项目、卫生项目、文化项目、科技项目、农村基层组织建设项目、农村社会保障项目。通过规划的实施，力争到 2015 年，使规划范围内的散居民族地区经济社会发展达到当地中等以上水平，基本实现"四通六有三达到"，即通路、通电、通电话、通广播电视，有学上、有卫生室、有科技文化室、有安全的人畜饮水、有安居房、有稳定解决温饱的基本农田，农民人均有粮、人均纯收入和九年义务教育普及率基本达到国家扶贫开发目标和"两基"攻坚计划的要求。

加多样化，散居化的居住状况呈现日趋加深的总体态势。但是由于历史、自然等原因，云南散居民族地区农村经济发展仍较为缓慢、社会事业发展滞后。散居民族发展的起点低、基础差，处于相对弱势的位置。随着改革的深入和经济体制的转变，原有一些保障散居民族权益的政策措施逐渐失效或难以落实，致使散居民族经济和社会发展陷入了比较困难的境地。

一　经济发展面临的主要问题

（一）生存条件恶劣，基础设施薄弱

云南散居民族大部分居住在交通不便、信息闭塞、自然条件较差的高寒山区、深山区、石山区等偏僻地区。2008 年，在云南散居民族地区，仍有 9822 个自然村不通公路（占总数的 23%），有 1646 个自然村不通电（占总数的 3.9%），有 6707 个自然村不通电话（占总数的 15.8%），有 17605 个自然村没有安全饮用水（占总数的 41.5%）①。较为突出的问题表现在水、电、路和通信等基础设施十分落后，农田水利设施不健全，部分群众还生活在靠天吃饭的环境中。表 2－4 反映了云南散居民族地区农村中需要扶持自然村的基本情况。

表 2－4　　　　　云南省需要扶持的散居民族自然村
（少数民族占 30% 以上）情况表（2008 年）　　　单位：个

州（市）	未通路	未通电	未通电话	未通广播电视	没有安全饮用水	住房困难户
16	9822	1646	6707	9728	17605	783541
怒江	55	18	3	53	100	10046
大理	1083	475	659	1924	2250	69744
迪庆	110	54	104	28	307	8495
西双版纳	0	0	0	0	0	191
德宏	12	0	0	44	75	1947
红河	774	161	359	1891	1966	117445
文山	1489	144	1252	1232	2560	34353
楚雄	1579	135	1215	1213	2058	76282
保山	119	0	1	67	216	26692
丽江	496	297	402	723	692	193734

① 云南省民族事务委员会规划编制组：《云南省扶持散居民族地区发展规划 2010—2015 年》2010 年 1 月（内部打印稿）。

续表

州（市）	未通路	未通电	未通电话	未通广播电视	没有安全饮用水	住房困难户
临沧	994	114	548	1020	973	33286
普洱	422	157	595	345	2812	82407
玉溪	56	29	70	55	153	7137
昭通	358	50	238	132	706	31876
曲靖	149	3	31	3	392	15103
昆明	400	4	94	297	358	19560

根据 2010 年 1 月《云南省扶持散居民族地区发展规划（2010—2015 年）》（初审稿）的数据整理编制。

从表 2－4 不难看出，生存条件恶劣，基础设施薄弱仍是当前云南散居民族地区农村面临的一大问题。昭通散居民族群众绝大部分居住在边远、高寒山区。调研数据显示，80% 以上的苗族群众居住在高二半山和高寒山区，近 80% 的彝族群众居住在二半山以上地区，还有 10% 的回族群众居住在高二半山地区，贫困面大，贫困程度深，对地方经济发展、民族团结和谐、社会政治稳定带来了消极影响。① 截至 2010 年 11 月，昭通市 19 个民族乡中，还有 5 个未通油路，214 个自然村未通公路或人马驿道，62 个村委会和 729 个自然村未通安全饮用水，1 个村委会、271 个自然村未通电，已通电的自然村中，80% 以上的未实施农网改造；11618 户群众住房困难，完全失去生存条件需要实施易地安置的还有 3377 户；民族乡教育、卫生、文化、体育等设施建设欠账大。

曲靖市散居少数民族大多数居住在高寒山区、偏僻地区和交通不便、信息闭塞的地方。少数民族聚居的 2230 个村民小组中，24 个散落于坝区，83 个居于丘陵地带，2123 个则分布在半山区、石山区、深山区和高寒山区，自然条件差，经济和文化等各项社会事业与汉族和发达地区发展差距拉大。②

（二）经济发展滞后，贫困问题突出

散居少数民族地区经济发展缓慢，贫困面积大，贫困程度深，而且贫困

---

① 马仲瑾：《加快发展　确保昭通散居少数民族地区团结稳定》，载《今日民族》2010 年第 10 期。

② 丁江伦：《谱写散杂居民族地区民族团结进步新篇章》，载《今日民族》2008 年第 10 期。

点较为分散，绝对贫困和相对贫困问题依然突出。2008 年，全省 42453 个散居少数民族自然村涉及总人口 1023.76 万人，其中贫困人口 327.34 万人，占 32%，农民人均纯收入 1863 元，为全省平均水平 3103 元的 60%，为全国平均水平 4671 元的 39.9%。①

昭通市民族乡农民 2007 年的人均纯收入为 1380 元，为全市 1704 元的 81%，为全省 2634 元的 58%，仅为全国 4140 元的 33%。收入最低的是永善县马楠苗族彝族乡，仅有 881 元。民族村农民人均纯收入仅有 1105 元，为昭通市的 65%，为全省的 47%，仅为全国的 27%。② 昭通市苗族村或以苗族为主的村农民人均纯收入不到 800 元。最低的是镇雄县堰沟苗族村，只有 218 元。在昭通市 76.85 万低收入人口和 25 万绝对贫困人口中，少数民族分别有 17.5 万人和 12.5 万人，分别占全市总数的 22.8% 和 50%。2009 年，昭通市民族乡农民人均纯收入 1766 元，仍低于全市农民人均纯收入 679 元，低于全省农民人均纯收入 1603 元，低于全国农民人均纯收入 3234 元，最低的如永善县马楠苗族彝族乡人均纯收入只有 1084 元。

2006 年，昆明市散居民族地区的人均纯收入仅为 820 元，比全市农民人均纯收入低 1318 元，比民族地区的农民人均纯收入低 3002 元，仅为昆明市农民纯收入 5810 元的 14.11%。

曲靖散居民族地区农村总体发展不足，发展不平衡，发展差距呈现越拉越大态势，个别地方发展环境、生存条件有恶化的趋势。曲靖民族地区③居住有各族群众 61 万多人，其中少数民族群众 31 万人，这些地方大多地处偏远的深山区、石山区和高寒山区，水、电、路、通信等基础设施相对较差，农民人均纯收入 1917.5 元，与全市平均水平 3166 元相差 1248.5 元，绝对贫困人口有 15 万人之多，属于曲靖市贫困程度最深，贫困面最大，经济社会事业发展相对滞后，发展能力较弱的地区。

而在玉溪市 121 个散居民族行政村，农民人均纯收入从 1998 年的 1587 元增加到了 2007 年的 3402 元，而玉溪市的人均收入从 2170 元增加到了 4008 元，差距却从 1998 年的 583 元增加到了 2007 年的 606 元，相对贫困问题依然突出。

① 云南省民族事务委员会规划编制组：《云南省扶持散居民族地区发展规划（2010—2015）》（内部打印稿），2010 年 1 月。
② 昭通市民宗局：《关于对昭通市散杂居民族工作的调研情况报告》，2008 年。
③ 是指少数民族人口相对聚居的 8 个民族乡（含 79 个村委会）、99 个村委会和 554 个村民小组。

（三）扶贫资金较少，项目投入不足

由于散居地区民族人口基数大、居住分散、地理位置偏远，使当地的各种建设成本和交易成本都偏高。在考虑和照顾城市和乡村的总体建设情况下，地方政府很难有持续、稳定的扶持资金和项目倾斜到散居民族地区。资金和项目的投入时有时无、时多时少。一个村寨 10 多年没有得到过资金和项目的情况在散居地区也不在少数。在经济快速发展的今天，这种状况进一步加大了散居民族地区与城市及周边经济较发达地区农村的差距。长此以往，必将积累和引发诸多的社会矛盾，冲击着民族平等、民族共同繁荣发展的理念，极不利于社会的稳定和民族间的团结。

曲靖市马龙县 57 个民族自然村每年能得到 4—5 个省、市民委扶持的项目，最多的时候可以得到 6 个项目。大的项目每个有 7 万—8 万元，小的项目每个有 5 万—6 万元。实际情况是，有的村子 3—5 年可以得到一个项目，而有的村子 10 多年都得不到一个项目，一些民族自然村要平均 10 年才轮得到一个项目。① 马龙县月望乡深沟苗族村委会近十年没有项目投入，加之土地资源有限和水利设施落后，地区生产力水平相对较低，种烤烟的经济效益不高。深沟村从十多年前的"小康村"再度返贫。

资金和项目投入严重不足，是导致永善县马楠苗族彝族乡马楠村贫困的最主要社会因素。从改革开放到 2007 年底，整个马楠村投入不足 100 万元。马楠村龚家坪、壕子口、老铁厂、烂包湾、水口、老厂坪等 10 多个村小组几十年来几乎没有投入过资金用于发展经济建设。2005 年农民人均纯收入仅 621 元，"贫困落后"一度成为了马楠村苗族群众生产生活的真实写照和代名词。

（四）地区间、民族间发展不平衡

地区间、民族间发展不平衡是云南散居民族地区农村经济发展中的普遍性问题之一。2008 年，昭通市 19 个民族乡国民生产总值达到 36.1 亿元，占全市 272.3 亿元的 13.3%，民族乡总收入上亿元的有 3 个，分别是昭阳区的守望回族乡达到 2.07 亿元、鲁甸县的桃源回族乡达到 1.2 亿元、彝良县的龙街苗族彝族乡达到 1.1 亿元，已经处于全市非民族乡中上水平。人均纯收入高于全市平均水平的有 3 个，分别是昭阳区守望回族乡达到 2978 元，鲁甸县茨院回族乡达到 2368 元、桃源回族乡达到 2348 元。总收入位于全市非民族乡中下水平的有 16 个，最低的是永善县马楠苗族彝族乡 1950 万元。人均纯收入处于全市中下水平的有 16 个，最低的永善县马楠苗族彝族乡

---

① 调研时当地民宗局干部反映的实际情况。

1020 元，仅为全市平均水平的 48.2%。

从整体上讲，昭通境内苗族的贫困落后状况更为突出。据统计，在昭通市未解决温饱的极端贫困人口 46.81 万人中，少数民族有 22.4 万人，其中，苗族有 12.2 万人，占全市的 1/4；在昭通市丧失生存条件，需要转移安置的 45540 户中，少数民族 15180 户，其中苗族近 12000 户，占全市的 1/4；在昭通市住房极端困难的 188319 户中，少数民族 43725 户，其中苗族不低于 20000 户，占昭通市的 1/9。2007 年，高寒山区的苗族聚居点，普遍存在"一低、三少、八多"的贫困状况①。

玉溪市的 10 个民族乡，农民人均纯收入 3280 元，最高的是红塔区小石桥彝族乡 4696 元，最低的是华宁县通红甸彝族苗族乡 1998 元；完成乡镇企业总产值 270014 万元，占社会总产值的 80.1%，其中最高的是红塔区洛河彝族乡 165516 万元，最低的是华宁县通红甸彝族苗族乡 241 万元；实现财政收入 6513.25 万元，其中最高的是红塔区洛河彝族乡 2603 万元，最低的是通海县兴蒙蒙古族乡 101.8 万元；完成财政支出 6771.86 万元，其中最高的是红塔区洛河彝族乡 2134 万元，最低的是通海县兴蒙蒙古族乡 224.3 万元。玉溪市民族乡以外的 65 个民族行政村，农民人均纯收入 3514 元，最高的是通海县纳古镇 6965 元，最低的是通海县九街镇水塘村 1460 元；农民人均收入 28510 元，最高的是通海县纳古镇 331098 元，而最低的是通海县河西镇改水沟，仅为 2710 元。

二　社会事业发展中面临的主要问题

2008 年，云南散居民族地区仍有 1197 个村委会完小（占 27%）、1191 个村委会卫生室（占 26.8%）、2932 个村委会文化室（占 66%）需要加强和完善，有 9728 个自然村不能接收广播电视节目（占 23%）②，读书难、看病难、听广播看电视难、看戏难、学科技难等"五难"问题普遍存在。

---

①　"一低"即农民收入低，只有 414 元。昭阳区小河边、彪水岩、彝良石板沟等 16 个点不到 300 元。"三少"即一是饲养牲畜少。平均要 1.6 户人家才有 1 头牛，要 2.6 户人家才有 1 匹马。1 户人家只有 1 只羊、1.7 头猪。二是外出务工的少。每 2 户人家才有 1 人外出务工。且外出打工者平均每人赚回净收入不到 2000 元，只为全市水平 3080 元的 2/3。三是杀猪过年的少。"八多"即一是极端贫困户多。有 100 余户人家，使用家具全是权权床凳、破锅碗、烂衣被之类，全部家产不到 200 元。二是住茅草房多。三是住权权房的多。四是缺粮户多。苗族聚居点有 25% 的人家缺粮。五是欠债多。户均欠 776 元，人均欠 186 元。六是水、电、公路"三不通"的多。七是大龄难娶的"单身汉"多。八是烧煤改烧柴的多。

②　云南省民族事务委员会规划编制组：《云南省扶持散居民族地区发展规划（2010—2015）》（内部打印稿），2010 年 1 月。

表 2 - 5　　　　　　　云南省需要扶持的民族村委会

（少数民族占 30％以上）情况表（2008 年）①　　　　单位：个

州（市）	需要完善完小的村委会	需要完善卫生室的村委会	需要完善文化室的村委会
合计 16	1197	1191	2392
怒江	9	11	27
大理	98	321	445
迪庆	20	18	67
德宏	1	0	7
红河	195	108	452
文山	45	55	231
楚雄	139	107	370
保山	30	37	102
丽江	34	47	177
临沧	48	50	167
普洱	220	62	348
玉溪	31	23	41
昭通	22	30	95
曲靖	18	32	95

从表 2 - 5 中数据可知，在需要扶持的民族村委会广泛分散在全省各地州市中，需要完善完小的村委会的数量和需要完善卫生室的村委会的数量全省基本持平，而需要完善文化室的村委会数量是上述两种情况的两倍。文化室的建设显得尤为弱势。

（一）少数民族人才总量不足，干部结构比例还不够合理

散居民族地区农村人才数量与本地的人口比例不相适应，人才队伍的知识结构、专业结构不合理；被录用为公务员和事业单位工作人员的少数民族干部偏少，少数民族干部人才队伍储备不足，有的地方干部只能从外地调任；少数民族干部文化素质不高，有的基层民族干部对国家的民族政策了解甚少；少数民族之间干部比例不平衡，落实培养和使用的优惠政策往往有很多问题。如每年公务员招考时，也有一些当地少数民族考生能通过笔试，但因长期讲民族语言的关系，在和汉族考生一起面试竞争时，往往因为汉语表

① 此表根据 2010 年 1 月《云南省扶持散居民族地区发展规划（2010—2015 年）》（初审稿）的数据整理编制。

达不畅而落选。

到 2007 年，昭通市有公务员 18300 人，其中少数民族公务员 1735 人，还达不到人口比例，尤其是苗族干部少。苗族人口占全市总人口的 3.3%，全市仅有苗族干部 183 人，占全市干部总数的 1%，低于人口比例 2.3%。全市共有各类专业技术人员 59266 人，其中少数民族 4794 人，约占 8%，低于人口比例 2%。民族地区教师少、双语教师更少、医生少、农业科技人员少，严重制约了社会事业的发展。

玉溪市散居民族地区农村少数民族占总人口的 15.85%，少数民族干部占干部总数的 12.28%，比 1998 年提高了 1.43%，但比人口比例仍低3.57%。同时，还存在着结构不合理、分布不均衡的问题。事业单位少数民族干部多，党政机关少；从事技术和服务行业多，经济部门和政法部门少；民族自治县多，发达县区少；男性多、女性少的现象仍然突出。有些少数民族干部素质不高，有的地方干部只能从外地任命。通海县里山彝族乡近十年来都没有本地彝族担任乡长，原因是干部提拔都需要考试，本地彝族干部考试考不过外地人。

（二）民族教育发展面临经费、师资、设施设备等问题

云南散居民族地区农村民族教育在数量、质量、规模、结构、内容上都还远远不能适应当前少数民族地区经济社会发展的需要。与全国和全省的平均水平及发达地区比，还存在显著差距，这种差距甚至还有日益拉大的趋势。民族教育发展还面临诸多问题，整体发展水平不高，形势不容乐观。民族教育这些问题概括起来主要有以下几个方面：教育经费紧张，办学条件简陋，校舍和教学设备、仪器、图书等严重不足；教师数量不足，素质有待提高，师资队伍不稳定；教育结构不合理等；民族间受教育程度不平衡等。

昭通市中小学危房面积大，破损程度严重，2009 年全市还有中小学危房85 万平方米，其中 D 级危房约 70 万平方米。有些学校连教室、桌凳这样最起码的办学条件都没有，一些少数民族村寨的学生自带板凳或以石头当凳子，以木板当课桌。由于办学条件差，民族乡教师待遇低（多为代课教师，月工资仅为 500—550 元），有的工资还不能如期兑现，骨干教师纷纷外流或不安心教学，导致教学质量无法提高。师资结构中代课教师占 1/3，整体素质低。办学规模小，普通教育、职业教育、成人教育不能协调发展，教育不能与民族地区经济社会发展相适应。昭通市三种主体少数民族中，回族人均受教育年限最高，达到 7.5 年；彝族人均受教育年限次之，为 5.2 年；苗族人均受教育年限仅为 3.4 年。苗族、彝族都低于全市人均受教育年限 6 年的水平。还有相当一部分民族聚居点，至今没有出过一个中专生。由于基础教

育薄弱，全市少数民族在校大学生比例为 0.31%。少数民族人才与人口比例失调，民族间受教育程度不平衡。

　　而在曲靖市，随着近几年中小学布局调整工作的不断推进，在肯定布局调整产生的积极作用的同时，也出现了以下一些新问题：一是办学基础设施较差，尤其是校舍难以满足基本需要。二是教师数量不足、结构不合理、队伍不稳定。开展双语教学的 159 学校（教学点）双语教师紧缺，补充困难，仅罗平县双语教师缺口就达 35 名。教师常年在相对封闭的环境从事教学，外出学习交流少，知识及教法陈旧单一。三是教育保障经费偏少，生活补助费不能覆盖全部贫困寄宿学生。按照"两免一补"相关政策规定，寄宿制贫困学生每生每月发放 50 元生活补助费，但全市全部寄宿小学生仅有 72% 能享受补助，民族小学① 30% 以上的寄宿学生未享受到生活补助。四是教育、教学管理面临突出矛盾。校点收缩后，老师要兼顾教学任务和养成教育工作，急需设置生活老师、保安、医务人员、炊事员等岗位的工作职责，只能由现有老师轮流分担。各民族寄宿学生不同的语言、生活习惯等差异形成的矛盾，增加了教育管理内容，各种可预见和不可预见的风险大为增加。五是建设欠账较多，危房面积较大，整体改造举步维艰。曲靖市民族小学现共有校舍面积 325065 平方米，除已列入 D 级改造 84070 平方米外，还有 36565 平方米的危房难以改造，占校舍面积 11%。六是寄宿学生面对的一些实际困难，学生上放学途中的安全问题凸显，寄宿增加的食宿费、交通费，有的贫困家庭难以负担，加之一些家长对因陋就简的寄宿条件不放心等，使得巩固入学难度加大。②

　　（三）民族文化的流失严重，保护和发展难度大

　　云南散居民族地区农村由于多民族交错杂居，不具备单一民族为主体民族的特点，文化的多样性特点尤为突出。多样性是和谐发展的一个基本条件，但不具备民族文化相对集中的优势。散居民族地区文化发展的这种"多样性"，使其民族文化同时具备了地域性和民族性的特征，同时，由于小、散等特点，其传承和发展面临着严峻的形势，缺乏足够浓厚的氛围，也没有相应的政策保障。云南散居民族地区农村的民族文化保护和文化建设面临较为严峻的形势，主要表现为：民族文化消失速度正不断加快；民族文化

---

　　①　曲靖市民族小学：曲靖市政府认定特指少数民族学生占在校生 30% 以上的小学，2009 年共有 188 所民族小学，都分布在民族地区，共有在校生 55792 人，其中少数民族学生 26705 人，比例为 47.86%。

　　②　姬兴波：《曲靖市民族小学区域布局调整工作面临的问题及对策建议》，载《今日民族》2010 年第 1 期。

保护缺乏资金和专业人才；民族文化基础建设异常薄弱，场地建设严重不足；民族文化产业的发展困难重重；文化建设难以满足群众的精神文化生活需求，少数民族传统文化和特色产品保护和发掘不够，彝族、回族等民族文化有逐渐淡化的趋势，水族语言面临消失。

以昭通市为例，一些民族古籍文物流失严重，民族语言正在逐渐消失，民族服饰正在淡出人们的视线。由于缺乏资金和人才支撑，以民族节日为依托，承载着民族传统服饰、建筑、饮食、歌舞表演、仪式活动、民间体育等内容，周期性凝结并强化的民族认同感正在减弱。昭通市有 7 个民族乡镇无文化站用房，7 个乡镇文化站用房均低于 50 平方米，设备简单，器材简陋。126 个民族村中，无文化室的还有 114 个。全市有彝族 17 万多人口，作为彝族文化传承人的毕摩仅有 12 人。一向被认为民族文化保存较为完好的苗族，被列为全市民族民间文化传承人的也只有 5 人。昭通市民族文化产业的发展困难重重，据统计，2004 年，昭通市文化产业增加值 42107 万元，仅占全市生产总值的 2.87%，与发达地州相比，还有很大的差距。在各类文化产品的生产中，尤其是国营文化生产领域，真正实现产业化的部分总量偏小，文化产业发展过程中结构不合理。

玉溪市散居民族较为集中的 10 个民族乡和 3 个镇，每个乡镇的文化站都只有一两千册藏书，根本无法满足群众的文化需求。其次，包括其他散居民族地区的乡镇文化站或村组在内，基本没有专门的娱乐活动场地。玉溪市散居民族地区都没有得到专项的民族文化保护资金。

随着对外交往的扩大，境外宗教势力对于民族地区的渗透也不容忽视，这些外来的宗教势力常常利用我们在工作中的疏忽慢慢地占领着我们的宣传阵地，通过捐款捐物等方式帮助群众解决一部分实际困难，争取了这部分群众的人心，最终挤压了民族文化的生存空间，在一定程度上影响着国家的文化安全。

昆明市城郊结合部的散居民族地区农村文化站、活动中心、放映室等公共场所是农民满足自身精神文化生活的重要场所。村乡文化站或活动中心作为提高农民精神文化生活水平主阵地，在城市化步伐不断加快的背景下，基础设施仍未得到有效解决。很多农民认为自己最大的业余爱好是看电视电影、打牌、串门拉家常等，形式比较单调，缺乏体现新农村精神风貌、健康的集体娱乐活动。文化娱乐生活内容的匮乏，加之缺少积极引导，使得失地农民精神文化风貌不容乐观。周边大量的流动人口又带来城郊村精神文明建设中的治安问题和隐患。

（四）医疗保障体系较为脆弱

云南散居民族地区农村医疗保障体系较为脆弱，医疗卫生条件十分有限，医疗技术水平不高，医疗改革成效不足，因病致贫返贫现象仍十分突出。

昭通19个民族乡中，有5个乡卫生院医疗用房面积不足500平方米，有10个乡病床位不足20张，医疗设备普遍落后。126个民族村中，还有10个民族村无卫生室，还有42个村卫生室用房面积不足80平方米，医疗设备简单，医务人员素质普遍不高，疾病控制和防疫力量普遍较弱。群众"看病难"、"看病贵"的问题尚未得到根本解决。

玉溪市红塔区2009年新型农村合作医疗报销比例规定，参合人员住院医药费扣除不予报销的项目和起付线费用后，乡镇定点医疗机构按75%、区级定点医疗机构按60%、市级及以上定点医疗机构按25%的比例报销。群众能在乡镇定点医疗机构看的病一般都是普通的疾病，这个医药费对他们来说不是很大的困难；重病或者需要手术到市里的医院，这时候只能按25%的比例报销，剩余的75%将会造成相当的负担；若是恶性疾病，虽然有大额住院医药费补偿，可每人每年增加补助最高限额只有10000元，不论是在市里治疗还是到省级医院治疗，另外75%的费用都将是天文数字，是一个普通农村家庭无力承担的。

通海县兴蒙乡卫生院在医改上做了些新的尝试。原先医疗设备落后，药品不齐全，医生水平不高，很多群众生病了都直接到县城去就医，不会考虑到乡卫生院。乡卫生院尝试和县里的一家民营医院合作，将该医院的优秀医生和先进设备引入乡卫生院，而医疗费用的报销比例还是按照乡一级的标准。胆囊手术甚至脑部手术都可以在乡卫生院做。群众对乡卫生院非常满意，绝大多数人生病都选择在当地就诊。百姓得了便利和实惠，合作医院也有一定的利润，这种运转模式在整个通海县和玉溪市都算是探索出了一条较好的路子。但是，实行医改后，国家财政只补贴在公共卫生上，民营医院补不到，且乡级卫生院所规定的药品目录对很多病都无法治疗，药价也必须按统一定价，民营医院无利可图，只能从兴蒙乡撤走，百姓看病又陷入了困境。

现行的农村合作医疗为广大参保的农民提供了最基本的医疗保障，但是还不能解决农民患大病重病的问题；农村特困户救助制度，虽为特困户就医和生活多了一层保护屏障，但能享受的人群面很小；农村新型合作医疗制度尚处于起步阶段，医疗条件较差，医务人员素质较低，"看病难、看病贵"的问题普遍存在。

（五）生态环境遭受破坏，因矿山、土地、山林等引发的问题突出

散居民族地区农村往往矿产、山林资源丰富，自然资源优势明显，再加上贫困的现实和快速发展的需要，就容易陷入人与环境关系的恶性循环。重开发轻保护，甚至破坏性、毁灭性开发也有存在，以牺牲生态环境换取经济发展，对当地生态及生存环境带来了不利影响。

昭通属典型的山地构造地形，山高谷深，全市只有昭鲁坝子属于平地，其余绝大部分地区为山区，一些县行政区域内，山区和山地面积占了总面积的90%以上，这样的地质构造和环境，当地表植被遭到破坏以后，在雨季容易引发地质灾害，而造成巨大损失，这种地表植被一经破坏便难以恢复，2010年发生的巧家县特大泥石流灾害，造成了巨大损失，已经敲响了警钟。昭通市水资源极其丰富，在金沙江下游昭通境内规划有溪洛渡、向家坝、白鹤滩三座巨型电站。目前，位于永善县境内的溪洛渡水电站和水富县境内的向家坝水电站两座大型水电站已在施工建设过程中，大型水电站的建设，可能对当地的生态环境产生深远的影响。昭通矿产资源丰富，有资源"金三角"的美誉，开发潜力大。丰富的资源，密集的开发，可能带来生态环境的破坏，生态补偿机制不到位，环境遭到破坏以后，当地老百姓就得承当经济和生态的双重恶果。昭通处于长江中上游生态屏障保护区重要的战略地位，其生态环境的破坏，直接关系着长江的水域安全以及关系着长江中下游地区的发展和安全，要从全局和整体的角度加强生态环境保护。

昆明市团结镇在城镇化过程中，土地执法力度不够，管理难度较大，乱建乱盖现象依然突出，私挖滥采现象屡禁不止。由于近年来石英砂源减少，开采难度加大，加之石英砂由集体开采转为私营企业开采，为了追求最大利益，有的企业无计划开采，造成森林植被破坏。龙潭和妥排两村交界处的村民，为了争夺石英砂资源矛盾频发。部分村民受到利益驱使非法开采铁矿，破坏了生态环境，造成矿产资源流失，安全隐患突出。山林矿山、土地、环保问题已经成为平安创建工作中的难点问题。

（六）宗教分裂渗透活动频繁，维护民族团结稳定难度大

散居民族地区为多民族杂居，民族关系较为复杂，影响民族关系的因素涉及经济社会的各个领域，涉及城市民族关系、农村地区的民族关系、未建立自治地方的少数民族与其他民族的关系、自治地方聚居民族与散居民族之间的关系、少数民族与汉族、少数民族之间和少数民族内部的关系；同时也涉及政治平等权利问题、风俗习惯和宗教信仰的自由权利问题、经济、文化等方面的发展权利的问题。另外，散居地区群众的民族意识较强，因不同文化心理和风俗习惯相互碰撞导致的摩擦逐渐增多，因土地、矿产、山林、水

源等利益纠纷引发的矛盾冲突时有发生，而且传递速度快，影响面广，甚至会影响到少数民族地区的民族团结和社会稳定。

在昭通农村，基督教在显示其正面作用的同时，也表现出一些消极影响。一是削弱了农村基层组织的社会权威。二是信徒之间的"弟兄姊妹"意识消解公民意识。三是宗教文化氛围对法治进程构成一定阻碍。在宗教文化氛围的影响下，不少信徒会根据信仰来区分内外亲疏。四是内部的纷争影响社会安定。

曲靖市现有少数民族人口相对聚居在 8 个民族乡和非民族乡的 99 个民族村委会，有佛教、伊斯兰教、基督教、天主教、道教信教群众约 24 万人，正式登记的宗教活动场所 277 处，教职人员 760 人。民族散居，少数民族和民族地区欠发达，五大宗教齐全，信教群众较多。随着改革开放的深入，各民族流动交往增加，国内民族宗教分裂分子在国际民族宗教纷争、战乱不止的背景下，也会加强其分裂渗透活动，造成不稳定因素。

第四节　云南散居民族地区农村经济社会发展滞后的原因分析

云南散居民族地区农村经济社会发展滞后，受自然、历史、地理等客观条件的制约，受人口素质、资金项目投入、体制机制的制约，也是理论研究不足和政策、法律不完善的直接结果。

一　自然、历史、地理等客观条件局限

云南散居民族地区农村大多地处高海拔地区、高寒山区、冷凉山区和滑坡、泥石流、旱涝灾害频繁的岩溶山区、石漠化区等区域，生存环境恶劣、垦殖率高、干旱缺水、水土流失严重，山高谷深，气候寒冷，霜冻期长，植物生长缓慢，农业发展严重受限，传统的生计体系较为单一，靠天吃饭，抵御风险能力较弱。

新中国成立前，云南散居民族地区农村大都处于原始社会末期或奴隶社会，社会发育程度低，生产力并没有随着生产关系的变革而实现同步跨越，仍处于滞后状态。长期以来，社会公益事业投入不足，交通、通信、教育、科技、文化、卫生等公共服务滞后。一些地区属于国家自然生态保护区，重大项目无法实施，相应的政策补偿机制又不够健全和完善，给这些地区群众的生产生活造成较大的影响。

云南散居民族地区农村大多经济发展滞后，财力有限，群众自我发展能力弱，建设成本高，扶贫开发难度大。受市场规律的驱动，资金、人才、技

术等生产要素多向发达地区流动，散居民族地区农村在市场竞争中处于不利地位，日益趋向边缘化。

二　人口素质较低，思想认识水平有限

由于教育基础设施薄弱、信息落后，云南散居民族地区农村群众受教育程度普遍较低，无法掌握可以致富的种植技能或养殖技术，加之生存条件恶劣，使他们面临着经济生活和精神生活两方面的压力。青壮年大都辍学外出打工，然而因为文化素质不高，又没有任何专业技术，只能做些低报酬的脏活、累活来勉强维持生计。由于长期生活在相对闭塞偏僻的地方，思想观念陈旧保守，人口文化素质偏低，致富能力较弱。低素质的人口伴随着高增长，犹如一个"刺猬"，制约了自我能力发展。由于生育观的影响以及错综复杂的民族宗教关系，人口控制难度大。人口众多直接导致贫困深度的加剧，而人口素质难以提高，又使这种贫困陷入恶性循环之中。人口增长还导致人均耕地减少，甚至掠夺性开发导致生态失衡和灾害频发。

一些政府管理者对当地经济发展与社会事业发展的互动关系没有足够认识，对民族文化的重要性认识不够，对少数民族优秀传统文化保护与开发工作力度不够，导致经济和社会事业发展不相适应，影响到民族的凝聚力和向心力，影响到和谐民族关系的构建。

三　项目和资金投入机制不平衡

目前散居民族地区农村项目和资金投入机制不平衡，有的项目实施受到政绩观的影响，成了"走形式"，影响了其发挥出最大化的效益，主要表现为：有的地方连续有项目资金支持建设，有的地方十多年没有过一个项目，甚至有的地方几十年来几乎没有投入用于发展经济建设。部分地区在项目安排上有较大的主观随意性。有大项目覆盖的地方发展快，靠近集镇和交通沿线的地方发展快，大投入拉动大发展。得到各种投入几千万元的乡镇、几百万元的村不少，甚至几十户人家的寨子投入上百万元的也不乏其例。然而在散居民族地区农村，除了少部分地处集镇、坝区有优势的地区有投入外，广大偏僻的农村普遍存在着投入不足的问题。

项目和资金进入到实施地后，往往需要进行资金配套。在特别贫困的地区，由于地理位置边远，运输成本很高，有的群众因为没有配套资金借高利贷，再次返贫的情况十分常见。配套费不能到位，就要由政府贴钱，地方政府的债务也增加了。

散居民族地区农村新农村建设明显滞后于其他地区，有的地方部分惠民项目得不到很好的落实，变成了走过场，搞形式。有的民族团结示范村建设，就是把旧房子刷刷白墙，再画上点民族特色图案就完了。有的地方在民族团结示范村的甄选上，多侧重考虑在该村投资能不能出效果，而不是把钱投在最需要的地方。一些人口少，地方小，位于交通要道，容易被看见的村子往往做工程容易出亮点，也就成为了示范工程的选址，这和通过项目资金注入改变最落后地区面貌的初衷有所背离。

四　民族工作部门精简合并和行政体制不顺

第一，民族工作部门精简与工作繁重的矛盾突出。目前，按照省委省政府的部署和要求，在进一步推进政府机构改革与合并中，对云南散居民族地区农村有的县一级民委与宗教系统，是把民族宗教事务局并入县委统战部，与统战部合署办公。有的拟撤并地区的散居民族人口比例虽然不大，但是人口数量甚至超过了某些自治地方少数民族人口的总数。如镇雄县辖4个民族乡，有彝族、苗族、白族、回族等16个少数民族，少数民族人口为11.7万人，占总人口的9.2%。在政府机构合并与改革中，民委和宗教系统具有特殊性，应该具体问题具体分析，充分考虑国家稳定发展民族团结的大局，充分听取少数民族群众的意见和建议，不能盲目搞"一刀切"。另外还有一些地方虽然已经实现了民宗局与统战部单列办公，但是由于机构编制受限，导致人少事多，内设机构不健全。[①]当前，国家着力推进和谐社会建设，促进民族地区发展，缩小地区和民族差距，促进民族团结进步，民委系统作为政府机构中不能缺少的一部分，撤销与合并，尤其是在一些民族人口比重大或民族人口数量大的县，不符合国家长治久安与和谐发展的实际要求。在机构改革与合并的过程中，一个班子几个牌子，多个机构合并办公。由于各机构的职责不同，管理对象、管理目标、工作方法都不尽相同，在较长一段时间内可能会造成工作上的较大压力。而与此同时，散居民族工作的任务却越来越复杂，越来越重。机构精简与工作任务加重的矛盾凸显。应当充分明确少数民族也是国家的主人的地位，虽然散居民族比例无法和民族自治地区少数民族比例相比较，但是，也应该给予重视。

第二，行政体制不顺严重制约经济社会发展。目前我国的各项惠民政策最低一层只对应到行政村，自然村是无法直接享受这些政策的，也没有申报各类项目的资格。例如农家书屋、党员活动室、卫生室、气象预报信息牌等，都是针对行政村所设置的项目，自然村争取不到。而有的散居民族地区在建乡[②]时考虑不够周全，没有在乡一级行政建制下成立相应的村委会，而

---

① 《威信县民族工作汇报材料》（打印稿）中反映了编制不足的问题，2010年5月12日。

② 通海县兴蒙蒙古族乡原为该县河西镇的一个村公所，1988年1月7日正式建乡，现下辖5个自然村6个村民小组，即白阁村、交椅湾村、桃家嘴村、下村（分3、4组）和中村。

是乡政府下面直接就对应自然村了。这种行政体制上的不顺，严重制约经济社会发展。由于没有村委会的建制，没有办法申报项目，没有项目资金的进入，经济社会发展就更加滞后。

五　乡村基层组织建设和管理机制问题突出

第一，一些民族乡村"两委"战斗力、凝聚力不强，无法为基层组织建设提供坚实的组织保障。乡村"两委"在维护稳定中发挥了一定的作用，但在带领群众脱贫致富、加快发展方面还有很大差距。有的内部关系不顺，缺乏团结共事的工作氛围。①

第二，少数民族后备干部培养选拔的长效机制尚未形成，少数民族干部"出口"狭窄，前景渺茫。在调查中发现，很多地方根本没有形成少数民族干部阶梯式培养的长效机制，党员队伍"三偏一低"现象严重，即村组党员结构和整体素质呈现年龄偏大、文化程度偏低、工作能力偏弱、报酬待遇极低，"双带"作用不大。

第三，缺乏有效的激励保障机制，因为待遇、报酬、出路等问题没有保障，导致村组干部工作热情不高。很多村干部把精力都放在村"两委"各项工作的发展上，"舍小家顾大家"，但工资报酬和付出不成正比；由于村民居住分散，村组干部的工作尤其重要，但有的工资连支付电话费都不够；还有许多老党员年轻时为党工作尽心尽力，年老后却无人去管，甚至还遭到"七个党员八颗牙"、"不会致富没有战斗力"的嘲讽和奚落；有的党员有困难找组织得不到帮助反而被简单地认为"觉悟不高"、"向党闹待遇"。革命时期党的领导人与党员之间在生活待遇上基本没有差别，现在有公职的党员和无公职的党员收入差距很大，形成"坐在大楼里办公的党员要求战斗在第一线的党员吃苦奉献"的现象；村组党员干部没有"政治盼头"。广大村干部既不能录用为事业单位干部，更难有机会被破格录用为国家公务员吃"皇粮"，退职以后，在养老保险、荣誉等方面都没有什么特殊照顾的政策，只能下不能上，直接影响了村干部的工作积极性。

---

① 中央将 2012 年确定为基层组织建设年。这是中央进一步加强和改进党的基层组织建设、提高党的执政能力、巩固党的执政地位的重要举措。《中国共产党农村基层组织工作条例》指出：党在农村的基层组织（乡镇党委、村党支部），是党在农村全部工作和战斗力的基础，是乡镇、村各级组织和各项工作的领导核心。依此定位，民族乡基层组织就是我们党在民族乡村执政的基础，也是我们做好民族工作的基础。村"两委"即村党支部委员会和村民委员会，一个是党在农村的基层组织，一个是村民自治组织，两者分别依据 1999 年颁布的《中国共产党农村基层组织工作条例》和 1998 年实施的《中华人民共和国村民委员会组织法》开展工作。据此，两者的关系应该是：党支部发挥核心领导作用，村委会在党支部的领导下开展工作。

　　村委会工作烦琐具体，"上面千条线，下面一根针"，所有的工作最后都是在村一级进行贯彻落实的。很多同志反映："上面是系统，中间是笼统，下面是总统"，干得好是上级的功劳，干得不好全是基层的问题。很多工作没有办法开展，人权财权均不在自己手里，造成了"权力无限小、责任无限大"的被动局面。

　　第四，开展组织活动没有经费保障。很多民族乡村没有基层组织建设专项经费，党建经费来源于专项经费的较少；很多民族乡村由于偏远的地理位置和落后的经济发展等条件制约，缺乏合理有效的活动载体，组织活动很难开展。影响组织生活正常开展的主要因素是"党员难召集"、"没有活动经费"、"缺少有效载体"。目前落实"一定三有"面临的最大困难是"没有资金保障"、"缺乏配套的政策措施"、"缺乏灵活有效的用人机制"、"缺乏严格的考核监督机制"。

　　第五，因缺乏规范的组织管理机制，一些村级组织管理缺乏范性，村党组织在农村各项工作中的核心领导作用难以保证。目前农村落实"四议两公开"面临的主要困难是"制度机制不健全"，当前村级组织规范化建设存在三个"形式化"：一是制度执行形式化。虽然绝大多数村都建立"三会一课"、"民主生活会"、"党员活动日"等制度，并且都写在了纸上，挂到了墙上，但相当一部分机构组织负责人认为组织党员学习是务虚的，不重视党员的思想教育。二是村务公开形式化。从近年来发生的群访事件来看，涉及村级财务、村干部经济问题的案件为数不少，原因是村务公开尤其是财务公开不彻底。三是重大事项村民决策形式化。一些村对重大事项的决策，虽然召开了党员会议和村民代表会议，但因事前没有深入征求村民意见，事后又缺少沟通，导致群众很有意见，党群干群关系不好。

　　村委会三年换届选举一次，各个村之间调任交流的制度在实际运行中暴露出一些弊端。村两委人员频繁流动，容易导致在任期间责任心不强。一个地区没有思路、没有措施就没有发展，有的村干部三个月不到村子里工作一次，老百姓都不认识村干部。甚至于一些村委会存在贿选、抓选票的严重情况，严重干扰了国家基层行政权力的效力和公信力，严重背离了国家和人民的意愿，损害了政府的形象，冷落了民心。这是绝不容忽视的现实情况。

　　六　散居民族理论研究滞后和政策法律体系不完善

　　散居民族理论、政策、法律研究、完善的滞后，阻碍了云南散居民族地区农村经济社会的可持续发展。散居民族地区情况复杂多样，发展最为滞后，缺乏翔实的统计资料，因此一直以来，理论上的突破较为困难。

　　散居民族地区缺乏来自国家层面的刚性和上位法律法规和政策的支撑，

长期得不到应有的重视而造成事实上游离于来自国家层面的扶持和发展规划之外。国家在政策层面上的支撑不足与散居民族地区迫切加快发展的愿望之间存在较大差距。这是目前散居民族地区在新形势下面临的最大困难，具有共性。散居民族地区呈现出发展不充分，发展滞后，与其他地区发展的差距日益扩大的特点。深层次的原因就在于政治上的、政策上的、项目支撑上的不足。调研中，基层民族干部都反映散居民族地区的贫困与落后，在很大程度上就是缺乏国家层面政策的扶持。在玉溪市红塔区调研时，受访干部表示：对玉溪这样经济社会发展总体较好的地区而言，项目固然重要，但更关键的还是要政策。现有政策存在着不稳定、无强制性、随意性大、无资金保障、阶段性突出等问题。

现有的一些民族政策和法律法规存在贯彻不到位的情况，政策完善和修订滞后，难以应对散居民族地区农村在城市化进程的新问题。如《民族乡工作条例》在政权建设、经济建设、社会事业发展方面规定了许多具体政策和优先、优惠、倾斜要求，但在执行中没有落实到位或者不落实，导致散居民族地区与其他地区的发展差距拉大，关于"在计算财政收入时，超收部分全部留给民族乡；在计算财政补贴时应高于同等条件的乡，每年高于普通乡镇5%的财政转移支付"的政策在很多民族乡就得不到落实。各级政府在制定公路、水利等基础设施建设资金的拼盘政策时，对一些财政相对困难的民族乡不能很好地落实倾斜优惠政策，忽视民族乡与非民族乡的区别。比起民族聚居地区，农村散居民族群众和周边汉族群众有更多接触和往来，也能更直接地看到地区经济社会发展的不平衡，因此，群众心理也更容易产生不平衡。

同时，散居民族政策法规的贯彻执行机制不完善。保障散居民族权益政策法规的法律地位不高，更不具备强制力，也没有切实有效的监督执行机制，其贯彻执行水平很大程度上取决于人们的认识水平和重视程度。一些地方和部门违反法律规定，不照顾散居民族和民族工作的特殊性，习惯于搞"一刀切"，但却没有相应的评价机制和监督机制。

总之，要改变散居民族地区农村的这种状况，要靠散居民族自力更生，也要靠各级政府在经济上的扶持和政策上的倾斜，要靠基层民族工作部门不断开创有效的工作方式，还要靠理论和政策的创新推动散居民族地区农村经济社会发展。在以下第四章、第五章、第六章中将分别对散居民族理论、政策、法律法规方面分别进行分析，并提出相应的建议。

第三章

云南散居民族地区农村民族
工作的实践、成效和问题

　　尽管云南散居民族地区农村的发展已经取得了一定的成就，但是要改变散居民族地区农村经济发展的总体滞后，社会事业亟须扶持的状况，不仅要靠散居民族自力更生，要靠各级政府在经济上的扶持和政策上的倾斜，要靠基层民族工作部门不断开创有效的工作方式，还要靠理论和政策的创新才能推动散居民族地区农村经济社会发展。

第一节　云南散居民族地区农村民族工作的实践

　　在云南散居民族地区农村，基层民族工作部门创造性地将散居民族工作的重心逐渐下移到民族村，不断加强最基层、最滞后的农村地区的民族工作，并取得了一定的实效，积累了一定的经验。

　　曲靖散居民族地区民族团结工作分为城市、民族乡和农村三种类型。曲靖创造了实施民族团结目标管理责任制、民族团结示范村建设、民族地区新农村建设等民族团结工作的典型经验。曲靖市委、市政府先后两次被国务院授予"民族团结进步模范集体"荣誉称号。早在《中共曲靖市委、曲靖市人民政府贯彻省委、省政府〈关于进一步加强民族工作　加快少数民族和民族地区经济社会发展的决定〉的实施意见》（曲发〔2006〕28 号）中就提出：各级各部门要采取更加优惠的政策措施，把工作重心下移到民族地区村民小组一级，将民族乡、村、组的经济社会发展目标、布局、措施、项目列入本部门行业的"十一五"规划，并主动制定下发民族地区申报项目的管理办法，所安排的项目要降低或者免除当地的配套资金。在 2009 年曲靖市民宗委制定的《散居民族地区经济社会跨越式发展的新模式》中，结合省民委开展的全省 2008 年民族聚（散）居村委会、自然村基本情况调研，以行政村为单元，对少数民族地区 178 个村委会新农村建设情况进行调研，探索散居民族地区经济社会发展的模式。制定和实施扶持民族地区新农村建设"十二五"规划，要对已经列入及未列入新农村建设的民族地区村委会进行分类规划，以村委会为单位，以自然村为基本单位，以中心村为重点，对村庄、道路、学校、卫生所、产业发展进行全面规划，统一布局。中共曲靖市委、曲靖市人民政府《关于进一步加强民族工作　促进民族团结　加快少数民族和民族地区科学发展的决定》（2010 年 3 月 17 日）规定，坚持从少数民族和民族地区的实际出发，重点加大对 8 个民族乡、178 个民族村委会和少数民族人口在 30% 以上的村民小组经济社会发展的扶持力度，拓展新农村建设范围，改善基础设施条件，拓宽增收致富渠道，努力实现生产发展、生活宽裕、生态良好。

在 2008 年《昭通市民族散居地区经济社会发展情况汇报》中提到：建议将民族村（原民族小乡）列入参照民族乡工作条例执行的范围。而其他基层民族工作部门也对此进行了呼吁。在《昭通市政府关于进一步繁荣和发展少数民族文化事业的意见》（昭政发［2009］54 号）中提到：加快少数民族和民族聚居地区公共文化基础设施建设，到"十二五"末，建成"民族文化特色村寨"100 个，"民族文化特色保护村"50 个。在《中共昭通市委、人民政府〈关于进一步加强民族工作　促进民族团结　加快少数民族地区科学发展的决定〉》（昭发［2010］3 号）中提到：重视民族村政权建设，各级党委、政府要把民族村政权建设纳入重要议事日程，研究解决工作中存在的困难和问题。[1] 在民族村两委班子主要成员中选配该村主体民族公民担任干部，建立隶属村委会的民族工作委员会。在全市民族村推行机关、企业、社区党组织结对帮扶，推动城乡一体化进程。逐步提高民族村干部待遇，建立村干部养老保险制度。到 2015 年实现 60% 的民族村达到"六好"，即"自治好、管理好、服务好、治安好、环境好、风尚好"的目标。继昭通市《昭通市扶持民族乡经济社会发展规划（2011—2013）》出台后，昭通市还将出台完成民族乡外的 72 个民族村的《民族村经济社会发展规划》。2013 年昭通市在全市选择了 50 个自然条件最差，经济社会发展最滞后的 50 个自然村，投资 5 亿元，进行市一级扶持。

---

　　① 依据《中华人民共和国村民委员会组织法》，村民委员会为中国大陆地区乡（镇）所辖的行政村的村民选举产生的群众性自治组织，是村民自我管理、自我教育、自我服务的基层群众性自治组织。村委会既不是一级政权组织，也不是乡镇人民政府的派出机构。因此，在《中共昭通市委、人民政府〈关于进一步加强民族工作　促进民族团结　加快少数民族地区科学发展的决定〉》（昭发［2010］3 号）中提到：重视"民族村政权建设"，各级党委、政府要把"民族村政权建设"纳入重要议事日程的提法应该再做商榷。但为了尊重原文将民族工作下移到民族村委会的意思，此处保留，特此说明。

　　玉溪市针对民族散居地区农村的不同情况，坚持实行分类指导的原则，将121个民族行政村，从经济发展程度上划分为三种类型。根据不同类型指导民族村的经济社会发展工作。

　　在《中共云南省委、云南省人民政府关于进一步加强民族工作　促进民族团结　加快少数民族和民族地区科学发展的决定》（云发〔2009〕13号）中提到：制定和实施扶持散居民族地区发展规划，以民族乡和少数民族人口30%以上的行政村、自然村为重点，整合各类资金，加大扶贫开发整乡、整村推进力度。对民族乡基础设施建设、整乡推进给予优先安排，对小城镇建设、特色产业和社会发展项目给予重点扶持。力争到"十二五"末，使散居民族地区经济社会发展达到当地中等以上水平。

　　为充分发挥少数民族发展资金促进少数民族和民族地区发展的积极作用，省民委按照"省做规划、州（市）负总责、县抓落实、项目到村、扶持到户"的原则，把抓规划作为一项重要基础工作。结合实际，云南省先后编制并通过了《云南省少数民族和民族地区"十二五"发展规划》等，围绕省级相关规划，州（市）、县、乡、村也编制了相应的专项规划，通过层层编制规划，做到工作思路清晰、目标明确、任务具体，把目标任务细化到村、落实到户，以推动和保证各个扶持发展项目的规范有序进行。①

　　具体来说，在云南曲靖市、昭通市、玉溪市在促进散居民族农村经济发展方面，各地创造性地依托"民族村"，进行了以下一些主要的工作实践。

　　一　实施民族团结目标责任制②签订到村

　　团结和谐的民族关系，稳定的社会环境，是散居民族地区农村实现经济社会发展的基础。早在1992年，曲靖就把民族团结稳定工作摆到重要位置，实施了民族团结稳定工作目标责任制。当时，曲靖地区有1个自治县、8个民族乡、64个民族村公所、少数民族人口比例达到30%以上的自然村有661个。如何维护民族团结稳定是关系经济社会发展的大事。

　　（一）实施范围

　　责任制的实施范围包括全区少数民族人口比例在30%以上的175个村公所（办事处）及责任单位地、县民宗局（委），经费由地级财政列支。各县（市）委、政府结合实际，将少数民族人口在20%以上的村（办）也列

---

①　《云南：明确任务　规范管理》，载《中国民族》2012年第5期。
②　民族团结目标管理责任制，采用目标管理、逐级考核、标准量化、百分考评的方法，按照"党政动手，各尽其责，依靠群众，化解矛盾，维护稳定，做到小事不出村，不出厂矿，大事不出乡镇，矛盾不上交"的要求，年初签订责任制，年内进行检查督促，年末考核并兑现奖惩。这一改革性措施在实践中不断完善，成为做好民族团结工作的崭新机制。

入考核和奖惩范围，经费由县级财政列支。

（二）基本做法

责任制的基本做法是，每年初在地委、行署统一部署的基础上由县、乡、村层层签订目标管理责任书，即各县（市）政领导和乡（镇）政府领导签订责任书，乡（镇）政府领导和村公所（办事处）领导签订责任书，村（办）和村民委员会（办事处）领导签订责任书，村（办）和村民委员会签订工作形成了层层签订责任书，层层建立责任制，一级抓一级，一级为一级负责的良性循环的管理机制。

（三）具体内容

责任制的具体内容，主要包括：乡（镇）党委、村公所（办事处）党支部把民族团结稳定工作列入重要议事日程，做到领导分管，责任明确。

在党员干部和群众中联系实际地深入开展党的民族、宗教政策的宣传教育，宣传教育面要分别达到90%和80%以上。

贯彻落实党的民族宗教政策，依法管理宗教活动，使宗教界上层人士和信教群众遵守国家法律、法规和党的宗教政策，按宗教礼仪开展正常活动。

乡与乡、村与村、社与社、族与族之间要做到相互尊重，团结和睦，互相帮助，发生矛盾和纠纷时，要互谅互让，避免矛盾和纠纷扩大化，避免经济、民事纠纷和一般民事、刑事案件演化成民族、宗教问题。

党员干部面对突发事件，要主动做好疏导、缓解、说服教育工作，不得参与、支持或变相支持。采取疏导、缓解、团结、教育的方法把人民内部矛盾解决在萌芽状态和基层，不上交矛盾。对在自己的职权范围内无法解决的问题要及时向上一级机关反映。对于触犯刑律的，要在争取大多数群众的前提下，支持政法机关对犯罪分子坚决执法。

在抓好团结稳定的前提下，各乡（镇）、村公所（办事处）要坚持以经济建设为中心，因地制宜，采取有效措施，加快民族地区经济发展，努力完成县乡下达的各项指标和任务。

各村公所、自然村要制定切实可行的村规民约，以保证上述各项措施的落实。①

（四）责任制的不断完善

实施民族团结目标管理责任制是有效预防和化解影响民族团结矛盾纠

---

① 丁江伦：《把民族团结落在实处——曲靖地区实施民族团结稳定责任制的做法与效果》，载《民族工作》1997年第5期。

纷，维护民族团结和社会稳定的有效措施。1992 年以来，曲靖市不断完善和实施了民族团结目标管理责任制，每年根据民族团结工作出现的新情况、新问题，适时调整充实民族团结目标管理责任制的内容。

一是层层签订民族团结目标管理责任书。自 1991 年在曲靖市推广民族团结目标管理责任制、1999 年在民宗系统实行民族工作目标管理责任制以来，坚持每年都由市政府与各县（市）区政府、县（市）区政府与少数民族人口较多的乡镇（街道）、乡镇（街道）与村委会（社区）签订民族团结目标管理责任书；市民宗委与各县（市）区民宗局签订民族宗教工作目标管理责任书，与各科室签订内部工作目标管理责任制、社会治安综合治理目标管理责任制，层层分解了重点工作任务。2008 年签订民族团结目标管理责任书的乡镇已达 113 个、村委会 660 个、社区 47 个、企业 21 户、宗教活动场所 284 处。

二是不断赋予目标管理责任新内涵。曲靖市民宗委每年初都适时调整充实民族团结目标管理责任制内容。2007 年、2008 年的责任书分别新增城市民族工作、清真食品管理等内容，开展了清真饮食业执法检查和贯彻落实国办发〔2008〕33 号文件的专项督查，制订《曲靖市涉及民族方面群体性事件处置预案》、《曲靖市民宗委构建社会矛盾纠纷大调解工作格局实施方案》，明确调解机构、工作职责、工作流程和办理时限，创建和积累了市（民宗委政法科、社会矛盾纠纷调解委）、县（民宗局、矛盾调处中心）、乡（民宗助理员）、村（民宗信息员）三级响应预案四级维稳机制，统战、公安、民宗定期联系，按季排查"难点"、"热点"、"冷点"问题和矛盾纠纷隐患，对涉及民族方面的群体性事件及其调处工作和特殊时期、敏感节点社会稳定情况实行零报告、日报告和月报告制度，开展大接访、大下访、大调处活动，确定每周五为民委领导接待日，确保将矛盾和问题处理在基层、处理在萌芽状态。

三是建立严格的考核和责任追究制度。每年底，曲靖市民宗委都坚持从上到下逐级对责任制实施情况进行检查考核，并把民族团结工作与各级干部的政绩考核和奖惩直接挂钩，明确规定各县（市）区委书记、县（市）区长为第一责任人，联系、分管领导和民宗局局长为直接责任人，年终考核在 85 分以下不记奖，且单位和个人不得参加当年的评先、评优，形成了层层落实、分级负责、横向到边、纵向到底的长效管理机制，为民族团结工作提供了有力的制度保障，使影响民族团结的矛盾纠纷呈现逐年下降趋势。1996 年以前，曲靖市每年发生影响民族团结的矛盾纠纷均在 40 件以上，而 2006 年以来每年仅有 3—4 件，且都没有发生大的影响民族团结的矛盾纠纷，没有发生涉及民族方面的群体性事件。[①]

（五）责任制的推广

1999 年民族团结目标管理责任制在云南省民委系统推行，各类影响民族团结、社会稳定的矛盾纠纷得到及时排查调处，未发生重大群体性事件，全省民族地区社会稳定，民族和睦，为全面建设小康社会营造了良好的社会环境。

1999 年，由省民委与 16 个地州市民委签订责任书；2000 年、2001 年，实施责任制范围扩大，16 个地州市都与所属县（市）民委签订了责任书；2002 年，1443 个乡（镇）和民族关系协调任务较重的村委会、街道办事处、厂矿企业与上级民委签订了责任书。运用新机制做好民族团结工作在全省上下达成共识和一致的行动。为体现奖优罚劣，省民委设立了专项经费，每年安排 150 万元的专款，各地州市也根据当地实际安排了专款。

实施民族团结目标管理责任制以来，各地州市和绝大部分县（市、区）都成立了党委民族工作领导小组，绝大多数地州市党委政府每年至少召开一次会议研究民族团结稳定工作。红河、玉溪和临沧等地把民族团结稳定工作列入干部考核内容，与晋级、晋职和评优、奖惩挂钩。各级民委利用民族传统节庆日开展民族团结日、民族团结周和民族团结月活动，进一步加强了马克思主义民族观、党的民族政策的宣传教育。认真开展矛盾纠纷和隐患的协调化解，到 2003 年，全省民委系统协调化解和参与排查各类影响民族团结的矛盾纠纷 5000 多起。昆明、曲靖、红河、大理通过开展民族团结城市、民族团结乡、村评比活动，建立了民族团结示范乡、村、民族团结示范学校和民族团结示范社区。昭通市民委在昭阳区靖安乡和青岗岭乡等民族团结工作任务较重的乡镇开展综合治理，举办民族宗教法律法规培训，引导群众发展生产，劳动致富。在处理影响民族团结的矛盾纠纷过程中，充分发挥基层矛盾纠纷排查调处中心的作用，把各种不利于团结的事项化解在萌芽状态，有力地维护了民族团结和社会稳定。

云南省在实践中不断总结推广民族团结目标管理责任制，建立健全维护民族团结稳定的长效机制。到 2008 年已覆盖到全省所有州、市、县的 1315 个乡（镇）、9605 个村委会和社区、434 个企业和农场、2527 个宗教活动场所。多年来，云南没有发生过一起因民族问题引发的重大群体性事件，平等、团结、互助、和谐的社会主义民族关系不断巩固和发展，各民族和睦相

① 武吴：《围绕第一要务履行第一责任不断推动曲靖民族工作科学发展—改革开放以来曲靖民族工作回眸》，载《今日民族》2009 年第 6 期。

处，和衷共济，和谐发展。①

　　二　开展"民族团结示范村"创建活动

　　"民族团结示范村"是曲靖的首创。曲靖市自 2002 年按照民族关系好、领导班子好、经济发展好、社会治安好、村容村貌好、教育科普好的"六好"标准在民族聚居或杂居村委会、村民小组开展"民族团结示范村"创建活动，在不同的实施阶段，涌现出了不同的典型民族村。② "民族团结示范村"是曲靖市民宗委在认真总结多年来实施民族团结目标管理责任制的经验后采取的一项新举措，旨在探索一条依靠典型引路、辐射周边、示范推动、加快发展，实现全面建设小康社会目标的新路子。"民族团结示范村"创建工作是民族地区新农村建设的一种载体，也是新时期民族工作的重要组成部分，有利于加强民族工作、增进民族团结、促进散居民族地区农村经济社会全面发展。

　　（一）主要内容

　　民族团结示范村实施初期投入资金少、标准低，有的示范村只表现在简单的基础设施改善上。2006 年云南省民委下发《关于进一步推进"民族团结示范村"和"兴边富民示范村"建设的意见》后，各县（市）区民宗局围绕"一条进村入户硬板路、一个民族活动场所、培育一至二项增收项目、每户都有安居房、每户都能用上洁净自来水、每户用上以沼气为主的洁净能源、基本解决适龄儿童入学问题"等工程详细规划建设项目并向省民委申报。实施 2007 年度的示范村创建和申报 2008 年度示范村项目，进一步推进"生产发展、生活宽裕、乡风文明、村容整洁、管理民主、民族关系和谐"，为民族地区新农村建设奠定了良好的基础。

　　第一，加强基础设施建设。一是通过建蓄水池、安装引水管等人畜饮水工程，解决牲畜饮水和群众生产用水及饮水困难问题。二是通过新修进村道路和排水沟等道路建设工程，实现村内道路硬化和农户场院硬化，解决群众行路难问题。三是通过修建沼气池及配套改厕、改厩、改厨"三改造"的生态能源建设工程，达到节约能源、改变传统落后的生活陋习和方便群众生活的目的。四是农电网改造。

　　第二，发展社会公益事业。一是修建多功能活动场地和新建、维修文化

---

　　① 王承才：《永远高举民族团结旗帜》，载《中国民族报》2009 年 9 月 25 日。

　　② 这些典型民族村包括：富源县庆云彝族村、富源县回隆回族村（2005 年云南省民委主任培训班的参观点）、曲靖市师宗县高良壮族瑶族苗族乡新安瑶族村、罗平县长底布依族乡长新寨布依族村、沾益县西平镇石羊回族村委会扯寨彝族村、宣威市龙场镇五里村委会新发彝族村、师宗县水寨壮族村等典型。

活动室，并开展篮球、射弩、陀螺、秋千、摔跤等体育活动，丰富民族群众的业余文化生活和弘扬民族传统体育文化。二是结合民族村特色，实现了村内住房一式一色标准。三是通过修建花台、植树、建薪炭池、垃圾池以及绿化村内空地，在解决了脏、乱、差问题的同时也美化了环境。四是组建民族文化演艺队、老年计划生育宣传队、老年调解委员会、青年治安联防队。五是在各示范村举办彝族"火把节"、回族"开斋节"、壮族"三月三"等节日活动，开展民族团结周、民族团结日活动和"创星"活动，师宗县散居民族地区农村的"十星级文明户"已占到了90%以上。

第三，增加群众收入。一是依靠种植业增收。例如，师宗县水寨村充分利用热区资源扶持壮族群众建无公害优质水稻生产加工基地800亩，实现产值160万元；建冬早洋芋蔬菜基地1000亩，实现产值80万元；建优质低硫黄姜深加工基地，发展生姜加工户100余户，年加工生姜1500吨，价值200余万元。罗平县发甲村帮助布依族农户发展生姜种植200亩。二是依靠养殖业增收。会泽县王家村大力发展养殖业，建饲草基地150亩，沟渠3700米，户均出栏肉牛达到10头、羊5只。三是依靠发展第三产业增收。师宗县水寨村积极引导农户发展农家乐18户，2007年共接待游客2万余人次，实现经济收入30余万元，户均增收1万元，达到"吃在壮家、住在壮家、玩在壮家、富在壮家"的目标。①

（二）基本做法

第一，成立示范村创建领导小组，根据具体条件选择民族村寨：基层党委、政府及村组干部组织管理能力和服务意识强；群众有强烈的自我发展愿望和自力更生精神；能够培育群众增收致富的产业以确保稳定的收入来源；有一定的发展基础和区位优势，项目的实施能够起到示范推广作用。

第二，围绕省民委《关于进一步推进"民族团结示范村"和"兴边富民示范村"建设的意见》和曲靖市民宗委提出的"六好"标准，把具体任务落实到项目的规划和实施等各个环节。各示范村都制定注重基础设施建设、村容村貌改善、民族文化的挖掘和保护、培育支柱产业的一系列规章制度。

第三，因地制宜、因族举措地改善设施建设，并调整产业结构。如师宗县根据热区资源丰富、民族文化浓郁、自然风光宜人的优势，选择旧房改造、村庄道路建设、组建民族文化演艺队、建农家乐、扩大优质水稻和冬早

---

① 吴武、李忠莉：《以创建民族团结示范村为载体　积极推进民族地区新农村建设》，载《今日民族》2008年第2期。

洋芋种植等 6 个项目作为示范村的主要建设项目，大力调整产业结构，形成了以水果、生姜、蔬菜、旅游服务业、粮食为主的产业格局，通过"产业强村、旅游富村、群众建村、民主管村、和谐稳村"的路子，使水寨村群众生产生活条件明显改善，群众收入明显增长，人均纯收入也由 2239 元增加到了 3500 元。

第四，注重项目管理、资金管理和档案痕迹材料管理。对项目建设实行全程管理，层层监督工程质量，确保了按时、按质、按量完成建设项目；严格执行"专人、专户、专账"的核算管理，按项目进度划拨资金。工程竣工验收后，还要进行公示；县民宗局指定专人负责各种文件资料、声像资料、原始数据的收集整理。如陆良县民宗局制定了《新民村"民族团结示范村"建设项目资金管理办法》，项目资金的管理、监督层层把关，使资金的管理做到公开、透明，让群众放心。①

第五，发挥"民族团结示范村"的示范带动作用。"民族团结示范村"的创建惠及彝族、回族、壮族等不同少数民族村寨，涌现了"共同团结奋斗、共同繁荣发展"的先进典型村寨，为曲靖市散居民族地区农村以"民族团结示范村"为载体而加强民族工作、增进民族团结、促进少数民族和民族地区经济社会发展发挥了积极作用。②

（三）创建活动的推广

曲靖市开展示范村创建工作得到省民委肯定，并于 2006 年在全省推广，"十一五"期间每年创建 100 个示范村。2006—2011 年，省级共投入约 2.5 亿元，创建了 600 多个民族团结示范村，各地区始终把解决各族群众生产生活特殊困难、改善生产生活条件、增加群众收入和维护少数民族合法权益作为创建活动的首要任务，在民族团结示范村、示范区，开展了以民族团结教育宣传、特色产业培育、村容村貌整治、安居危房改造、文化活动场所建设、基层组织建设、科技实用技术培训、村民村规建立为主要内容的创建活动；大力支持民族地区发展科技、教育、卫生和文化事业，不断提高各民族

---

① 《新民村"民族团结示范村"建设项目资金管理办法》规定建设项目资金由县民宗局统一管理；按项目施工进展分批拨款；每次拨款，应先向领导小组请示同意；项目资金的支出，如购买建材物资、支付承包款等，必须有村民小组代表 2 人以上参与经办并在付款收据上签字、村委会书记签字证明后方可报民宗局办公室审核报销；对建设项目，严格按规划执行，力求精打细算，少开支，多办事，做到收支平衡，超支的经费，领导小组办公室不予审核、报销等。对群众自筹资金的管理，以村民小组为主，明确专人负责，选出村民代表，参与资金的管理使用、项目实施的监督、工程的验收等。

② 吴武、李忠莉：《以创建民族团结示范村为载体　积极推进民族地区新农村建设》，载《今日民族》2008 年第 2 期。

群众的思想道德素质、科学文化素质和健康素质。

民族团结示范村主要选择民族关系协调任务较重或多民族聚居的自然村，以整村推进的方式开展。建设坚持自力更生和国家扶持相结合，要"输血"，更要增强群众自我发展和管理的能力，使之学会"造血"。此外，在协调民族关系任务重的接合部探索创建跨区域的民族团结进步示范区。以往民族工作的"热点"、难点地区成为民族团结的新亮点。通过因地制宜，以点带面，由村、社区向示范区推进，不断提升创建活动的层次和规模，推进全省民族团结进步创建活动深入开展。云南省民委不断加大对民族团结进步创建活动的专项投入，制定考核评价办法，并建立长效机制和网络信息化平台，及时了解各示范点的创建工作动态以及掌握民族团结稳定情况。随着民族团结进步创建活动在云南的开展，在少数民族聚居的村村寨寨和城市的社区，从民族团结示范村到民族团结进步示范社区，都呈现民族团结进步、边疆繁荣稳定的良好局面。①

三　开展"三村四化"新农村建设

2005年8月，在对麒麟区专题调研的基础之上，曲靖市委、市政府创造性地提出了"三村四化"建设，出台了《中共曲靖市委做出了在全市开展"三村四化"新农村建设的决定》。② "三村四化"建设是以村委会为单位，以小康村、文明村、和谐村为目标，坝区以农村工业化、农业产业化、住房新型化、社会和谐化，山区以农业产业特色化、道路房屋整洁化、村风民俗文明化、团结互助和谐化为途径；进一步整合资源、挖掘潜力，实现农村"三个文明"建设同步推进。

曲靖市委、市政府要求各县（市）区要依托"三村四化"，继续创建"民族团结示范村"，进一步落实每村一条进村入户硬板路、每户一套安居房、每户都能用上洁净自来水、每户用上以沼气为主的洁净能源、每户一项能致富的好项目、一个民族文化活动场所、一所较为完善的村小学（根据教学布点）、一座卫生公厕的八项工程，达到"解决温饱、改善基础、增进团结、迈向小康"的建设目标，树立"民族关系好、领导班子好、经济发展好、社会治安好、村容村貌好、教育科普好"的良好形象。③

曲靖市"三村四化"办每年安排30个左右散居民族地区村委会进入

①　龙琼燕：《云南民族地区"主打"示范村建设》，载《今日民族》2012年第2期。
②　曲靖市人民政府：《关于在全市农村开展"三村四化"建设的意见》，2005年9月7日。
③　《中共曲靖市委、曲靖人民政府贯彻省委、省政府〈关于进一步加强民族工作　加快少数民族和民族地区经济社会发展的决定〉的实施意见》（曲发〔2006〕28号），2006年10月11日。

"三村四化"项目，以村委会为单位，在五年内完成民族地区 178 个村委会的"三村四化"建设任务，明显提高少数民族群众的生产生活条件，力争使民族地区农民人均纯收入年均增幅高于全市平均水平。2006—2007 年投入 4000 多万元，着力实施了民族地区"三村四化"新农村建设，共扶持以文明村、和谐村、小康村及山区努力实现农业产业特色化、道路房屋整洁化、村风民俗文明化、团结互助和谐化为目标的民族村委会 40 个（仅市级），富源古敢水族乡还被列为"整乡推进"进行重点扶持，其中洒交凼村通过山水林田路综合治理，荣膺"全国文明村"。①

（一）主要内容

"三村四化"建设，"三村"是目标，"四化"是实现途径。在新农村建设过程中，必须把握和坚持"四项原则"，正确处理好"五个关系"，切实抓好"六个结合"。做到突出"一个重点"、抓好"三项工程"、建立"六项机制"、完善"八项政策"。② 通过农村工业化、农业产业化、住房新型化、社会和谐化的"四化"建设，使农村成为小康村、文明村、和谐村，达到"七个领先"：农困人均纯收入、村级集体经济、村容村貌、村民素质、村风民风、社会秩序、村组干部公认程度在本乡镇（街道）领先。

文明村：达到"三个基本"、"三个明显"六项基本要求：基本普及高中阶段教育；基本建立完善的新型合作医疗制度；基本建立能够发挥作用的体育、科技、文化等活动阵地。群星文明创建工程、公民道德建设有明显成效；农民思想道德建设、科技文化素质等有明显提高；村风民风有明显改善。

小康村：达到"五个显著"五项基本要求：人均纯收入显著增加，社

---

① 武吴：《围绕第一要务　履行第一责任　不断推动曲靖民族工作科学发展——改革开放以来曲靖民族工作回眸》，载《今日民族》2009 年第 6 期。

② "四项原则"：全面规划；分步推进；因地制宜，分类指导；以人为本，尊重群众；政府扶持，社会参与。"五个关系"：支撑和保障的关系；当前和长远的关系；主体和服务的关系；条件和基础的关系；重点和一般的关系。"六个结合"：与农业产业化经营相结合，与扶贫开发相结合，与发展村级集体经济相结合，与深入开展农村精神文明创建活动相结合，与"平安乡村"创建活动相结合，与基层民主制度建设相结合。

"一个重点"：以实施"万元增收计划"为重点，把经济发展、农民增收作为首要任务，用 8 至 10 年时间，力争使全市农民年人均经济总收入达到万元以上，纯收入达 5000 元，其中：贫困村年人均经济总收入达 6000 元以上，纯收入达 3000 元。"三项工程"：1. 认真抓好素质工程，大力培育新型农民。2. 大力抓好环境工程，有效改善农民生产生活条件。3. 切实抓好先锋工程，加强农村基层组织建设。建立"六项机制"：政府投入机制；以工促农机制；以城带乡机制；金融扶持机制；农村社会保障机制；农村社会化服务机制。落实"八项"扶持鼓励政策：奖励政策；用人政策；用工政策；用地政策；税收政策；农业龙头企业扶持政策；财政补助政策；整合资金和项目。健全加强"三村四化"新农村建设领导小组及工作机构，切实加大协调指导力度。

区、坝区、山区分别达到 8000 元、5000 元、3000 元以上；村级集体经济显著壮大，社区、坝区、山区分别达 50 万元、20 万元、10 万元以上；从事农业的人口比例显著降低；居住环境显著改善；生活质量和生活水平显著提高。

和谐村：达到"四个实现"四项基本要求：基本实现基层民主；基本实现工业的新型化、农业的生态化、居住的园林化和人与自然和谐发展；基本实现社会的安全和稳定；基本实现特困户生活救助、大病救助、特困学生救助、优抚、助残助困等社会保障。

农村工业化：发展壮大原有企业、招商引进企业、调动民资创办企业、强化配套服务企业，达到"三个一"：每村有一个一定规模的有发展前景的企业或形成与企业的有效配套；每村有一个有影响力的经济协会或营销组织；户均有一个以上人员常年从事工业或非农产业。

农业产业化：加大农业产业结构调整，加快"一村一品"创建，加大农业龙头企业培育，加强实用科技推广，达到"四个一"：有一半以上的土地发展经济作物；有一个大部分农户受益的特色品牌产业；有一户以上营销村内农产品的龙头企业；户均有一个科技明白人。

住房新型化：加强村庄的规划、建设、管理，加强村内环境的整治，达到"五个一"：有一个特色、实用的村庄建设规划、户型设计和实施办法；有一批统一的公厕和三堆堆放点；每户有一栋统一式样的小康住房；有一个硬化、美化、亮化、净化的村内环境；形成村委会办公地点、学校、科普文化体育卫生场所、购销点等一批公共场所亮点。

社会和谐化：加强农村精神文明建设、民主法制建设、平安创建和基层组织建设，达到"六个四"：村民实现道德素质、文化素质、科技素质、法律素质"四个提高"；村风民风实现无毒品和艾滋病、无赌博斗殴、无恶习迷信、无乱丢乱摆"四无"；群众组织有宣传、治安、科技、文艺"四支队伍"；民主管理实现党务公开、村务公开、财务公开、一事一议"四个到位"，社会管理实现重大刑事和治安案件、违纪案件、集体越级上访、违反计划生育案件"四为零"；基层组织建设实现好班子、好队伍、好制度、好形象"四好"。

（二）主要做法

一是建立城乡互动的科学发展机制和分类推进机制。在继续推进工业化、城镇化的同时，把"三农"工作作为重中之重，把"三村四化"新农村建设作为城乡互动的有效载体，由过去单项重点突破转向城乡一体整体推进，以村委会为单位，坚持统一、规划、分步实施，突出重点、形成特色，整体推进、全面发展。同时，根据农村的不同发展水平，采取三种形式因地制宜推进建设工作，基础较差、没有条件和暂时不能够创造条件达到"三村四化"标准的农村进行新型文明村建设，为新农村建设打基础；基础较好的、有条件和能够创造条件达到"三村四化"标准的农村进行"三村四化"新农村建设，为新农村建设作示范；在城郊农村集中打造金秀生态园，实现城乡一体化，为新农村建设提供精品。

二是完善政策措施，加大宣传力度。进一步完善土地使用、税收减免、筹资投劳等方面的政策措施，特别是用活用足在土地使用方面的现有政策，减免审批程序。同时，认真总结宣传典型，加大外宣力度，创新宣传形式、方法和载体，在全社会形成人人关心、支持、参与"三村四化"新农村建设的浓厚氛围。

三是注重建设发展的结合点。把建设活动与农村产业结构调整、扶贫开发、科技创新和基础设施建设等工作相结合，与完善农村医疗救助制度、社会保障制度和发展科教文等社会事业相结合，与组织人大代表、政协委员视察工作相结合，与健全完善村规民约及农村内部管理机制相结合，以促进农村经济发展，增强群众自我发展、自我管理、自我监督的意识和能力。①

曲靖市在"三村四化"建设实践中出现了以麒麟区为代表的政府推进型、以沾益县为代表的企业带动型、以富源县为代表的社会赞助型等不同的新农村建设模式。② 在坚持政府主导扶贫的前提下，广泛动员社会力量积极参与扶贫济困，开展社会扶贫，是加大扶贫攻坚力度、促进贫困地区经济发展、加快全面建设小康社会进程的有效举措。近年来，富源县建立"矿村结合"扶贫开发机制，设立"社会贡献奖"，企业家慷慨资助扶贫开发蔚然成风，充分发挥了社会扶贫在新农村建设中的助推作用。

四　实施"千村扶贫、百村整体推进"工程

曲靖市大力实施"千村扶贫、百村整体推进"的"886"工程，其总体思路是，按照"产业支撑、强化基础、综合配套、整村推进"的要求，以曲靖市域内332个贫困村委会（"百村"）和3131个贫困自然村（"千村"）为主，实施整村推进、产业开发、劳动力培训转移"一体两翼"战略。从2007年7月开始，用3年左右的时间，分两批实现户"八有"、自然村"六有"、行政村"六有"，全面推进贫困地区经济社会跨越式发展，完成基本

① 李敏等：《欠发达地区社会主义新农村建设的有益探索》，载《中共云南省委党校学报》2006年第5期。
② 同上。

消除贫困人口的目标。①

曲靖的连片扶贫开发工作，开创了新农村建设和扶贫开发新局面，实现了量的发展和质的突破，初步形成了新阶段扶贫开发的曲靖模式。"866"工程的实践表明，整合资源，对贫困地区开展连片开发和综合治理，是推动这些地区减贫进程的有效途径。②

曲靖市委、市政府高度重视民族地区的扶贫工作，将扶贫工作与新农村建设紧密结合起来，大力实施"千村扶贫、百村整体推进"新农村建设工程，在整体规划中对民族地区给予重点倾斜，加快推进全市民族地区的扶贫开发进程。

目前，曲靖市散居民族地区已有 76 个村委会、812 个村民小组列入"866"工程盘子，分别占民族地区 178 个村委会的 42.7% 和 2230 个村民小组的 36.4%；分别占全市 332 个"整村推进"村委会的 22.9% 和 3131 个"整村推进"自然村的 25.9%。市、县财政对实施"千村扶贫、百村整体推进"工程的每个村委会投入资金 400 万元，对全市散居民族地区的"整村推进"扶持资金达 3 亿多元。第一批已经启动的 41 个民族村委会、440 个民族村民小组建设工程进展顺利；第二批即将启动的 35 个民族村委会、772 个民族村民小组也已做好各项准备工作。另外，在全市"小康示范村"建设中，民族地区已有 1 个村委会列为首批 10 个建设村之一，为实现户"八有"、自然村"九有"、行政村"十有"目标，对每个村委会的投入资金将不低于 500 万元。③

（一）主要内容

从曲靖市的实践看，连片开发是指在政府的推动下，以基础设施和公共事业建设、农业产业组织与产业能力培育为主要内容，针对贫困地区进行总体规划、综合开发，推动贫困地区进入市场，并进而形成其市场竞争能力的一种扶贫开发机制。概括起来主要有三个方面：

---

① 户"八有"：有安居房、沼气灶或节能灶、卫生厕或卫生厩、小水窖或小水池、人均一亩400公斤以上亩产的基本农田地、人均一亩特色经济果林或经济作物、年人均有一头商品畜出售、一个劳动力掌握一门脱贫致富技术；自然村"六有"：进出村社的简易公路、村内硬化道路、进村入户的通电条件、安全卫生的饮用水、满足群众的医疗条件、培训和输出一批劳动力；行政村"六有"：有进村公路和行道树、有安全卫生饮用水、有进村入户的用电条件、有广播电视电话信号覆盖、有合格的办公房、活动室、卫生室、兽医室和文化室、有群众信任、团结干事的村两委班子和维护群众利益的好制度。

② 白志红：《曲靖市实施连片扶贫开发的探索与实践》，载《曲靖师范学院学报》2011年第2期。

③ 曲靖市人民政府：《曲靖市散居民族地区经济社会发展情况汇报》，2008年5月30日。

　　第一，集中人力、物力、财力改善贫困地区的基础设施条件。由于贫困地区受地理位置、基础设施、交通、通信条件和经济发展水平的极大制约，市场和政府都无法在短期内为贫困地区基础设施建设配置足够的资金，致使其与其他地区的差距越拉越大，在市场化进程中的劣势越来越明显。连片开发的一项重点内容就是改善基础设施建设，为其脱贫致富奠定基础。

　　第二，促进社会事业全面发展。贫困地区群众的市场观念淡薄，教育和医疗卫生水平较低。帮助贫困地区脱贫致富的另一项重点内容是大力推动贫困地区社会事业全面发展，提升贫困人口的人力资本水平，促进其市场意识的形成和个人能力建设，以改善投资环境和经济发展条件。

　　第三，产业组织与培育产业能力。农业现代化和市场化是贫困地区农村走向富裕和发展的必由之路。推动农业的现代化和市场化，就必须推进农民的组织化，通过发展农民合作经济组织，增强农户的经营能力，克服因小农生产、传统农业和低水平农业经营带来的农业科技推广应用难、增收风险大和市场竞争不确定性大的问题。①

　　扶贫、发改委、民政、民宗等部门把散居民族贫困村作为扶贫工作的重中之重，整合资源、合力攻坚，坚持开发式扶贫，以实施"整村推进"为重点，改善民族贫困地区基本生产生活条件；以强化培训为重点，促进民族地区剩余劳动力转移；以扶持龙头企业为重点，带动民族地区发展特色产业；以茅草房改造为重点，切实解决贫困少数民族群众急需解决的问题。优先将特困民族村纳入"整村推进"计划，优先扶持与少数民族群众生产生活密切相关的中小型公益性项目，使有条件的农户用上沼气，户均建成 1 亩基本农田，发展 1—2 项稳定产业，输出 1 个劳动力。各项扶贫开发措施要进村入户，实现改土、治水、办电、通路、通电话、通广播电视的目标，妥善解决边远山区基本丧失生存条件特困户的易地搬迁和库区移民的生产生活问题，力争基本解决绝对贫困人口的温饱和民族贫困地区的"八难"问题。

　　（二）主要做法

　　第一，提前规划。曲靖市在"866 工程"实施中，坚持提前规划，全面摸底排查户、自然村、行政村的基本情况、需求，确定投入和建设思路等，编制村级建设规划和实施方案并召开群众大会讨论通过；坚持建设方案村、乡（镇）、县（市、区）、市统一审核、综合评审，做到工程建设群众支持，项目开发科学可行。

---

　　① 白志红：《曲靖市实施连片扶贫开发的探索与实践》，载《曲靖师范学院学报》2011 年第2 期。

第二，整合资金。曲靖市坚持把财政增收部分主要用于扶贫开发和新农村建设；涉及整村推进的所有支农资金、项目优先立项和安排；建立激励机制，鼓励企业有钱出钱、有力出力，实行一个大型企业帮扶几个村、一个中型企业帮扶一个村、几个小型企业帮扶一个村；突出农民的投入主体地位，形成了以农民投入为主、政府投入为辅的投入机制。

第三，培育产业。通过产业培育，两批实施"866 工程"的 332 个贫困行政村发展经济林果 4.2 万公顷、经济作物 3.8 万公顷，建成规模化、标准化、集约化的养殖示范小区 80 个，初步形成了以烤烟、蔬菜、泡核桃、马铃薯、畜牧等为主的一批经济效益高、市场前景好、发展潜力大、带动群众致富的特色产业，培育了一批以种植养殖和加工为主的特色农业龙头企业，构建了"县有龙头企业、乡有支柱产业、村有主导产业、户有增收项目"的产业发展格局。

第四，夯实基础。通过实施通路、通电、农田水利等基础建设项目，两批建设村共修建乡村公路 6720 公里，硬化村庄路面 1470 万公顷；架设输电线路 1960 公里，实施电网改造 3.85 万户；建设沟渠 500 公里、水窖（池）12550 个，铺设饮水管 5300 公里，建成高稳产农田地 3.4 万公顷。通过实施安居房、改厕、改灶、改厩、建沼气池和绿化、美化、净化等工程，新建安居房 2.6 万户，维修和加固住房 5.92 万户，建沼气池 6.72 万口、节能改灶 12.4 万眼，改造卫生厕 15.5 万个、卫生厩 15.58 万个、厨房 12.55 万户，使农村脏、乱、差现象得到根本改变，群众生产生活条件明显改善。

第五，创新机制。在扶贫开发工作中，曲靖市创造性地构建了统筹协调、整合资源、集中力量、纵向联动、横向协同、配套建设、整村推进的扶贫开发新机制，建立健全了农村社会保障、农村社会化服务等长效机制，不断完善贫困村"村规民约"，大力营造农村新风尚，推进平安创建工作，建设稳定和谐新农村，使贫困村呈现出和谐发展的新局面。[1]

此外，曲靖市富源县[2]还开创了"四新"工程建设的模式，把扶贫开发与新农村建设有机结合，以新村庄、新社区、新矿区、新山村"四新"工

---

[1] 李小勇：《"866 工程"为载体加快推进新农村建设》，载《云南农业》2011 年第 1 期。

[2] 富源县有汉、回族、水、苗等 28 种民族，2011 年末总人口 78 万人，境内以煤炭为主的矿产资源较为丰富，素有"八宝之乡"的美誉，是全国魔芋及生猪生产加工基地县、云南省县域经济发展先进县和云南省煤电强县。同时由于煤炭开采带来的山体滑坡等地质灾害影响，许多村庄面临异地搬迁，加之基础设施落后，抗拒灾害风险能力差，富源县又是革命老区县和典型的山区农业县，1994 年被国务院扶贫开发领导小组列入"八七"扶贫攻坚县（国家级贫困县），2001 年被列为扶贫开发工作重点县，2003 年列为云南省创新扶贫开发机制试点县。

程为载体，两轮驱动，整县推进，力争用5年时间，投资20亿元以上，建成新村庄、新社区各15个，新矿区376个，新山村551个，实现扶贫开发与社会主义新农村建设全覆盖。这是继"866"工程和小康示范村建设之后，统筹城乡经济社会发展的新举措。推出新村庄、新社区、新矿区、新山村"四新"工程，延续和深化曲靖市"866"工程、小康示范村、社会主义新农村等建设成果，进一步解决农村发展"基础问题"和发展"动力问题"。

曲靖市富源县后所镇庆云村委会，通过民族团结示范村建设和四新工程建设，创造了矿村结合模式，为矿区民族村委会的发展提供了可资借鉴的成功经验。详见附录二"个案研究"。

五　开展扶贫挂钩村建设

为加快民族地区基础设施建设，在广泛深入地开展调查研究的基础上，昭通市全面掌握民族地区经济社会发展状况，坚持"因地制宜"、"因族举措"、"分类指导"的原则，加快少数民族和民族地区经济社会发展步伐。"十一五"期间，昭通市委、市政府采取"不脱贫不脱钩"的方式，把全市126个民族村列入扶贫挂钩村，把277个少数民族聚居点列入整村推进范围，把基本失去生存条件的200多户少数民族群众列入易地开发扶持，安排市级22个单位挂钩22个民族村，110个县乡单位挂钩104个民族村，各级干部包扶少数民族贫困户近10000户。

在扶贫挂钩村建设中，共整合各类资金近10亿元，实施了一批对少数民族和民族地区经济社会发展意义重大的基础设施项目。实施饮水安全项目，解决了58个村244个民族聚居点的安全饮水困难；争取无电地区通电工程投资13659万元、西部农村电网完善工程投资39654万元，实施了20个村163个民族聚居点通电工程。争取中央、省通乡油路建设278.8公里，补助资金11565万元，实施了守望等15个民族乡公路路面硬化，民族乡路面硬化率达到79%。争取中央、省通达工程827.7公里，补助资金8277万元，实施了布嘎等111个民族村公路建设，民族村公路通达率为100%。争取省、市客运站建设补助资金360万元，实施了青岗岭等9个民族乡农村客运站建设。新建树林、青岗岭等4所民族乡中学，改扩建果珠、布嘎等5个民族乡中学，不断改善办学条件，实现了19个民族乡都有中学的目标。投资466.5万元，实施了33个民族村村级组织活动场所建设。实施广播电视村村通工程，解决了132个20户以上的少数民族自然村收听收看广播电视难的问题。投资548.1万元，实施了12个民族乡卫生院、116个民族村卫生室、3个民族乡计生服务站、2个民族乡派出所、13个民族乡司法所、1

个民族乡法庭基础设施建设。实施易地扶贫工程，搬迁安置 133 户 561 人。建设民族团结示范村 42 个，新建和改造安居房 13730 户，建沼气池、能源灶 11963 口，近万户人家建设了水泥院坝、连户路，生活质量不断提高，人居环境极大改善。截至 2009 年底，散居民族地区农民人均纯收入达到 1766 元，比 2008 年的 1636 增加 130 元，增长 8%。①

昭通市永善县马楠苗族彝族乡马楠村委会是全国有名的贫困村，"贫困落后"一度成为了马楠村苗族群众生产生活的真实写照和代名词。通过扶贫挂钩村建设，马楠村经济社会发展有了长足的进步，迈向了新的发展阶段。详见附录二"个案研究"。

六　开展民族村分类指导

玉溪市针对民族散居地区农村的不同情况，坚持实行分类指导的原则，将 121 个民族行政村，从经济发展程度上划分为三种类型。第一类是经济发展较快的地区，主要以回族人口集中的村镇为主；第二类是主要以蒙古族、白族和山坝结合的民族乡（镇）为代表的经济次发达地区；第三类是以苗族为代表的经济欠发达地区。针对三类经济发展程度不同的地区，各级政府采取分类指导的原则，突出工作重点，引导和指导农民发展经济。

一是针对坝区条件较好的村镇，特别是回族聚居的村和乡镇，鼓励和支持发展工商业和交通运输业。通海县纳古镇是玉溪市民族散居地区经济发展最快的地区，全镇 8314 人，其中少数民族 6726 人，农村经济总收入达275275 万元，农民人均纯收入达到 6965 元；有私营企业和工商户 606 户，工业、建筑、运输、商饮业收入达 27.27 亿元，占经济总收入的 99.04%，占 121 个民族行政村工业、建筑业、运输业、商饮服务业的 50.9%。

二是针对经济次发达地区的民族乡（镇），各级党委、政府积极引导人民群众努力发展经济，加大引资力度，因地制宜地发展民族地区经济。红塔区小石桥彝族乡、江川县安化彝族乡、通海县里山彝族乡、易门县铜厂彝族乡等山区民族乡主抓烤烟、林果产业，烤烟收入成为人民群众的主要经济来源。红塔区洛河彝族乡大力发展矿业和冶炼加工业，工业总产值达到153361 万元，占农村经济总收入的 90%，农民人均纯收入达到 4099 元。

三是针对经济欠发达的民族山区，重点帮助人民群众解决基础设施问题，加大对这些地区的投入和扶持力度。易门县铜厂彝族乡和华宁县通红甸彝族苗族乡曾经是玉溪市 5 个少数民族扶贫攻坚乡之一，通过多年的扶贫，

---

① 马仲瑾：《加快发展　确保昭通散居少数民族地区团结稳定》，载《今日民族》2010 年第10 期。

两个民族乡都基本实现脱贫，铜厂乡的烤烟生产排在易门县乡镇前列，2007年农民人均纯收入达到2933元，是1998年1440元的2倍。但由于基础设施、自然条件等问题，通红甸仍是玉溪市10个民族乡中经济较为落后的族乡，为解决制约通红甸发展的根本问题，多年来大力建设小水窖、沼气池，目前，该乡农业人口10502人，耕地面积18033亩，建成小水窖9619口，沼气池2547口，基本解决了生产用水和人畜饮水困难问题，农民人均纯收入1998元，是1998年678元的2.9倍。

玉溪春和镇黄草坝村委会是一个山坝结合的彝族村委会，通过开展民族村分类指导，经济社会发展取得了明显进步。详见附录二"个案研究"。

第二节　云南散居民族地区农村民族工作的成效

在民族工作实践中，云南散居民族地区农村有的通过加强基础设施建设促进经济社会发展，有的通过扶贫开发促进经济社会发展，有的通过改善民族关系促进经济社会发展，有的通过保护与发展民族文化促进经济社会发展，无论是民族团结示范村建设、千村扶贫、百村推进工程、三村四化建设，还是挂钩扶贫村建设，均对当地经济社会全面发展和民族关系的和谐发展起到了积极促进作用，对推动当地可持续发展产生了巨大的示范效果。

一　促进了散居民族地区农村的经济社会发展

（一）经济发展速度加快，收入水平不断提高

师宗县高良壮族苗族瑶族乡新安村，是一个典型的蓝靛瑶族村。通过开展民族团结示范村建设，深入实地指导、督促旧房改造、村庄道路、民族文化广场建设、组建民族文化演艺队、扩大仔猪养殖、种植反季节蔬菜和劳务经济等8个项目，使新安的瑶族文化特色明显凸显、产业支撑明显增效、增收渠道明显拓宽、先进典型明显增多、带动作用明显发挥、人居环境明显改善、群众观念明显转变，走上了"文化强村、产业富村、群众建村、民主管村、和谐稳村"的路子。2007年已实现人均有粮460公斤，人均纯收入3365元，2008年人均纯收入可达5000元，比2006年的1960元净增3040元，增幅为1.55倍，成为了物质文明和精神文明建设丰收、民族团结发展的"曲靖瑶族第一村"。①

通过实施"千村扶贫、百村整体推进"工程，使受益民族村寨村村走

---

① 李忠莉：《曲靖市"民族团结示范村"创建内涵更加丰富》，载《今日民族》2008年第12期。

上水泥路、户户用上自来水、家家告别烧柴取火照明的历史、人人都有一亩高稳产农田和经果林，经济社会发展向前跨越了10—15年。至2008年末，曲靖市8个民族乡财政总收入6261万元，乡本级财政收入1650万元，分别比2002年增15.3%和13.6%；粮食总产量7.8万吨，增20%；经济总收入11.9亿元，农民人均纯收入1959.6元，增1.1倍，其中增幅最高的鲁布革布依族苗族乡人均纯收入2032元，增了2.6倍。99个民族村委会粮食总产量11.6万吨，比2002年增10.5%；经济总收入11.1亿元，农民人均纯收入1926元，也增加了1.1倍。①

通过"866"工程建设，至2008年末，曲靖散居民族地区41个村委会都建有完小、九年完学率90.8%，31个村委会有学前班、38个村委会建有卫生室、26个村委会有文化室；所辖367个自然村中通电366个、通电话348个、通路335个、238个有安全饮用水；按照"866"工程要求基本实现了户"八有"、自然村"六有"、行政村"六有"的目标。2008年农民人均纯收入达1826元，人均粮食产量433公斤，农民人均纯收入比2005年调查统计的1004元增加了822元，增幅达81.9%。

少数民族比例较高的罗平县鲁布革布依族苗族乡，其江外的四个村委会，地处广西与云南交界的边远深山区，由于交通不便，长久以来形成被人遗忘的角落，当地的经济林、土特产不能形成商品，外面的商品也拉不进去，学生到乡中学上学只有乘船从水路走，存在较大安全隐患，当地各族群众生产生活极度贫困，在"866"工程建设中，六朋、六鲁、团坡三个村委会列入第一批工程建设，使受益村寨发生了翻天覆地的变化。团坡村委会2005年人均纯收入557元，至2008年末人均纯收入已达1915元。当地老百姓认为"866"工程给他们带来的实惠最大，虽然现在还不富裕，但路修通了，他们可以走出大山，商品能够流通，他们的日子将会越来越好。

在曲靖市民族地区178个村委会中，富源县老厂乡拖竹彝族村委会列入了首批"小康示范村"建设，7个自然村、5056人受益，其中少数民族1170人。围绕户"八有"、自然村"九有"、行政村"十有"目标，投资6465万元，高起点、高标准打造"小康示范村"建设工程，在完成村庄建设的基础上，建起了农民别墅新区，并配套建设1个文化广场、1个活动中心、1个农贸市场和小区农民一条街；在依托煤炭资源的基础上，加快产业培植，拓宽农民增收渠道，2008年人均纯收入达2797元，是以工扶农的典

---

① 武吴：《围绕第一要务　履行第一责任　不断推动曲靖民族工作科学发展——改革开放以来曲靖民族工作回眸》，载《今日民族》2009年第6期。

型，成为民族地区新农村建设亮点。

（二）产业结构不断优化，基础设施明显改善

"三村四化"新农村建设围绕"一乡一业，一村一品"的思路，突出特色和优势，加大了农业产业结构调整力度，农业产业特色优质化初显成效，通过进一步加大农田水利设施建设力度，为农业产业特色化奠定了坚定的基础，经济发展明显加快。

实施"千村扶贫、百村整体推进"，农业结构调整取得成效，拓宽了增收致富的路子。如师宗县民族地区首批列入"866"的 16 个村委会在培育产业支撑中，依托得天独厚的地热河谷槽区资源优势，发展冬早蔬菜、生姜、扩大优质稻种植、大力发展经济林果。目前，已发展经济林果 46702 亩，种植经济作物 40054 亩，实现了人均 1 亩经济林果或经济作物的目标，贫困村群众脱贫致富的支撑产业已初具规模。

在民族团结示范村创建和"三村四化"建设中，在各级民族工作部门的扶持下，采取动员群众集资、投工投劳等方式，修建水泥村道、水泥晒场，安装自来水等基础设施。同时规范柴堆、粪堆、草堆"三堆"存放。推行沼气池、卫生厩、卫生厕"三配套"改革。动员群众植树、栽花、种果，美化绿化村庄，村容村貌发生了可喜的变化。彝、回、苗、汉等民族杂居的会泽县水城示范村和麒麟区彝族聚居的红土墙示范村的面貌大为改观。

马龙县马鸣乡咨卡彝族村通过实施"千村扶贫、百村整体推进"的新农村建设，对全村委会进行全方位详细规划，各项重点工程建设得到落实并迅速推进，街心道路硬化全面完成，群众住房内、外墙粉刷完成 100 面、"两场一室"，即：肥料场、晒场、活动室实行了规范化管理，街心路面、村庄公共卫生和绿化带管理分配到村，农户实行门前三包责任制。通过提高群众自建自管的积极性，有效解决了村庄的脏、乱、差等"死角"问题，成立了村容村貌督查组，实时对村庄环境卫生进行检查督促，使村民逐渐养成了良好的卫生习惯。全村呈现出了村容整洁、村貌亮化、路面净化的新村特点。

（三）社会治安明显好转，群众精神面貌改观

在各示范村建设和"三村四化"建设中，法制宣传教育备受重视，建立了规范、健全、完善的村规民约。村民学法、知法、懂法、守法，建立健全群众治保调解组织。示范村无影响民族团结的矛盾纠纷，无非法宗教活动，无黄、赌、毒等违法犯罪活动。通过加强农村民主、政治、法制建设，广泛开展"平安创建"活动，建立健全村民自治机制，各试点村治安发案率明显下降，群体性上访明显减少，民事纠纷调解率明显提高，农村平安和

谐状况明显好转。

村干部与群众之间、示范村与邻村之间、示范村内不同民族村民之间团结和睦、互爱互助、共同发展、共同繁荣。通过营造良好舆论氛围和广泛深入的思想发动，调动了广大人民群众投身"三村四化"新农村建设的积极性、主动性。通过农村劳动力技能培训和倡导健康文明新风尚，试点村农民群众精神面貌焕然一新。

（四）科教工作有所进步，民族文化更加繁荣

沾益县大德示范村先后组织开展了五次大规模的科技培训，科技措施普及率达98%，先后被市、县授予"科普文明村"称号。[①] 教育基础设施和办学条件有了较大的改善。部分村级完小在新农村建设中完成了学校排危、打起了围墙，建起了篮球场、教学楼、宿舍楼并添置了一些现代教学设施。科学教育工作迈上新台阶。

花树村为宣威市东山镇芙蓉彝族村委会所在地，有丰富的民族文化资源。在示范村创建中，该村建起了寨门、文化活动室、文化活动广场，开展以彝族文化为主题的各种活动，繁荣了民族文化。花树村参演的彝族舞蹈《挑起灯笼跳起脚》和民族文化文艺传承人张正坤演唱的《欢乐的火把节》在2009年11月曲靖市举办的第三届少数民族歌舞乐展演中获金奖。花树村以少数民族历史文化为背景，自编自创了具有民族特色的歌曲，其中《芙蓉彝家请你留下来》、《欢乐的火把节》已制作成MTV，在各中小学、各镇机关、各娱乐场所进行推广。罗平县鲁布革布依族苗族乡腊者布依族村寨，围绕民族团结、民俗文化保护、生态环境保护、旅游等重点项目建设，对腊者村进行规划创建，打造出原汁原味的高起点的布依族民族文化生态村寨。[②]

二　促进了各民族之间的交往、交流、交融

通过实施民族团结稳定工作目标管理责任制签订到村，有力地维护了民族团结和社会稳定。在实施民族团结稳定责任制的过程中，各级党委、政府及有关职能部门高度重视民族地区各种矛盾和纠纷的调查和调处工作，及时准确地了解掌握矛盾和纠纷的情况和动态，把矛盾和纠纷，特别是"热点"问题和突发事件积极稳妥地解决在萌芽状态和基层。在工作中能正确处理两类不同性质的矛盾，工作中讲究方式方法，把握政策尺度。在矛盾多发地区

---

① 方绍荣：《为民族工作注入新的活力——云南民族团结示范村创建活动方兴未艾》，载《今日民族》2003年第4期。

② 曲靖市民族宗教事务委员会：《提升品质　打造亮点——曲靖市民族团结示范村创建历程》，载《今日民族》2010年第6期。

开展综合治理，标本兼治，从根本上解决问题。责任制实施以来，没有出现过大的矛盾和纠纷，各种矛盾和纠纷呈下降趋势。

民族团结目标责任制的实施，增强了各级干部和广大群众自觉执行党的民族政策的自觉性，通过广播、电视、电影、报刊等媒体，采取座谈、春节慰问、宣传栏等形式，持久地进行民族政策的宣传教育，提高了各族群众对维护和发展民族团结、互助合作、共同繁荣的新型民族关系的重要性的认识。

通过创造性实施民族团结稳定工作目标管理责任制这一民族团结工作的崭新机制并在实践中不断完善，散居民族地区农村出现了民族团结、社会稳定的良好局面。①

民族团结示范村创建过程，是不断丰富创建内涵，提升创建品质，不断落实科学发展观的过程，在不断涌现出的亮点中，"环境美了，生活好了，日子甜了"成了曲靖市民族团结示范村幸福生活的缩影，在散居民族地区农村经济社会发展、民族团结稳定中真正起到典型示范作用。

富源县回隆示范村"回汉相帮齐致富"的事迹广为传颂。村委会总支书记介绍说："回隆村回族比例为72%。抗旱救灾期间，为把团结示范发扬光大，回族私人老板出钱给汉族村的村民发米，强调'三个离不开'的思想，反响很好，汉族和回族的关系保持得很好。发展要克服'等、靠、要'的思想，树立依靠自己的思想。在搞张家村的示范村建设的时候，有的回族想不通，说书记偏向汉族。但是电网改造时候，张家村又落后了，所以村子的项目资金只能有步骤、有计划地进行调整，一方面也有助于协调民族关系。但是示范村项目的资金太少了，胡椒粉式的项目也不行。民族村现在没有专门的政策倾斜，而且越是早期就抓建设的村子现在项目就更少了。因此，能制定《云南省民族村工作条例》这样的政策就好了，这是十分急需的政策。"在村委会干了30多年的文书补充说："提高文化素质，加强文化之间的理解也是很重要的。用弹性的协调的机制解决问题，越是不敢谈的问题越是要谈，谈才能出管理的思路，把有的文化夸大为'猛虎'是不对的，村子里面曾经流行'我不去你家的灶上热饭'的现象，反映的是民族之间的隔离心理。通过相互走动和帮助，发挥文化价值在社会和谐中的作用，消除汉族对回族的误解，以及双方互相误解产生的一系列问题，最终建立和谐的民族关系。"②

① 丁江伦：《把民族团结落在实处——曲靖地区实践民族团结稳定责任制的做法与效果》，载《今日民族》1997 年第 5 期。

② 2010 年 10 月 18 日调研资料。

昭通市鲁甸县桃园回族村"回汉同饮一井水"被传为佳话。鲁甸县民宗局干部在介绍回族和汉族民族关系的时候，说："回族和汉族的主要差别是生活习惯不同。桃源街上汉族和回族杂居，桃源村的汉族相对多一些，回族和汉族相互尊重生活习惯，汉族和回族之间辈分不乱、称谓不乱，互相关心、互相帮助。汉族有事情请回族帮忙，就办回族席，就上回族馆。回族帮助汉族的老人送丧时候就用汉族的习俗。庆门村的鸭子塘是回族汉族杂居村，没有通自来水，就只有一口井，用桶挑水。在回族过节的时候，汉族一般参与维持治安和秩序。'回汉一家亲，同饮一口井'的思想深入人心。"①

陆良县浮池示范村是一个回汉杂居村子，回族人口占 80%。群众推选出的 4 个村干部中，村民小组长和会计是汉族；副组长和党小组长是回族，"民族团结一家亲"可见一斑。随着散居民族地区农村经济社会的发展，各民族之间的交往、交流、交融②的良好局面不断得到巩固和加强。

三　加强了基层组织和制度建设

在散居民族地区农村工作的过程中，依托民族团结示范村建设、三村四化建设、866 工程的实施等，一些村级基层干部深入调查，研究措施，带领群众致富，涌现出牛家得、桂卫国等一批埋头苦干的优秀基层干部，使得农村基层组织建设明显加强。这些基层干部为使家乡群众脱贫致富，出钱、出力、出物参与建设，工作能力水平明显提高，工作方法不断创新，工作作风不断转变，使得村级基层党组织的战斗力和凝聚力明显增强。

事实证明，选举在当地有威望、具有一定党龄和奉献精神的致富带头人作为村委会书记，围绕着村委会书记组建令群众信得过的领导班子十分重要。好的领导班子对于基层组织发展经济和开展工作起到关键的作用，意义重大。领头人选好了，各项工作就好顺理成章地开展。曲靖等一些散居民族地区充分发挥群众的创造性，依托本地资源和自身优势产业，由村委会的领导班子带头示范、积极奉献，闯出了一条适合本村发展的路子。比较典型的有富源后所镇庆云村委会、中安镇回隆村委会以及师宗县高良壮族苗族瑶族

---

① 2010 年 11 月 10 日调研资料。

② 中共中央政治局常委、全国政协主席贾庆林在 2010 年 12 月 16 日出版的《求是》杂志发表题为《坚定不移走中国特色解决民族问题的正确道路》的文章中指出："中国特色社会主义事业越是向前推进，维护国家统一和民族团结责任越是重大，越需要在各族群众中深入宣传'三个离不开'思想，增进各民族交往交流交融，始终同呼吸、共命运、心连心，不断夯实全国各族人民大团结的深厚根基。"

这一论断指明了发展社会主义民族关系的正确路径，即增进各民族交往交流交融。其中，可以说交往是形式、交流是内容、交融是本质。参见金浩、肖锐《关于增进各民族交往交流交融的思考》，载《中国民族报》2011 年 1 月 21 日。

乡纳厦村委会等。领导班子作风民主、开拓进取、团结实干，千方百计为群众办实事、办好事，实行村务公开，受到群众拥护，加之在村委会内部制定切实有效的经济社会发展制度、村委会规章制度、党总支制度（包括民主生活会制度、党员干部培训制度、目标管理制度、发展党员制度和思想汇报制度）、村党支部激励关怀和帮扶机制及"四议两公开"工作方法等，促进了民族村经济社会全面发展。

总之，通过在散居民族地区农村依托"民族村"创造性地开展一系列的工作实践，有力地维护了民族团结和社会稳定，为民族地区的经济发展提供了良好的环境条件。各级党委和政府采取各种有力措施，帮助民族地区发展经济、文化、教育和科技等各项事业，基础设施条件逐步得到改善，经济结构逐步优化，收入水平不断提高。在短时间内极大地调动和激发了广大干部群众的创业热情，凝聚和发挥了人财物资源和社会各方面的力量，改变了当地经济面貌、村容村貌和干部群众的精神面貌，基层组织和制度建设不断加强，基层干部执政能力不断增强，较好地发挥了各级干部在全面建设小康社会中的积极性和创造性。

第三节　云南散居民族地区农村民族工作的不足

一　仍有大量民族村处于经济社会发展进程的边缘

由于带动散居民族地区农村经济社会发展的项目，在较短的时间内难以全面覆盖所有的民族村委会，如"三村四化"新农村建设要五年才能覆盖到所有的民族村委会，而在"千村扶贫、百村整体推进"项目中，民族村委会也是分两批进入项目实施的，因此，目前仍有大量民族村处于经济社会发展进程的边缘。以曲靖市民族地区为例，178 个村委会还有 96 个村①未列入曲靖市新农村建设计划，占 53.9%，96 个村委会辖 814 个自然村（民族乡内 33 个村委会、民族乡外 63 个村委会）；总人口 261234 人、占 178 个村委会总人口 475296 人的 55%。少数民族 115180 人占 178 个村委会少数民族人口 217213 人的 53%。这些民族村的突出问题是：

第一，地理位置偏远，基础设施薄弱。96 个村委会的 814 个自然村还有 5 个自然村未通电、69 个自然村未通电话、158 个自然村未通公路（即使是已通公路的村，晴通雨阻现象较为突出，占比重较大）、294 个自然村未

---

① 其分布情况是：麒麟 1 个、沾益 4 个、陆良 2 个、马龙 3 个、宣威 19 个、富源 13 个、师宗 15 个、罗平 18 个、会泽 21 个。

饮上安全卫生水、12 个自然村散失生存条件需要搬迁，导致农民生活环境改善迟缓，农业抗风险能力薄弱。

第二，生产力水平低，群众增收难。民族地区村委会以简单的种养殖为主，生产水平低、群众增收难、种植结构调整难、规模化生产难的"多难"局面。在经济作物种植和畜产品养殖上，不注重质量的提高，更忽视了品牌效应，且多以零散种养为主，尚未形成规模效应和集约效应。不管是大宗作物还是经济作物，目前只是处于初级产品生产阶段，加工能力低，更谈不上精深加工，因而农产品科技含量低，附加值不高，竞争力较弱。虽然政府组织或民间自发形成了一些农村合作经济组织，但在管理、功能上仍然不尽人意，科学化、专业化程度较低，还存在相当比例的集体经济"空壳村"。

第三，医疗卫生、社会保障薄弱。在社会各项事业中，医疗卫生、社会保障的发展水平普遍较低。96 个村委会中，还存在 1 个村委会无完小、12 个村委会无卫生室、68 个村委会无文化活动室。大部分村级医疗组织的医疗条件水平普遍较低，而农民对解决"看病难、路途远"的呼声较高，在农村"因病返贫"现象凸显，导致部分家庭因病陷入困境。同时农村医务人员水平低，医疗卫生状况令人担忧。社会保障方面的投入严重不足，农村弱势群体保障体系薄弱，而针对农民的养老保险等保障机制没有得到建立健全。

第四，贫困问题突出。2008 年，96 个村委会农民人均纯收入 1989 元，与曲靖市农民人均纯收入 3166 元相差 1177 元，人均纯收入高于全市的仅有 9 个村委会，而贫困程度较深的村委会就有 12 个（农民人均纯收入 1196 元以下）；年末有贫困人口 51907 人、享受低保 12373 人，分别占 96 个村总人口的 20%、5%；住房困难户 9280 户，占总户数 62648 户的 15%。

散居民族地区农村仍是基础设施最薄弱、贫困人口最多、贫困程度最深的地区。建设资金普遍缺口较大，特别是财税体制和农村税费改革后，乡级财政缺口加大；收支矛盾突出，仅仅靠市、县两级给每个建设村补助的建设资金如同杯水车薪。如果没有大投入和切实可行的扶持措施，民族地区发展的差距还将继续拉大，民生问题将更加突出，与少数民族群众盼望加快发展形成突出的矛盾，也已成为散居民族工作的主要重点与难点，将影响到散居民族地区新农村建设的步伐及团结稳定。①

二　项目实施的持续性、覆盖面和选择点受主观因素的影响

散居民族地区农村经济社会发展需要依托一个个不断脱贫发展的民族

---

① 李忠莉：《散居民族地区经济社会跨越式发展的新模式——曲靖市民族地区新农村建设调研报告》（打印稿），2009 年 11 月。

村，民族村的脱贫发展需要项目和资金的投入实施，因而项目的覆盖面和持续性就成了这些民族村发展进程的重要因素。由于民族村分布散而广，十多年没有投入过项目和资金的村子不在少数。这些村子的发展差距必然和周边地区继续扩大。有一部分散居地区在项目安排上有较大的主观随意性，在民族团结示范村等项目实施选点的选择上，往往考虑选择基础条件好、建设成本低、投资见效快、公路沿线、城镇周围、上级领导视察方便、容易出亮点成绩的地方进行新农村示范点建设，而放弃最边远、最需要项目支撑的村子。

民委过去被认为是"救火队员"的原因是，没有政策和法规体系作为保障和突破。从长远看，必须有政策和法规的长效机制才能克服一些弊端，例如，领导在民族问题上的敏感性有强弱不同，以及甄别不同项目实施地点的主观意愿不同等。依法工作是一种大势。在没有普遍性的政策法规支撑民族村发展之前，这些情况都会影响到整个散居民族地区农村经济社会发展的进程。要杜绝项目安排上的主观随意性，就需要各级政府积极主动关心散居民族地区，制定相应的扶持政策，将每年都要"跑"、"要"及取决于领导是否有民族感情的项目，变为固定扶持项目。很多建设项目都不是只针对散居民族地区，仅是涵盖了散居民族地区，于是对散居民族地区在这方面的投资主要就是靠政府部门在政策上的倾斜照顾，这常常造成散居民族地区新农村建设项目极不稳定，时有时无，时多时少的局面。

当前我国针对散居民族的立法还留有对民族乡和城市以外的散居民族的法律空白，无法形成完整意义上的散居民族法规体系，致使散居民族的权益未能得到均衡的保障。例如，云南省非自治地方农村广大散居民族就面临政策真空。改革开放以来，特别是"十五"期间，云南省委、省政府对云南少数民族发展采取分类指导的政策①，有效地促进了民族自治地区的经济社会发展。而《云南省民族乡工作条例》主要用于保障自治地方非自治民族的权益，而对居住在非自治地方农村的大约300万散居民族的权益，至今仍缺乏明确的法律法规的保障。因此，需要通过完善散居民族理论、政策和法律来弥补项目持续性、覆盖面和选择主观性的不足，使广大散居民族地区农村的少数民族也能共享到社会发展成果，早日实现经济社会全面发展。

---

　　① 对民族自治地方实行民族区域自治政策，对7个人口较少民族实行人口较少民族发展政策，对25个与其他国家直接接壤的边境县实行"兴边富民"工程，上述三类政策的实施区域基本上都在民族自治地方。

第 四 章

云南散居民族地区农村经济
社会发展的理论思考

在云南散居民族地区农村民族工作实践中涌现出一批典型的民族村，如通过挂钩扶贫方式加快经济社会发展的进程的昭通市永善县马楠苗族彝族乡马楠苗族村；通过创建民族团结示范村，在"三村四化"建设中创造矿村结合经验的曲靖市富源县后所镇庆云彝族村委会；在民族村分类指导中次发达地区经济社会发展的典型玉溪市红塔区春和镇黄草坝彝族村委会；在昆明市城市化背景下撤乡建镇过程中发生一系列变化的阿拉乡石坝村彝族村委会。地方政府不断以创新方式开展民族工作，民族村委会也因地制宜地探索着散居民族地区农村的发展思路，体现出了基层的首创精神。云南散居民族地区农村民族工作实践和典型民族村经济社会发展过程中的经验和问题，是散居民族理论、政策、法规创新构想形成的现实依据。

第一节　散居民族理论的形成、发展和贡献

建党90周年以来，以毛泽东、邓小平、江泽民、胡锦涛为领导核心的中国共产党人前仆后继、继往开来，坚持马克思主义与中国国情相结合的原则，运用马克思主义的立场、观点、方法研究和处理中国散居民族问题，确立和发展了有中国特色的散居民族理论。散居民族理论是伴随着散居民族工作的实践不断发展的，是马克思民族理论中国化的创新与发展。中国共产党在不同历史时期结合中国革命、建设的具体实际，丰富和发展了中国民族理论，对建立平等、团结、互助、和谐的社会主义新型民族关系，实现各民族共同团结奋斗与共同繁荣发展以及构建社会主义和谐社会有着重要的理论意义与现实意义。[①]

---

① 李安辉：《论中国特色散杂居民族理论的形成与发展》，载《中南民族大学学报》（人文社会科学版）2010年第6期。

一　散居民族理论孕育阶段

中国共产党从成立起，就十分重视少数民族问题，也包括重视散居民族的问题。1931年和1935年分别通过的《议案》和《宣言》①提出聚居的少数民族也要平等地对待散居于该地区的汉族及其他民族，充分照顾他们的利益。早期的中国共产党人根据马克思主义原理提出了"中国境内各民族一律平等"、"法律面前一律平等"的革命纲领，这是散居民族理论的思想基础。以毛泽东为代表的中国共产党人扬弃"民族自决"，否定"联邦制"模式，把民族区域自治制度作为解决我国民族问题的基本政策。在杂居地区设置委员会或"乡或区的混合政府"或自治区，开创了统一多民族国家里少数民族管理自己内部事务的历史先河。②1937年，中国共产党要求"在少数民族与汉人杂处之地，如果汉人占多数，即在该地政府中成立少数民族委员会"，旨在保障散居民族的利益。随后，毛泽东对这一政策进一步作了阐述："各少数民族与汉族杂居的地方，当地政府须设置由当地少数民族的人员组成的委员会，作为县政府的一个部门，管理和他们有关的事务，调节各民族间的关系，在省县政府委员中应有他们的位置。"③

中国共产党在根据地和解放区实行的民族政策和所开展的民族工作是马克思民族观和民族理论在中国的实验性的实践，在散居民族地区尝试的多种政权组织形式，对散居民族理论的确立起着开创性和奠基性的作用。④

二　散居民族理论形成阶段

1949—1978年，中华人民共和国成立至十一届三中全会召开是散杂居民族理论的形成阶段。新中国的建立，为散居民族工作开辟了极其广阔的前

---

①　1931年中华苏维埃第一次全国代表大会上通过《关于中国境内各少数民族问题的决议案》；1935年通过《中华苏维埃中央政府讨内蒙古人民的宣言》。

②　第一，建立以乡村为单位的自治政府。如1936年《中华苏维埃共和国中央政府对回族人民的宣言》指出"凡属回民占少数的区域，亦以区乡村为单位，在民族平等的原则上，回民自己管理自己的事情，建立回族自治政府"。以区乡村为单位建立的回民自治政府，其规模相当于城市民族区、民族乡政权形式。第二，在民族杂居区组织两个民族为主体的乡或区混合政府。这种混合政府相当于后来的乡级行政设置。第三，少数民族与汉族享受管理自己事务之权利，在与汉族杂居地区设置少数民族人员组成的委员会。第四，在杂居地区设置委员会，建立"自治区"。以上政权组织形式是中国共产党主张实行民主政治和各民族一律平等思想的体现，开创了统一多民族国家里少数民族管理自己内部事务的历史先河。参见李安辉《论中国特色散杂居民族理论的形成与发展》，载《中南民族大学学报》（人文社会科学版）2010年第6期。

③　观点来自刘少奇同志在《抗日游击战争中各种基本政策问题》的报告及毛泽东在中国共产党第六届中央委员会第六次全体会议上所作的报告中。

④　李安辉：《论中国特色散杂居民族理论的形成与发展》，载《中南民族大学学报》（人文社会科学版）2010年第6期。

景。以毛泽东为代表的中国共产党人在进行社会主义改造和建设过程中，将散居民族工作视为整个民族工作的重要组成部分，积极探索解决中国散居民族问题的道路，提出了"散居"、"杂居"等概念，在不断完善民族区域自治制度的同时，采取了一系列重大决策和具体步骤保障包括参政权在内的各项权益。在杂居地区建立民族民主联合政府，颁布了专门针对散居民族的行政法规，保障散居民族享有平等权利。① 例如在《关于地方民族民主联合政府实施办法的决定》中规定：在民族杂居地区，即汉人占多数，少数民族人口占境内总人口 10% 以上的省（行署）、市、专区、县、区和乡（村），或少数民族人口尚未达到境内总人口的 10%，而民族关系显著，对行政发生多方面影响者，都可以建立民族民主联合政府。

1954 年 9 月，中华人民共和国第一部《宪法》公布，《宪法》根据我国的实际情况，在行政区划上，明确规定了自治地方为自治区、自治州、自治县三级，县、自治县下可以设民族乡。中国共产党和人民政府在民族聚居区推行民族区域自治政策，将民族乡、民族区从民族区域自治中分离出来，确立了民族乡（区、镇）制度。民族乡（区、镇）是中国共产党根据马克思主义民族理论推行民族区域自治和建立民族民主联合政府的重要政权组织形式。民族乡（区、镇）早期属于民族区域自治制度的重要组成部分。②

1955 年 12 月，中国共产党对民族自治区进行了反思，颁布了《国务院关于更改相当于区的民族自治区的指示》，认为"根据几年来的经验，在只有一个相当于区或相当于乡的少数民族聚居区内，事实上不可能完全行使宪法中规定的各种自治权，因而不需要建立自治机关"。因此，"过去建立的相当于区的和相当于乡的民族自治区必需予以更改"。国务院对建立民族乡的工作做了具体的规定。③ 以上这些指示对民族区、民族镇的建制作了明确规定，认为："过去在城市内建立的相当于区的民族自治区，可以改为民族区。过去在镇内建立的相当于乡的民族自治区，凡适合将所在镇改为民族镇

---

① "杂居"与"聚居"较早见诸的法律文件是《中国人民政治协商会议共同纲领》。"散居"曾以"散处"一词较早出现于 1947 年《中共中央东北局关于回民问题的通知》；最早提到"散居"的国家部门规范性文件是 1952 年《中央人民政府政务院关于保障一切散居的少数民族成分享有民族平等权利的决定》，《人民政府政务院关于保障一切散居的少数民族成分享有民族平等权利的决定》对保障散居少数民族政治生活、平等权利、宗教信仰、风俗习惯、语言文字等权益作了具体规定，是我国第一个专门针对散杂居民族的行政法规，是散杂居民族理论确立的重要标志。

② 1955 年底，我国建立的相当于区的自治区有 106 个，相当于乡的自治区有 1200 多个。1954 年《中华人民共和国宪法》将民族乡作为一级行政区域，与乡、镇并列。

③ 见《关于建立民族乡若干问题的指示》、《关于改变地方民族民主联合政府的指示》、《关于更改相当于区和相当于乡的民族自治区的补充指示》。

的，可以将所在镇改为民族镇……凡是适合建立民族区或者民族镇的，都可以建立民族区或民族镇。"至1958年，全国共改建和新建了1300多个民族乡（区、镇）。"民族乡作为一种解决民族问题的政治形式是中国共产党和中国政府在解决中国民族问题的长期实践和探索中，始终坚持把马克思主义民族理论与中国社会主义革命和建设具体实际相结合，而创立的最具中国特色的民族理论之一。"

这一时期，中国共产党坚持各民族一律平等，在散居民族工作的理论上和实践上、内容上和形式上都进行了开创，各民族之间初步建立了平等、团结、互助的社会主义新型民族关系，散居民族理论思想体系逐步形成。散杂居民族的基本理论体系主要包括：民族作为客观实体，有"散居"、"杂居"、"聚居"等分布方式、居住形式与基本类型。聚居、杂居、散居都是比较清晰的概念。提出散居民族的基本特征，分布地域主要是城市和集镇。进行了民族识别，明确了散居民族身份。颁布了关于散杂居民族的第一个行政法规，并将民族乡、城市民族区从民族区域自治制度中分离出来，建立民族乡政权组织形式。这些内容为散居民族理论的跨越发展奠定了基础。①

1958年以后，新中国成立初期建立起来的政策措施受到"左"的思想的干扰和反右斗争的扩大化和错误发展，"民族问题的实质是阶级问题"的错误理论成为指导民族工作的普遍原则，散居民族工作受到了极大的干扰。1966年到1976年的十年"文革"期间，民族工作指导思想上出现"左"的极端，散居民族政策遭到严重的践踏，民族工作陷于瘫痪状态。

三　散居民族理论发展阶段

在散杂居民族理论发展阶段，以江泽民为主要代表的中国共产党人在党的"十五大"会议上把邓小平理论确立为党的指导思想，以加快少数民族和民族地区经济发展为根本任务。以胡锦涛同志为核心的中央领导集体在全面建设小康社会时期，提出"始终要充分认识做好民族工作的重要性和紧迫性，进一步增强做好民族工作的责任感和使命感，更加自觉、更加主动地处理好汉族和少数民族、少数民族和少数民族以及各民族内部成员之间的关系，不断巩固和发展社会主义民族关系，促进各民族共同团结奋斗、共同繁荣发展。

1979年6月，国家民委召开了恢复工作后的第一次委员（扩大）会议，讨论了杂居、散居少数民族工作。10月12日，中共中央、国务院批转了国家民委党组《关于做好杂居、散居少数民族工作的报告》。国家民委的报告，分析了散

---

① 李安辉：《论中国特色散杂居民族理论的形成与发展》，载《中南民族大学学报》（人文社会科学版）2010年第6期。

杂居民族工作的情况，指出了存在的问题，对做好散杂居民族工作提出了许多具体意见，对推动散居民族工作的发展起了巨大的作用。根据中共中央和国务院的指示，各有关部门对散居少数民族的有关问题制定了专门的文件。

这一时期全面恢复民族工作与民族政策，确立和发展了民族乡建制。1979 年颁布的《中华人民共和国地方各级人民代表大会和地方各级人民政府组织法》规定："民族乡的乡长由建立民族乡的少数民族公民担任。"这是我国农村政治体制改革和贯彻落实党和国家民族政策的一项重要成果。1982 年修改的《宪法》恢复了 1954 年《宪法》关于民族乡的规定，重新确立了民族乡政策实施办法。1983 年国务院发出《关于建立民族乡问题的通知》，对建立民族乡的条件、名称、职责、工作人员的配备、使用的语言文字以及领导问题等作了明确的规定。根据这个通知，在全国进行恢复或建立民族乡的工作。自 1984 年起，在全国各地开始把恢复和建立民族乡的工作作为民族工作的一个重要任务。至 2000 年，我国 55 个少数民族中已有 48 个民族建立了民族乡，民族乡人口约占散居民族人口的 1/3。[1]

第二节　云南散居民族地区农村经济社会发展的理论思考

一　现有民族理论覆盖不到散居民族地区农村

现有散居民族理论的内容，应该包括散居民族的概念、概况研究；散居民族形成的历史和原因、分布类型和特点研究；有关散居民族的政策法规和权益保障的研究；关于民族乡概念、性质、地位和作用等基本理论研究；城市民族工作基本理论的研究；散居民族工作基本理论、主要内容、重要性的研究等内容。就散居民族地区农村的研究，则主要集中在民族乡的研究上，对农村地区广泛分布的民族村还没有专项研究，就现有的理论研究而言，还未覆盖到散居民族地区农村。主要内容参见本书第一章第一节《研究综述》。[2] 由于散居民族理论研究的滞后性，云南历史上实施的少数民族分类

---

① 李安辉：《论中国特色散杂居民族理论的形成与发展》，载《中南民族大学学报》（人文社会科学版）2010 年第 6 期。

② 20 世纪 90 年代以来，随着散居民族工作的发展及其对理论的渴求，一些民族工作者对散居少数民族工作中的城市少数民族的特点，城市民族工作的特点和意义，民族乡的特点，民族乡工作的特点和意义等问题进行了初步的归纳和总结。这些使得散居民族工作理论初步形成。

从这个观点也可以看出，当前没有关于民族村的理论研究。参见沈林《散杂居民族工作概论》，民族出版社 2001 年版。

指导的各项政策中，也没有专门以散居民族为专门实施对象的政策，而民族法律法规中，除了《云南省民族乡工作条例》和《云南省城市民族工作条例》外，也没有其他的政策法规。参见第五章和第六章。

二　民族村是散居民族在农村相对聚居的区域

在我国农村，散居民族除了相对集中于民族乡外，还有相当数量的零星分布在农村各民族村范围内。由于历史的原因和经济文化活动的需要，特别是民族间通婚的作用，形成了农村星散散居少数民族。这种类型的散居民族主要是分散在汉族或其他民族聚居的地区，在人数上占绝对的少数，但他们也有相对聚居的情况，但一般聚居的地区为相当于"村"或"村民组"这样的范围。其总体数量大约有 1000 万，在经济社会发展中是最为弱势的群体，但同时是一个覆盖面很大的群体，也是一个易发生冲突的群体。在云南，农村零星分布的散居民族也有不少于 300 万人口。即使在民族乡内，散居民族也是更多地集中于民族村中。

三　将"民族村"纳入中国特色民族理论体系的必要性

（一）民族村发展的滞后性和不平衡性需要不断完善民族理论

由于历史等原因，民族村多分布于云南地理位置偏僻、生态环境恶劣的地区，其经济社会发展水平要相对滞后于民族自治地区，其在经济社会发展等综合方面，虽不排除个别民族村发展较好的情况，但大都面临着诸多的困难和问题。较为突出的问题表现在水、电、路和通信等基础设施十分落后，农田水利设施不健全，经济发展缓慢，贫困面积大，贫困程度深，而且贫困点较为分散；边远、偏僻、基础条件差的民族村，其教育形势不容乐观，民族教育整体发展水平不高；生态环境的保护与可持续发展面临着不少的问题，资源的优势加上贫困的现实和发展的需要，往往容易陷入人与环境关系恶性循环的泥沼；民族文化的传承与保护面临严峻形势，由于各民族散居杂处，民族多，而各民族人口较少，民族文化传承保护体系较为脆弱，容易影响整个社会的安定团结与民族关系的和谐发展；少数民族干部的民族结构、年龄结构、分布结构不尽合理，总量不足；医疗水平和条件有限，因病致贫、返贫的情况仍较为普遍。同时，散居民族地区分布不平衡，地区间、民族间的经济、社会和文化发展不平衡是民族村经济发展中的普遍性问题之一。造成民族村经济社会发展滞后的原因很多，缺乏理论、政策和法律体系的保障，是其中的重要原因之一。

（二）现有的《云南省民族乡工作条例》面临调整

1.《云南省民族乡工作条例》中规定的一些政策难以落实

《云南省民族乡工作条例》条例自 1992 年颁布实施以来，对于促进民族乡经济文化事业的发展和少数民族干部队伍的建设发挥了一定的作用；对于规范地州市和县市区政府对民族乡的领导和帮助，采取一系列政策措施加强对民族乡的扶持起到了较大的督促、推动作用。但是，这个针对云南散居民族地区农村唯一的地方性法规，由于刚性内容不多，不便于操作。近年来，随着国家经济体制改革的深入，条例的实施面临较为严峻的形势。一些政策甚至无法落实。

一是部分民族乡中，少数民族干部比例仍然偏低，与其人口比例远远不相适应。在部分建乡的少数民族中，苗族、瑶族等民族干部配备不足、成长缓慢。有的乡辖区内苗族或瑶族的人口比例很高，但是在本地却找不到合适的乡长人选，需要从其他乡镇调用或者作罢，在乡一级班子中的少数民族干部比例低，有的只有一两人。

二是对于在边远贫困民族乡、民族村工作的干部和各种专业技术人员的工资、福利待遇，有的县市都没有给予特殊照顾。

三是《条例》第三章"民族乡的经济建设"规定的一些税收减免、税利返还、财政超收部分全留、投入倾斜等政策基本没有得到兑现或完全兑现。财政方面的优惠政策，如县级人民政府在计算民族乡的财政收入时应低于同等条件的非民族乡、超收全部留给民族乡、在计算财政补贴时应高于同等条件的非民族乡等规定也未得到很好的执行，对民族乡财政收入的超收部分能实行五五分成或是四六分成已算是执行的比较好的地方了，大部分地区在执行这一条规定时根本就没有区分什么民族乡和非民族乡。对此，各民族乡意见都比较大。

四是部分民族乡还没有建立初级中学，有的乡还是两三万人口的大乡。苗族地区缺乏会进行双语教学的教师，苗族小学生由于无法听懂教师讲课而大量辍学，加上因家庭贫困而辍学，造成苗族儿童的入学率很低。《条例》规定适当放宽民族乡代课教师、民办教师转为公办教师的条件等政策也没有完全落实。

《条例》规定的这些倾斜政策和优惠措施之所以难于落实，其原因主要有以下几点。

一是认识不到位。近年来，对散居民族地工作的领导，分类指导的原则往往被忽视，许多地方的党政领导习惯于用"一刀切"的简单的思维方式和工作方法来对待散居民族地区的工作。

二是民族乡乡级财政普遍都较困难，而财政状况较好的乡又由于县市人民政府在财政政策上没有给予其应有的照顾。

三是《条例》本身的有关规定不尽合理，也过于笼统而不好操作。如对各级部门的职责规定的不明确，把应由省、地、县三级人民政府共同承担的一些责任全部落到县市一级人民政府身上等，增加了各县市贯彻执行《条例》的难度。

四是由于财税体制改革和国家有关政策的调整，《条例》的某些规定已变得没有实质意义（已无必要再执行，如有关对企业的免税的规定）。

最后，民族乡少数民族干部配备不足、成长缓慢，除受民族地区教育落后的制约外，干部来源渠道狭窄及平时不注意培养也是重要原因之一。

2. 撤乡建镇使得原属于民族乡的民族村面临政策真空

民族乡行政制度是我国最具中国特色的解决民族问题的方式，近50年来，在保障散杂居少数民族的平等权利，发展民族经济文化等方面，都起到了十分重要的作用。随着我国社会经济的不断发展，一些发展较快的民族乡提出了撤乡建镇的要求，这是发展的必然，也是发展的需要。

但是由于种种原因，我国《宪法》中没有"民族镇"的建制，1992年国务院颁发了《关于停止审批民族镇的通知》。20世纪90年代是我国经济发展较快，小城镇发展较快的时期，但是，因为民族乡是一种较特殊的乡级基层政权，又不能建立"民族镇"，撤乡建镇又会失去民族乡的特殊性，因此在将近20年的时间里民族乡撤乡建镇的问题遇到了阻碍，社会经济发展也受到了一定的影响。2000年6月中共中央、国务院发出了《关于促进小城镇的健康发展的若干意见》，新一轮的撤（并）乡建镇工作将会发展很快，特别是对于西部及民族地区将产生深刻的影响。在这样的情况下，民族乡的"撤乡建镇"是一个民族问题，也是一个发展问题，还是一个政治问题。[1]

2005年修订《云南省民族乡工作条例》时，云南省民委曾经提出过每个民族乡每年补助5万元，当时都没有通过，因此2005年的修订实际上在经济扶持上是没有突破的。民族乡实际上就成了解决"一顶帽子、一块牌子"的问题。很多民族乡纷纷要求撤乡建镇，不仅是因为城市化发展进程的加快，同时也是因为对民族乡的实际优惠太少，还不如建镇后的各种优惠多。很多是因为经济利益的问题要求撤并的。

民族乡的散居民族约占我国散居民族人数的1/3，其重要性是不言而喻的。随着民族乡的撤乡建镇，一些原来隶属于民族乡的民族村，也不再享受《云南省民族乡工作条例》中的各项优惠政策，变为普通建制镇中的民族村，从而面临着政策真空。一些民族乡撤乡建镇、并镇、改办后，

---

① 沈林：《中国的民族乡》，民族出版社2001年版，第144页。

由于"民族镇"或者"民族街道办事处"不具有合法地位，虽说民族乡撤乡建镇后可以继续享受民族乡的优惠待遇，但是实际上很多乡长都改成了汉族担任，主体民族的各种待遇更是无法兑现和落实。原来的少数民族村民的生产生活方式短时间内并未发生较大的改变，但身份甚至经历了从村民到市民的转变，他们有的戏称自己是"挑着粪桶的市民"，其思想观念、生产生活方式、社会保障、身心健康等各个方面都面临着新的转变带来的挑战。

（三）将"民族村"纳入中国特色民族理论体系是民族平等和维护团结稳定的需要

民族平等是指各民族不论人口多少，经济社会发展程度高低，风俗习惯和宗教信仰异同，都是中华民族的一部分，具有同等的地位，在国家和社会生活的一切方面，依法享有相同的权利，履行相同的义务，反对一切形式的民族压迫和民族歧视。散居民族和散居民族地区的一大特点是发展不平衡，因此从全国范围各民族整体而言，各民族都实现了民族平等（从质上讲），但是各地区之间的民族平等实现（从量上讲）程度是有差别的，民族平等的实现程度出现差别的趋势。① 在调研中，一些基层民族干部把在自治地方的少数民族是少数民族和散居民族地区的少数民族比喻成"亲生"和"后养"的关系，对同样是少数民族却没有享受到一样的民族政策和待遇的事实表示不解。例如，在散居民族地区基本没有文化保护经费，从上到下的安排都是针对自治地方的，自治地方还可以有立法权。散居民族文化往往成为被遗忘的角落，同一个民族在不同的地方享受的政策完全不同。例如，民族节日放假，散居民族因不能享受，意见就比较大。

没有刚性的理论、政策和法律作为依据，也给开展散居民族工作带来了困难。绝大多数的散居民族群众亲眼目睹亲耳听到了近年周边地区的发展成就，盼发展、思发展的愿望变得强烈，大部分群众也有艰苦奋斗的精神。由于地区差异使得同一个民族不能享受同样政策，散居民族和其他自治地方的民族的待遇不同，容易导致民族心理的不平等。地域分布、自然环境、历史原因、发展基础等的差异，造成了各民族间事实上的发展不平等，随着经济社会的快速发展，这种事实上的发展不平等还在呈不断扩大趋势，有的已经成为影响民族团结、社会稳定的主要因素。因此，加快少数民族和民族地区经济社会的发展，消除历史遗留的发展差异，缩小现实的发展差距，就是对各民族、各地区共同发展要求的统筹兼顾，也是实现少数民族全面平等、社

---

① 金炳镐：《民族理论与民族政策概论》（修订本），中央民族出版社 2006 年版，第 291 页。

会公正的必由之路。① 只有从根本上重视散居民族地区农村的发展问题，按照分类指导原则，切实保障散居民族的权益，才能突破民族地区"大闹大解决、小闹小解决、不闹不解决"的僵局。

（四）基层对于"民族村"理论的认定有基本诉求，面临民族理论界不能对接的矛盾

很多基层在上报省民委的材料中，都使用了"民族村"的字眼和概念，并且大多数以少数民族占30%以上这个标准进行统计。可见，实际上，基层对于"民族村"理论的认定有基本诉求。但在现有的理论体系中，"民族村"的概念仍属于不准确、非正式的提法，在现有的理论体系中尚未确定"民族村"的概念。还有一些自治地方的自治民族，在报送材料中，使用"民族村"的概念时，也存在着混淆的情况，例如，大理白族自治州某白族村。以白族为主体民族的民族区域自治地方的白族村，要不要使用"白族"二字？非自治地方或自治地方的非自治民族使用"民族村"概念时主要是用于与自治地方或自治民族相区别。如迪庆藏族自治州的兴隆白族村，或者元江哈尼族自治县的因远镇（原因远白族乡）安仁白族村。这种现象说明，基层有将"民族村"纳入中国民族理论体系的诉求，还有使用不规范（因为理论界未作规范）的情况，而在理论体系中又面临没有可以对接的矛盾。

另外，现行的一些民族政策，针对某一个经济落后的少数民族进行扶持，但是和这些少数民族居住在同一地的汉族或者其他少数民族就没有扶持，少数的情况，汉族和非主体少数民族的经济发展还更为滞后。在实际工作中，有人就提出应该就这个区域内的经济发展滞后的对象进行扶持，而不仅仅进行民族的区分。总体而言，边远散居民族村寨经济社会发展的滞后性是无可争议的，若"民族村"的理论能够成立，对"民族村"进行扶持的政策也能惠及同一区域基本处于同一经济发展水平的非主体少数民族或者汉族。在政策的实施效果上，可能会更为公平。

四　将"民族村"纳入中国特色民族理论体系的创造性和可行性

（一）依托民族村开展散居民族地区民族工作是实践工作的创新

云南散居民族地区民族工作分为城市、民族乡和农村三种类型。在云南散居民族地区农村，基层民族工作部门创造性地将散居民族工作的重心逐渐下移到民族村，不断加强最基层、最滞后农村地区的民族工作，创造了实施民族团结目标管理责任制、民族团结示范村建设、民族地区新农村建设等民

---

① 童成清：《浅析昭通散杂居地区和谐民族关系的构建》，载《今日民族》2008年第1期。

族团结工作的典型经验，并取得了一定的实效，积累了一定的经验。不仅促进了散居民族地区农村的经济社会发展，也促进了民族团结，加强了各民族之间的交往、交流、交融。这些经验为将"民族村"纳入中国特色民族理论体系提供实证支持。散居民族理论、政策和法律的不断完善将有助于弥补项目实施持续性、覆盖面和选择项目的主观因素的不足。

（二）依托民族村开展散居民族地区民族工作符合现实需求

《中华人民共和国村民委员会组织法》是关于农村村民自治的法律，是规范村民委员会建设的基本法律。[①] 其规定了村民委员会的性质是建立在农村的基层群众性自治组织，是我国农村政权的基础。行政村群众自治组织建设得如何，直接影响到农村的改革、发展、稳定，影响党在农村政权的巩固。目前在各种项目的申报中，大多是以村委会为申报单位进行，因此，以民族村为依托开展散居民族地区农村工作符合现实需求。加强散居民族地区村委会的组织建设和制度建设，具有十分重要的现实意义。

（三）以民族村开展民族工作符合分类指导原则，具有可行性

在民族工作的分类指导原则中，有一类是散居民族工作，但是长期以来没有得到应有的重视，处于相对弱势的地位。在所开展的工作中，以贯彻执行《云南省民族乡工作条例》和《云南省城市民族工作条例》为主，对于分布最广，人口众多，民族成分复杂的民族村工作一直被忽视。因此，以民族村开展工作是进一步细化散居民族工作，符合分类指导的原则，具有可行性。

（四）将"民族村"作为民族区域自治和民族乡制度的补充形式

新世纪新阶段，在国内外错综复杂的形势下，我国民族问题面临着严峻的挑战，特别是国内外分裂势力和国际敌对势力极力利用民族问题破坏我国民族团结和祖国统一，反分裂斗争依然是长期、复杂、尖锐的。在这种情况下，民族政策需要与时俱进，不断充实完善，民族工作需要不断改进。中国共产党的民族理论和政策，是马克思主义民族理论与中国国情正确结合的产物。民族平等、团结、互助、和谐；民族区域自治；各民族共同团结奋斗，共同繁荣发展是党的民族政策的灵魂。这已为实践证明是正确的，是符合中国国情和各民族利益的，是有利于民族团结、国家统一，有利于不断增强中

---

① 1987 年 11 月 24 日经第六届全国人大常委会第二十三次会议审议形式通过并公布，于 1988 年 6 月 1 日起试行。1998 年 11 月 4 日中华人民共和国主席令第 9 号公布，自公布之日起施行。《中华人民共和国村民委员会组织法》已由中华人民共和国第十一届全国人民代表大会常务委员会第十七次会议于 2010 年 10 月 28 日修订通过，现将修订后的《中华人民共和国村民委员会组织法》公布，自公布之日起施行。

华民族凝聚力的。因此，坚持上述基本理论和政策不动摇，过去、现在是这样，今后相当长的一个时期还应该是这样。可将"民族村"作为民族区域自治和民族乡制度的补充形式，而不是制度安排。

（五）在乡村一级先试先行民族理论、政策、法规的适度调整有助于积累经验

云南由于民族自治地方多，民族多，因而很容易忽视散居民族地区。民族乡撤乡建镇、改办后能不能改变为民族镇或者民族街道办事处？这种改变尚未触及《宪法》和《民族区域自治法》，乡镇一级建制的变更可以在省一级进行审批，不涉及违宪，在省级的层面上可以做一些尝试，并且是有可操作性的。在没有任何政策法规体系所覆盖的广大散居民族地区农村，在理论上论述"民族村"的合法性，促使出台惠及民族村的政策，进而促成民族村的法律法规出台，都是结合当前急需调整和完善的民族理论和政策法规体系进行的。在民族村的审批程序上也是具有可操作性的。在乡村一级尝试民族政策和法规的调整和补充，有助于进一步研究相似的其他问题。城市化的进程还会遇到民族自治县撤县建市的问题，这是发展的大势所趋，但是由于"民族市"目前是不存在合法性的，因此大大制约了民族自治县的城市化进程。乡村一级先试先行民族理论、政策、法规的合理适度调整有助于积累经验。

因此，在坚持民族区域自治的前提下，坚持民族乡制度，将民族乡作为民族区域自治的补充形式。基层民族工作创造的成功经验，是理论上论证"民族村"概念的基础。现有民族政策覆盖不到散居民族地区农村，而民族村是非自治地方散居民族的相对聚居区域，应将非自治地方少数民族人口占30%以上的村寨确定为"民族村"，把非自治地方"民族村"作为党和国家扶持散居民族地区农村发展的重点区域，[①] 作为民族乡制度的补充形式，提出一套扶持其发展的理论和具体政策措施，并倡导将其纳入中国特色的民族理论和民族政策体系，形成自治区、自治州、自治县、民族乡、民族村的完整体系，提出制定《云南省民族村工作条例》的具体建议，才能使非自治地区农村散居民族能够平等地享受党和国家民族政策的扶持和帮助。

---

① 本研究仅涉及散居民族中非自治地方农村的情况。

第 五 章

云南散居民族地区农村经济
社会发展的政策建议

第一节 云南民族工作的分类指导政策及其成效

由于历史原因，云南民族地区与全国、全省的发展差距较大。就云南省内而言，区域之间、城乡之间、民族之间的发展也不平衡。针对这样的实际，改革开放以来，特别是"十五"期间，云南省委省政府对云南少数民族发展采取分类指导的特殊政策，对于民族自治地方，实行民族区域自治政策；对于 7 个人口较少民族，实行人口较少民族发展政策；对于 25 个与邻国直接接壤的边境县，实行"兴边富民"政策。在"分类指导、因地制宜、因族举措"的工作思路的指导下，上述不同地区均取得了不同程度的发展，分类指导政策促进了这些地区与全省的协调发展。但对散居民族地区农村，除了《云南省民族乡工作条例》这个地方性法规外，没有其他专项政策法规扶持其经济社会的发展。①

一 在民族自治地方实施民族区域自治政策

云南省有 8 个民族自治州、29 个民族自治县，民族自治地方共有 78 个县（市），国土面积占全省总面积的 70.2%，人口占全省总人口的 49.3%。

云南省第一个县级民族自治地方——峨山彝族自治区于 1951 年 5 月 12 日建立，1956 年改为峨山彝族自治县；第一个地区级民族自治地方——西双版纳傣族自治区于 1953 年 1 月 24 日建立，1956 年改为西双版纳傣族自治州。1954—1958 年，云南省先后建立了 8 个民族自治州：怒江傈僳族自治州、大理白族自治州、迪庆藏族自治州、红河哈尼族彝族自治州、文山壮族苗族自治州、楚雄彝族自治州。至 20 世纪 90 年代，云南省共建立 29 个自

① 在云南散居民族地区农村的民族乡按照《云南省民族乡工作条例》、在城市按照《云南省城市民族工作条例》两个地方性法规执行有关规定，由于两个条例是属于地方性法规，将在第六章进行分析讨论。

治县。

　　党的十一届三中全会以后，云南省委、省政府在实施民族区域自治政策的实践中，坚持一切从各民族的实际出发，因地制宜，实行分类指导，采取不同的政策和举措，全面贯彻落实党的民族政策，民族地区经济社会各项事业出现跨越式发展，迎来了又一个"黄金时期"。在20世纪90年代建立社会主义市场经济的进程中，云南民族自治地方从各地实际出发，努力把资源优势转化为经济优势，努力发挥各族群众的积极性、创造性，探索了一系列发展民族经济的新路子。进入21世纪以后，省委、省政府在总结历史经验、多年探索研究的基础上，对"因地制宜、分类指导"的方针进行补充，对六类不同地区①进行分类指导，有针对性地采取对策措施，探索总结"一族一策"、"一山一策"、"一族多策"等成功经验，克服一刀切、一个样的做法，防止工作中的重大失误。②

　　2010年，民族自治地方完成农村固定资产投资332.12亿元，是2005年的6.5倍，有效改善了民族地区农村的交通、水利、通信等基础设施条件。2010年，民族自治地方7360个建制村中，通自来水村数6909个，通公路村数7295个，通电话村数7155个，通电村数7331个，分别占建制村总数的93.9%、99.1%、97.2%、99.6%。城镇化率达27.3%，比2005年提高3.8个百分点。同时通过实施整村推进、培育特色种养业等产业工程，民族地区群众的生产生活条件得到进一步改善，人民生活水平明显提高。2010年，民族自治地方农民人均纯收入3501元，"十一五"期间年均增长11.18%，高于全省平均水平1.26个百分点；民族自治地方贫困人口从2006年的380.23万人减少到2010年的181.51万人，5年共有198.72万贫困人口脱贫。2010年，民族自治地方完成农村固定资产投资332.12亿元，是2005年的6.5倍。

　　通过"两免一补"教育政策、中小学校舍安全、民族文化保护与发展、农村卫生服务体系建设、新型农村合作医疗、广播电视"村村通"、农村安全饮用水、农村低保等民生工程的实施，以及新农村建设的蓬勃开展，民族自治地方社会事业显著进步，民生得到较大改善。"十一五"末，民族自治地方有医院、卫生院1217个，医疗机构床位70911张，卫生机构人员7.58

---

　　① 新增"因族举措"，将全省民族地区划分为民族自治地方、贫困少数民族地区、散居民族地区、边疆民族地区、人口较少民族地区、未识别民族聚居区。参见范祖锜《云南民族区域自治六十年的启示》，载《云南民族大学学报》（哲学社会科学版）2011年第1期。

　　② 范祖锜：《云南民族区域自治六十年的启示》，载《云南民族大学学报》（哲学社会科学版）2011年第1期。

万人。有普通高等院校 11 所，在校生 5.58 万人，比 2005 年增长 99.29%。有普通中学 1151 所，在校生 121.4 万人，比 2005 年增长 4.2%。有中等职业学校 143 所，在校生 18.87 万人，比 2005 年增长 259.43%。有小学 8049 所，在校生 197.66 万人。教育经费支出 166.6 亿元，与 2005 年相比增长 194.2%。全省出版发行有 14 个民族 18 个文种的各类图书、12 个民族 19 种文字的报纸和 2 个刊物。有 46 个广播电台（站）用 15 种少数民族语言广播，9 个电视台（站）用彝语、傣语、哈尼语、藏语等语种制作、播放电视节目。先后分 4 批命名了 824 名非物质文化遗产代表性传承人，公布省级民族传统文化保护区 56 个。2010 年，民族自治地方城镇居民最低生活保障支出从 2005 年的 3.1 亿元增加到 9.12 亿元，农村居民最低生活保障支出从 2005 年的 0.03 亿元增加到 19.52 亿元，新型农村合作医疗费用支出 22.98 亿元，新农合参合率达 95.98%。①

二　在云南 25 个边境县（市）实施"兴边富民"政策

1999 年，在中央实施西部大开发战略的进程中，国家民委倡议和发起了"兴边富民行动"，加大对边境少数民族和民族地区的投入，使边境民族地区尽快富裕起来，逐步跟上全国的发展步伐。随着我国与东南亚周边国家关系的不断改善，云南省边境口岸建设取得巨大成绩，边境贸易比以往任何时候都更加活跃，边民的交往异常频繁，促进了与周边国家的友谊与合作。有些企业还到境外周边国家办厂、从事贸易活动，带动了整个边疆的经济发展。为了落实中央"巩固国防、睦邻友好、兴边富民、维护稳定"的方针，2000 年云南省先在麻栗坡、绿春等县开展"兴边富民行动"工作，至 2008 年已争取到国家把云南 25 个边境县（市）② 均列入"兴边富民行动重点县"，其中有 22 个是民族自治县或者民族自治地方县。

2005 年，云南省委、省政府做出《关于实施"兴边富民工程"的决定》，3 年时间共完成投资 48.06 亿元，办了 30 件实事，实现了 10 项任务目标。据不完全统计，第一轮"兴边富民"工程实施的 3 年来，云南省通

---

① 云南省人民政府：《云南省加快少数民族和民族地区经济社会发展"十二五"规划》（云政发〔2011〕163 号），2011 年 8 月 13 日。

② 25 个边境县（市）：文山州 3 个：富宁县、麻栗坡县、马关县与越南接壤；红河州 3 个：河口县、金平县、绿春县与越南接壤；普洱市 4 个：江城县与越南、老挝接壤，澜沧县、西盟县、孟连县与缅甸接壤；西双版纳州 3 个：景洪市（县级）、勐海县与缅甸接壤，勐腊县与老挝、缅甸接壤；临沧市 3 个：沧源县、耿马县、镇康县与缅甸接壤；德宏州 4 个：芒市（县级）、瑞丽市（县级）、陇川县、盈江县与缅甸接壤；保山市 2 个：龙陵县、腾冲县与缅甸接壤；怒江州 3 个：泸水县、福贡县、贡山县与缅甸接壤。

过开展产业帮扶、设施帮扶、爱心帮扶、教育帮扶、智力帮扶和科技帮扶，"3＋1"工程实施各单位累计投入资金 1.27 亿元用于边境地区建设，同时，金融机构发放贷款 37.95 亿元，向地方转让债权 4969.86 万元，减免债务4367 万元，促进了边境经济社会各项事业的全面发展。通过这些政策措施的实施，到第一轮"兴边富民"工程结束，云南 25 个边境县市实现生产总值 434.39 亿元；人均生产总值 6746 元；全年完成固定资产投资 304.38 亿元；地方财政收入 24.12 亿元，财政支出 107.44 亿元；农民人均纯收入1931 元。25 个边境县市共有 11.57 万户群众告别了茅草房、杈杈房；60 万人喝上了干净卫生的自来水；减免学生教育经费 4860 万元；66 万多人次通过培训走向劳务市场并获得了就业岗位；2850 个村寨的群众看上了电视节目；8.7 万农户用上了清洁环保方便的沼气。

2008 年 5 月，云南省政府又做出《云南省新三年"兴边富民工程"行动计划（2008—2010 年）》，通过 6 大工程，即基础设施、温饱安居、产业培植、素质提高、社会保障、社会稳定，为边疆办 30 件惠民实事，有力促进了边境地区经济社会的全面发展。争取国家和省支持资金 107 亿元，据统计，截至 2008 年 12 月 31 日，30 件实事安排下达总投资已达 60.03 亿元。办好沿边三级以上公路网建设、农村饮水安全、电力建设、边境口岸联检设施建设、边境地区人口较少民族生产生活设施建设等 30 件实事。从"兴边富民"行动正式确定为"兴边富民"工程的几年来，云南省通过"3＋1"对口帮扶模式①，从人、财、物各方面对边境 25 个县市的经济社会发展提供了强有力的支持，取得良好成效，帮助农民脱贫致富不留死角。

在实施"兴边富民"过程中，云南省 2000 年在全国率先实施边境"三免费"教育②，推动了国家"两免一补"政策的出台；2001 年在全国率先开展 7 个人口较少民族扶持发展工作，4 年后，国家制定扶持人口较少民族发展专项规划，全国 22 个人口较少民族得到了特殊的扶持发展机遇；2008年在全国率先研究 4 个"特困民族"发展问题，决定在先行开展试点工作的基础上，力争为全国扶持特困民族发展探索经验。

———————————

① "3＋1"对口帮扶即由 1 家大型企业、1 家科研院校、1 家金融企业对口帮扶 1 个边境县市的模式，是配合兴边富民工程实施，动员社会力量支持边境地区发展的有效措施，是省委、省政府为配合实施兴边富民工程，推进边境地区加快发展的一项重大决策。

② 2000 年起，云南省实施了"三免费"教育，免除边境沿线村委会以下小学生的课本费、杂费和文具费；从 2000 年边境沿线村委会的 13 万名小学生扩大到 2004 年边境沿线所有乡镇、7 个人口较少特有民族聚居乡镇及村、藏区农村的初中生和小学生，累计投入 2 亿多元，受益学生 128 万人次。2005 年，云南省的"三免费"教育与国家"两免一补"政策相衔接，受惠面进一步扩大。

　　实践证明，随着"兴边富民"工程的不断深入，云南边境地区基础条件逐渐完善，社会事业持续发展，群众的生产生活逐步改善，中缅、中越、中老边境将呈现出经济发展、民族团结、军民团结、边境安宁、社会和谐的良好局面。①

　　三　对人口较少民族实施扶持人口较少民族发展政策

　　在中国56个民族中，人口数量在10万人以下的民族有22个，总人口63万。其中，云南省有7个，分别是独龙族、怒族、基诺族、普米族、德昂族、阿昌族、布朗族，②总人口约23万。7个人口较少民族中，除普米族、基诺族外，其余5个民族居住在边境沿线，与境外同一民族相邻而居；除普米族、阿昌族外，其余5个民族是直接从原始社会末期过渡到社会主义的"直接过渡"民族。由于民族人口较少，大都分布在西部各省区的偏远地区和边疆地区，交通不便，基础设施薄弱，教育科技落后，经济社会发展滞后。为此，1999年9月召开的中央民族工作会议提出：要加大对全国人口在10万人以下的22个少数民族的扶持，把他们的脱贫发展作为国家民委"兴边富民行动"的重要内容来进行调查研究。1999年12月，中共云南省委、省人民政府颁布实施了《关于进一步做好新形势下民族工作的决定》。《决定》指出："对人口规模小、居住集中，经济社会发展严重滞后，贫困程度深的少数民族，要给予特别重视，采取更为特殊的措施解决其经济社会发展问题。"其后，云南省民族事务委员会于2001年3月，组织了对云南人口较少民族发展问题的专题调查。在调查研究的基础上，提出"决不让一个兄弟民族在共同发展的道路上掉队"方针，2002年下发《关于采取特殊措施加快我省7个人口较少特有民族脱贫发展步伐的通知》。到2005年已投入专项资金2.74亿元。

　　为加快扶持人口较少民族发展，云南省及时出台《云南省扶持人口较少民族发展规划（2006—2010年）》，确定了"四通五有三达到"③的目标任务，明确基础设施建设、发展优势产业和特色经济、发展社会事业、培养

---

　　① 刘娟：《"兴边富民"：云南在行动》，中国民族宗教网 http：//www. mzb. com. cn/html/Home/report/153126 - 1. htm，2010年11月9日。

　　② 沈林提出散居民族还有一种分布形式：11个未实行自治的民族的散居民族。我国目前还没有实行民族区域自治的民族有高山、京、布朗、阿昌、德昂、塔塔尔、乌孜别克、赫哲、俄罗斯、门巴、珞巴等11个少数民族，这11个少数民族全体人员都属于散居少数民族。参见沈林、李红杰、金春子、杜宇《散杂居民族工作概论》，民族出版社2001年版。

　　③ 即通公路、通电、通广播电视、通电话；有学校、有卫生室卫生所、有安全的人畜饮用水、有安居房、有稳定解决温饱的基本农田地或草场；人均粮食占有量、人均纯收入、九年义务教育普及率达到国家扶贫开发纲要和"两基"攻坚计划提出的要求。

各类人才 4 项任务，采取纳入省"十一五"规划重点扶持、加大资金扶持力度、加大信贷资金扶持力度和对口帮扶与社会参与等措施。先后投入各项扶持资金 27.2 亿元，在全国率先实施以自然村为单位的整村推进模式。从 2005 年至 2008 年底，云南省共投入各类专项扶持资金 7.75 亿余元，重点用于人口较少民族聚居的 175 个行政村基础设施、安居工程、产业发展、社会事业和科技培训等项目，以及对 1407 个自然村实施整村推进建设。

通过对 7 个人口较少民族实施扶持人口较少民族发展政策，175 个建制村全部实现通路、通电、通广播电视和通电话的目标，解决了 23 万人的安全饮用水问题，"五小水利"工程建设取得明显成效。2010 年，175 个建制村农民人均纯收入达 2265 元，比 2005 年的 845.7 元增加了 1419.3 元，年均增长 21.8%。12.9 万人摆脱了贫困，贫困发生率由 2005 年的 56.3% 降至 2010 年的 13.6%。产业发展初见成效。2010 年，175 个建制村年末大牲畜存栏 17.3 万头（匹），年末羊存栏 12.2 万只，年末猪存栏 34.5 万头，粮食总产量 14.7 万吨，经济作物总收入 7.4 亿元，特色产业初步形成，群众基本有了自己的增收项目。社会事业加快发展。人口较少民族聚居县全部实现了"普九"。175 个建制村都有了文化室和卫生室，建设了 7 个人口较少民族特色村寨，启动了德昂族、基诺族、普米族、独龙族 4 个民族特色博物馆建设项目。人口较少民族聚居区群众"上学难、看病就医难"等问题有所缓解，群众文化生活日益丰富。自我发展能力明显增强。累计组织培训56.4 万人次，培养了一批脱贫致富带头人和实用技术明白人等。人口较少民族群众从"要我发展"转变为"我要发展"，以主人翁的姿态参与到家乡建设中，为可持续发展打下坚实基础。扶持政策深入人心。[1] 扶持人口较少民族发展取得良好的政治、经济和社会效益，成为新时期促进民族团结进步事业的民心工程，推动各民族共同繁荣发展的德政工程，造福各族群众的幸福工程。

经国务院批准，国家民委、国家发展改革委、财政部、中国人民银行和国务院扶贫办制定出台了《扶持人口较少民族发展规划（2011—2015年）》，云南省人民政府出台了《关于进一步加快人口较少民族发展的决定（云政发〔2011〕177 号）》，在《云南省扶持人口较少民族发展规划(2011—2015 年)》中[2]，将全国总人口在 30 万人以下的云南省 8 个民族，

① 李纪恒：《坚定信心 整合资源 加大投入 促进人口较少民族聚居区实现跨越发展——在全省扶持人口较少民族发展工作会议上的讲话》，载《今日民族》2011 年第 11 期。
② 此规划已经云南省人民政府批准，于 2011 年 9 月 7 日以云族联发〔2011〕8 号文件印发。

即独龙族、德昂族、基诺族、怒族、阿昌族、普米族、布朗族和景颇族作为人口较少民族，列入规划实施对象，继续对其进行政策扶持。

从上述"分类指导"的前三类不同地区中，均有从国务院、国家民委、云南省委、省政府的发文，将分类指导的具体措施上升到政策层面，对其进行连续性的扶持。

四　在散居民族地区尚未有全省性的专项扶持政策

1993 年经国务院批准发布施行《民族乡行政工作条例》和《城市民族工作条例》。这两个条例以国家行政法规的形式，为我国散居民族工作提供了法制保证。它改变了散居民族工作长期以来无法可依的状况，是我国民族法制建设中的一件大事。《条例》不是一般政策措施，是必须要执行的法律法规。云南在散居民族地区依据《云南省民族乡工作条例》和《云南省城市民族工作条例》实施特殊的扶持政策。由于《云南省城市民族工作条例》是针对散居在城市中的少数民族制定的，而本课题研究的内容是散居民族地区农村的情况，故此不做讨论。地方性法规《云南省民族乡工作条例》的具体情况，将在第六章法律法规中讨论。①

截至 2006 年末，云南省共有 151 个民族乡②，1132 个村民委员会，民族乡行政区划面积 4.34 万平方公里，占全省总面积的 10.98%，总人口273.3 万人，占全省总人口的 6.09%，其中少数民族人口 172.1 万人，占民族乡总人口的 62.97%，占全省少数民族总人口的 11.33%。民族乡中有很大一部分分布在民族自治地方，具体分布情况参见第三章第一节表：云南省民族乡、散居民族聚居村委会、自然村（少数民族人口占30%以上）分布表（2008 年）。

---

①　1984 年《中华人民共和国民族区域自治法》颁布后，云南省共制定了与其相配套的地方性法规 4 项，分别是《云南省民族乡工作条例》（1992 年）、《云南省促进民族自治地方科学技术进步条例》（1993 年）、《云南省城市民族工作条例》（1999 年）、《云南省民族民间文化保护条例》（2000 年）；政府规章 1 项：《云南省贯彻〈中华人民共和国民族区域自治法〉的若干规定（试行）》（1988 年）；8 个自治州、29 个自治县都制定了自治条例，并出台了 51 个关于禁毒、边境贸易、民族教育、资源保护等单行条例。初步形成了一个以《宪法》为基础，以实施《民族区域自治法》为核心，由地方性、行政规章、自治条例、单行条例、补充或变通规定组成的，具有鲜明地方特点和民族特色的民族法律法规体系的框架。

云南省委、省政府还制定出台了一系列贯彻民族区域自治制度的政策措施，主要有：《关于进一步做好新形势下民族工作的决定》、《关于进一步做好培养选拔少数民族干部工作的决定》、《关于正确处理新形势下影响民族团结问题的意见》、《关于采取特殊政策措施加快云南省 7 个人口较少特有民族脱贫发展步伐的通知》等。

因此，在本节中主要就政策层面进行讨论；在第六章里面就法律法规层面进行讨论。

②　此为 2006 年统计数据，截至 2009 年还有 148 个民族乡。

民族乡中已通公路的村 1032 个，占 91.16%；已通自来水的村 918 个，占 81.09%；已通电的村 1116 个，占 98.59%；已通电话的村 1042 个，占 92.05%；已通邮的村 1072 个，占 94.7%。实现乡镇企业总产值 77.62 亿元，乡镇企业年净利润总额 5.16 亿元，农林牧渔业总产值 61.81 亿元，粮食产量 108.85 万吨，财政收入 5.16 亿元，财政支出 5.77 亿元，农民人均纯收入 1489 元，比上年增加 163 元。拥有集贸市场 291 个，学校 3110 所，在校学生总数 41.5 万人，图书馆、文化站 148 个，医院、卫生院 158 个，农业科技与服务单位 521 个，中高级农业科技技术人员 892 人。从横向对比来看，2006 年民族乡人均农业总产值 2261 元，低于全省 447 元，比 2002 年差距拉大 357 元；农民人均纯收入 1489 元，低于全省 761 元，低于上述三类地区，比 2002 年差距拉大 214 元；人均财政收入 189 元，低于全省 662 元，比 2002 年差距拉大 333 元。截至 2010 年 1 月，散居民族地区农村还有 1186 个民族村委会的人均纯收入低于 1196 元。①

截至 2010 年初，云南散居民族地区农村尚未有全省性的专项扶持政策。散居民族地区农村的经济社会仍然是最为滞后的。2010 年，云南省民族事务委员会编制了《云南省扶持散居民族地区发展规划 2010—2015》②，首次把散居民族地区中未纳入其他扶持发展规划、农民人均纯收入低于 1196 元的 1186 个散居民族地区村委会中的 600 个村委会纳入本规划，用 2010 到 2015 年共 6 年时间，以解决散居民族地区突出问题和特殊困难为切入点，以整村推进为主要方式，实现基本公共服务均等化的目标。规划对散居民族地区农村发展第一次进行单项规划，意义不言而喻。此规划的出台和其他分类指导政策实施的地区相比，相对比较滞后。但截至项目研究当时，此发展规划尚未正式形成省委、省政府或者办公厅的发文，暂未上升到政策体系内，也未能单独实施。③且覆盖面上仅是散居民族地区村委会中 1196 元扶贫标准线以下仅仅半数的村委会。新的扶贫标准提高到 2300 元后，绝大部分贫困民族村委会仍未脱贫，仍未有专项政策对其进行扶持。

而在昭通市等一些地级市出台的政策，如《中共昭通市委关于进一步加强培养选拔年轻干部、少数民族干部、妇女干部、党外干部的工作意见》、《昭通市人民政府关于进一步繁荣发展少数民族文化事业的意见》、

---

① 从 2009 年起我国实行人均纯收入 1196 元的新扶贫标准。中央扶贫工作会议决定，将农民人均纯收入 2300 元（2010 年不变价）作为新的国家扶贫标准，比 2009 年提高了 1104 元。

② 2009 年 12 月 31 日，省民委召开六个专项规划初审会，省发改委、财政厅、国土资源厅、农业厅、水利厅、商务厅、卫生厅等部门的相关领导参加初审会。

③ 2013 年 5 月笔者在云南省民族事务委员会政策法规处调研材料。

《昭通市人民政府关于贯彻落实〈云南省民族乡工作条例〉的实施意见》、《中共昭通市委昭通市人民政府关于进一步加强民族工作促进民族团结加快少数民族和民族地区科学发展的决定》等政策措施，不断丰富和完善了昭通散居民族政策体系，为加快昭通散居民族地区经济社会发展步伐，满足少数民族群众日益增长的物质文化需要，维护少数民族的合法权益，提供了重要的政策保障。但这些政策的覆盖面仅限于本市辖区，没有形成对全省的普遍意义。

实践证明，"分类指导、抓好两头"，充分体现了党的民族政策和民族工作的特殊性，是促进各民族共同繁荣进步和统筹协调发展的有效途径，要不断总结、完善和推广。分类指导促进了各类地区的经济社会综合发展和民族关系的改善。在分类指导中，当前尤其需要加强散居民族地区的扶持政策。

第二节　云南散居民族地区农村经济 社会发展的政策建议

一　现有民族政策体系覆盖不到散居民族地区农村

上述四类政策的实施区域，除在民族自治地方实施民族区域自治政策外，云南列入"兴边富民行动重点县"的25个边境县（市），其中有22个是民族自治县或者民族自治地方县。《云南省扶持人口较少民族发展规划（2011—2015）》中的八个民族绝大部分是自治民族。民族乡中有很大一部分分布在民族自治地方①。因此，就现有的政策体系来说，基本上都在民族自治地方实施，保障的主要是自治地方和自治地方的非自治民族的权益，对于非自治地方的广大民族地区，除了建立民族乡的区域外，少数民族群众一直未能享受同等的发展机会。相比其他地区，目前国家针对散居民族地区出台的专项扶持政策不多，缺乏像民族区域自治法那样的上位法和刚性政策支撑，已有民族政策和法律法规也还存在贯彻落实不到位的情况，《云南省民族乡工作条例》在政权建设、经济建设、社会事业发展方面规定了许多具体政策和优先、优惠、倾斜要求，但在执行中没有落实到位或不落实，这导致散居民族地区与其他地区的发展差距拉大，甚至造成部分群众一定程度的心理不平衡。从政策的实施效果上对比，可以看到散居民族地区和自治地方存在的巨大差别。

---

① 具体分布情况参见第二章第一节。

云南民族政策还未覆盖到广大的散居民族地区农村，尤其是非民族乡辖区内的民族村。随着城市周边民族乡撤乡建镇、并镇、改办等工作的推进，一些原属于民族乡的民族村也逐渐游离于政策体系的覆盖之外。一些地级市，如昭通市出台了关于少数民族干部培养、民族文化繁荣发展的政策性文件，保障的仅是本地有限范围内散居民族的权益。

国家对于散居地区的扶持上没有明确的政策规定，每年在分配少数民族发展资金时，都倾向于民族自治地方，而对散居地区的扶持很少，制约了散居地区少数民族经济及社会各项事业的发展。建议国家出台明确的扶持政策，以帮助民族乡和村组加快发展。

二　制定云南散居民族地区农村经济社会发展政策的必要性

云南民族地区在省委、省政府的正确领导下，坚持以科学发展观统领民族工作全局，深入贯彻党的民族政策和国家及省的民族法律法规，先后出台和实施了一系列加强民族工作的具体政策和措施。云南散居民族地区还在全国、全省率先实施民族团结目标管理责任制，开展民族团结示范村创建活动，开展了"三村四化"、"千村扶贫、百村整体推进""866"工程等社会主义新农村建设工程，开创了民族团结进步事业新局面，各族群众生活不断改善的良好局面。但由于历史、自然等原因，散居民族地区农村发展的基础仍然十分薄弱，发展不足、发展不平衡、发展差距拉大仍然是当前和今后一个时期民族工作亟待解决的突出问题；散居民族主要聚居在山区和贫困地区，部分群众生产生活还比较困难，教育、文化、卫生等社会事业发展严重滞后，保障和改善民生任务十分艰巨；民族问题与复杂社会矛盾相互交织，影响民族团结的矛盾隐患呈现增多之势，处理难度不断加大；民族工作体制机制不健全等。这些问题必须引起高度重视。因此，必须把促进散居民族和民族地区科学发展摆在更加突出的战略位置，采取更加有力的举措，制定更优惠的政策，努力缩小发展差距，切实解决散居民族群众最关心、最直接、最现实的利益问题，维护散居民族在政治、经济、文化等各方面的平等权益。

（一）通过制定扶持政策促进散居民族地区农村发展，是贯彻落实科学发展观，实现各民族真正平等的要求。现阶段民族平等的重要体现之一，就是各民族的发展机会均等，对于散居民族来说，由于历史、自然等原因，发展起点低，基础差，处于相对弱势的位置，只有在政策上予以特殊的倾斜和照顾，不断缩小经济社会发展的差距，才能实现真正意义上的民族平等。

（二）通过制定扶持政策促进散居民族地区农村发展，是全面建设小康社会的要求。没有散居民族地区农村的小康，就没有全国、全省的小康，要全面建设小康社会，就绝不能让一个兄弟民族掉队，就必须推进城乡之间、地区之间、民族之间的协调发展，让散居民族共享改革发展成果，最终实现各民族共同团结奋斗、共同繁荣发展。

（三）通过制定扶持政策促进散居民族地区农村发展，是散居民族地区农村各族群众的共同意愿。随着改革开放的不断深入，散居民族地区农村广大群众渴望改善生产生活条件、脱贫致富奔小康的愿望十分强烈，加快散居民族地区经济社会发展步伐，解决涉及群众切身利益的特殊困难和突出问题，不断改善民生，满足群众诉求，是党和政府的责任和义务。

三　制定云南散居民族地区农村经济社会发展政策的指导思想

制定云南散居民族地区农村经济社会发展的政策，应以邓小平理论、"三个代表"重要思想、科学发展观为指导，围绕提高散居民族地区农村群众物质文化生活水平和促进人的全面发展这条主线，以实现基本公共服务均等化为目标，以解决散居民族地区农村突出问题和特殊困难为切入点，在云南散居民族地区开展以"民族村"为依托的民族工作的基础上，以少数民族30％以上的村委会为单位，以整村推进为主要方式，不断促进散居民族地区农村经济社会快速发展，逐步缩小发展差距，促进散居民族地区农村经济社会全面发展，为实现全面建设小康社会的目标奠定基础。

四　制定云南散居民族地区农村经济社会发展政策的发展目标

总体目标是通过制定和实施全方位扶持政策，使散居民族地区农村基础设施建设得到明显改善，社会事业得到较快发展，基本解决现有贫困人口的温饱问题，生态环境建设得到加强，经济社会发展达到当地中等以上水平，为散居民族全面建设小康社会打下坚实基础。

具体目标是使贫困散居村委会和贫困自然村基本实现"四通六有三达到"，即通路、通电、通电话、通广播电视，有学上、有卫生室、有科技文化室、有安全人畜饮水、有安居房、有稳定解决温饱的基本农田，农民人均有粮、人均纯收入和九年义务教育普及率基本达到国家扶贫开发目标和"两基"攻坚计划的要求。每个民族村委会应该根据相应的政策制定本村的扶持政策发展规划。

制定和实施扶持散居民族地区农村的发展政策，应该以民族乡和少数民族人口比例达到30％以上的行政村、自然村为重点，整合各类资金，加大扶贫开发整乡、整村推进力度。

五　制定云南散居民族地区农村经济社会发展政策的投融资政策

散居民族地区农村的经济社会发展，资金短缺是一个无法回避的问题。散居民族地区农村资本市场的落后、本地企业的萧条、投资项目的匮乏都使资金问题成为制约发展的瓶颈，而民族地区自身资本积累能力的不足又加剧了其资本和人才的流失。制定合理的投融资政策，为民族地区的发展创造顺畅的投融资渠道、保证其建设资金的来源和周转灵活度是民族地区经济发展的关键。云南散居民族地区农村资金筹措应以省级投入为主，省级相关部门根据所负责的项目筹措资金进行安排，同时积极争取信贷资金、对口帮扶资金等社会投资。

（一）通过政策性手段，对云南散居民族地区农村实行特殊政策和优惠措施。政府在散居民族地区农村投融资过程中的作用是绝对不能忽视的。通过采用合理的政策倾斜，使用税收返还、税收优惠等政策，改善其经济结构，扶持支柱产业发展。

（二）应建立散居民族地区的专项发展基金。以散居民族地区的专项发展基金作为资金融通工作的中介力量，为散居民族地区农村的开发建设提供资金便利。基金可包括政府专项基金和各类型的投资基金等。通过这些基金的建立，聚合以散居民族地区为根基的战略投资者的力量，有利于推进散居民族地区发展的进程。

（三）充分发掘散居民族地区自身的资源优势，盘活固化资金，实现资金流量的自我繁衍。尽管资金短缺问题十分严重，但散居民族地区可开发的本地资金源泉还是十分丰富的。另外，还有散居民族地区的国有和限额以上非国有工业企业的资产存量。如果能通过适宜的机制、手段、政策将其激活并引入地区开发建设中去，民族地区资金紧缺的问题就可能得到一定的缓解。

（四）采取各种措施引进外来资金力量，为散居民族地区的资金融通提供渠道。"筑巢引凤"，吸收外来资本，促成散居民族地区的融资的多元化，不但可以降低市场投资风险，实现产业升级及结构调整，还可以解决资金短缺的问题，并同时实现技术、管理水平的共同升级。[①]

六　制定云南散居民族地区农村经济社会发展政策的组织领导

（一）提高认识，加强领导。各级各部门要统一思想，提高认识，进一步增强责任感、使命感和紧迫感，把加快散居民族地区农村的发展作为一项战略任务，提到各级党委政府的重要议事日程上来，加强领导，认真实施。

（二）整合资源，形成合力。扶持散居民族地区农村发展涉及面广，各级各部门要根据实际，加强协调，整合政策、资金和项目，按以点带面、循序渐进的原则，针对散居民族地区农村最迫切的问题，进行重点投资、重点

① 刘洁、李永勤：《民族地区经济发展中的融资问题分析》，载《全国商情（经济理论研究）》2007 年第 9 期。

建设，使有限的资金发挥最大的效益。要建立和完善相应的协调机构和工作制度，定期交流情况，协调解决问题，形成扶持散居民族地区农村发展的合力。

（三）广泛宣传，达成共识。要大力宣传党和国家的民族政策和法律法规，大力宣传扶持散居民族地区农村发展的典型经验和模范事迹，通过广泛深入的学习宣传教育活动，努力营造全社会关心、支持、参与扶持散居民族地区农村发展的良好氛围，使"三个离不开"的思想深入人心，使各级各部门形成政策、资金、项目向散居民族地区农村倾斜的共识，鼓舞散居民族群众积极投身于经济发展建设中。

七　制定云南散居民族地区农村经济社会发展政策的主要内容

（一）加强基础设施建设

应该优先安排与少数民族群众生产生活密切相关，对带动民族地区经济社会发展起重大支撑、拉动作用的基础设施建设项目。力争实现到行政村公路通畅、村村通电并城乡同网同价、通广播电视、通电话、有安全饮用水、就学方便、有卫生室、有文化室、有抗震安居房、有稳定解决温饱的基本农田、有沼气等清洁能源。可参照曲靖的做法，免除民族乡和民族村委会公共基础设施项目的配套资金。①

1. 改善交通条件

目前云南散居民族地区仍有9822个自然村不通公路，解决自然村不通公路的问题，并逐步做到"通畅"。

2. 扶持用电及能源建设

目前云南散居民族地区仍有1646个自然村不通电，解决不通电的问题，应积极发展沼气、太阳能等清洁能源建设，建设沼气池。

3. 解决安全饮用水问题

目前云南散居民族地区仍有17605个自然村没有安全饮用水，解决自然村安全饮用水问题，保证自然村基本能用上清洁安全的自来水。

4. 解决收听收看广播电视和使用电话问题

目前云南散居民族地区仍有9728个自然村不能接收广播电视节目，6707个自然村不通电话，必须解决不能接收广播电视节目和不通电话的问题。

5. 改善村容村貌

实施以村道路面硬化、改灶、改厕、改圈、绿化美化为重点的环境整

---

① 中共曲靖市委　曲靖市人民政府：《关于进一步加强民族工作　促进民族团结　加快少数民族和民族地区科学发展的决定》（曲发［2010］3号）中规定"免除民族乡和民族村委会公共基础设施项目的配套资金"。

治，改善人居环境。实施农村保障性安居住房建设工程，帮助住房困难家庭建设安居房，基本消除茅草房和危房。

（二）发展民族经济

1. 制定产业培植政策

充分发挥和利用资源优势，适时调整现有产业结构，培育一批成规模、效益好的支柱产业，扶持村委会和自然村发展能稳定增收的特色产业，为散居民族群众增产增收打好基础。支持散居民族地区农村立足资源优势，调整产业结构，转变发展方式，发展特色经济，培育支柱产业。优先发展循环农业、特色农业、农村二三产业、生物产业、乡村旅游等。以特色旅游、民族文化为依托，依托得天独厚的旅游资源和悠久独特的民族文化，在"山、水、古、俗"上做文章，着力打造以高端生态休闲与特色民俗文化为主体产品、具有少数民族特色的生态休闲度假旅游，实现历史与自然"牵手"、文化和旅游"联姻"。

2. 加强信贷支持，拓宽资金来源

金融机构对促进群众增收的特色产业项目，可以适当放宽贷款条件，增加贷款额度，延长还款期限。要多渠道争取国家支持，同时提高社会参与度，通过对口帮扶、社会捐赠等，拓宽资金来源渠道，促进散居民族地区农村经济发展。

3. 整合资源，发挥带动作用

建设一批带动性大、支撑能力强、有针对性的大项目，突破传统的"一家一户"分散经营模式，建立园区或龙头、协会带大户，大户带群众的生产经营机制，加大产业开发的科技含量，加快培养民族地区农村合作经济组织，对民族地区农业产业化龙头企业及专业大户给予信贷支持，推进农业产业化经营，拓宽群众增收致富渠道。

4. 扶持少数民族特需商品和传统手工业品生产

认真落实税收、金融、财政等优惠政策。建立必要的少数民族特需商品国家储备制度。建设少数民族特需商品生产基地和区域性流通交易市场，扶持少数民族特需商品重点生产企业，对少数民族特需商品定点企业和传统手工业重点企业进行技术改造，制定少数民族特需商品产业指导目录和传统生产工艺抢救计划。

5. 采取不同方法进行整村推进

对人均纯收入还低于 1196 元以下特别贫困的村委会应高于平均补助标准进行特别扶持，扶持内容重点放在加强农田水利建设、提高农业综合生产能力、改善生产生活条件、提高农民素质、加快脱贫致富步伐、加强生态建设和保护等方面，确保农民群众得实惠。对高于人均高于平均水平的村委会可以按照"小康示范村"标准进行扶持，扶持内容重点放在完善公共服务设施、加大村容整治力度、加快农村社会事业发展等方面下工夫。

（三）加强少数民族干部队伍建设

1. 加大配备工作力度

按照数量充足、结构合理、素质优良的总体目标，使少数民族各类公职人员与少数民族人口比例相适应。民族乡要按照《云南省民族乡工作条例》配备少数民族领导干部，在机关所属站（所）中配备少数民族干部。少数民族人口较多的乡党政班子至少配备一名少数民族领导干部。在选配少数民族干部工作中可以参照曲靖的"六个优先"原则[1]，对特别优秀、工作特别需要的少数民族干部破格提拔使用。可以参照昭通的做法，有民族乡镇的县区委、人大、政府、政协领导班子中至少配备 1 名少数民族干部，其他县区也要配备一定数量的少数民族干部。有民族村的非民族乡镇党政领导班子中至少配备 1 名少数民族干部。市、县区与少数民族生产生活密切相关的部门领导班子中至少配备 1 名少数民族干部。市、县区政法部门及政法基层单位都有通晓当地主体民族语言的警官、检察官、法官和司法调解员。[2]

2. 拓宽干部来源

市级机关在招录公务员时，按照省规定给予笔试加分照顾，略高于少数民族人口比例采取单设岗位、定向招录等措施招录少数民族报考人员。法院、检察院招录工作人员时，对符合招考条件且通过国家司法资格考试的少数民族报考人员，可以免笔试直接进入面试。市级事业单位招聘工作人员时，按省规定给予笔试加分照顾，略高于少数民族人口比例采取单设岗位、定向招聘等措施招聘少数民族报考人员。各县（市）区在招考公务员、招聘事业单位工作人员时要相应做好少数民族公务员、少数民族事业单位工作人员的招录、招聘工作，对干部成长较为缓慢的民族和人口较少民族的干部，在任职资格上可适当放宽，可采取"先进后出、小步快跑"等特殊办法加强培养。

---

[1]　对德才兼备、政绩突出的少数民族干部，要优先提拔使用；对具备任职条件的少数民族干部，要优先放到正职岗位上；对与少数民族工作密切相关的部门，要优先配备少数民族干部；对本地区本单位急需配备少数民族干部一时又缺乏合适人选的，要打破地区、行业、部门界限，统筹安排，在更大范围内优先配备少数民族干部；少数民族人口相对集中的地方，要优先配备少数民族干部；同等条件下，要优先安排少数民族妇女干部和少数民族党外干部。

[2]　中共昭通市委昭通市人民政府：《关于进一步加强民族工作　促进民族团结　加快少数民族和民族地区科学发展的决定》，昭发〔2010〕3 号，2010 年 4 月 1 日。

3. 建立培养管理机制

组织人事部门要制定和实施少数民族干部培养规划，完善培养措施；在调整领导班子和配备少数民族干部时，要充分听取统战、民族工作部门的意见。各级统战、民族工作部门要发挥自身优势，定期、不定期向同级组织人事部门推荐优秀少数民族干部。建立少数民族后备干部队伍比例，特别注意吸纳少数民族女干部、少数民族党外干部、民族工作部门少数民族干部。

4. 强化理论培训

实施少数民族干部培训工程，按照大规模培训干部，大幅度提高干部队伍素质的总体要求，进一步完善少数民族干部教育培训的具体规划，适应推进民族地区改革发展稳定的实际需要。加强对少数民族干部履行岗位职责所需专业知识的培训教育。民族乡和民族工作任务较重的乡（镇）党委书记、乡（镇）长、民族村"两委"主要负责人要进行轮训。每年依托党校、行政学院（校）办好各类少数民族干部培训班，有计划地组织外出参观学习考察；每年安排一批在民族地区工作的少数民族骨干到省内外高等院校和科研院所学习培训。

5. 完善考评机制

一方面，要从强化对乡镇班子和村级组织履职情况的考核入手，明确目标责任制，完善切合实际、务求实效、民主公开、监督制约、戒勉问责的综合考评机制，对于不属于乡镇职能的事项，不再列入考评的内容。另一方面，要清理对乡镇的"一票否决"事项，规范考评范围，取消各种脱离实际的考核评比、"升级达标"活动；凡不属中央和省级规定的"一票否决"事项要进行调整，对保留的考评事项也要严格规范，不得随意扩大评比检查的内容和范围，以改变民族乡基层组织"有限权力，无限责任"的艰难处境。[①]

6. 健全年度报告制度

每年年底要形成工作总结并报上级组织部门。各级党委要采取督查、巡回检查和随机抽样检查等方式，定期开展对少数民族干部队伍建设各项政策法规落实情况的督促检查，及时了解工作进展，总结经验，分析问题，研究对策，完善措施，确保各项工作任务落到实处。[②]

7. 建立"一定三有"的保障机制

鉴于大多民族乡财政自给率很低，大部分村级财政几乎处于瘫痪状态，

---

① 中央民族干部学院专题调研组：《从五个方面入手抓好民族乡基层组织建设》，载《中国民族报》2013年2月1日。

② 中共曲靖市委、曲靖市人民政府：《关于进一步加强民族工作 促进民族团结 加快少数民族和民族地区科学发展的决定》（曲发〔2010〕3号），2010年3月17日。

在对村组干部"定权责立规范"的同时，应进一步完善以村组干部工资、养老、医疗和离职补贴为内容的激励保障机制，由中央或省级财政设立专项保障经费，提高民族乡村组干部的生活待遇，切实让村组干部劳有所得、病有所医、老有所养、退有所靠。同时，对优秀村干部，应予重点培养，由民族乡拿出一定比例的公务员或事业单位岗位，针对村组干部定向招考，使优秀的村组干部尽快充实到乡镇干部队伍之中，充分调动其积极性，[①] 真正让他们干得"有希望"。

（四）发展民族教育，提高劳动者素质

1. 提高教师待遇

加强和完善村委会完小建设。在巩固"两基"的基础上，继续落实"两免一补"政策，提高寄宿制学生补助标准；对云南散居民族地区农村的中小学校点撤并后出现的升学率"不降反升"的现象和新的"读书无用论"应引起重视，切实改善散居民族地区农村教育条件。加强高中阶段教育和职业教育，加大培养少数民族实用乡土人才的力度；加强对散居民族地区的教师培训和双语教学，切实提高边远地区教师待遇。

2. 执行国家和省有关的加分照顾政策

执行省关于民族乡、民族村委会、民族村民小组少数民族考生中考加分，及民族地区任教 10 年以上现仍在当地工作的教师子女中考加分的政策。对非民族地方的农村和城镇少数民族考生，继续执行国家和省现行有关少数民族考生中考加分照顾政策。[②]

3. 实施少数民族劳动者素质提高工程规划

整合资源，加强民族地区科技设施和服务网点建设，扎实抓好散居民族群众整体素质的提高工作。一是通过加强培训，改变一代人。二是对成年一代，要坚持扶贫与扶智相结合，加大培训力度，大力开展扫盲教育，努力消

① 中央民族干部学院专题调研组：《从五个方面入手抓好民族乡基层组织建设》，载《中国民族报》2013 年 2 月 1 日。

② 对少数民族降分录取的政策，从表面上看是与分数面前人人平等的原则相违背，但是从实现民族平等来说，这样做又是非常必要的。因为一些少数民族的教育发展水平与汉族相比差距较大，如果都按一个分数标准录取全国各地、各民族的学生，那么有些基础教育落后的地区和民族就很难培养出人才。招生中实行的民族政策，增加了少数民族考生的入学机会，它对于加快培养少数民族人才，实现民族间的教育公平，促进民族团结起到了巨大作用。制定这种政策，不仅是解决民族问题的实际需要，从理论上分析，有其内在的合理性。但根据各民族教育情况，招生的民族优惠政策逐步具体化，并呈现出不同类型。这些政策在取得较好社会效益的同时也产生一定负面影响，今后还应继续完善这项政策。参见王铁志《高校招生考试的优惠政策与民族平等》，载《中央民族大学学报》（哲学社会科学版）2007 年第 1 期。

除文盲和半文盲，引导他们学会当家理财，掌握一技之长，培养科技明白人和带头人。

（五）发展医疗卫生事业和完善社会保障体系

1. 加强基层卫生设施建设

统筹农村卫生机构建设项目，重点向民族地区倾斜，改善散居民族地区农村卫生院、卫生所医疗条件。加强和完善村委会卫生室建设；对危旧卫生室进行改造，配备必要的医疗设备。

2. 健全公共卫生和基层医疗服务体系

完善新型农村合作医疗制度，对符合条件的少数民族农村低保户参合费用由财政全额承担。对农村医务人员待遇、药品价格及农村合作医疗基本费进行补助；免除散居民族地区农村群众新农合个人缴纳费用，实现人人享有基本医疗。

3. 扩大农村社会保障覆盖面

加快完善最低生活保障制度。将散居民族地区尚未享受低保的贫困人口纳入农村低保和农村医疗救助范围。

（六）大力发展民族文化事业

1. 优先发展散居民族文化事业

进一步加大对散居民族地区民族古籍、文物、出版、语言文字等公益性文化事业的投入扶持力度，积极抢救、征集和保护少数民族文化遗产，做好非物质文化遗产保护工作，对各级非物质文化遗产传承人要给予重点保护，给予扶持，纳入社会保障范畴，安排适当生活补助和传承工作经费。扶持民族文艺表演团队传承、发展和创新少数民族优秀文化，实施民族文化精品战略，打造世居少数民族文化艺术品牌，建设特色民族文化保护村寨。定期举办少数民族歌、舞、乐展演，积极组队参加全省少数民族文艺会演和民族民间歌舞乐展演。

2. 加强农村公共文化基础设施建设

各级各部门要积极推进民族乡、村、社区文化基础设施建设。实施广播电视"村村通"、文化信息资源共享、乡镇综合文化站和村文化活动室建设、农家书屋、农村电影放映等工程要向散居民族地区农村倾斜。在少数民族地区实施新农村建设、整村推进、异地安置、安居工程、民族团结示范村建设等项目时，充分体现民族文化特色。因地制宜建设完善文化活动小广场、文化活动室等文化活动场所，以自然村为单位建设和配备基本的体育设施和图书室，以方便村民就近利用这些条件来开展健康有益的文体活动。扶持少数民族户办、联户办文艺团体，满足少数民族群众日益增长的文化生活需要。在有一定基础和群众参与意愿较高的地方，不宜重复建设基础设施，而是可以通过安排领舞人、解决大屏幕和音响设备等措施，真正将已有的活动场地用起来，发展群众喜闻乐见的民族活动。公共文化建设要顺应群众的个性和需求，做文化需求的对应性满足。基层文化资源的要创新管理，把文化融入群众的生活方式中，逐步提升群众的民族文化自觉意识。

建议建立有线广播网络。尽管在农村建有远程教育系统，但只到行政村，且发挥的作用不大；尽管现在互联网很发达，但覆盖不到边远山区，即便覆盖了，也因贫困而不具备上网的条件。建立有线广播网络，比较电视、远程教育、网络等，受众面更广，具有设备简易、费用低廉的优点，可作为传播政策信息、科学知识和普及法律知识的首选；可以发挥对洪涝、泥石流、暴风雪等自然灾害的预警、避险、应急处置功能；且不受文化程度的限制，不需占用劳动时间，无论在田间劳作还是饭后闲谈，都可方便、及时、快速地获得信息；通过文艺节目的播放，还可以弘扬民族优秀文化，增进民族团结。有线广播网络符合民族乡村的实际，只要在乡政府设立一个有线广播站，配备一台功放机，安排1—2人值守，架设专线（若架设专线有困难，可利用电话线），配置喇叭，即可运行。既能满足学习、培训、科普的需要，又能节省人力、物力和财力。① 根据民族乡村的特点，以此加大宣传力度，加强思想教育，是一种最佳的选择。

3. 发展民族体育事业

定期举办民族传统体育运动会，加强散居民族传统体育训练基地基础设施建设，创造条件再建散居民族传统体育项目训练基地，培养散居民族传统体育人才和挖掘推广项目。积极组织参加全省民族传统体育运动会，对获奖运动员给予奖励。

4. 营造尊重和弘扬民族优秀传统文化的社会氛围

在中小学加强民族团结教育，把民族团结教育纳入小学阶段考查和中考及中职毕业考试范围。加强少数民族传统教育基地建设，抓好省民族团结教育示范基地的学校工作。要组织编撰体现地方性民族团结教育教材，在中小学和大专院校普及民族团结教育知识。在利于社会发展和民族进步的前提下，使各民族饮食习惯、衣着服饰、建筑风格、生产方式、技术技艺、文学艺术、宗教信仰、节日风俗等，得到切实尊重、保护和传承。

---

① 中央民族干部学院专题调研组：《从五个方面入手抓好民族乡基层组织建设》，载《中国民族报》2013年2月1日。

5. 积极促进民族文化产业发展

把握少数民族文化发展的特点和规律，充分发挥少数民族文化资源优势，鼓励创办具有本民族特色的文化产业，促进文化产业与教育、科技、信息、体育、旅游、休闲等领域联动发展，建设一批少数民族文化产业园区和基地，各有关部门应在政策上给予优惠，资金上给予支持。

6. 完善民族文化事业发展的政策措施

加强少数民族文化法制建设，制定有关少数民族文化保护和发展的政策措施。各级政府、各有关部门在研究、制定或修订有关文化事业和文化产业政策时，要充分考虑少数民族文化的特殊性，增加专条专款加以明确。推动政府扶持与市场运作相结合，更好地发挥市场在少数民族文化资源配置中的基础性作用，引导社会力量参与少数民族文化建设，形成有利于科学发展的宏观调控体系。

7. 加强民族文化事业经费保障

应逐步加大对少数民族地区文化事业的支持力度，主要用于民族文化研究，少数民族语言文字的抢救保护，民族文物、古籍的收集整理，濒危民族文化遗产保护传承，口传文学等非物质文化遗产的抢救保护；要相应安排少数民族传统文化抢救保护经费。各级、各有关部门应按照"优先安排，体现照顾"的原则，以民生工程建设为基础，加大对民族乡、村、社区文化设施建设的投入，对重要的少数民族文化产品、重大公共文化项目和公益性文化活动给予扶持，逐步完善公共文化服务体系。

8. 加强民族文化人才队伍建设

建立民族文化传承人认定制度，积极保护少数民族优秀民间艺人和濒危文化项目传承人。通过培训和"拜师学艺"的传承方式，将特色鲜明的少数民族文化项目、绝活技艺延传下来，同时鼓励大胆创新。对民族民间艺术家和对少数民族文化建设做出突出贡献的人才，在文化项目申报、职称评定上予以倾斜照顾。

（七）积极促进民族团结

1. 认真实行民族团结目标管理责任制

按照"团结、教育、疏导、化解"的方针，认真组织开展影响民族团结、社会稳定的各类矛盾纠纷和隐患的排查调处工作，完善处置各类矛盾纠纷的应急预案，使民族团结工作形成层层落实、分级负责、横向到边、纵向到底的长效管理机制，确保把问题解决在基层，矛盾纠纷化解在萌芽状态，努力促进散居民族地区的民族团结和社会稳定，为经济发展创造良好的环境。

2. 加强民族团结宣传教育

按照"不仅要教育群众，更要教育干部；不仅要教育少数民族干部，更要教育汉族干部；不仅要教育一般干部，更要教育领导干部"的要求，将民族理论、民族政策、民族法律法规和民族知识的宣传教育纳入各地各部门党委（党组）理论学习的重要内容，纳入各级党校、行政学院和高等院校的必修课程，纳入领导干部公开选拔、公务员招录和媒体从业人员上岗培训的范围，纳入中小学地方课程和教材，纳入公民道德教育、法制教育和社会主义精神文明建设的全过程。大力开展民族团结月（周、日）宣传活动，支持民族地区举办民族节庆活动。对在民族团结进步事业中做出突出贡献的集体和个人给予表彰、记功和奖励。进一步加强民族团结示范村和民族团结教育基地建设，使各族干部群众牢固树立"汉族离不开少数民族，少数民族离不开汉族，各少数民族之间也相互离不开"的思想。

3. 正确处理影响民族团结的问题

坚持"团结、教育、疏导、化解"的方针和属地管理原则，加强对影响民族团结"热点"、"难点"问题的协调化解工作，正确处理影响民族团结的问题，凡属违法犯罪的，不论涉及哪个民族、信仰何种宗教，都要依法处理。既要防止把涉及少数民族成员、群体的一般民事纠纷和刑事案件归结为民族问题，又要防止由于处理不及时，方法不得当使个体问题发展成群体问题，使一般性的群体事件发展成影响民族团结的问题。最大限度地团结和依靠各族干部群众，坚决打击各种渗透、破坏、分裂活动，维护民族团结和社会稳定。

（八）加强民族工作部门和基层组织建设

1. 支持民族工作部门建设

各级党委、政府要发挥民族部门的职能作用，凡研究制定涉及少数民族和散居民族地区改革、发展、稳定的重大政策、重要措施，应认真听取民族工作部门的意见。市、县（区）在机构改革中，要进一步理顺工作关系，充实民族工作部门内设机构，使民族工作部门的机构设置与民族工作任务相适应，职能和力量得到加强。要关心支持民族工作部门的干部队伍建设，配齐配强民族部门工作人员，切实帮助他们解决工作中的实际困难。

2. 建立村"两委"和"四议两公开"的监督机制，加强散居民族地区农村基层组织建设

"四议两公开"制度是新时期完善党的领导、协调村"两委"关系、实现以扩大党内民主带动人民民主的重要举措。一方面，民族乡党委要高度重视村"两委"、"四议两公开"的执行情况，采取必要的措施，加强对村

"两委"的监督，使之落到实处。另一方面，村"两委"要严格按照村党组织领导下的村民自治的原则和要求，健全村党员大会、三套班子联席会议和村民代表会议的议事制度，规范村重大事项决策程序和日常事务处理程序，完善党务、村务、财务公开制度，规范公开的程序、内容和时间，不断营造民主氛围，提高村干部民主意识。①

加强散居民族地区农村基层组织建设。基层党组织要在团结各族群众、推动发展、促进和谐、反对分裂、维护稳定中发挥战斗堡垒作用。要不断改善基层党员队伍年龄、知识结构，有计划地把外出务工、经商人员和农村致富能人中的先进分子发展为村级班子后备力量。每年选聘一批少数民族优秀大学毕业生到民族地区任"村官"，加大从优秀村干部中选拔乡镇领导干部和考录公务员力度。

各级党委、政府要把研究解决工作中存在的困难和问题纳入重要议事日程。在民族村两委班子主要成员中选配有该村主体少数民族公民担任的干部，建立隶属村委会的民族工作委员会。逐步提高民族村干部待遇，建立村干部养老保险制度。

---

①　中央民族干部学院专题调研组：《从五个方面入手抓好民族乡基层组织建设》，载《中国民族报》2013 年 2 月 1 日。

第 六 章

云南散居民族地区农村经济
社会发展的法律法规建议

第一节 国家和云南省颁行的有关散居民族的法律法规

一 国家颁行法律法规的主要内容

新中国成立以来，党和国家十分重视散居民族工作，根据各民族一律平等的原则，制定了一系列法律、法规，切实保障散居民族的平等权益，使散居民族地区经济社会文化有了较大发展，生活有了明显改善。在立法上，全国人大及其常委会颁布了一系列法律，国务院颁布了为数可观的法规，一些部委制定了部门规章和规范性文件。在行政上，国家建立了民族乡，恢复更改了少数民族成分，处理了一系列侵犯少数民族权益的重大事件。国家通过宪法、法律、法规、规章和各种规范性文件，分别从不同的层面对保障散居民族权益进行了具体规定，促进了散居民族地区经济社会发展。1952 年，中央人民政府政务院就颁布了《关于保障一切散居的少数民族成员享有民族平等权利的决定》①和《关于劳动就业问题的决定》②，1979 年和 1987 年，中共中央、国务院分别批转了《关于做好杂居、散居民族工作的报告》③和《关于民族工作几个重要问题的报告》④；尤其值得一提的是，

---

① 1952 年 2 月 22 日政务院第 125 次政务会议通过，1952 年 8 月 13 日发布。其中对保障散居的少数民族成分享有民族平等的权利做了具体规定。

② 此《决定》专门规定一切杂居、散居民族人民的平等就业权利，并强调根据他们的民族特点在就业上要予以适当照顾。

③ 国家民族事务委员会第一次委员（扩大）会议讨论通过，明确了解决杂居、散居民族问题，要切实保障他们的平等权利、积极帮助少数民族发展经济文化、认真尊重少数民族的风俗习惯、贯彻执行宗教信仰自由政策、加强党的领导，恢复与健全各级民族工作机构。

④ 中共中央统战部、国家民族事务委员会《关于民族工作几个重要问题的报告》（1987 年 1 月 23 日）中规定"杂散居地区在全面贯彻党和国家的民族政策时，应当根据自己的特点，注意做好以下几个方面的工作：做好城市少数民族工作、重视民族乡的工作、重视未实行民族区域自治的赫哲、俄罗斯、德昂等十一个少数民族的工作"。

1993年，经国务院批准，国家民委发布《民族乡行政工作条例》和《城市民族工作条例》①，是我国的散居民族工作向法制化迈出的重要一步。

归纳起来，我国为促进散居民族地区经济社会发展，所制定法律法规主要包括以下几个方面的内容：一是切实保障散居民族在政治和族籍领域的平等权利；二是积极帮助散居民族地区发展经济；三是发展散居民族地区的教育和文化事业；四是大力培养和使用散居民族干部；五是尊重散居民族的风俗习惯和严格执行宗教信仰自由。

（一）政治平等和族籍权益保障

早在1952年，政务院就公布了《关于保障一切散居民族成分享有民族平等权利的决定》，指出："一切散居的少数民族成分的人民，均与当地汉族人民同样享有思想、言论、出版、集会、结社、通信、人身、居住、宗教信仰、游行示威的自由权，任何人不得加以干涉。一切散居的少数民族成分，依法享有选举权与被选举权。其人数较多者，当地人民政府可采取适当办法，使有代表参加政权机关。遇有关少数民族的提案和意见，应与其他方面的提案和意见同样予以重视。有关某一少数民族的特殊问题、须与该少数民族代表充分协商。一切散居的少数民族成分、有分别加入当地各种人民团体及参加各种职业的权利、各人民团体及各种职业部门、不得因其民族成分的关系而加以拒绝或歧视。一切散居的少数民族成分如遭受民族的歧视、压迫或侮辱、有向人民政府控告的权利。各级人民政府对此种控告须负责予以处理，对于歧视、压迫或侮辱行为严重者、应依法予以惩治。一切散居的少数民族成分，在享受民族平等权利遇有困难无法解决时，得提请当地人民政府予以适当帮助。"

我国历次选举法对散居民族公民参加各级人民代表大会的选举有明确规定。《中华人民共和国选举法》规定："年满十八周岁的中华人民共和国公民，不分民族、种族、性别、职务、社会出身、宗教信仰、教育程度、财产状况和居住期限，都有选举权和被选举权，全国少数民族应选全国人民代表大会代表，由全国人民代表大会常务委员会参照各少数民族的人口数和分布情况，分配给各省、自治区、直辖市的人民代表大会选出，人口特少的民族，至少也应有代表一人，散居的少数民族应选当地人民代表大会的代表。

---

① 《民族乡行政工作条例》和《城市民族工作条例》于1993年经国务院批准发布施行。它体现了党和国家对散居民族的高度关心和重视。这两个条例以国家行政法规的形式，为我国散居民族工作提供了法制保证。它改变了散居民族工作长期以来无法可依的状况，是我国民族法制建设中的一件大事。

每一代表所代表的人口数可以少于当地人民代表大会每一代表所代表的人口数。有少数民族散居在境内的市、市辖区、县、乡、民族乡、镇的人民代表大会的产生，按照当地民族关系和居住情况，各少数民族选民可以选举或者联合选举。"①

（二）促进经济发展

1979 年 10 月 12 日中共中央、国务院批转国家民委党组《关于做好杂居、散居民族工作的报告》，规定各级人民政府"要从杂居、散居民族的实际出发，全面贯彻落实党的各项经济政策，充分调动少数民族人民的积极性，在国家的大力扶持下，发扬自力更生、艰苦奋斗的革命精神，加速发展各项生产……为了解决杂居、散居少数民族的实际困难，加速发展经济、文化事业，国家和各省、市、自治区在安排有关预算支出时，要重视少数民族的需要，给予必要的照顾……"散居地区党和政府制定经济优惠政策，一是设立少数民族事业发展资金，惠及面覆盖全国除京、津、沪 3 个直辖市以外的 28 个省、自治区、直辖市，尤其是少数民族乡村。二是《民族乡行政工作条例》对民族乡的财政预算、贷款、税收等方面给予照顾，并且，我国大多数省份安排民族乡生产扶助资金。三是对农牧土特产品、少数民族特需商品加大扶持力度，设立专项贴息贷款，或免除部分企业增值税，或设立了"民族特需商品生产补助资金"，或实行流动资金贷款利率优惠政策、税收优惠政策、专项贷款政策。如自 2003 年以来，国家实行清真食品生产企业享受流动资金贷款年息 2.88 个百分点的优惠利率和技术改造贷款由中央财政贴息的优惠政策。总之，我国的"民族经济政策均以追求各民族平等及共同富裕为目标，采用直接帮助与间接支持相结合的方式，即通过中央财政直接给予财政补贴增加少数民族收入，改善其生活水平，与制定民族地区投资环境和生产经营条件等相关优惠政策相结合的方式，极大地促进了民族地区经济发展。②

（三）促进民族教育文化发展

政务院《关于民族事务的几项决定》规定："在政务院文化教育委员会

---

① 保定召：《国家保障散杂居少数民族的权益（一）》，载《今日民族》，2003 年第 5 期；《政务院关于保障一切散居民族成分享有民族平等权》；参见云南民族网 http：//www. ynethnic. gov. cn/Item/1778. aspx；《中华人民共和国选举法》，根据 2010 年 3 月 14 日第十一届全国人民代表大会第三次会议第五次修正。

② 国家民委党组《关于做好杂居、散居民族工作的报告》，1979 年 10 月 12 日；李安辉：《我国散杂居民族政策的主要内容和特点》，载《中南民族大学学报》（人文社会科学版）2011 年第 2 期。

内设民族语言文化研究指导委员会，指导和组织关于少数民族语言文字的研究工作，帮助尚无文字的民族创立文字，帮助文字不完备的民族逐渐充实文字。"政务院《关于保障一切散居民族成分享有民族平等权利的决定》规定："凡散居民族成分，有其本民族语言、文字者，得在法庭上以本民族语言、文字进行诉辩。"①

促进民族教育文化发展，还体现在一是加大重视程度。《关于加强民族散杂居地区少数民族教育工作的意见》提出："各地教育行政部门要把散居地区的少数民族教育列入议事日程，切实加强领导。要有计划、有措施、有专人负责，定期研究和解决工作中存在的问题，尽快缩小与当地其他民族在教育发展程度上的差距。"二是设置专项补助经费，减免少数民族学生的学费，发放助学贷款。《国务院关于深化改革加快发展民族教育的决定》提出："少数民族散居地区的各级政府要设立民族教育专项资金，制定和落实有关优惠政策，扶持散居地区民族教育的发展。"三是对散居民族实行加分或优先录取的照顾政策，《关于加强民族散杂居地区少数民族教育工作的意见》规定："中等以上学校可根据当地情况，必要时对少数民族子女可适当降低分数线。""各级师范院校招生时，可划出一定指标定向招收散杂居地区少数民族学生入学。"四是加强民族团结教育，开展民族常识教育试点。五是部分高等院校举办实行民族班、少数民族预科等特殊教育形式，招收边远农村、高寒地区、山区、牧区的学生。部分普通高等学校与内地新疆班、西藏班主要分布在内地城市，多数属于散居地区。而且，近年来，高招少数民族考生优惠政策明确规定了适量招收散居地区的少数民族。②

（四）加强干部的培养和任用

为了保障少数民族参政议政的权利，党和政府重视少数民族干部的培养与任用工作。政务院第六十次政务会议批准颁布了《培养少数民族干部试行方案》，其中规定："要普遍而大量地培养各少数民族干部、目前以开办政治学校与政治训练班、培养普通政治干部为主、迫切需要的专业与技术干部为辅，应尽量吸收知识分子。提高旧的、培养新的、并须培养适当数量志愿做少数民族工作的汉民族干部，以便帮助各少数民族的解放事业与建设工

---

① 保定召：《国家保障散杂居少数民族的权益（一）》，载《今日民族》2003 年第 5 期。

② 李安辉：《我国散杂居民族政策的主要内容和特点》，载《中南民族大学学报》（人文社会科学版）2011 年第 2 期；教育部办公厅：《关于加强民族散杂居地区少数民族教育工作的意见》，1992 年 11 月 2 日。

作，各民族的军事干部、在初期一般也送政治学校或政治训练班学习、同时逐步准备在军事学校开设民族班的条件。"① 少数民族干部是国家政治生活中必不可少的政治力量、是少数民族当家作主的前提条件，大力培养少数民族干部、是保障少数民族政治权利的一条重要措施。《民族乡行政工作条例》第 4 条、第 19 条和《城市民族工作条例》第 6、7、8 条对杂居、散居民族干部的培养与使用有相关规定。如《民族乡行政工作条例》第 4 条："民族乡人民政府配备工作人员，应当尽量配备建乡的民族和其他少数民族人员"。现阶段，在我国 1200 多个民族乡中，绝大多数民族乡的党委书记或乡长由建乡的少数民族群众担任。城市街道、社区的相关文件也对培养少数民族干部作了具体规定。有的地方还通过岗位交流等形式不断提高民族干部的素质与能力，积极帮助他们发展经济文化事业。

（五）尊重少数民族风俗习惯与宗教信仰自由

《宪法》第三十四条规定："中华人民共和国年满十八周岁的公民，不分民族、种族、性别、职业、家庭出身、宗教信仰、教育程度、财产状况、居住期限，都有选举权和被选举权。"第三十六条规定："中华人民共和国公民有宗教信仰自由。任何国家机关、社会团体和个人不得强制公民信仰宗教或者不信仰宗教，不得歧视信仰宗教的公民和不信仰宗教的公民。国家保护正常的宗教活动。任何团体或个人不得利用宗教进行破坏社会秩序、损害公民身体健康、妨碍国家教育制度的活动。"第三十七条和三十八条规定："中华人民共和国公民的人身自由和人格尊严不受侵犯。禁止非法剥夺或者限制公民人身自由的权利。禁止任何形式的侮辱、诽谤和诬告陷害公民的行为。"

在散居民族地区，有效处理"入寺""入口""入土""三入"问题，即清真寺、清真食品、土葬习俗问题是尊重少数民族风俗习惯与宗教信仰自由的重要表现。首先，在"入寺"政策方面，一是开放清真寺；二是维修与扩建清真寺。其次，在"入口"政策方面，一是《城市民族工作条例》对清真饮食服务企业和食品生产、加工企业的少数民族职工、干部以及清真食品的管理作了明确的规定；二是有的地方制定了清真食品管理条例，如昆明出台了《昆明市清真食品管理条例》②，通过专门的立法保

---

① 《培养少数民族干部试行方案》，1950 年 11 月 24 日政务院第六十次政务会议批准。

② 2010 年 10 月 28 日昆明市第十二届人民代表大会常务委员会第三十五次会议审议通过，2010 年 11 月 26 日云南省第十一届人民代表大会常务委员会第二十次会议批准，2010 年 12 月 6 日昆明市第十二届人民代表大会常务委员会公告第 32 号公布，自 2011 年 3 月 1 日起施行。

障清真食品的供应和管理，其他地方在综合性的法规中也对清真食品的管理进行了规范。三是对于从事清真食品行业的企业，给予资金支持，减轻了该企业在生产经营中的困难和压力。四是有的城市对有清真饮食习惯的群众发放了肉食补贴。再次，在"入土"政策方面，一是尊重少数民族的土葬习俗；二是解决回民墓地问题。总之，我国尊重少数民族风俗习惯与宗教信仰，并从法律上保障了各民族的风俗习惯与宗教信仰不受侵犯。《中华人民共和国刑法》第251条规定："国家机关工作人员非法剥夺公民的宗教信仰自由和侵犯少数民族风俗习惯，情节严重的，处二年以下有期徒刑或者拘役。"[①]

二　云南省出台的法律法规的主要内容

云南是一个多民族的边疆省份，各民族分布的基本特点是"大杂居、小聚居"，除8个自治州、29个自治县外，其余各县市区都是少数民族散居和杂居地区。在各民族自治地方内，除实行民族区域自治的民族外，都有散居、杂居的少数民族。十多年来，云南省人大先后颁布了《云南省民族乡工作条例》和《云南省城市民族工作条例》、《云南省促进民族自治地方科学技术进步条例》、《云南省民族民间传统文化保护条例》等地方性法规，促进了散居民族地区经济和社会发展。

(一) 保障散居民族政治权益

《云南省民族乡工作条例》规定："民族乡的乡长由建立民族乡的公民担任，民族乡人民政府配备工作人员，应当照顾到建立民族乡民族和其他民族，并重视引进各种人才。"《云南省城市民族工作条例》规定："城市少数民族公民应当履行法律。法规规定的义务，其合法权益受法律保护，任何组织或个人不得侵犯，城市少数民族公民的合法权益受到侵犯时，有权向国家机关控告和申诉。对少数民族公民提出的控告和申诉，有关国家机关应当及时调查处理。"

(二) 保障散居民族干部配备和人才培养

《云南省城市民族工作条例》规定："城市人民政府应当将适应当地少数民族需要的经济、文化事业列入国民经济和社会发展计划。城市人民政府应当重视少数民族干部和专业技术人员的培养、选拔和任用。城市人民政府及其职能部门，应当配有一定比例的少数民族干部，并注意培养少数民族妇

---

① 保定召：《国家保障散杂居少数民族的权益（一）》，《今日民族》2003年第5期。李安辉：《我国散杂居民族政策的主要内容及特点》，《中南民族大学学报》（人文社会科学版）2011年第2期。

女干部。国家机关录用、招用工作人员，企业、事业单位招用职工，在同等条件下，应当优先招收少数民族公民。城市人民政府对下岗的少数民族职工，应当优先安排技能培训，培训合格后，用人单位应当在同等条件下优先安排其上岗，鼓励并帮助他们多渠道再就业。"

（三）尊重散居民族宗教信仰和风俗习惯

《云南省民族乡工作条例》规定："民族乡应保证宪法和法律、法规在本乡的遵守和执行，保障各民族公民的宗教信仰自由，使用和发展自己的语言文字的自由，保持或者改革自己的风俗习惯的自由，维护和发展平等、团结、互助的社会主义的民族关系。"《云南省城市民族工作条例》规定："开办清真饮食服务和食品生产、加工企业，主要负责人、采购员、保管员和主要操作者必须是具有清真饮食习惯的公民，有专用的清真食品运输工具、计量器具、储藏容器和加工、销售场地。个体清真食品经营者，必须是具有清真饮食习惯的公民。少数民族职工参加本民族重大节日活动，其所在单位应当按照有关规定给予节日假，并照发工资。以少数民族为主要服务对象或者以少数民族名称冠称的第三产业，其厂名、店名、文字、图画、菜单、室内装饰以及歌舞表演应当尊重少数民族风俗习惯。城市人民政府应当保护和开发具有民族特色的古建筑和其他旅游资源，发展具有民族特色的商业和旅游业。城市建设拆迁的具有民族特色的古建筑，属于文物的，应当按国家文物管理的规定审批。不属于文物的，应当经民族事务主管部门审核，报经同级人民政府批准。需要拆迁少数民族聚居区住房的，有关部门应尊重少数民族生活习惯，妥善安排。"①

（四）促进散居民族地区经济、文化、教育发展

《云南省民族乡工作条例》规定："上级人民政府对民族乡应分别情况，实行分类指导，在资金、技术、人才、物资等方面给予特殊扶持，在税收、银行贷款方面给予照顾。上级人民政府应尽快帮助没有初级中学的民族乡建立初级中学、各级人民政府应根据民族乡的实际。积极创造条件发展多种形式的职业技术教育和初级、中级成人教育。县（市）的中学和农业、职业学校以及地、州、市辖的中等专业学校，在招收新生时，应对民族乡少数民族考生实行定向招生，指标到乡、放宽条件、择优录取。县级人民政府在安

---

① 保定召：《国家保障散杂居少数民族的权益（二）》，《今日民族》2003 年第 6 期；参见《云南省民族乡工作条例》，2004 年 7 月 30 日云南省第十届人民代表大会常务委员会第十一次会议通过；参见《云南省城市民族工作条例》，1999 年 5 月 27 日云南省第九届人民代表大会常务委员会第九次会议审议通过。

排教育经费、教学设施、专项民族教育补贴费和进行师资培训时，应给予民族乡照顾。县级人民政府应从资金、人才、项目等方面支持民族乡的科技进步事业。在民族乡安排的资金应高于一般乡，上级人民政府应帮助民族乡建立健全文化站、广播站、地面卫星接收站等文化设施。民族乡人民政府应加强对医疗卫生事业的管理和建设。健全乡、村卫生保健网、提高人民的健康水平。"

《云南省城市民族工作条例》规定："城市人民政府应当将适应当地少数民族需要的经济、文化事业列入国民经济和社会发展计划，城市人民政府应当逐步增加对民族工作的财政预算，保障民族工作需要。到城市开办企业、从事个体经营或劳务活动的少数民族公民，应服从城市人民政府有关部门的管理。有关部门在场地使用、办理证照、暂住户口等方面应给予优先安排照顾。城市人民政府应当重视发展少数民族教育事业。可以根据当地实际开办民族学校或者设立民族班。对民族学校或者民族班应当在经费、教学设备、教师队伍建设等方面给予适当照顾。招生部门应当按照有关规定对报考各级各类学校的少数民族考生给予照顾。城市人民政府应当加强对少数民族文化艺术资源的保护和开发，鼓励开展少数民族传统体育活动。有关部门、单位应当为少数民族群众性体育活动提供场地，有条件的城市应当定期开展少数民族传统体育竞赛活动。"①

由此可见，在云南散居民族地区农村，主要依靠《云南省民族乡工作条例》保障农村散居民族群众在政治、经济发展、教育和文化事业、风俗习惯和宗教信仰等各个方面的权益。《云南省民族乡工作条例》使得散居民族地区农村群众的权益保障有法可依。

此外，我国还有湖北、河北、湖南、河南、天津、长春等省市根据当地实际情况，制定了地方性法规、规章促进散居民族地区经济社会发展，使散居民族在发展经济、维护社会稳定、促进社会团结进步方面发挥积极作用。

第二节　我国现行散居民族法律法规的积极作用和局限

一　我国现行法律法规的积极作用

我国现行法律法规范围较广泛，内容较全面，层次较多元地保障散居民

---

① 保定召：《国家保障散杂居少数民族的权益（二）》，《今日民族》2003年第6期；参见《云南省民族乡工作条例》，2004年7月30日云南省第十届人民代表大会常务委员会第十一次会议通过；参见《云南省城市民族工作条例》，1999年5月27日云南省第九届人民代表大会常务委员会第九次会议审议通过。

族权益和促进散居民族地区经济社会发展。这些法律法规涉及散居民族的政治、经济、文化教育、风俗习惯与宗教信仰等方方面面，从总的宏观层面到具体的微观层面，从国家的法律到地方的法规措施，范围广泛，内容全面。同时，由于我国还没有形成一个专门的完整的法律文本，各项保障内容主要散见于我国各类法律、法规之中。从制定部门或性质来看，具有多层次性。我国宪法、基本法律如《中华人民共和国民族区域自治法》，行政法规如《民族乡行政工作条例》、《城市民族工作条例》以及部门规章和地方性法规都对散居民族权益保障进行了规定。各地相关部门通过制定解决民族问题的各项具体的地方性法规、规章，将中央的政策原则与地方的实际情况相结合，形成了保障散居民族权益的法律法规体系。

二　我国现行法律法规的局限

（一）立法层次较低且立法体系并不完整

到目前为止全国还没有颁布统一的《散居民族权益保障法》，而已有的法律、法规、规章等也大多以决定、政府报告、工作条例、办法等文件形式出现，立法层次较低，适应性不足，相配套的法规过少，相互间协调程度低，内容参差不齐，缺乏法律监督和法律制裁措施，使得现行散居民族权益保障法制在很大程度上失去了强制性和权威性，立法效果不明显。从各地的立法实践来看，也只有部分省市制定出台了《散居民族工作条例》，造成散居民族法规纵不成体系、横不成规模。

另外，现有立法还留有民族乡和城市以外的散居民族的法律空白，无法形成完整意义上的散居民族法规体系。例如，云南非自治地方农村广大散居民族面临政策真空。改革开放以来，特别是"十五"期间，云南省委省政府通过对云南少数民族发展采取分类指导的特殊政策，使得民族自治地方、人口较少民族、25个与国外直接接壤的边境县经济社会发展取得了显著成效。上述三类政策的实施区域，基本上都在民族自治地方。对于散居民族地区，所制定的《云南省民族乡工作条例》，主要用于保障自治地方非自治民族的权益；而《云南省城市民族工作条例》保障的也只是居住在城市中的少数民族的权益。而对居住在非自治地方农村的大约300万散居民族，其民族权益至今没有得到国家民族政策和法律的保障，导致其成为云南民族问题最为多发的地区。

（二）内容适应性不足

1.《云南省城市民族工作条例》随着城市化进程的加快需要适时修订调整

原有一些城市散居民族权益保障的措施带有计划经济体制色彩，条款内容已不适用，而新的政策还未完全确立，有些有章可循的新政策，又因缺少可操作性的细则而无法贯彻落实，或由于国家税务、财政、金融等相关部门缺少足够的配套规定，而难以有效地实施。保障城市少数民族在政治决策中的参与权普遍较难，城市民族经济在扩大经营规模、征地、盖房、信贷支持等方面多会遭遇困难，保障经济平等权受到局限。

2. 保障民族乡散居民族权益的《云南省民族乡工作条例》有待完善

该条例的制定较为宽疏，实际操作性有待加强，涉及内容不能涵盖现实的复杂程度。特别是随着云南一些城市周边的民族乡城市化进程加快，云南已经有 49 个民族乡撤乡建（并）镇。而 1992 年国务院发布的《关于停止审批民族镇的通知》将民族乡建制为民族镇的行为视为违宪行为。根据规定，民族乡撤销后只能建立非民族镇，不再保留有其民族性和较大的自主权。《云南省民族乡工作条例》已经不能应对新的历史条件下民族乡群众的合法权益的保障问题。

目前，各地因自然地域差异和人口分布的不平衡，民族乡分布不平衡，不少民族乡位于地域辽阔的山区，群众居住分散，就医难、上学难、买粮难、通信难等问题长期存在。一些地方的民族乡撤（并）后，原有的服务机构一并撤离，弱化了乡镇的管理服务功能，达不到合并管理机构、提高服务功能的目的，同时给群众的生产生活造成许多新的困难和不便。

民族乡撤乡设镇后有关优惠政策的实施问题解决不好，势必会给民族乡的发展带来新的问题，同时也会削弱民族乡在民族管理工作中的地位和作用。因此，必须研究具体对策和政策以确保民族乡群众的权益不受损害。

昆明市西山区于 2005 年撤销团结彝族白族乡和谷律彝族白族乡，成立团结镇。撤乡建镇后，存在着 16 个村委会之间经济发展不平衡、城镇化水平差异大、产业结构不合理、支柱产业单一、乡镇企业发展不足、土地、环保和民族关系方面的热点、难点问题多等问题。官渡区阿拉彝族乡石坝村委会自 2003 年以来土地逐年被征用，大量彝族群众成为失地农民后，不得不面对医疗、养老、就业培训、职业转换、心理调适、生理适应等问题，涉及他们医疗、养老、再就业、经济收入、心理和生理健康、社区治安和传统文化保护等一系列问题越来越突出。

随着小城镇建设的不断推进，国家对城镇建设配套资金逐年增加，城镇土地流转和招商引资等政策都优于民族乡，所以靠近城郊的一部分民族乡热衷于撤乡设镇。还有一些民族乡正在酝酿撤乡设镇。这些地方忽视了民族乡少数民族群众的意愿，有关民族政策落实将受到影响，对原民族乡少数民族文化的保护与发展也将产生极大冲击。

（三）内容不明确，保障不均衡

现有的民族法律法规对一些在法律上应予以优先照顾的群体，如散居民族的保护性规定不明晰。目前，已出台的自治条例基本上是大同小异，地方特色和民族特色不明显，缺乏应有的针对性和可操作性，对散居民族权益保障问题没有摆上重要的议事日程。现有的行政规章基本上是从规定各级国家机关的有关职责出发来强调对散居民族权益的保障。散居民族究竟有哪些具体的权益，这些权益受到侵犯该如何处理，都没有明确规定。在行政保障方面，存在着忽视散居民族权益的现象，甚至某些机关本身就有侵犯散居民族权益的问题。

目前已经出台的规范性文件，绝大多数是关于尊重民族风俗、培养民族干部、使用民族语言等方面的规定，涉及散居民族权益保障的内容缺乏均衡性。同时，由于立法技术、法规规范和立法程序不完备，导致立法缺乏法律的科学性、权威性和强制性。

（四）贯彻执行机制不完善

保障云南散居民族权益的政策法规不具备强制力，也没有切实有效的监督执行机制，其贯彻执行水平很大程度上取决于相关部门的认识水平和重视程度。一些地方和部门违反法律规定，不照顾散居民族和民族工作的特殊性，习惯于搞"一刀切"，但却没有相应的评价机制和监督机制。散居民族法律的出台，在执行中全面落实很难，往往是对某些条款的落实予以回避，或降低要求，不认真执行；地方政府出台的实施办法缺乏实质内容。这些都直接影响到散居民族的法制建设。

三　现行法律法规在保障散居民族权益方面不力的原因分析

从客观角度分析，这些问题和散居民族特殊性有关，也与计划经济体制向市场经济转变，市场不规范和利益驱动有关。但从深层次上分析，也反映出我们在制定散居民族法规和贯彻党的散居民族政策上存在一些差距。

（一）对散居民族立法工作的重要性认识不到位

散居民族的法制建设直接关系到民族地区的稳定，也与全国的稳定息息相关。但有的同志认为对散居民族法制建设应随大流，有纵向看、横向比的思想，工作不愿超前；有的把民族习惯和节日看作是宗教内容，流露出少数民族事难办的看法；有的从事散居民族法制工作的干部怕扣上狭隘民族主义的帽子，不敢反映群众心声，不想多管事。

（二）对现行散居民族法规存在片面理解

有的同志把对民族法律、法规的贯彻实施片面地理解为是对散居民族做好对口支援工作，扶助发展散居民族地区经济。有的认为我国目前的执法环境普遍较差，很多法律的实施都难以到位，而地方性民族法规的法律地位不高，因而对某些条款不能落实到位习以为常。

（三）对散居民族法律的宣传不尽如人意

对散居民族法律的宣传面较窄，宣传缺乏针对性，没有根据不同对象采取不同形式进行宣传。宣传渠道单一，仅局限于通过广播、电视、报纸等新闻媒体进行宣传。在宣传上往往是政府民宗委（局）唱独角戏，也不能持之以恒。①

第三节　云南散居民族地区农村经济社会发展的法律法规建议

一　加强云南散居民族法制建设

（一）提高散居民族地区立法的质量

质量是立法的原则之一，根据立法的规定，散居民族地区在立法上不得违背宪法、法律或者行政法规的基本原则。要突出民族特点和地方特色，突出地方条例的特点，着眼于实用性。在立法中要避免使用口号性语言，在法定的原则、界限、范围内做出明确具体的规定，要克服过于笼统、原则等缺点，尽力量化和细化，防止执法中的主观性和随意性。

（二）提高对散居民族地区法规、法律和风俗习惯的认识

包括占人口绝大多数的汉族在内的各民族干部、群众，首先是党员领导干部，要进一步掌握民族政策、法规，充分认识做好散居民族法制工作的自觉性、主动性和政治责任感、使命感，促进依法办事。要防止散居民族与其他民族在相互交往中因宗教信仰不同、生活习惯不同引发摩擦和矛盾，继而引起连锁反应。各级政府应把散居民族地区的民族工作纳入到国民经济和社会发展计划中去，切实使散居民族群众得到党和政府在政治上、工作上、生活上的关心、支持和照顾。

（三）加大散居民族地区法规、政策的宣传力度

散居民族地区应将民族法律、法规的宣传纳入普法内容，要在报纸、杂志、电台、电视上开辟专版、专栏、专页进行宣传；出动宣传车、印发宣传资料乃至上街下乡开展民族知识和民族法制宣传；运用座谈会、演讲、知识竞赛、问卷调查等方式宣传民族工作和民族法制内容等。通过各种形式，有

---

① 吴文源：《散居少数民族法制建设中存在的问题及对策思考》，载《太原城市职业技术学院学报》2009 年 8 月。

针对性地宣传，持之以恒地宣传，做到在宣传上制度化、规范化。通过宣传不断增强群众的民族法律、法规意识，用法律的手段来规范民族关系，保护散居民族利益，使民族工作逐步走上法制化轨道。

（四）加大法规贯彻实施的监督力度

民族法规的实施和监督应作为当前散居民族地区法制建设的重点。散居民族地区的人民政府可结合本地实际，根据《云南省民族乡工作条例》实施办法，认真加以贯彻。在依法监督上推动民族法规在本地区的贯彻实施。散居民族地区的市、区、县人大常委会要充分行使法律赋予的职权，加大执法检查力度。可以采取多种形式，如视察、检查、听汇报等，并认真做好个案监督。把人大监督与舆论监督、民主监督、群众监督充分结合起来，加大监督力度，增强监督效果。

（五）加强民族工作部门的通力合作

保障民族平等、维护民族团结是民族法制建设的出发点和落脚点。散居民族地区的少数民族因人口少、居住分散，其合法权利很难得到保障。这就要求各个民族工作部门，包括党委统战部门、人大民宗侨外委、政府民宗委、政协民宗委在民族法制建设这件大事上要通力合作，形成合力，为少数民族解决困难，多办实事，使散居民族群众的合法权益切实得到保障。①

二　建议修订《云南省民族乡工作条例》

（一）修改完善指导思想

《云南省民族乡工作条例》的修改完善，要以全面实现"各民族共同团结奋斗、共同繁荣发展"为目标，以促进少数民族和民族地区经济社会全面、协调、可持续发展为根本，以全面提高少数民族群众的生产生活和全面小康社会为重点，认真贯彻党和国家民族政策和法律法规，使修订后的《云南省民族乡工作条例》更符合民族乡的实际，更能体现党的民族政策，更能加快民族乡的发展，更能让广大民族乡的少数民族群众享受到伟大祖国改革开放的成果。

（二）修改完善主要内容

一是在《条例》中增加可以设立民族乡，也可以设立民族镇，以适应城镇化建设的需要。

二是在《条例》中要明确规定民族乡或民族镇的乡长（镇长）由建立民族乡（镇）的主体民族担任，并配备建乡民族的干部和其他少数民族干部。

---

① 吴文源：《散居少数民族法制建设中存在的问题及对策思考》，载《太原城市职业技术学院学报》2009 年 8 月。

三是结合财政体制现在实行省管县，民族乡基本公共服务水平远远低于其他地区的实际情况，建议在修订的《条例》中明确规定，民族乡人民政府的行政运行支出由所在县级财政全额承担；民族乡数量较多的（例如在3个以上的）县，省级财政要安排民族乡发展专项资金，用于支持民族乡加快发展；民族乡所在的县级财政在安排本级财力时，给民族乡的投入比例要高于非民族乡，民族乡级财政的收入全部留给民族乡用于发展经济社会事业。加大财政转移支付力度，重点用于交通、农田水利、小城镇建设等基础设施建设方面，比例应高于一般乡镇，并免除民族乡基础设施建设的地方配套资金。

四是税收、工商、金融等部门积极扶持民族乡乡镇企业、个体民营企业的发展，培植龙头企业。加大对民族乡发展民族特色旅游文化产业的扶持力度，在信贷、税收等方面给予特殊优惠。鼓励民族乡充分利用地缘优势，创造有利条件，大力发展生态旅游和民族风情游，同时大力培植生态经济，发展绿色食品产业，加强生态公益林建设，保护山区原有的天蓝、水清、山绿、环境美丽的面貌，使之集生产、生活和生态于一体，推进旅游富民。

五是要增加改善民生的条款，明确规定国家和省安排的民生项目要优先安排民族乡。

六是在《条例》中要明确规定，民族乡要大发展民族文化事业，保护、传承和发展好本地优秀的民族文化，保护和建设好特色民族村寨。弘扬民族文化，对挖掘保护少数民族传统文化遗产给予一定专项经费。在少数民族非物质文化遗产和名胜古迹、文物等物质遗产方面设立专项资金。为民族乡的文化工作者和传统文化传承人进行更高层次的培训。

七是大力支持民族乡发展教育事业，要将普及九年义务教育，提高高中阶段入学率，把每个民族乡建立一所职业技术教育学校写进新修订的《条例》中，切实帮助民族乡提高人口素质。由上级财政、教育和所属县政府共同出资在民族乡建立寄宿制学校，加快人才的培养；

八是大力支持民族乡医疗卫生事业，配备配齐民族乡基本的医疗设备和医务人员，要加强医务人员培训，提升医务水平，解决少数民族群众看病难和看好病的问题。加大对民族乡少数民族医疗补助力度。设立少数民族医疗补助基金，解决民族乡群众看病难的问题，对民族乡少数民族群众需交纳的新农合和新农保资金实施减半征收，或者是全额免除。

九是民族乡的干部配备和少数民族人才培养政策，已经不适应现行的公务员制度。建议修改为：辖有民族乡的市县在招录国家公务员时，要留出名额或按一定比例招录少数民族，考招录国家公务员时，要留出名额。

　　进一步细化条款，增加刚性内容，明确比例和标准，提高各项优惠政策的可操作性，使各级各部门在新修订的《云南省民族乡工作条例》要明确执法主体，建立监督检查机制。

　　三　建议制定《云南省民族村工作条例》

　　在中国的民族法制取得巨大成就的同时，我们也应当看到不足。中国的民族法制体系依然不成熟、不完善，它的内容还不完备，实施效果也亟待改善。像配套措施、法律责任监督宣传机制等各方面，中国民族法制同民族工作的实际需要，特别是同新的时代背景下民族关系的发展还很不适应。随着城市化的发展，我国散居民族工作的特殊性和重要性更加突出。90年代制定的《云南省城市民族工作条例》和《云南省民族乡工作条例》已不能适应当前少数民族发展的需要。国务院应尽快修订以上两个条例，有关部门特别是辖有民族乡的省、市，要把散居民族的法律、行政法规进一步细化，制定具体实施办法和细则。条件成熟时，应尽快由全国人大或其常委会制定保障散居少数民族权益的法律，将散居民族政治、经济、文化、社会各方面的权利纳入保障中。民族法律法规的立法和实施工作有待加强。一些关系民族地区发展和少数民族权益保护的法律法规尚待制定，建议制定《云南省民族村工作条例》。

　　（一）必要性

　　民族法制建设是我国社会主义法制建设的重要组成部分。新中国成立60多年来，特别是改革开放30多年来，我国民族法制建设取得了巨大的成就，初步形成了以《宪法》的相关规定为根本，以《民族区域自治法》为主干，包括其他关于民族方面的法律规定，国务院及其各部门制定的关于民族方面的行政法规和部门规章，各省、自治区、直辖市及较大的市制定的关于民族方面的地方性法规和规章，民族自治地方自治条例和单行条例在内的中国特色民族法律法规体系，为加快民族地区经济社会发展，保障少数民族平等权利和合法权益，维护社会稳定，巩固和发展平等、团结、互助、和谐的社会主义民族关系，促进各民族共同团结奋斗、共同繁荣发展，提供了重要的法制保障。[①]

　　由于我国散居民族立法还不够完善，特别是在散居民族的权益保障上还没有一种可以参照执行的全国性法律，如《散居少数民族权益保障法》至今尚未颁布。不同位阶的民族法律法规建设不平衡，现行民族法律法规中规

---

　　① 《民族法制体系建设"十二五"规划（2011—2015）》，来源：中国民族宗教网 http://www.mzb.com.cn/html/report/227996 - 1.htm。

章多，法规少；民族法规规章单行性、应急性的多；民族自治地方制定的自治法规多，但辖区自治州、自治县的人大及其常委会制定的有关民族问题的地方性法规却很少；规范自治机关组织与活动原则的多，规范自治地方经济、文化、社会事业发展的少，造成重政治权利保护、轻经济文化等权利保护的现象。

过去很长一段时间内缺乏立法的规划，民族法规的"废、改、立"工作极为不力。因此，散居民族地区的民族纠纷事件时有发生，占少数民族纠纷案件的60%—70%。加强民族法制建设，应用法律手段规范和处理民族关系和相关问题，促进少数民族地区政治稳定、经济繁荣、共同发展已经成为各地区各级领导和民族工作者的共识。

为全面落实依法治国基本方略，推动依法行政和加强法治政府建设，促进云南散居民族地区农村经济社会发展，有必要在新的起点上进一步推进民族法制建设，解决现有立法偏低、层次不完善、保障不均衡和执行机制不完善的问题，建议制定《云南省民族村工作条例》。

（二）指导思想和总体目标

1. 指导思想

高举中国特色社会主义伟大旗帜，以邓小平理论和"三个代表"重要思想为指导，深入落实科学发展观，紧紧围绕少数民族和民族地区经济社会发展的目标任务，牢牢把握"共同团结奋斗，共同繁荣发展"的民族工作主题，依法保障散居民族合法权益，推动依法管理民族事务，为促进散居民族和散居民族地区经济社会发展、巩固和发展平等团结互助和谐的社会主义民族关系、维护国家统一创造良好的法制基础和法治环境而努力。

2. 总体目标

建立科学规范的立法机制，推动涉及散居民族方面的立法工作，不断完善体现中国特色、符合科学发展要求的民族法律法规体系。全面提高依法管理民族事务的能力，提高民族工作的法制化水平。建立健全民族法律法规监督检查的体制机制，推动散居民族法律法规全面实施。加强散居民族法制宣传教育，不断提高行政机关工作人员依法行政能力和遵守执行散居民族法律法规的自觉性，提高各族群众依法维护合法权益和遵守法定义务的意识，提高全社会对民族法律法规的认知程度。加强散居民族法制理论研究，完善我国民族法制理论体系。①

---

① 《民族法制体系建设"十二五"规划（2011—2015）》，来源：中国民族宗教网 http：//www.mzb.com.cn/html/report/227996 - 1.htm。

（三）基本框架构想

制定《云南省民族村工作条例》的框架构想，应该包括总则、民族村的设立条件和批准程序的说明、保障民族村散居民族平等权利、发展民族村经济、发展民族村科技教育文化卫生等社会事业、培养散居民族人才、尊重散居民族风俗习惯、罚则、附则等几个部分。

1. 总则中应对制定条例的依据、目的做出说明

为了保障云南散居民族地区农村少数民族的合法权益，维护和发展平等、团结、互助、和谐的社会主义民族关系，促进各民族的共同繁荣，促进散居民族地区农村经济社会全面发展，根据《中华人民共和国宪法》和有关法律、法规，结合本省实际，制定本条例。

2. 对条例的适用对象和设立条件的说明

散居民族是指居住在民族自治地方以外的少数民族和居住在民族自治地方但不是实行区域自治的少数民族。本条例适用对象既包括民族乡辖区内的民族村，也包括非民族乡内的民族村。

对民族村的设立条件、批准程序做出说明：散居民族人口占总人口30％以上的村，可以建立"民族村"。民族村的建立，由该村村民委员会提出申请，乡（镇）人民政府审核同意，县人民政府批准，并报上一级人民政府主管部门备案。

3. 干部配备的说明

民族村的村民委员会，以建立民族村的少数民族公民为主组成。辖有民族村的乡（镇）应当根据实际情况配备散居民族干部。

应对民族村委会干部班子的建设和待遇问题进行说明，包括民族干部的产生办法，配比结构，任职年限，待遇和考核办法。改善民族村基层干部待遇、解决好基层干部的后顾之忧。

4. 保障民族村散居民族平等权益

各级人民政府处理涉及民族村民族的特殊问题，应当与散居民族的代表人物协商。

禁止歧视散居民族，禁止破坏民族团结和制造民族分裂的行为。禁止使用带有侮辱少数民族性质的称谓、地名。对历史遗留下来的带有侮辱少数民族性质的碑碣、匾联等，应当按照有关规定妥善处理。

禁止在报纸、杂志、书籍、音像等出版物和广播、电视、演出中出现带有侮辱少数民族内容的语言、文字、图像和画面。

散居民族公民受到民族侮辱或者其合法权益受到侵犯的，有向国家机关控告和申诉的权利。有关国家机关对散居民族公民的控告和申诉，应当及时

调查处理。

5. 发展民族村经济

对民族村委会的经济建设，包括财政支持及项目扶持的投资、融资办法，担保条件等进行说明。散居民族地区农村改善基础设施、发展农业产业，培育支持产业都是比较紧迫的，除了需要国家在财政资金和项目上给予扶持以外，也需要对于一般村民在小额融资贷款上有一个宽松而稳妥的、多种形式和渠道的担保条件（现在过于狭窄的担保条件往往造成越需要贷款的弱势村民越贷不到款用于解决改善基本的生活条件，越是经济条件好的村民越容易贷到款，村里的两极分化日趋严重）。积极探索良好的小额贷款融资条件，可以让大多数村民发展养殖和种植产业，以解决贫困问题、缩小贫富差距，最终构建和谐乡村。

各级人民政府在制定国民经济和社会发展规划时，应当照顾散居民族的特点和需要，维护少数民族的合法权益。

在实施各种建设项目时，应尽可能向经济发展滞后的民族村进行倾斜。

上级人民政府和有关部门应当在资金、物资、技术、信息等方面提供优惠条件，帮助民族村开发资源，搞活流通，发展经济。

上级人民政府在分配支援经济不发达地区专项资金及其他固定或者临时专项资金时，在分配扶贫专项物资时，应当照顾贫困民族村以及散居民族的需要。

对民族村用于生产建设、资源开发和民族用品生产的贷款，金融部门应当根据法律、法规和国家其他有关规定，在贷款的额度、期限、利率、投向等方面给予优惠。

以生产、加工、经营少数民族用品为主或者以少数民族为主要服务对象或者以少数民族职工为主的企业属于少数民族企业，享受国家规定的民族优惠政策。经国家认定的民族用品定点生产企业、民族贸易企业按照国家规定享受税收、信贷等优惠政策。各级人民政府及有关部门应当在信息咨询、人才引进、技术改造和技术服务、销售渠道等方面对少数民族企业提供帮助，扶持少数民族企业发展。

各级人民政府及有关部门对生活困难的散居民族，应当给予照顾和救济，凡符合纳入最低生活保障条件的应当予以纳入。

6. 发展科技教育文化卫生等社会事业

各级人民政府应当帮助民族村普及科学技术知识，推广先进适用技术，开展科学技术的交流和协作。

各级人民政府应当根据散居民族的特点及居住地区的实际情况，设立民族学校或者在普通小学和中学内设立民族班。设立民族学校和民族班，由县人民政府教育和民族事务主管部门批准，并报上一级人民政府教育和民族事务主管部门备案。各级人民政府及其教育主管部门应当对民族学校在经费、师资等方面予以照顾。

辖有民族乡、民族村的县，应当设立散居民族教育补助专款。

各级人民政府应当帮助民族村开展具有民族特点的传统文化艺术活动。民族村应当办好民族文化室，开展民族文体活动。民族村委会要做好民族文化的传承与保护，通过举办民族节日活动展示、展演本民族的文化。村委会应该通过开展有益身心健康的文体活动，帮助散居民族群众树立自觉抵御外来宗教文化侵蚀的意识。

民族村委会依托新农村建设，改善居住环境和村容村貌。

上级人民政府应当帮助民族村建设卫生基础设施，培养少数民族医务人员，发展民族传统医药，加强地方病和流行病的防治工作。

上级人民政府对长期在民族村工作的教师、医生及其他专业人才和技术工人应当给予优惠待遇。

7. 培养散居民族人才

各级人民政府应当有计划地培养散居民族干部、各种专业人才和技术工人。

各级国家机关在录用、选拔干部、各种专业人才和技术工人时，应当在同等条件下优先录用、选拔散居民族公民。必要时，可以划出专项指标，放宽录用、选拔条件。

高等院校、中等专业学校在录取学生时，对散居民族考生给予在考试总分基础上可以考虑加分照顾。对有特殊困难的散居民族学生，高等院校、中等专业学校和普通高级中学应当按照规定减免学杂费。

8. 尊重散居民族风俗习惯

各级人民政府及有关部门应当采取加强劳动就业信息咨询服务、技能培训服务等多种形式，帮助散居民族扩大劳动就业。

在具有清真饮食习惯的少数民族群众居住较集中的地方，地方人民政府应当安排设置必要的清真肉食、副食、饮食服务网点。

县以上民族事务行政主管部门应当会同卫生部门负责审查申请从事清真食品生产、经营单位的资质，符合条件的应当予以批准，并颁发由省民族事务行政主管部门统一制作的清真专用标志。①

① 部分条款提出的内容参考《湖北省散居少数民族工作条例》，载《民族大家庭》2007年第6期。

9. 加强民族村委会的制度建设

民族村委会应加强制度建设，以党支部建设为抓手，建立完备的党支部工作制度、建立支部关怀、激励、帮扶机制程序、议事公开流程等创新工作制度（参见庆云彝族村的案例）。对于村规民约中调整和规范邻里关系、包含生态文化、优秀道德传统的成分可以考虑上升为民族习惯法的范畴。

10. 罚则

应对违反条例的行为视情节严重程度给予相应的惩罚。

第七章

本书的初步结论

散居民族工作是我国民族工作的重要组成部分，也是社会主义建设全局的重要组成部分。新中国成立以来，党和国家十分重视散居民族工作，并根据散居民族的特点，制定了一系列具体的方针政策，采取了许多有效措施，使散居民族的各项权利得到了保障，生活水平不断提高，平等、团结、互助、和谐的民族关系不断巩固。

但是，由于散居民族人口相对较少，占各地的人口比例不高，且居住地域广阔，零星分散于城市、民族乡、民族村（指少数民族人口占30%以上的村委会）等区域，因此散居民族工作容易被忽视。在与汉族或其他少数民族相互杂居的过程中，由于了解不多、尊重不够、交往频繁，容易发生矛盾和摩擦，酿成纠纷和事件。而在现实发展中，虽不排除极少数散居民族地区的经济社会发展处于较快的进程，绝大部分散居民族地区，尤其是在农村，其发展是相对滞后的，甚至与周边地区或者其他地区的同一民族之间的发展差距还有扩大的趋势。随着改革开放的深入推进和市场经济的全面发展，少数民族散居化的趋势日益加快，散居民族人口还有持续增长的趋势。

在研究领域，对散居民族所进行的学术探索，为进一步开展相关的研究奠定了基本理论基础，提供了较为丰富的实证资料。但与其重要性相比，散居民族是国内外民族学、民族理论和民族政策研究相对薄弱的环节。特别是目前针对云南散居民族的研究极少，以居住在云南非自治地方农村少数民族的社会经济发展为对象的研究几乎是空白。学术研究关注不够，也是散居民族地区农村经济社会发展滞后的主要原因之一。在实践层面，现有的政策已经不能使散居民族平等地享受到党和国家民族政策的帮扶，法律法规体系不健全，难以发挥其在促进散居民族地区经济社会发展方面的积极作用。散居民族地区农村与其他地区的发展差距日益拉大，甚至成为民族问题最为多发的地区。因此，亟须对现有的民族理论进行研究和探索，不断完善民族政策法规体系，以加快云南散居民族地区农村经济社会的发展，这也将有利于巩固民族团结和维护社会和谐，有利于实现区域协调和可持续发展，有利于实现各个民族真正平等。

本书以云南非自治地方农村的散居民族为研究对象，在对国内外文献综述的基础上，总结云南散居民族地区农村经济社会发展的现状、问题和原因，阐述云南散居民族地区农村民族工作的实践、成效和问题，提出将"民族村"的理论研究纳入中国特色的民族理论体系，提出一套扶持云南散居民族地区农村经济社会发展的政策体系，并呼吁制定《云南省民族村工作条例》。根据项目研究的内容，得出初步结论如下：

一　云南散居民族地区农村经济社会发展取得显著成就，但仍面临着一系列问题，散居民族理论研究滞后和政策法规不健全是重要原因之一

云南省委、省政府历来高度重视民族工作，始终把全面贯彻党的民族政策和各项民族法律法规作为一项长期的重要任务，采取了一系列的特殊政策措施，不断加快民族地区全面建设小康社会的步伐，不断巩固平等、团结、互助、和谐的社会主义民族关系，促进了民族地区经济社会全面发展。

近年来，云南省不断加大财政转移支付和资源整合力度，集中力量实施了一批基础设施、特色产业和社会事业发展等项目，取得显著成效，散居民族地区农村呈现出整体实力提升的良好发展态势。省委、省政府围绕各民族"共同团结奋斗、共同繁荣发展"的民族工作主题和"决不让一个兄弟民族掉队"的战略目标，为改变散居民族地区农村贫困落后的面貌，通过采取切实有效的有效措施，随着资金、项目投入力度逐年加大，基础设施建设得到改善，经济结构不断优化，收入水平逐步提高，云南散居民族地区农村经济发展取得显著成就。通过培养少数民族干部、加强民族教育，促进民族文化的保护与发展、建设农村卫生服务体系和加强民族工作，各民族大团结的良好局面不断巩固和发展，散居民族地区农村社会事业显著进步，民生得到较大改善。

通过时间纵向对比的方式看，云南散居民族地区农村经济社会发展取得了显著成就；但通过空间横向对比方式看，云南散居民族地区农村经济社会发展还面临一系列问题：经济发展滞后，贫困问题突出；扶贫资金较少，项目投入不足；生存条件恶劣，基础设施薄弱；地区间、民族间发展不平衡；少数民族人才总量不足，干部结构比例还不够合理；民族教育形势不容乐观；民族文化保护和文化建设形势严峻；医疗保障体系较为脆弱；生态环境保护任务繁重；维护团结稳定的任务繁重等。

云南散居民族地区农村情况复杂多样，发展最为滞后，缺乏有连续性的、翔实的统计资料，理论上的突破较为困难；缺乏来自国家层面的刚性和上位法律法规和政策的支撑，长期得不到应有的重视，造成事实上游离于来

自国家层面的扶持和发展规划之外。国家在政策层面上的支撑不足与散居民族地区迫切加快发展步伐的愿望之间存在较大差距，与其他地区的发展差距日益扩大。政策完善和修订滞后，难以应对散居民族地区农村在城市化进程中的新问题。保障散居民族权益的政策法规地位不高，更不具备强制力。同时，散居民族政策法规的贯彻执行机制不完善，其贯彻执行水平很大程度上取决于人们的认识水平和重视程度。一些地方和部门违反法律规定，不照顾散居民族和民族工作的特殊性，习惯于搞"一刀切"，但却没有相应的评价机制和监督机制。

因此，云南散居民族地区农村经济社会发展滞后，有自然、历史、地理等客观原因，受到思想认识水平、项目资金投入机制、基层工作部门建设、行政体制、基层组织建设的制约，也是理论研究滞后、政策不完善和法律法规体系不健全的直接结果。

二　云南散居民族地区农村民族工作的实践积累了丰富的经验，取得了显著的成效，是"民族村"的理论、政策、法律构想形成的客观基础

尽管云南散居民族地区农村的发展已经取得了一定的成就，但是要改变散居民族地区农村经济发展的总体滞后，社会事业亟须扶持的状况，不仅要靠散居民族自力更生，要靠各级政府在经济上的扶持和政策上的倾斜，要靠基层民族工作部门不断开创有效的工作方式，还要靠理论和政策的创新才能推动散居民族地区农村经济社会发展。

云南散居民族地区农村以"民族村"为依托开展工作的主要做法，包括率先实施民族团结目标责任制签订到村、民族团结示范村创建、开展"三村四化"建设、"千村扶贫、百村整村推进"、"866工程"、"小康示范村"、"四新工程"、"挂钩扶贫村"、"民族村"分类指导等。通过在散居民族地区农村依托民族村创造性地开展一系列的工作实践，有力地维护了民族团结和社会稳定，为民族地区的经济发展提供了良好的环境条件。各级党委和政府采取各种有力措施，帮助民族地区发展经济、文化、教育和科技等各项事业，基础设施条件逐步得到改善，经济结构逐步优化，收入水平不断提高。项目实施活动在短短时间内极大地调动和激发了广大干部群众的创业热情，凝聚和发挥了人财物资源和社会各方面的力量，改变了当地经济面貌、村容村貌和干部群众的精神面貌，基层组织和制度建设不断加强，基层干部执政能力不断增强，较好地发挥各级干部在全面建设小康社会中的积极性和创造性。

但由于带动散居民族地区农村经济社会发展的项目，在较短的时间内难以全面覆盖所有的民族村委会。因此，目前仍有大量民族村处于经济社会发

展进程的边缘。由于民族村分布散而广，十多年没有投入过项目和资金的村子不在少数。这些村子的发展差距必然和周边地区继续扩大。散居民族地区农村仍是基础设施最薄弱、贫困人口最多、贫困程度最深的地区。建设资金普遍缺口较大，特别是财税体制和农村税费改革后，乡级财政缺口加大；收支矛盾突出，仅仅靠市、县两级给每个建设村补助的建设资金如同杯水车薪。如果没有大投入和切实可行的扶持措施，发展差距还将继续拉大，民生问题将更加突出，这已成为散居民族工作的主要重点与难点，将影响到散居民族地区农村的建设步伐和团结稳定。

　　散居民族地区农村经济社会发展需要依托一个个不断脱贫发展的民族村，民族村的脱贫发展需要项目和资金的投入实施，因而项目的覆盖面和持续性就成了这些民族村发展程度的重要因素。有一部分地区在项目安排上有较大的主观随意性，在没有普遍性的政策法规支撑民族村发展之前，这种情况都会影响到整个散居民族地区农村经济社会发展的进程。要杜绝项目安排上的主观随意性，就需要各级政府积极主动关心散居民族地区，制定相应的扶持政策，将每年都要"跑"、"要"及取决于领导是否有民族感情的项目，变为固定扶持项目。因此，通过完善散居民族理论、政策和法律，弥补项目持续性、覆盖面和选择主观性的不足，就显得十分重要。

　　在云南散居民族地区农村民族工作实践中涌现出一批典型的民族村，如通过挂钩扶贫方式加快经济社会发展进程的昭通市永善县马楠苗族彝族乡马楠苗族村；通过创建民族团结示范村，在"三村四化"建设中创造矿村结合经验的曲靖市富源县后所镇庆云彝族村委会；还有在民族村分类指导中处于次发达地区的玉溪市红塔区春和镇黄草坝彝族村委会和在昆明市城市化背景下发生一系列变化的阿拉乡石坝村彝族村委会，不仅可以从中总结开创性的宝贵经验，通过分析仍存在的诸多问题（有的是共性问题）及其成因，继而提出民族村发展的参考建议。这些不同类型民族村的发展经验、存在问题和对策思考，是"民族村"理论构想的基础，也是提出散居民族地区农村经济社会发展政策和法律框架构想的实证依据。

　　三　将"民族村"理论构想纳入党和国家的民族理论体系，是对中国特色民族理论体系的丰富和完善

　　散居民族理论是在中国革命、建设以及改革开放中逐步形成与发展起来的具有中国特色的民族理论，主要经历了孕育、形成、发展等阶段。以毛泽东、邓小平、江泽民、胡锦涛为领导核心的中国共产党人运用马克思主义立场、观点、方法来研究处理中国散居民族问题，提出了散居民族理论思想，确立和发展了民族乡和城市民族工作制度，丰富和发展了马克思主义民族理

论。散居民族理论是马克思民族理论中国化的创新与发展，其以决策科学为主题，建立了平等、团结、互助、和谐的新型民族关系，促进了散居地区民族和睦、宗教和顺、社会和谐。[①]

就现有的理论研究而言，还未覆盖到散居民族在农村相对聚居的民族村。在我国农村，散居民族除了相对集中于民族乡外，还有相当数量的零星分散在农村各民族村范围内，一般聚居的地区为相当于"村"或"村民小组"这样的范围。其在经济社会发展中是最为弱势的群体，但同时是一个覆盖面很大的群体，也是一个易发生冲突的群体。即使在民族乡内，散居民族也是更多集中于民族村中。

将"民族村"理论构想纳入党和国家的民族理论体系，是对中国特色民族理论体系的丰富和完善，具有必要性、创造性和可行性。

第一，民族村发展的滞后性和不平衡性需要不断完善民族理论。造成民族村经济社会发展滞后的原因很多，缺乏理论研究和政策和法律体系的保障，是其中的重要原因之一。第二，用于保障农村散居民族权益的《云南省民族乡工作条例》在新形势下面临调整。一是，这个针对云南散居民族地区农村唯一的地方性法规，由于刚性内容不多，不便于操作。近年来，随着国家经济体制改革的深入，一些政策难以或无法落实。二是，随着社会经济的不断发展和民族乡的撤乡建镇或改办，一些原来隶属于民族乡的民族村，也不再享受或难以真正享受《云南省民族乡工作条例》中的各项优惠政策，[②] 变为普通建制镇中的民族村，从而面临着政策真空。第三，缩小各地区之间民族或者不同地区的同一民族之间发展的差距，实现民族发展的真正平等和维护社会团结稳定，需将"民族村"纳入中国特色民族理论体系。第四，基层对于"民族村"理论的认定有基本诉求，但面临民族理论界不能对接的矛盾。"民族村"的理论构想，还有助于在政策的实施效果上兼顾到同一区域基本处于同一经济发展水平的非主体少数民族或者汉族，可能会更为公平。

将"民族村"纳入中国特色民族理论体系具有创造性和可行性。第一，

---

① 李安辉：《论中国特色散杂居民族理论的形成与发展》，载《中南民族大学学报》（人文社会科学版）2010年第6期。

② 《云南省民族乡工作条例》34条规定："民族乡根据法定程序撤乡建镇的，按本条例继续享受民族乡待遇。"这个条款只是规定了"撤乡建镇"。但由于《云南省民族乡工作条例》刚性内容少、可操作性不强等一些问题，在执行、监督、检查方面都存在诸多困难。撤乡建镇后，继续落实有关散居民族的权益保障政策更是难上加难。由于对撤乡改办的没有明确要求，因此改办后的民族乡就失去了享受民族乡待遇的法律主体地位。

依托民族村开展散居民族地区民族工作是实践工作的创造和发现，促进了散居民族地区农村的经济社会发展，促进了民族团结，加强了各民族之间的交往、交流、交融。这些经验为将"民族村"纳入中国特色民族理论体系提供了实证支持。第二，以民族村为依托开展散居民族地区农村工作符合现实需求，对加强散居民族地区村委会的组织建设和制度建设，具有十分重要的现实意义。第三，以民族村开展工作是进一步细化散居民族工作，符合分类指导的原则，具有可行性。第四，可以将"民族村"作为民族区域自治和民族乡制度的补充形式，而不是制度安排。第五，在乡村一级先试先行民族理论、政策、法规的合理适度调整有助于为类似问题的解决积累经验。

四 制定云南散居民族地区农村经济社会发展的政策建议，是对中国特色民族政策体系的丰富和完善

我国的散居民族政策是指党和政府为了保障散居民族同汉族以及自治民族处于同等地位与享有平等权利，根据散居民族地区发展需要与态势而制定的政策方案、行动准则或行为规范，是党和政府解决散居民族问题的重要依据。

由于历史原因，云南民族地区与全国、全省的发展差距较大。就云南省内而言，区域之间、城乡之间、民族之间的发展也不平衡。针对这样的实际，改革开放以来，特别是"十五"期间，云南省委、省政府对云南少数民族发展采取分类指导的特殊政策，对于民族自治地方，实行民族区域自治政策；对于人口较少民族，实行人口较少民族发展政策；对于25个与国外直接接壤的边境县，实行"兴边富民"政策。在"分类指导、因地制宜、因族举措"的工作思路的指导下，上述不同地区均取得了不同程度的发展，分类指导政策促进了这些地区与全省的协调发展。但对散居民族地农村，民族乡除了《云南省民族乡工作条例》这个地方性法规外，没有其他全省性的专项政策扶持其经济社会的发展，使得散居民族地区农村的经济社会发展最为滞后。

2010年，云南省民族事务委员会编制了《云南省扶持散居民族地区发展规划2010—2015》，首次把散居民族地区中未纳入其他扶持发展规划、农民人均纯收入低于1196元的1186个散居民族地区村委会中的600个村委会纳入本规划，但规划未能单独实施。

而在昭通市等一些地级市出台的政策，不断丰富和完善了昭通散居民族政策体系，为加快昭通散居民族地区经济社会发展步伐，满足少数民族群众日益增长的物质文化需要，维护少数民族的合法权益，提供了重要的政策保障。但这些政策的覆盖面仅限于本市辖区，没有形成对全省的普遍意义。

　　实践证明，"分类指导、抓好两头"，充分体现了党的民族政策和民族工作的特殊性，是促进各民族共同繁荣进步和统筹协调发展的有效途径，要不断总结、完善和推广。分类指导促进了各类地区的经济社会综合发展和民族关系的改善。在分类指导中，当前尤其需要加强散居民族地区的扶持政策。

　　针对现有民族政策体系覆盖不到散居民族地区农村的现实，本书提出制定云南散居民族地区农村经济社会发展的政策建议。通过制定扶持政策，扶持散居民族地区农村发展，是贯彻落实科学发展观，实现各民族真正平等的要求，是全面建设小康社会的要求，也是散居民族地区农村各族群众的共同意愿。

　　制定云南散居民族地区农村经济社会发展政策，应全面贯彻落实科学发展观，围绕提高散居民族地区农村群众物质文化生活水平和促进人的全面发展这条主线，以实现基本公共服务均等化为目标，以解决散居民族地区农村突出问题和特殊困难为切入点，在云南散居民族地区开展以"民族村"为依托的民族工作的基础上，以少数民族占30%以上的村委会为单位，以整村推进为主要方式，不断促进散居民族地区农村经济社会快速发展，逐步缩小发展差距，促进散居民族地区农村经济社会全面发展，为实现全面建设小康社会的目标奠定基础。

　　总体目标是通过制定和实施全方位扶持政策，使散居民族地区农村基础设施建设得到明显改善，社会事业得到较快发展，基本解决现有贫困人口的温饱问题，生态环境建设得到加强，经济社会发展达到当地中等以上水平，为散居民族全面建设小康社会打下坚实基础。

　　具体目标是使贫困散居村委会和贫困自然村基本实现"四通六有三达到"，即通路、通电、通电话、通广播电视，有学上、有卫生室、有科技文化室、有安全人畜饮水、有安居房、有稳定解决温饱的基本农田，农民人均有粮、人均纯收入和九年义务教育普及率基本达到国家扶贫开发目标和"两基"攻坚计划的要求。每个散居民族村委会应该根据相应的政策制定本村的扶持政策发展规划。

　　散居民族地区农村经济社会发展的投融资政策，应以省级投入为主，省级相关部门根据所负责的项目筹措资金进行安排，同时积极争取信贷资金、对口帮扶资金等社会投资。通过政策性手段，对云南散居民族地区农村继续实行特殊政策和优惠措施；应建立散居民族地区的专项发展基金；充分发掘散居民族地区自身的资源优势，盘活固化资金，实现资金流量的自我繁衍；采取各种措施引进外来资金力量，为散居民族地区的资金融通提供渠道。

在云南散居民族地区农村经济社会发展政策的组织领导方面，应统一思想，高度重视；广泛宣传，形成共识；加强协调，整合资源。

云南散居民族地区农村经济社会发展政策的主要内容，应包括：加强散居民族地区农村基础设施建设，发展民族经济；加强少数民族干部队伍建设；发展民族教育和提高劳动者素质；改善医疗卫生事业和社会保障政策；大力发展民族文化事业；积极促进民族团结；加强散居民族地区农村民族工作部门，建立村"两委"和"四议两公开"的监督机制，加强散居民族地区农村基层组织建设等内容。

以"民族村"为依托和主要突破口，制定散居民族地区农村发展政策，是对中国特色政策体系的丰富和完善。

五　制定《云南省民族村工作条例》，是对中国特色民族法律体系的丰富和完善

做好散居民族法制建设工作对保障各少数民族的合法权益，维护和发展平等、团结、互助、和谐的社会主义民族关系具有重要意义。新中国成立以来，党和国家十分重视散居民族工作，根据各民族一律平等的原则，制定了一系列法律、法规，切实保障散居民族的平等权益，使散居民族地区经济社会文化有了较大发展，生活有了明显改善。

归纳起来，我国为促进散居民族地区经济社会发展，所制定的法律法规主要包括以下几个方面的内容：一是切实保障散居民族在政治和族籍领域的平等权利；二是积极帮助散居民族地区发展经济；三是发展散居民族地区的教育和文化事业；四是大力培养和使用散居民族干部；五是尊重散居民族的风俗习惯和严格执行宗教信仰自由。

云南是一个多民族的边疆省份，各民族分布的基本特点是"大杂居、小聚居"，除8个自治州、29个自治县外，其余各县市区都是少数民族散居和杂居地区。在各民族自治地方内，除实行民族区域自治的民族外，都有散居、杂居的少数民族。十多年来，云南省人大先后颁布了《云南省民族乡工作条例》和《云南省城市民族工作条例》、《云南省促进民族自治地方科学技术进步条例》、《云南省民族民间传统文化保护条例》等地方性法规，促进了散居民族地区经济和社会发展。①

在云南散居民族地区农村，主要依靠《云南省民族乡工作条例》保障农村散居民族群众在政治、经济发展、教育和文化事业、风俗习惯和宗教信仰等各个方面的权益。《云南省民族乡工作条例》使得散居民族地区农村群

---

① 　保定召：《国家保障散杂居少数民族的权益（二）》，《今日民族》2003 年第 6 期。

众的权益保障有法可依。各地相关部门通过制定解决民族问题的各项具体的
地方性法规、规章，将中央的政策原则与地方的实际情况相结合，形成了保
障散居民族权益的法律法规体系。

但是我国有关散居民族权益保障的立法，还存在着诸多不足之处。一是
立法层次较低且立法体系并不完整。到目前为止全国还没有颁布统一的
《散居民族权益保障法》，而已有的法律、法规、规章等也大多以决定、政
府报告、工作条例、办法等文件形式出现，立法层次较低，适应性不足，相
配套的法规过少，相互间协调程度低，内容参差不齐，缺乏法律监督和法律
制裁措施，使得现行散居民族权益保障法制在很大程度上失去了强制性和权
威性，立法效果不明显。从各地的立法实践来看，也只有部分省市制定出台
了《散居民族工作条例》，造成散居民族法规"纵不成体系、横不成规模"。
另外，现有立法还留有民族乡和城市以外的散居民族的法律空白，无法形成
完整意义上的散居民族法规体系。对云南居住在非自治地方农村的大约300
万散居民族，其民族权益至今没有得到国家民族政策和法律的保障，导致其
成为云南民族问题最为多发的地区。

二是现行法律、法规在内容上特色不突出，保障不均衡。目前已经出台
的规范性文件，绝大多数是关于尊重民族风俗、培养民族干部、使用民族语
言等方面的规定，涉及散居民族权益保障的内容缺乏均衡性。首先，《云南
省城市民族工作条例》随着城市化进程的加快需要适时修订调整。其次，
保障民族乡散居民族权益的《云南省民族乡工作条例》有待完善。该条例
的制定较为宽松，实际操作性有待加强，涉及内容不能涵盖现实的复杂程
度。特别是随着云南一些城市周边的民族乡城市化进程加快，云南已经有
49个民族乡撤乡建（并）镇。《云南省民族乡工作条例》已经不能应对新
的历史条件下民族乡群众的合法权益的保障问题。同时，现有的民族法律法
规对一些在法律上应予以优先照顾的群体，如散居民族的保护性规定不明
晰。散居民族究竟有哪些具体的权益，这些权益受到侵犯该如何处理，都没
有明确规定。有些实质性的规定带有较浓厚的计划经济色彩，我国进入由计
划经济向社会主义市场经济体制转换时期，这些规定逐步显露出其历史的局
限性和不适应性。

三是散居民族政策法规的贯彻执行机制不完善，保障云南散居民族权益
的政策法规不具备强制力，也没有切实有效的监督执行机制，其贯彻执行水
平很大程度上取决于相关部门的认识水平和重视程度。散居民族法律的出
台，在执行中全面落实很难，往往是对某些条款的落实予以回避，或降低要
求，不认真执行；地方政府出台的实施办法缺乏实质内容。这些都直接影响

到散居民族的法制建设。

从客观角度分析，这些问题是受到散居民族特殊性的限制，与计划经济体制向市场经济转变，市场不规范和利益驱动有关。但从深层次上分析，也反映出我们在制定散居民族法规和贯彻党的散居民族政策上，对散居民族立法工作的重要性认识不够，对现行民族地区法律的片面理解，对民族法律的宣传不尽如人意等问题。

提出云南散居民族地区农村经济社会发展的法律法规建议，一是要提高散居民族地区立法的质量，进一步提高各级领导和有关部门对散居民族地区法规、法律和风俗习惯的认识，加大散居民族地区法规、政策的宣传力度，对已颁布的关于散居民族的法规，在贯彻实施上要加大监督力度，散居民族地区的民族工作部门要通力合作，形成合力。

二是建议修订《云南省民族乡工作条例》，使修订后的《云南省民族乡工作条例》更符合民族乡的实际，更能体现党的民族政策，更能加快民族乡的发展，更能让广大民族乡的少数民族群众享受到伟大祖国改革开放的成果。进一步细化条款，增加刚性内容，明确比例和标准，提高各项优惠政策的可操作性，使各级各部门在实行新修订的《云南省民族乡工作条例》时要明确执法主体，建立监督检查机制。

三是建议制定《云南省民族村工作条例》。由于我国散居民族立法还不够完善，特别是在散居民族的权益保障上还没有一种可以参照执行的全国性法律，如《散居少数民族权益保障法》至今尚未颁布。不同位阶的民族法律法规建设不平衡，现行民族法律法规中规章多，法规少；民族法规规章应急性的多；民族自治地方制定的自治法规多，但辖区自治州、自治县的人大及其常委会制定的有关民族问题的地方性法规却很少；规范自治机关组织与活动原则的多，规范自治地方经济、文化、社会事业发展的少，造成重政治权利保护、轻经济文化等权利保护的现象。

过去很长一段时间内缺乏立法的规划，民族法规的"废、改、立"工作极为不力。因此，散居民族地区的民族纠纷事件时有发生，占少数民族纠纷案件的60%—70%。加强民族法制建设，应用法律手段规范和处理民族关系和相关问题，促进少数民族地区政治稳定、经济繁荣、共同发展已经成为各地区各级领导和民族工作者的共识。

为全面落实依法治国基本方略，推动依法行政和加强法治政府建设，促进云南散居民族地区农村经济社会发展，有必要在新的起点上进一步推进民族法制建设，解决现有立法偏低、层次不完善、保障不均衡和执行机制不完善的问题，建议制定《云南省民族村工作条例》的框架构想，应该包括总则、民族村的设立条件和批准程序的说明、保障民族村散居民族平等权利、发展散居民族村经济、发展散居民族村科技教育文化卫生等社会事业、培养散居民族人才、尊重散居民族风俗习惯、罚则、附则等几个部分。

　　制定《云南省民族村工作条例》，有助于推动涉及散居民族方面的立法工作，不断完善我国体现中国特色、符合科学发展要求的民族法律法规体系。

　　总之，由于现有民族理论、政策和法律覆盖不到云南广大散居民族地区农村，通过分析我国散居民族地区农村发展中的问题和原因，在云南昭通、曲靖、玉溪、昆明四个不同地区散居民族地区农村工作的实践和案例分析的基础上，提出将"民族村"纳入中国特色民族理论体系的构想，把非自治地方民族村作为党和国家扶持散居民族地区农村发展的重点区域，进而提出以"民族村"为主要突破口的散居民族地区农村发展政策，是对中国特色民族政策体系的丰富和完善，制定《云南省民族村工作条例》是对中国特色民族法律体系的丰富和完善，从而形成自治区、自治州、自治县、民族乡、民族村的完整体系。

　　民族理论和民族政策是推进我国民族地区发展的重要手段，当前我国民族理论研究和民族政策实践环境面临诸多变化，民族理论和民族政策应遵循服务于各民族发展、体现社会公平正义的原则，在民族发展问题上践行科学发展观，应不断实现优化与创新。展望未来，理论工作者和民族工作者都应更加重视并科学解决散居民族理论研究和实践工作中存在的现实问题，通过理论和政策的不断创新促进散居民族地区农村经济社会繁荣发展。

附录一　分市报告

昆明市散居民族地区农村经济社会发展调研报告

一　昆明市散居民族概况

昆明是一个多民族聚居的边疆省会城市，散居特点非常明显，少数民族在昆明市 14 个县（市）区均有分布，除石林、禄劝、寻甸三个自治县外，昆明市现有 4 个民族乡，47 个少数民族村委会，2196 个民族散居村。少数民族人口多、民族成分多、分布广、大分散、小聚居、交错分布。截至 2010 年底，昆明市少数民族人口 81.57 万人，占昆明市总人口的 15.2%。3 个民族自治县面积 9566 平方公里，占昆明市总面积的 45.3%。昆明市有 52 种民族成分（除塔吉克族、柯尔克孜族、裕固族和门巴族外），其中彝、回、白、苗、壮、傣、哈尼、傈僳、布依为 9 个世居少数民族。昆明市散居少数民族约 44.8 万人，占昆明市少数民族总人口的 60% 左右，少数民族分布面积达 11064 平方公里，占昆明市国土面积的 52%。散居民族多居住在偏远的山区和干热河谷地带，由于自然和历史的原因，经济社会发展相对滞后，财政收入、人均纯收入远低于昆明市的平均水平，经济社会发展虽然取得了历史性的进步，但与周边地区横向对比还有较大差距。

二　昆明市散居民族地区农村经济社会发展情况

（一）经济发展情况

1. 专项资金和项目投入加大

为加快散居民族地区发展，昆明市委、市政府从昆明市发展的战略高度，加大了市级财政对民族地区的转移支付力度和专项资金的扶持力度，引导各级各类资金向民族地区倾斜。市、县两级在本级财政中认真安排落实民族专项资金，重点用于帮助自治县和散居民族解决实际困难和加快发展。按照市委市政府的《决定》要求，从 2006 年起，市级财政每年安排 1200 万元作为少数民族发展资金，其中安排给嵩明、富民、东川三个县区和民族乡的散居民族地区发展资金达 450 万元；每年安排 100 万元散居民族资金，全部用于除三个自治县以外的散居民族地区。除三个自治县外，其余十一个县（市）区每年都按不低于 30 万元的标准安排民族机动金。2006—2007 年，这十一个县（市）区安排用于散居民族地区的机动金均为 330 万元。市民委加大对省民族专项资金扶持项目的争取力度，每年为昆明市散居民族地区争取资金达 250 万元，扶持项目 20 多个。据统计，近三年来，省、市、县三级民族工作部门每年在昆明市散居民族地区的直接投入达 1000 多万元，扶持项目 80 多个，有力地促进了散居民族地区经济社会发展。2011—2015 年，在确保少数民族文化发展专项资金市财政投入不变的基础上，市级民族机动金、少数民族发展资金、散居民族工作经费在 2010 年投入基础上按 10% 的比例增加。①

2007 年，昆明市实施以自然村为单位的整村推进扶贫开发 400 个，投入财政扶贫资金 8000 万元，其中散居民族地区 168 个，项目点和投资规模均占 48%。实施小额信贷扶贫资金 6758 万元，其中散居民族地区 3658 万元，占 54.1%。2007 年对宜良九乡、晋宁县双河、夕阳和富民县罗免等 4 个民族乡投入财政扶贫资金 300 万元，小额信贷扶贫资金 145 万元，进一步加快了民族乡经济社会的发展。坚持扶贫资金优先安排民族地区，大力实施整村推进、小额信贷、易地开发、社会帮扶等行之有效的措施，促进散居民族地区农村的经济社会发展。

2. 基础设施建设明显改善

各级党委政府十分重视散居民族地区农村的基础设施建设，优先安排资金项目，重点帮助散居民族地区建设了一批对带动当地社会经济发展起重大作用，与少数民族群众生产生活相关的交通、水利、电力等基础设施项目和公益性项目。目前，民族乡的村委会都达到了"五通"要求，即通水、电、路、邮、电话，基础设施得到较大改善。富民县大营镇小水井村以开发民族文化资源为突破口，被列为昆明市首批新农村建设试点村，完成了 3700 米进村弹石路面建设，村内 1530 米的土路被改造为宽 2.5 米的水泥路，500 立方米的人饮水池已完工投入使用，旅游标准化公厕、垃圾池等一批生活基础设施已建设完工。同时，该村实现了与五华区有线电视联网，由昆明市民委赠送的 151 台 29 寸彩电已全部投入使用，已经建成农村信息化体验点。小水井希望小学投入使用，学校拥有 300 平方米教学楼和 1500 平方米的运

---

①　赵殿桦：《昆明市散居民族地区经济社会发展情况汇报》（打印稿），2008 年 6 月 13 日。

动场，并配建有文化室、图书室、卫生室、文娱室、科普活动室等。

昆明市民族乡与经济发达地区相比，往往地理位置边远、自然条件较差。长期以来，各级政府把民族乡的"五通"（通路、通电、通水、通电话、通广播电视）作为重要工作，使民族乡的基础设施和人民生产生活条件得到改善。现在，昆明市民族乡全部实现了"五通"，农田水利设施也有了很大改善，公路网与广播电视网初具规模。昆明市民族乡出现了"民族关系好、经济发展好、社会治安好、村容村貌好、教育科普好"的五好民族村。

3. 产业结构调整成效显著

因地制宜，分类指导，结合实际，扬长避短，依靠散居少数民族的传统优势和地域资源优势，制定适合当地科学的经济发展思路。通过调整和优化产业结构，农业生产由量的增长向质的提高转变，产业结构调整取得新的进展，农业生产结构走向多元化，种植业由粮烟为主的二元结构向粮、烟、果、菜多元结构发展。例如，以阿拉乡高坡为主的葡萄种植基地和以海子乳业有限责任公司为龙头的"公司＋基地＋养殖户"的农业产业化经营模式取得更加明显的经济效益和社会效益。团结乡通过优化农业产业结构，引导农民发展水果种植、无公害农产品及商品蔬菜生产、绿色产业发展势头良好，农业产业化初步形成。团结苹果、葵油、龙潭老酱、团结火腿成为农民增收的新经济增长点。嵩明县的民族村，回族群众中大营村依托皮张交易市场经营皮张生意；回辉村结合城市改造、农村发展营销旧木材；积德村依靠科技，利用当地肥沃的土地资源发展种植业；团结村传统养殖与现代科学养殖相结合，积极发展奶牛养殖和肉牛、羊短期积转育肥；杨林村依托香港缤纷园艺公司在当地落户大量种植干花；在苗族群众中，三转弯村结合当地的气候特点及水土资源优势，大力发展反季蔬菜和苹果、花椒及养殖业；大哨彝族村地处松华坝水源保护区，他们紧紧围绕林、畜、粮、果四个字，保护生态退耕还林，科学种养，促进增收等。根据不同民族、所处的不同地域、不同区位及资源状况，积极支持散居民族调整产业结构。在项目开发、财政税收、信贷等方面给予优惠扶持。同时要充分利用当地少数民族特有的传统文化和传统节日，依托生态优势，发展农家乐和绿色观光旅游业。[①]

4. 地方财力增强，群众生活水平明显提高

2007年阿拉乡农林牧渔总产值4920万元，从业人员13600人，乡镇企业总产值20.5亿元，地方财政收入3168万元，农民纯收入5174元。地方

---

① 马洪苍：《昆明市散杂居少数民族怎样全面建设小康》，《今日民族》2003年第11期。

图1、图2　阿拉彝族乡高坡村委会的葡萄园和海子村的海子乳业有限公司

图3、图4　团结乡的红富士苹果和千亩油葵

财政收入和农民人均收入分别比1990年增长37.4倍和6.1倍。五华区沙朗白族乡2007年全乡农林牧渔总产值6773万元，乡镇企业265个，从业人员4650人，乡镇企业产值34015万元，地方财政收入908万元，农民纯收入3685元。地方财政收入和农民人均收入分别比1990年增长7.8倍和6.2倍；晋宁县双河彝族乡2007年全乡农林牧渔总产值4027万元，乡镇企业269个，从业人员1920人，乡镇企业总产值6467万元，地方财政收入425万元，农民纯收入2490元。地方财政收入和农民人均收入分别比1990年增长3.4倍和6.1倍。晋宁县夕阳彝族乡2007年全乡农林牧渔总产值4027万元，乡镇企业171个，从业人员1769人，乡镇企业总产值1.12亿元，地方财政收入425万元，农民纯收入2490元。地方财政收入和农民人均收入分别比1990年增长5.6倍和4.4倍；宜良县九乡彝族回族乡2007年全乡农林牧渔总产值9665万元，乡镇企业301个，从业人员1050人，乡镇企业总产值3441万元，地方财政收入870万元，农民纯收入2504元。地方财政收入和农民人均收入分别比1990年增长10.4倍和3.5倍。宜良县耿家营彝族苗族乡2007年全乡农林牧渔总产值9460万元，乡镇企业7个，从业人员550人，乡镇企业总产值2450万元，地方财政收入526万元，农民纯收入2409

元。地方财政收入和农民人均纯收入分别比1990年增长1.7倍和4.1倍。富民县罗免彝族苗族乡2007年全乡农林牧渔总产值4484万元，乡镇企业13个，从业人员1611人，乡镇企业总产值4048万元，地方财政收入410万元，农民纯收入1987元。地方财政收入和农民人均收入分别比1990年增长14.1倍和3.9倍。①

（二）社会事业发展情况

1. 民族文化繁荣发展

昆明市认真贯彻落实《昆明市人民政府关于进一步繁荣发展少数民族文化事业的决定》，积极向省民委申报省政府在民族工作部门设立的省级25个世居少数民族传统文化抢救保护经费项目，并获得省级扶持资金80万元。继续实施民族民间文化保护工程，民族民间物质文化遗产和非物质文化遗产受到妥善保护和开发，昆明市已有723项非物质文化遗产列入保护名录，其中国家级1项、省级11项、市级306项、县级405项。在散居民族地区，积极举办内容丰富、形式多样的民族民间艺术活动，实施文化精品工程和农村地区电影放映活动，丰富少数民族群众的精神文化生活，使传统的民族民间文化得到挖掘整理。在云南省第五届民族民间歌、舞、乐展演中昆明市5个节目分获1金2银2铜的好成绩。东川区《彝族鼓舞》被中央电视台选为《正大综艺·吉尼斯中国之夜》颁奖晚会开幕式上的表演节目。富民县小水井村苗族合唱团屡获殊荣，在澳门演出并与俄罗斯爱乐乐团进行了友好交流。2008年3月，中央电视台"隆力奇杯"第十三届青年歌手电视大奖赛，这支少数民族农民业余合唱团，登上了全国声乐比赛的最高舞台，展示了昆明市少数民族群众的时代风貌。晋宁县郑和公园被国家民委列为全国民族团结示范教育基地。

2. 教育、卫生事业进一步发展

昆明市重点支持基础教育发展，在县级中学和乡镇中学招生上，在招收名额和资金补助上给予倾斜照顾，进一步完善和落实以"奖、贷、助、补、减"为主要内容的资助家庭困难学生的活动，并使之制度化。建立教育发展基金，吸纳各种社会教育捐赠，加大散居民族寄宿制学校的扶持投入力度，巩固"普六"、"普九"成果。加大各类文化技术学校的办学力度，以村委会为单位，办好多功能文化室，继续扫除青壮年文盲。② 改善职业教育办学条件，加强与高等院校合作，通过代培、委培、定向招生等方式，抓紧

---

① 赵殿桦：《昆明市散居民族地区经济社会发展情况汇报》（打印稿），2008年6月13日。
② 马洪苍：《昆明市散杂居少数民族怎样全面建设小康》，《今日民族》2003年第11期。

图 5　"小水井"合唱团演绎美声合唱《哈利路亚》

培养民族地区所需人才。研究制定有利于散居民族地区人才开发的政策措施，用好当地人，吸引外来人，加快人才交流和培训。

建立县、乡、村三级少数民族医疗保健基金，对散居民族困难户实行医疗救助。现在，每个村都有一个面积不小于 60 平方米，诊断室、治疗室和药房三室分开，治疗室内配备无菌洗手室的标准化村卫生室。2008 年，为加快北部五县（区）医疗卫生事业发展，市级财政安排卫生事业发展专项资金 1500 万元，用于对乡镇卫生院、疾控中心、妇幼保健及节生监督等机构，进行能力建设；对村卫生室进行标准化设备配置；扶持中医事业发展；开展基层卫生人员培训。另外，市级财政年初预算安排新型农村合作医疗补助资金 1600 万元，用于除五华、盘龙、官渡、西山 4 区外 10 个县（市）区参保群众补助。[1]

3. 村容村貌有明显改善

通过实施不同形式的村庄环境整治工程，散居民族地区的村容村貌有了明显改善，土堆、石堆、粪堆、垃圾堆、柴草堆得到了有效清理。人畜混居现象得到有效分离，村庄道路硬化、环境净化、四旁绿化、村庄亮化的"四化"工程使村容村貌得到了很大改观。晋宁县夕阳彝族乡小石板河村位于晋宁、易门、峨山三县交界处，居住着 40 户 136 人哈尼族群众，因山体滑坡等地质灾害威胁着村民的生命财产安全。在各级政府的支持下，筹集资金 300 万元，经专家勘测，科学选址，征地 14 亩，实施整村搬迁，为每户建造一幢两层砖混小楼，户均 80.15 平方米，彻底改善了居住环境和生存环境，为今后的发展打下了坚实的基础。阿拉彝族乡金钟山苗族村 39 户 139 人，各级政府帮助每户种植一亩花椒，硬化了村中道路，新建了厕所，架通

---

① 吴洁：《昆明村村建起卫生室》，载《昆明日报》2008 年 4 月 25 日。

了有线电视，免费送给每户一台电视机，大大改善了生产生活条件。通过这些政策措施，散居民族地区出现了一批欣欣向荣的新农建设试点村。

4. 民族干部培养力度不断加大

昆明市采取多种形式，加大少数民族干部的培训培养力度，全面提高少数民族干部的综合素质，市委、市政府明确规定，要确保昆明市九个世居少数民族都要至少有1—2名县处级领导干部，每年的公务员招录中，对人口少、干部成长慢的苗族等少数民族，可采取划出一定比例，适当降低条件，定向招录的措施。各级各类少数民族干部人才在推动散居民族地区的经济社会发展中发挥了不可替代的作用。昆明市1291名县处级领导干部中，少数民族204人占15.8%。2009年公开选拔的107名年轻干部中少数民族22人占20.56%。选派了311名少数民族干部参加市级各种培训班，选派27人参加市统筹的10个出国培训班。昆明市有公务员36353人，少数民族5472人，占15.1%。市级行政机关有科级领导干部2911人，少数民族449人，占15.4%。昆明市有少数民族专业技术人员11478人，占总数的7.8%。①

5. 民族关系和谐稳定

昆明市认真贯彻落实民族团结目标管理责任制，建立健全了影响民族团结的矛盾纠纷隐患排查调处机制。按照"四个维护"原则和"团结、教育、疏导、化解"的方针，工作前移，重心下移，坚持每个季度在昆明市范围内开展影响民族团结的矛盾纠纷隐患排查，切实把矛盾问题处置在基层，化解在萌芽状态，全力维护昆明市的社会和政治稳定。建立健全处置影响民族关系的突发群体性事件的应急机制。及时、果断、高效地处置了多起涉及民族关系的群体性突发事件，确保昆明市少数民族和民族地区没有出现群体性突发事件，没有出现影响社会稳定的恶性案件，维护了社会稳定。

2009年7月27日至31日，国际人类学与民族学联合会第十六届世界大会在昆明市成功举办，来自100多个国家和地区的4000多名专家学者参加了盛会。昆明市对大会的成功举办付出了巨大而艰辛的努力，为大会创造了一个安全、和谐、祥和、稳定的会议环境，提供了优质的社会服务，昆明市民委等6个部门被国家民委和云南省政府表彰为大会筹办工作先进集体，得到了党中央、国务院的高度评价，得到了全体参会人员的广泛赞誉。会议期间，来自世界各地的学者们亲身体会了昆明市多元文化水乳交融的动人景象，感受多民族多宗教和睦相处、和衷共济的都市文化，感受各民族同舟共

---

① 《共同团结奋斗　共同繁荣发展》，载《云南日报》2010年10月28日。

济、团结奋斗的和谐局面。①

三　昆明市加快散居民族地区农村经济社会发展的经验

（一）认真贯彻执行党和国家对散居民族地区的各项方针政策

昆明市委市政府历来高度重视散居民族工作，认真贯彻执行党和国家对散居民族地区的各项方针政策，始终坚持以邓小平理论和"三个代表"重要思想为指导，贯彻落实科学发展观，突出各民族"共同团结奋斗，共同繁荣发展"的民族工作主题，高度重视《云南省民族乡工作条例》等针对散居民族地区制定的法律法规，认真按照有关规定履行对散居民族地区农村经济社会发展的各项职责和义务，全面贯彻落实有关民族工作的法律法规和方针政策，制定了一系列的优惠政策和措施，千方百计帮助散居地区的少数民族加快经济社会发展，极大地促进了昆明市散居民族地区经济社会持续、快速、协调、健康发展。

（二）不断完善民族工作的法制化建设

1987 年昆明市政府颁布实施了《回民殡葬管理办法》，1992 年市政府批转《昆明市回族食品管理暂行办法》，1999 年制定实施了《昆明市清真食品管理办法》，2007 年修订了《昆明市回民殡葬管理办法》。1993 年、2001年和 2005 年市委市政府出台了《进一步加强民族工作加快少数民族地区经济社会发展的决定》，制定了一系列的优惠政策和措施，有力地促进了散居民族和民族地区经济社会的快速发展。

2005 年中央和省的民族工作会议召开以来，昆明市把民族地区的社会经济发展列入全市"十一五"规划，明确提出了"十一五"末全市少数民族和民族地区的发展目标；把民族工作作为五年的重要工作，写入了市委第九次党代会工作报告；在《中共昆明市委关于构建和谐社会的实施意见》中，把构建和谐民族关系作为构建和谐昆明的一个重要内容，写入实施意见；大幅度增加民族专项资金；制定了措施有力、规定明确、政策优惠、操作性强的《中共昆明市委昆明市人民政府关于进一步加强民族工作加快少数民族和民族地区经济社会发展的决定》，规定县级财政对民族乡计算一般性转移支付时，所使用的系数比非民族乡高 5 个百分点，县级财力不能自给的，由上级财政在财政转移支付中予以补助；散居县（市）区财政每年按

---

① 《国家民委　云南省表彰国际人类学大会筹办工作先进集体和个人》，2009 年 9 月，见国家民族事务委员会官网：http：//www.seac.gov.cn/art/2009/9/16/art_35_80115.html。

不少于 30 万元的标准安排民族机动金，并按每年 3% 的比例增加；① "十一五" 期间：民族地区的基础设施建设投资增幅要高于昆明市平均水平；降低民族乡的基础设施建设本级配套资金比例，财力不能自给或确有困难的应当予以免除。"十一五" 末民族乡通乡公路实现等级路，60% 的村委会实现通村公路路面硬化；基本实现民族自然村电话和广播电视 "村村通"。2009 年，昆明出台了《昆明市关于进一步繁荣发展少数民族文化事业的决定》，2010 年，又起草了《昆明市清真食品管理条例》。"十一五" 期间，昆明出台了加快民族地区跨越式发展的一系列政策措施。明确了昆明市民族工作面临的形势和任务，制定了一系列帮助少数民族和民族地区加快经济发展和社会进步优惠政策和措施。

（三）建立和完善市、县、乡三级民族工作网络

通过加强昆明市委民族工作领导小组的领导，依靠各县（市）区政府和各级民族工作部门，积极发挥乡镇民族工作专、兼职助理员的作用，把民族工作各项任务分解落实到各级各部门，进一步推进了民族工作社会化格局的形成，形成了纵向到底、横向到边、协调配合、齐抓共管的民族工作格局。把民族工作的方针政策贯彻到基层，把加强民族团结的各项措施落实到基层，把影响民族团结的问题解决在基层，使民族工作在创建平安昆明、建设和谐昆明、维护社会稳定工作中发挥重要的作用。

（四）完善民族团结目标管理责任制

完善民族团结目标管理责任制，层层签订目标管理责任书。定期召开昆明市民委工作会、市委民族工作领导小组会，市政府要求市民委每年与 14 个县（市）区民族工作部门签订民族团结目标管理责任书，要求各县（市）区政府与各个乡（镇）签订民族团结目标管理责任书，部分乡（镇）又与民族工作任务较重的村委会签订责任书，形成了分级负责、责任明确、层层抓落实的民族团结目标管理运行机制。

（五）妥善调处影响民族团结的各类矛盾纠纷

坚持 "团结、教育、疏导、化解" 的方针，积极妥善处理热点和难点问题。建立了涉及少数民族的突发公共事件应急处理机制和矛盾纠纷排查调处机制，编制了《昆明市影响民族团结稳定突发事件应急预案》。2001—2007 年以来共调处影响民族团结的各类矛盾、纠纷 240 多起，涉及 3 个州（市）、16 个县（市）区、72 个乡镇、278 个单位近 4.3 万人次，有力地维护了民族团结和社会稳定。

---

① 《共同团结奋斗　共同繁荣发展》，载《云南日报》2010 年 10 月 28 日。

（六）以典型示范推动民族团结

昆明市民委自2003年以来，在14个县（市）区分别创建了28个民族团结示范村社，其中，有10个村社被当地党委政府推荐评为省、市级文明村社，有20个被市、县列为新农村建设示范村，先后投入资金679万元。晋宁县夕阳彝族乡的大绿溪村、双河彝族乡的核桃园村等民族团结示范村成为观摩学习的先进典型。

图6　晋宁县夕阳彝族乡的绿溪村新建的党员活动室

按照"民族关系好、经济发展好、社会治安好、村容村貌好、教育科普好"的要求，昆明市每年都安排资金，在少数民族聚居的农村通过发放民族团结联系卡，开展评选"十星级文明楼院"、"民族团结楼院"活动和开展民族政策、法律法规和专业技术知识等培训，实现了构建和谐民族关系、促进民族团结的目标。

四　昆明市散居民族地区农村经济社会发展中存在的主要问题

（一）政策法规缺位，散居民族地区农村难以得到更多的扶持和帮助

1. 现有政策法规难以落实，缺乏国家和省级层面的上位政策

目前，从国家到省里针对散居民族地区出台的政策不多，国家还未出台针对散居民族制定的《散居民族权益保障法》，也未出台针对民族乡建设的《民族乡法》，在现实工作中对散居民族地区的特殊困难和问题缺乏分类指导和特殊措施，有的地方对民族工作的法律法规和方针政策，尤其是上级的各项优惠政策贯彻执行不到位。主要反映在财政转移支付、生态资源补偿机制、重大基础设施建设项目地方配套资金、民族教育的特殊扶持与照顾、少

数民族干部培养选拔使用等方面。现有《云南省民族乡工作条例》中的优惠倾斜政策也较难落实。

2. 民族乡撤乡建镇、改办后面临政策延续问题

昆明市原有 10 个民族乡，其中六个已经撤乡建镇、改办。安宁市太平白族乡、西山区团结彝族白族乡、谷律彝族白族乡、官渡区阿拉彝族乡和五华区沙朗白族乡、富民县罗免彝族苗族乡六个民族乡撤乡建镇、改办是在昆明市加速推进城市化的形式下进行的。①《云南省民族乡工作条例》不再适用于民族乡的散居民族权益保障，虽然其第 34 条规定："民族乡根据法定程序撤乡建镇的，按本条例继续享受民族乡待遇。"这个条款只是规定了"撤乡建镇"。但由于《云南省民族乡工作条例》刚性内容少、可操作性不强等一些问题，在执行、监督、检查方面都存在诸多困难。撤乡建镇后，继续落实有关散居民族的权益保障政策更是难上加难。由于对于撤乡改办的没有明确要求，因此改办后的民族乡就失去了享受民族乡待遇的法律主体地位。民族乡撤乡建镇、改办后首先就面临着政策延续问题。

3. 民族村发展面临政策真空

民族乡撤乡建镇、改办后民族村委会散居民族权益难以得到保障。民族乡撤乡建镇、改办后，《云南省民族乡工作条例》不适用于民族村委会散居民族权益的保障。但是原民族乡下辖的民族村民委员会中少数民族比例和成分并未发生改变，如团结办事处为 72%，沙朗办事处为 45%，阿拉办事处为 35%，比例仍然较高。由于建镇、改办的城市化进程加快，民族乡改办后少数民族人口作为民族相对聚居的根本事实没有改变，全面贯彻落实党的民族政策依然应该是这些办事处的主要工作任务之一，加之当地干部群众对以往享受民族乡优惠政策有较深的思想感情，因此考虑民族乡在撤乡建镇或者改办后民族村的经济社会发展方面的优惠政策就尤为必要。

随着民族乡改办，有的还进行了"村转居"。但是改办、村转居后上级政府没有及时研究出台相关的配套政策，无论是在管理体制、服务形式等方

---

① 为迎接 1999 年昆明世博会，昆明的城市化建设提速，太平白族乡在这一阶段改为太平镇。市委九届四次全会以来，市委市政府从更高的层次谋划昆明的定位和发展，构筑大都市发展的新格局，按照"功能互补、区域联动、一体发展"的思路和要求，拓展现代新昆明的布局框架，调整现代新昆明的发展空间，规划建设"一城四区、一湖四片、一主四辅"的现代新昆明的宏伟蓝图。在这种背景下，团结和沙朗白族乡改为了街道办事处。2008 年，市委市政府为发挥经济开发区在经济建设中的作用，着力推进经济开发区品质，落实园区倍增计划，决定对经济开发区实施实体化管理，并把阿拉乡划归给经济开发区管辖，阿拉乡在这种背景下改为了办事处。2012 年 3 月富民县罗免彝族苗族乡改为罗免镇。

面，与原来的民族乡、村委会都没有严格意义的区别。如土地管理、集体资产处置问题、无房户建房问题、社区公共服务问题、人员素质提升和技能培训、水电路等基础设施建设滞后问题、居民的权利和义务、社区干部待遇低等、农村合作医疗转为城镇医疗保险问题，这些问题干部群众十分关心，但因为没有具体的配套政策，造成很多工作无法开展。

（二）基础设施建设依然滞后

散居地区农村少数民族由于居住分散，大都居住在边远偏僻、高寒冷凉、贫瘠多灾的地区，如东川区的金沙江沿岸地区，分布着很多彝族、苗族和布依族，山高谷深，边远偏僻，由于当地铜矿的过度开采，地质灾害频发，生存环境十分恶劣。这些地方脱贫的难度大，发展的难度大，增收的难度大。由于居住环境的限制，散居民族地区农村基础设施建设投入不足，层次低。道路通达能力差，虽然已经实现村村通公路的目标，但是50%以上行政村通的是土路，大部分民族村委会晴通雨阻的现象十分突出，甚至有些少数民族自然村根本就不通路，农副产品利畜产品交易主要靠人背马驮。如富民县罗免乡西核村委会白沙箐彝族村、永定镇车完彝族村和小风口苗族村，居住在十分陡峭的山坡上，连自行车都无法通行，农户养猪出栏要8个壮劳力抬下山到集市上去卖。一些村委和自然村人畜饮水困难，或是没有安全卫生的人畜饮水，这些地方是扶贫攻坚的硬骨头，水源点远，线路长，投入大，受益面小。有的已经通电，但私拉乱接，电线犹如蜘蛛网，极不安全。多数村庄没有公厕或公厕简陋，房屋建筑形式各异，朝向各异，颜色各异，居住条件差，功能不配套，乱堆乱放现象严重，环境卫生差，园林绿化少，人居环境有待改善。基础设施滞后是制约发展的首要因素。

图7　位于山区的富民县罗免乡西核村委会

（三）经济发展差距日益加大

2007 年，昆明市的 GDP、地方财政收入和农民人均纯收入分别为 1393.69 亿元、133.11 亿元和 4003 元，而昆明市包括散居在内的民族地区有着占昆明市 25% 的人口，其 GDP、地方财政收入和农民人均纯收入分别为 80.49 亿元、5.5 亿元和 2432 元，仅占昆明市的 5.78%、4.13% 和 60.75%。与所在县区相比，2007 年沙朗乡农民人均纯收入占五华区 5266 元的 69.9%；阿拉乡农民人均纯收入占官渡区 5965 元的 86.7%；双河、夕阳农民人均纯收入占晋宁县 3820 元的 65.1%；九乡和耿家营乡农民人均纯收入分别占宜良县 3999 元的 62.6% 和 60.2%；罗免乡农民人均纯收入占富民县 3927 元的 50.5%。不仅在本县区内差距大，民族乡之间相比差距也非常大，富民县罗免乡农民人均收入只有官渡区阿拉乡的 38.4%。除阿拉乡外，其余 6 个民族乡与昆明市 4003 元的农民人均收入相比还有很大差距。

（四）教育、卫生事业发展滞后

散居民族地区农村由于教育滞后，人才匮乏，农民素质不高，民族群众主要依靠传统农业和传统养殖业为生，经济发展和农民增收的渠道窄、门路少，工业化、信息化、城镇化水平低，农业产业结构调整和农业产业化层次低，加之观念落后，信息闭塞、开拓意识、创新意识和商品意识不强，导致加快发展的思维不活、思路不宽、办法不多、发展不快。

学校校舍拥挤、危房多，教师数量不足、素质不高；教学设备不足、体育设施不达标、不配套；双语教师缺乏，多媒体等现代化教育设施落后。少数民族人才培养困难，富民县永定镇龙马村委会冬瓜林苗族村 45 户 153 人，离公路 20 多公里，主产洋芋、玉米，人均纯收入 600 元，由于教育体制改革合并校点，龙马村委会没有了学校，该村学生要到 14 公里外的南营小学读书，至今没有一个初中生。据富民县民宗局调查，全县有苗族 7004 人，2003—2005 年只有 1 个初中生，连续 3 年没有考取一个高中生。

散居民族地区农村医疗卫生资源十分匮乏。阿拉、沙朗、双河、夕阳、九乡、耿家营、罗免每千人有医护人数仅为 0.8、0.7、0.6、1.5、1.5、1.6、1.6 人，只达到昆明市"十一五"规划每千人拥有医护人员 4.6 人要求的 17.3%、15.2%、14%、32.6%、32.6%、34.7%、34.7%，每千人拥有病床数分别为 16、0.8、1.2、0.9、2.3、1.3、1.6 张，除阿拉乡达标以外，其他民族乡与昆明市每千人 5.4 张病床数差距很远。双河卫生院因专业技术人员缺乏，只能处理妇科内科等常见病，其他科室基本瘫痪，3 个村委会无卫生室，4000 多人看病难。夕阳卫生院虽然占地 3 亩，建有 800 平方

图8　富民县永定镇龙马村委会　　　**图9　龙马村的孩子在南营小学就读**

米的医疗用房，有9名工作人员，但有处方权的只有一名中医。很多边远贫困山区医疗卫生事业几乎空白，少数民族由于生活艰难，因病致贫和因病返贫现象突出。

（五）民族文化流失严重，文化建设不能满足人民群众的精神需求

城市化和现代化的推进改变了散居民族传统的生产生活方式，随着城市化的加快，电视机、电脑的使用和普及，人们日出而作，日落而息的耕作方式和生产方式发生了急剧的变化，游方、对歌、听故事、编织手工艺品、参与民间活动已经不再是人们的生活内容，休闲娱乐等都市文化的冲击使得传统文化的受众越来越少。

打工潮使得中青年富余劳动力流入昆明中心区和东部沿海发达城市。农民外出打工，对推动城市化进程，增加农民收入、促进农村经济发展和农民观念的改变，提高农民素质都具有十分重要的意义。但是，外出打工对民族文化是一种强大的冲击，外出打工者接受的是现代社会的主流文化，大都背离了故土的传统、价值观念，文化认同也发生了改变，导致传统文化后继乏人，社会根基发生了动摇。

现代工业用品逐渐替代了手工制品，民族民间工艺逐渐退出历史舞台。由于工业化、城市化的发展，现代工业品进入了百姓家庭，传统的手工制品因为成本高，费时费力，逐渐失去市场。现代价廉物美、方便、实用物品取代了传统的手工制品，结果民族传统的民间工艺和一些"绝活"逐渐消失。

城市化导致了民族凝聚力减弱，民族文化的生长失去了组织依托。随着城市化进程的加快，少数民族人口进入城市，原来相对集中居住的格局被打破，逐渐分散在城市。民族文化的凝聚力减弱，民族文化的生长失去了组织

的依托。①

由于民族传统文化的传承机制脆弱，使得民族文化后继乏人。教学中强调外语教学，民族特色、地方特色的教学无法体现，民族民间文化无法进入教学课堂。学生对母语文化一无所知，民间艺人的地位下降，新一代的继承人寥寥无几。

随着城市化进程的加快，民族文化流失严重的同时，新的文化风尚没有建立起来，文化建设不能满足人民群众的精神需求。以阿拉彝族乡为例，随着大量的散居民族群众变为失地农民，精神文化生活面临着一系列的问题。一是缺乏健康的文化娱乐生活，城郊结合部弥散着赌博等"硝烟"。村乡文化站或活动中心作为提高农民精神文化生活水平的基础设施，作用仍未得到有效发挥。很多被访农民认为自己业余最大的爱好是看电视电影、打牌、串门拉家常等，形式单调，几乎没有什么体现新农村精神风貌、健康的集体娱乐活动。民族文化和民间活动，而如今都已销声匿迹。在调查走访中我们从部分老年村民那里了解到现在村里人的生活："现在村里不像以前那样踏踏实实地劳动了，手中的钱宽裕了，变得心浮气躁，不务实际，尤其年轻人追求时尚、潮流，整天无所事事，游手好闲，聚众赌博，搞得村子乌烟瘴气。"现在，农民收入较以前有一定幅度的增加，加之机械化水平的提高和劳动强度的降低，有了"闲钱"和"闲时"，还有的因此大搞封建迷信活动。由于阿拉乡位于城郊结合部，大棚演出团体也会到村子里进行非健康内容表演，严重污染了社会风气。显而易见，由于文化娱乐生活内容的匮乏，缺乏正确思想的积极引导，结果导致失地农民文化娱乐生活趋于下滑状态，精神文化风貌不容乐观。

五　昆明市散居民族地区农村经济社会发展的建议

要把关心帮助散居民族加快发展作为当地党政领导的共识和责任。由于昆明市散居民族人口达 40 多万人，分散居住在 52% 的国土面积上，因此散居民族的工作是民族工作的重要组成部分，做不好散居民族的工作就做不好昆明市的民族工作，就直接影响到现代新昆明建设。要把加快散居民族地区的发展作为一项战略任务抓紧抓好，拓宽发展思路、增加发展投入、强化发展措施、提高发展水平、加快发展速度。

----

① 范生姣：《论民族地区城市化进程中的传统民族文化保护》，载《贵州社会科学》2005 年7 月。

（一）贯彻、修改、完善散居民族政策法规，加快散居民族地区农村发展

1. 高度重视和贯彻《云南省民族乡工作条例》

昆明市民族乡的发展是昆明市发展的重要组成部分。各级领导应高度重视民族乡的经济工作，重视民族乡的经济发展问题，把对少数民族的帮扶工作列入重要的议事日程，继续采取有效措施，加快民族乡的经济发展，实现昆明市各民族共同繁荣、共同富裕的目标。有关部门应加强对《云南省民族乡工作条例》及其有关法律法规的宣传和学习，同时也可在培训中青年干部和党校学习中增设民族理论、民族法制建设的内容，加大学习贯彻力度，在实践中用够、用足法律给予民族乡的各项权利。同时要加大监督力度，促进民族乡各项政策的贯彻落实。

2. 建议修订《云南省民族乡工作条例》

《云南省民族乡工作条例》的修改完善应提上议事日程，使修订后的《云南省民族乡工作条例》符合民族乡的实际、更能体现党的民族政策、更能加快民族乡的发展、更能让广大民族乡的少数民族群众享受到伟大祖国改革开放的成果。建议在修订的条例中明确规定，民族乡人民政府的行政运行支出由所在县级财政全额安排；民族乡数量较多的（例如在 3 个以上的）县，省级财政要安排民族乡发展专项资金，用于支持民族乡加快发展；民族乡所在的县级财政在安排本级财力时，给民族乡的投入比例要高于非民族乡，民族乡级财政的收入全部留给民族乡用于发展经济社会事业。加大财政转移支付力度，重点用于交通、农田水利、小城镇建设等基础设施建设方面，比例应高于一般乡镇，并免除民族乡基础设施建设的地方配套资金，等等。对改善民生、发展民族文化事业，保护、传承和发展好本地优秀的民族文化，支持民族乡发展教育事业，干部配备和少数民族人才培养政策也应做出具体规定。修改要进一步细化条款，增加刚性内容，明确比例和标准，提高各项优惠政策的可操作性，使各级各部门在实在新修订的《云南省民族乡工作条例》要明确执法主体，建立监督检查机制。

3. 建议制定《云南省民族村工作条例》和《云南省散居民族工作条例》

《云南省民族乡工作条例》已不能适应当前少数民族发展的需要，建议制定《云南省民族村工作条例》。制定《云南省民族村工作条例》的框架构想，应该包括总则、民族村的设立条件和批准程序的说明、保障民族村散居民族平等权利、发展民族村经济、发展民族村科技教育文化卫生等社会事业、培养散居民族人才、尊重散居民族风俗习惯、罚则、附则等几个部分。

建议省政府针对散居民族地区的特殊性和实际情况，制定特殊的政策措施，尽快缩小散居民族地区与其他地区的发展差距，综合运用财政、金融、扶贫、对口支援、社保等方面的优惠政策措施，加大扶持力度。建议尽快制定出台《云南省散居民族工作条例》，设立散居民族地区省级发展资金，设立城市民族工作专项经费，专门解决散居民族地区的特殊困难和问题。

（二）加大基础设施建设，改善生态环境

进一步加强农业基础设施和生态环境建设。加强农业基础设施建设，改善农业生态环境，是稳定提高农业综合生产能力的根本途径，是顺利推进农业和农村经济结构调整的基本保证。要围绕特色优势产品基地建设，大力加强水利、交通、能源、通信等基础设施建设，不断改善农业生产条件，增强农村发展后劲。要继续围绕节水灌溉、人畜饮水、乡村道路、农村沼气、农村水电、草场围设施建栏"六小"工程，扩大投资规模，充实建设内容。要进一步深化农村基础设施建设管理体制和投融资机制改革，鼓励和支持个人、集体及各类经济主体多渠道投资开发，逐步实现基础设施建设投资渠道与投资主体多元化，切实解决建设资金不足的问题。针对少数民族山区"寒、旱、薄、蚀"的生态环境特点，要综合采取"膜、蓄、梯、改、适"的工程技术措施，不断提升农业的综合生产力。

良好生态环境是加快发展的最大潜力和优势，要以争创"云南省生态乡镇"和"全国环境优美乡镇"为契机，把实现经济效益、社会效益、环境效益统一起来，逐步发展林业苗木基地、花卉基地等生态型、观光型、环保型农业，大力建设生态卫生旱厕和小水窖，积极推广使用节能灶，从源头上遏制乱砍滥伐现象的发生。强化森林资源管理，保护生态环境，加强造林绿化，加大矿山造林力度，不断增加森林面积，提高森林覆盖率。

（三）加大专项资金投入，调整产业结构，逐步缩小发展差距

各级政府要把散居民族地区农村的协调发展和科学发展作为一项重要政治任务给予足够的关注和重视，增加专项资金投入，首先把解决少数民族群众最关心、最急迫、最需要、最直接的切身利益问题放在一切问题的首位来解决，尤其是优先解决群众的饮水难、行路难、上学难、看病难和养老难等问题，着力改善他们的生产生活和生存条件，达到散居民族群众有房住、有饭吃、有衣穿、有水喝、有学上、有电用、病有所医、老有所养。要重点解决民族地区公共教育、公共卫生服务、公共文化体育设施建设，让经济发展的成果惠及散居民族。

立足资源优势，切实搞好农业结构调整，调整农业生产结构，大力发展高产、优质、高效、生态、安全农业。农业结构调整，要以增加农民收入、

提高农产品质量和农业经营效益为着眼点，向全方位、立体型、产业化方向发展，要通过深化农业结构调整，逐步建立起将劳动力资源优势转化为特色产品优势，特色产品优势转化为市场优势，市场优势转化为农业的整体竞争优势，农业整体竞争优势反过来又促进劳动力及其他农业资源进一步开发利用的良性循环发展道路。大力开展农特产品的商标注册、名牌产品认定和无公害农产品、绿色食品、有机食品及特色产品的原产地保护申请工作，形成一批农特产品名牌，提高产品的美誉度，不断提升品牌的特色及农产品在国内外市场上的影响力和竞争力。

实行多种优惠政策"叠加"，深度推动散居民族地区农村建设。要制定特殊的政策措施，尽快缩小散居民族地区与其他地区的发展差距，用活、用足国家、省、市对民族地区制定的一系列优惠政策，要监督检查各项优惠政策的贯彻落实。要深度推动散居民族地区社会主义新农村建设，综合运用财政、金融、扶贫、对口支援、社保等方面的优惠政策和措施，不断加大扶持力度。

（四）发展教育，培养人才，提高劳动者的科技文化素质

要高度重视散居民族地区的各类教育，通过发展教育打牢民族地区人才培养的基础。制定和实施少数民族人才队伍建设规划，加大少数民族党政人才队伍、专业技术人才队伍和企业经营管理人才队伍建设力度，实施少数民族人才队伍培养工程，把少数民族干部队伍建设作为一项长远和根本的大事来抓。加强教育培训工作，进一步扩大数量、改善结构、提高素质。制定更加优惠的政策，采取灵活多样的措施，创造良好的用人机制和环境，使少数民族干部与少数民族人口的比例相适应。鼓励、支持、吸引各级各类人才到散居民族地区发展创业，贡献聪明才智，推进社会主义新农村建设。

要贯彻以人为本的科学发展观，大力开展农业科技培训。要结合农业结构调整、发展特色农业和生产实际的需要，开展针对性强、务实有效、通俗易懂的农业科技培训，培养造就有文化、懂技术、会经营的新型少数民族人才，提高当地少数民族群众务农技能，促进科学种田。要围绕农村优势产业，以村为单元，重点提高少数民族从事农业的技能和经营能力，同时带动少数民族文化素质及思想道德素质的提高，实施农村人力资源的全面开发，为建设现代农业、促进少数民族增收和建设新农村提供人才支撑和智力保障。进一步加强对少数民族进城务工人员的职业技能培训。要根据市场和企业的需求，按照不同行业、不同工种对从业人员的技能要求，安排培训内容，实行定向培训，提高培训的针对性和适用性，积极引导劳动力合理有序流动。要调动社会各方面参与少数民族职业技能培训的积极性，鼓励各类教

育培训机构、用人单位开展对少数民族群众的职业技能培训。以全面提高农民科技文化素质为切入点，助推散居民族地区农村经济社会发展。

对于已经失地的散居民族群众，政府应积极向他们提供有针对性的就业培训，开设适合失地农民需求便于农民参加的技能培训与心理辅导课程，有特殊需要的弱势群体（妇女、大龄、残疾）也应充分考虑，在时间和地点安排上给予方便。同时要重视研究失地农民的社会心理反应和行为策略，尽可能减少征地对农民的心理伤害以及城市化进程对他们的消极影响，并帮助其尽快适应不以土地为主要经济来源的非乡村社区生活。

（五）挖掘民族文化的和谐因素，丰富城郊结合部散居民族群众的精神文化生活

传统民族文化中蕴含着许多和谐因素，注重人与人之间关系的和谐，有许多可贵的价值观念是精神文明的重要组成部分，是民族凝聚力的重要基础。民族的语言、宗教信仰、服饰、生活方式与人际交往方式、禁忌与风俗习惯，这些是民族成员在潜移默化中形成的，是民族心理和民族情感的重要组成部分，是民族认同的标准。应该充分重视挖掘保留散居民族群众中的传统民族文化精华，开展民族民间文体活动，保护和传承民族文化以促进经济社会建设。组织民族民间活动有利于身体健康，有助于加强社区凝聚力，可以传承文化，并促进身心健康。应从经费、人力、场地等各个环节上保证活动的开展，并逐渐形成自觉。民族文化工作者和学者要重视民族文化普查、抢救、保护及立法等方面的研究。既要重视和鼓励对于民族文化的理论研究，更要注重有关民族文化法制方面的研究，还要研究制定支持文化发展的具体政策。

各级政府，特别是县、乡级领导一定要高度重视城郊结合部散居民族群众的精神文明建设，提高全社会对文化重要性的认识，实现经济与社会的协调发展。必须把文化发展纳入各级党委和政府制定的经济和社会发展的总体目标，同时对文化工作制定必要的目标责任考核指标体系，对政府和有关部门进行绩效考核，切实推动文化发展。一些失地的散居民族群众对读书、读报、看电影、参加体育文化等娱乐活动日益感兴趣，甚至有的到外地参观、旅游等，想进一步开阔自己的眼界，这些消费趋向的新变化，反映了其提高文化生活质量的迫切要求。关注和重视其精神文化需求才有可能有针对性地制定和实施相关政策。深入开展群众性文化活动，丰富失地农民的精神文化生活需求。一方面，开展文艺下乡、艺术下乡等有益活动；另一方面，筹建一些群众性社团组织，如通过农村精神文明宣传队、舞狮队、舞龙队、秧歌队、篮球队等开展健康的文化体育活动，同时，倡导和宣传健康文明的生活方式，教育村民在广泛参与中养成文明的生活习惯。

玉溪市散居民族地区农村经济
社会发展调研报告

一 玉溪市散居民族的基本情况

　　玉溪市是一个少数民族人口多、分布广的地区。2007 年玉溪市总人口 212.25 万人，其中少数民族 69.38 万人，占总人口的 32.69%，玉溪市 5000 人以上的有彝族、哈尼族、傣族、回族、白族、蒙古族、苗族、拉祜族 8 个世居少数民族，少数民族居住的地域面积占玉溪市总面积的 76.7%。除峨山、新平、元江三个民族自治县外，玉溪市少数民族散居在红塔区、通海、江川、澄江、易门、华宁 6 县（区），共 23.77 万人，占当地总人口的 15.85%，占玉溪市少数民族总人口的 34.26%。在 6 县（区）中，民族行政村有 121 个[①] 1063 个村民小组，主要集中在 10 个民族乡、3 个镇（原 3 个民族乡撤乡建镇，即通海县的纳古镇，华宁县的华溪、盘溪镇），其中：红塔区 17 个行政村 133 个村民小组、江川县 8 个行政村 40 个村民小组、澄江县 2 个行政村 13 个村民小组、通海县 22 个行政村 130 个村民小组、华宁县 39 个行政村 334 个村民小组、易门县 33 个行政村 413 个村民小组[②]。

二 玉溪市散居民族地区农村经济社会发展情况

　　（一）经济发展情况

　　2009 年玉溪市完成现价生产总值（GDP）644.4 亿元，按可比价格计算，比上年增长 11.8%；财政总收入完成 260.1 亿元，增长 10%；八县一

---

② 此处的"民族行政村"指少数民族人口占该村总人口 30% 以上的村委会。
② 玉溪市民族宗教事务局：《玉溪市少数民族散居地区经济社会发展情况汇报材料》，2008年 6 月。

区地方财政收入过亿元的成果得到巩固，除元江县外，其余各县均超过两亿元。① 玉溪市农民人均纯收入 5119 元，比上年增加 358 元，增长 7.5%。②

玉溪市散居的 121 个民族行政村，在经济收入方面，农民人均纯收入 3402 元，比建市时（1998 年）的 1587 元增加了 1815 元，增长 114.4%，但是仍低于玉溪市农民人均纯收入水平；实现农村经济总收入 66.5 亿元，比 1998 年的 22.6 亿元增 43.8 亿元，增长 193.8%。其中：工业和建筑业由 1998 年的 8.47 亿元增加到 45.25 亿元（占总收入的 68%），增长 434.3%，农林牧渔业由 5.69 亿元增加到 11.58 亿元（占总收入的 17.4%），增长 103.6%。

生产力水平方面，稻谷单产 551 公斤、苞谷单产 454 公斤、麦子单产 147 公斤、烤烟单产 136 公斤、甘蔗单产 4.8 吨，分别比 1998 年增 11 公斤、增 26 公斤、减 6 公斤、减 7 公斤、减 2.8 吨，减产原因主要是产业布局和结构调整。

基础设施建设方面，目前，121 个行政村实现村村通水、通电、通路、能接收广播电视；在所辖 1063 个村民小组中，通路的村民小组 1060 个、通电的 1062 个、自来水受益的 1023 个、通电话的 1060 个、可接收广播电视的 1060 个，分别比 1998 年增加了 53 个、1 个、342 个、859 个、143 个。③人均占有耕地 1.17 亩，比 1998 年减少 0.08 亩，有效灌溉面积占耕地面积的 68.6%，比 1998 年增加了 8.3 个百分点。

玉溪市的贫困村和贫困人口主要集中在峨山、新平、元江三个民族自治县，玉溪市有省定的贫困村 116 个，总人口约 21.3 万人。其中有 6 个非自治县中的 44 个行政村。在 121 个散居民族行政村中，有 28 个村属省定贫困村，玉溪市委、市政府十分重视扶贫工作，先后制定了《中共玉溪市委、玉溪市人民政府关于扶持困难行政村脱贫的政策规定》（玉发〔1999〕45号）、《关于进一步做好 116 个省级重点扶持村挂钩扶贫工作的通知》（玉办发〔2005〕13 号）等。通过多年连续不断的扶贫工作，28 个散居民族贫困

---

① 其中红塔区完成 7.9 亿元，增长 25.4%；新平县 4.4 亿元，增长 14.3%；通海县 2.7 亿元，增长 14.3%；澄江县 2.7 亿元，增长 28.6%；峨山县 2.5 亿元，增长 6.4%；易门县 2.4 亿元，增长 14.4%；江川县 2.3 亿元，增长 10.1%；华宁县 2.1 亿元，增长 17.9%；元江县 1.6 亿元，增长 14.2%。

② 据玉溪市统计局《玉溪市 2009 年国民经济和社会发展统计公报》，玉溪网，http://www.yuxi.gov.cn/xxxs.aspx?id=201004021523342。

③ 玉溪市民族宗教事务局：《玉溪市少数民族散居地区经济社会发展情况汇报材料》，2008 年 6 月。

村已全部实现村民小组通电、绝大多数实现通路、广播电视、电话和解决了人畜饮水问题。农民人均纯收入达到 2707 元，大多数已基本摆脱贫困①。

（二）社会事业发展情况

1. 教育事业稳步发展

2009 年玉溪市有大专院校两所，在校学生 11171 人，比上年增长 6.4%；普通中专学校 3 所，在校学生 10505 人，比上年增长 5.2%。职业高中 9 所，在校学生 15665 人，比上年增长 0.8%；普通高中 22 所，在校学生 34583 人，比上年增长 2.8%；初中 99 所，在校生 94706 人，比上年增长 3%；普通小学 607 所，在校生 197467 人，比上年下降 1%；幼儿园在园幼儿 5.8 万人。学龄儿童入学率达 99.8%。

"三免一补"政策进一步得到巩固。2009 年共投入"三免一补"资金 16625 万元，玉溪市全体小学生和绝大部分初中生共 28 万人享受补助，小学寄宿制学生补助标准每人每年 500 元，贫困初中生每人每年 750 元，"上学难"问题得到了较好的解决②。

此外，还全面启动了农村教师安居工程建设，农村教师住房困难逐步缓解。累计排除中小学危房 16.3 万平方米，改善了办学条件。

玉溪市散居的 121 个民族行政村，共设置教学校点 126 个（其中一师一校 5 个）、教学班 972 个，分别比 1998 年减 134 个校点、增 136 个班；在校小学生 27888 人，初中生 9512 人、高中（职高）生 3244 人，分别比 1998 年减 1022 人、减 229 人、增 1485 人；2007 年中专当年录取 773 人、大专以上录取 786 人，分别比 1998 年的在校生多 176 人、528 人，适当收缩校点、合理配置利用教学资源、提高教学质量的发展思路取得了较好的成效③。

课题组在红塔区小石桥彝族乡调研时了解到，该乡目前有一所中学、一所中心小学和两所村小，有学生 800 余人。2009 年乡中心小学考取玉溪五中 3 人；中学升入普通高中 19 人（其中考入玉溪三中的 13 人），普通高中升学率为 37.25%，比 2008 年的 28.12% 提高了 9.05 个百分点。据该乡副乡长介绍，原来小石桥乡基本没有初中毕业生能考上玉溪一中高中部，自从收缩了校点，且中心小学每年前三名可以进入玉溪五中念初中后，现在每年都会有一个从玉溪五中毕业后考入玉溪一中高中部的小石桥学生了。去年全

① 玉溪市民族宗教事务局：《玉溪市少数民族散居地区经济社会发展情况汇报材料》2008 年 6 月。
② 同上。
③ 同上。

乡共有 17 名学生考上大学，这也是以前没有过的。小石桥乡政府距离玉溪市中心只有 23 公里，而且道路条件也较好，因此，就小石桥而言，乡里十分希望能将全区的中学都集中到城区办学，这样将更有利于缩小与城区学校的教学水平差距，使更多的小石桥学生考上更好的高中、大学。

图 1　课题组在小石桥彝族乡调研

图 2　课题组在兴蒙蒙古族乡调研

图 3　课题组在里山彝族乡调研

而红塔区民族宗教事务局的受访干部认为，在校学生不到 300 人的中学都应当撤并，像小石桥中学这样只有 180 人左右的学校，能并到城区中学更好，这样就不浪费资源，而且有利于提高教学水平。玉溪市民族宗教事务局的受访干部也表示，集中办学有利于教学资源的优化，利于中高级人才的培养。例如通海县兴蒙蒙古族乡，原来初中高中都办过，但现在都停办了，只有一所中心小学，学生毕业后到十公里外的城区中学就读，目前每年都有 4 人左右能考上玉溪一中高中部。

此外，部分民族乡的学校还配备了电脑等现代化远程教育设备，如红塔区小石桥彝族乡投入 40 万元为中小学配置电脑 80 台，投入 30 万元完成中学物理、化学、生物三大实验室改造，投入 66 万元完成中学运动场二期修建，极大地改善了办学条件，硬件设施方面甚至超过了位于区里的玉溪市第五中学等学校。

红塔区洛河彝族乡除了市、区补助外，还从乡财政支出，对寄宿制学生有专门的伙食补助。从 2007 年 9 月开始，伙食补助由原来的每人每月 8 元提高到 10 元。对考取高中、大学的学生，根据学校等级，实行 2000—5000 元的奖励政策。自 2003 年出台政策以来，全乡共有 128 人收到了奖励，奖励金额达 31.5 万元；由乡财政支付，从 2007 年 9 月开始，对全乡中小学在校生教辅费以及部分学生教材费用实行全免；出台教育目标管理考核办法，乡财政每年至少安排 15 万元资金进行考核奖励；针对村组集体经济薄弱的现状，把全乡学前班教师工资纳入乡财政预算。近年来，已累计投入教育事业发展资金 497.4 万元，办学条件改善、师资力量壮大、教师素质提高，进一步缩小了山区与坝区的办学水平差距，促进了教育事业的快速发展。

2. 民族文化保护与发展取得可喜成绩

《云南省民间传统文化保护条例》颁布实施后，玉溪市民族民间传统文化保护工程取得突破性进展，民族文化保护和开发成效显著。一是完成了玉溪市 736 个民族民间传统文化项目的重点普查、收集整理和申报保护，其中：有一项（玉溪花灯）获国家第一批非物质文化遗产保护，13 项列为省级保护，141 项列为市级保护。二是启动项目传承人保护工作，对一些濒危项目，采取了有重点的保护行动和措施。玉溪市共有 19 位少数民族民间艺人受到省文化厅和省民委正式命名。三是《玉溪歌谣》、《国魂聂耳》、《花腰傣国际学术研讨会论文集》、《花腰傣文化大观》、《云南回族歌谣》、《彝医览要》、《走进滇中秘境》、《苦聪民间故事集》等一大批反映玉溪市少数民族题材的著作出版发行和获奖。大型舞蹈"古滇梦·花腰情"代表着玉溪少数民族文化的精粹；民族器乐竹乐"草皮街"、声乐"嗟赛鸟"、彝族花鼓舞"喜丧"等一批重点剧目获得国家级奖项；对峨山"花鼓之乡"、新平彝族"烟盒舞之乡"、花腰傣之乡"槟榔园"等品牌进行了开发保护，产生了较好的经济社会效益。兴蒙蒙古族乡是云南唯一的蒙古族乡，其民族体育、服饰、语言、生活方式等民族文化在坚持传统的同时不断吸纳周边民族的文化因素，在不断变迁中形成了自己的文化特色。

3. 医疗卫生条件和社会保障事业不断完善

散居的 121 个民族行政村共设置医疗点 140 个，比 1998 年减 23 个点；拥有病床 234 张，比 1998 年增 56 张；有医务人员 283 人，比 1998 年减 56 人；每万人拥有病床 9.1 张、医务人员 10.9 人，分别比 1998 年增 1.9 张、

图4　兴蒙蒙古族妇女服饰　　　　　图5　兴蒙乡传统民居

减2.9人①。民族地区全面推行新型农村合作医疗，补助标准每人每年120元，群众自筹20元，参合率逐年提高，缓解了少数民族群众看病难的问题。

在部分地方财政较好的散居民族地区，如红塔区洛河彝族乡，群众自筹的20元中又由乡财政配套10元，且乡卫生院的200元的住院报销门槛费由乡财政支付，进一步减轻了农民负担；该乡卫生院还与玉溪市第三人民医院合作，第三人民医院的医生下班后每天都有人到洛河坐诊，群众看病的费用按乡一级政策报销，使得原来生病了就往区、市跑的群众大多都选择了留在乡卫生院看病，极大地改善了当地的医疗卫生条件。

社会保障事业方面，在洛河彝族乡，为了最大限度地让群众得到实惠，使农民群众共享经济社会发展成果，乡政府采取"政府补一点，群众出一点"的方式，从2007年开始，由乡财政配套47万元专项资金，对全乡农村16—59岁的人员实行每人100元的补助政策，充分调动群众参保的积极性，实现"幼有所养，老有所依"的目标，逐步解决农村社会养老保险问题。2008年，参保人数达2428人，投保金额达62.37万元。每年由乡财政对全乡2546套民房进行统保。不断加大农村低保、城市低保及五保户工作力度，自2002—2008年的六年来，按时足额发放各种优抚、低保、救济金共计196.83万元，纳入城市低保和农村低保的人员得到及时救助，五保对象基本生活得到保障，做到了应保尽保。对全乡60岁以上的老党员、老村干部每月给予60—200元的补助，从2006年10月启动以来，全乡共有111人享

① 玉溪市民族宗教事务局：《玉溪市少数民族散居地区经济社会发展情况汇报材料》2008年6月。

受到补助，补助金额达 30 万元。制定出台《洛河乡男年满 60 周岁、女年满 55 周岁以上无退休金老年人保健补助发放管理实施办法》，由乡财政配套资金，对全乡男年满 60 周岁、女年满 55 周岁以上的老人每月给予一定的生活补助，百岁来人给予一次性奖励，倡导养老敬老风尚。自 2008 年 10 月实施以来，已发放保健补助金 7.52 万元，1070 人受益。

4. 民族干部培养得到加强

培养选拔少数民族干部是做好民族工作的关键，是实现民族团结、民族进步的重要保障。玉溪市委、市政府高度重视少数民族干部的培养选拔使用工作，先后制定了《中共玉溪市委、玉溪市人民政府关于进一步加强民族工作若干问题的决定》（玉发〔2000〕32 号）、《中共玉溪市委、玉溪市人民政府关于进一步加强民族工作的决定》（玉发〔2005〕24 号）、《转发市委组织部〈关于进一步做好培养选拔少数民族干部工作意见〉等五个意见和实施细则的通知》（玉办发〔2001〕4 号）、组织部《关于进一步加强优秀年轻干部、少数民族干部、女干部和党外干部培养选拔工作的实施意见》（玉组发〔2005〕7 号），对民族政策落实、培养选拔重点、培养教育和选人用人渠道等方面作了具体的规定，进一步推进了少数民族人才的培养和干部队伍的建设。

玉溪市人才总数（含机关、事业单位、企业单位人才）53411 人，其中：少数民族 13371 人，占玉溪市人才总数的 25.03%，比 1998 年提高了 2.43 个百分点。在各类少数民族人才中，机关单位占 28.14%，事业单位占 70.9%，企业单位占 0.96%。

民族散居地区人才总数 28599 人，其中少数民族人才 3512 人，占人才总数的 12.28%，比 1998 年提高了 1.43%。在少数民族人才中，机关单位人才占 25.43%、事业单位占 74.46%、企业单位 0.11%。实施"实用人才"培养工程，主要采取"农函大"和"绿色证书"（农业技术等级证）培养措施，121 个民族散居行政村持有"绿色证书"人数达 6501 人，比 1998 年的 57 人增加了 6444 人。①。

民族干部使用方面，散居民族地区的民族干部在数量和质量上都有了一定程度的提高，现有的 10 个民族乡中，《云南省民族乡工作条例》中规定的乡政府少数民族领导任职数量和比例均能达到要求。在红塔区小石桥彝族乡，乡政府的 9 个班子成员中就有 8 个是彝族，只有一个人大主席是汉族。

---

① 玉溪市民族宗教事务局：《玉溪市少数民族散居地区经济社会发展情况汇报材料》2008 年 6 月。

三　玉溪市开展散居民族工作的主要做法

（一）坚持民族村实行分类指导的原则

玉溪市121个民族行政村，从经济发展程度上可划分为三种类型。第一类是经济发展较快的地区，主要以回族人口集中的村镇为主；第二类主要以蒙古族、白族和山坝结合的民族乡（镇）为代表的经济次发达地区；第三类是以苗族为代表的经济欠发达地区。针对三类经济发展程度不同的地区，各级政府采取分类指导的原则，突出工作重点，引导和指导农民发展经济。

一是针对坝区条件较好的村镇，特别是回族聚居的村和乡镇，鼓励和支持发展工商业和交通运输业。通海县纳古镇是玉溪市民族散居地区经济发展最快的地区，全镇8314人，其中少数民族6726人，农村经济总收入达275275万元，农民人均纯收入达到6965元；有私营企业和工商户606户，工业、建筑、运输、餐饮业收入达27.27亿元，占经济总收入的99.04%，占121个民族行政村工业、建筑业、餐饮服务业的50.9%。

二是针对经济次发达地区的民族乡（镇），各级党委、政府积极引导人民群众努力发展经济，加大引资力度，因地制宜地发展民族地区经济。红塔区小石桥彝族乡、江川县安化彝族乡、通海县里山彝族乡、易门县铜厂彝族乡等山区民族乡主抓烤烟、林果产业，烤烟收入成为人民群众的主要经济来源。红塔区洛河彝族乡大力发展矿业和冶炼加工业，工业总产值达到153361万元，占农村经济总收入的90%，农民人均纯收入达到4099元。

三是针对经济欠发达的民族山区，重点帮助人民群众解决基础设施问题，加大对这些地区的投入和扶持力度。易门县铜厂彝族乡和华宁县通红甸彝族苗族乡曾经是玉溪市5个少数民族扶贫攻坚乡之一，通过多年的扶贫，两个民族乡都基本实现脱贫，铜厂乡的烤烟生产排在易门县乡镇前列，2007年农民人均纯收入达到2933元，是1998年1440元的两倍。但由于基础设施、自然条件等问题，通红甸仍是玉溪市10个民族乡中经济较为落后的民族乡，为解决制约通红甸发展的根本问题，多年来大力建设小水窖、沼气池。目前，该乡农业人口10502人，耕地面积18033亩，建成小水窖9619口，沼气池2547口，基本解决了生产用水和人畜饮水困难问题，农民人均纯收入达1998元，是1998年678元的2.9倍。

（二）通过基础设施建设助推全面发展

经过多年的努力，玉溪市基本完成农村电网改造，实现"一户一表"、"城乡同价"；玉溪市交通状况大幅提升，逐步向市县公路高等级化，县乡

图6 易门县铜厂彝族乡概貌　　**图7 华宁县通红甸彝族苗族乡概貌**

公路油路、硬路化，乡村公路等级化发展。市委、市政府为夯实农业基础，解决民族地区基础设施薄弱问题，近年来在继续新建一批大中型水利设施的同时，重点解决山区水浇地、能源建设。目前，玉溪市已建成小水窖近16.6万口，沼气池9万口，其中：121个民族行政村建成小水窖79128口，沼气池35982口。开工建设3件小型水库和42件病险水库除险加固工程，完成20万亩高标准基本烟田建设，解决农村11万人饮水安全问题，新建小水窖5000口，沼气池5000口，建设农村公路通畅工程80公里、通达工程500公里，实施通乡油路建设320公里，建设改造村组公路200公里，加快10个农村客运站建设；完成无电人口通电工程建设，实现玉溪市农村人口户户通电目标，继续实施广播电视"村村通、户户看"工程，完成农村"中央广播电视无线覆盖工程"建设任务。这些项目的实施将极大地改善民族地区的生产生活条件，将进一步促进民族地区发展。

（三）打牢基础教育根基促进人才成长

玉溪市委、市政府始终坚持教育优先发展战略，树立"人才是第一资源"的观念，切实抓紧抓好科教兴市工程，按照"优先发展教育，巩固'两基'成果，促进教育均衡发展和公平，保障义务教育阶段学生免费上学，基本普及高中阶段教育，大力发展职业技术教育，积极发展高等教育"的发展思路，将继续巩固义务教育"三免一补"成果，免除农村8.3万名初中生教科书费和学杂费，免除城镇4533名初中生学杂费，将5.7万名寄宿制小学生生活补助标准由每生每年250元提高到500元，2.7万名贫困初中生生活补助由每生每年350元提高到750元。

为加快少数民族人才培养，采取了扶持举措。针对彝族山苏、仆拉支系，哈尼族布孔支系和苗族、拉祜族、回族人才缺乏，从1998年开始，每年安排一定的资金，将这些民族和支系的初、高中应届毕业生选送到大中专院校进行学历培养，政府对这些学生给予学费、生活费补助，每生每年的费用达到5000元。目前，已培养5种民族和支系的学生432人，毕业284人。在毕业的学生中，有的已经加入公务员队伍，有的到乡镇农科站工作，大部分进入私营企业，有的当上了老板，成为民族山区新型的知识分子和致富带头人。在干部招录中，明确规定"市、县区各部门和单位招收录用工作人员时，要专门划出一定的名额，从少数民族应试者中择优录用，乡镇单位聘用少数民族干部，可适当放宽年龄限制"，拓宽了少数民族干部来源渠道。在现有少数民族干部队伍中，采取外送培养、挂职锻炼等多种途径，每年都选送一批在职干部到外地学习和锻炼①。

（四）实施目标责任制促进社会和谐发展

玉溪市在民族团结、社会稳定方面有着深刻的历史教训，为维护民族地区的团结稳定，玉溪市将解决民族地区和宗教方面的矛盾纠纷作为工作的重点长抓不懈。制度上层层签订"民族团结宗教稳定目标管理责任书"，建立维稳长效机制，强化市、县、乡、村目标管理责任制，措施上注意把工作做在平时，从小事抓起，做到小事不出村，大事不出乡镇，矛盾不上交。真正树立"民族宗教无小事"的观念，及时排查化解各种矛盾纠纷，确保了11年没有出现因民族宗教因素引发的突发性流血事件，为玉溪的经济社会发展创造了一个和谐的社会环境。

四　玉溪市散居民族地区农村经济社会发展中存在的主要问题

（一）经济发展不平衡，部分惠民项目落实不到位

以2007年统计数据为例，玉溪市121个散居民族行政村，农民人均纯收入从1998年的1587元增加到了3402元，而玉溪市农民人均纯收入从2170元增加到了4008元，差距从1998年的583元增加到了2007年的606元（见图8）。

玉溪市10个民族乡，农民人均纯收入3280元，最高的是红塔区小石桥彝族乡4696元，最低的是华宁县通红甸彝族苗族乡1998元；完成乡镇企业总产值270014万元，占社会总产值的80.1%，其中最高的是红塔区洛河彝族乡165516万元，最低的是华宁县通红甸彝族苗族乡241万元；实现财政

---

① 玉溪市民族宗教事务局：《玉溪市少数民族散居地区经济社会发展情况汇报材料》，2008年6月。

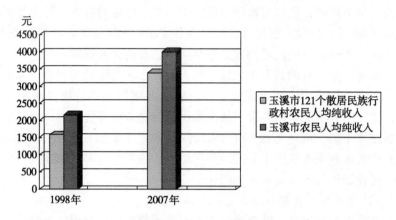

图8 玉溪市 121 个散居民族行政村与玉溪市农民人均纯收入对比图

收入 6513.25 万元，其中最高的是红塔区洛河彝族乡 2603 万元，最低的是通海县兴蒙蒙古族乡 101.8 万元；完成财政支出 6771.86 万元，其中最高的是红塔区洛河彝族乡 2134 万元，最低的是通海县兴蒙蒙古族乡 224.3 万元。

　　玉溪市散居民族地区的农民人均纯收入在近十年来有了较大增长，但与玉溪市农民人均纯收入相比仍有一定差距，而且这个差距在逐渐增大。此外，同样是散居民族地区，但因为资源和地理环境不同，各个民族乡和民族行政村之间在经济发展上有着巨大差距，地区发展极不平衡。

　　目前散居民族地区的新农村建设明显滞后于其他地区，部分惠民项目得不到很好的落实，变成了走过场，搞形式。例如现在的民族团结示范村，大多就是把旧房子刷刷白墙，再画上点民族特色图案就完了。课题组在调查中发现，部分地区的项目安排有较大的主观随意性，在民族团结示范村的甄选上也只侧重考虑投资在该村能不能出效果，而不是完全把钱投在最需要的地方。例如红塔区春和镇黄草坝村委会十组后河是黄草坝唯一的一个民族团结示范村，是 2006 年 11 月由红塔区民宗局确定的。课题组本要了解该团结示范村的发展经验，和民族工作方面的经验。但村委会副书记表示："那个小组也没什么特别的，你们想了解的内容跟在其他小组看到的差不多，就是村容村貌上因为有了 20 万的项目资金所以做得比较好而已。"当询问这个民族团结示范村是怎么评定的，为什么在 12 个小组里选了后河的原因，村委会副书记回答说："当时镇上给了黄草坝一个民族团结示范村的名额，区民宗局和省民委的人都一起下来实地看了，最后因为后河人口少，地方小，做工程容易出亮点，所以就把这个示范村定在了那里。"这和我们想象中的民族团结示范村评定程序完全不一样。

（二）基础设施有较大改善，但总体仍然十分薄弱

近年来，省、市各级政府在玉溪市散居民族地区投入了大量资金，加大了这些地区的基础设施建设力度，使当地群众的生产生活条件得到了较大改善。

自 2001 年以来，红塔区洛河彝族乡共投入和协调资金 14519 万元，进行了包括道路交通建设、集镇公共设施建设、电力建设、农村阵地建设及农业基础设施建设在内的五大类基础设施建设工程，改善了影响和制约洛河乡经济社会发展的客观因素。

此外，据不完全统计，各级各部门 2000 年以来在通海县少数民族地区实施项目近 500 个，国家投入资金 6000 万余元，改善少数民族地区交通、农田水利、人畜饮水、环境保护、通信、电力、集镇等基础设施建设。建小水窖 7422 口，容量 157824 立方米，沼气 2415 口；实施烟区公路、烟水配套工程，水利有效灌溉面积 31148 亩，水利化程度达 70.6%；四个民族乡（包括后来撤乡建镇的纳古镇），20 个少数民族村委会，98 个少数民族村民小组，除一个小组外（高大乡观音村 6 组），全部通了公路，15 个少数民族村委会道路实现硬化或油路化。大部分农田还进行了坡地改耕地，面积 7300.4 亩，增强了农作物和土壤的抗旱、保水、保肥能力，农业耕作机械化程度不断提高。

但是，由于自然条件的限制，散居民族地区农村基础差、底子薄，虽然较以往有了较大改善，但基础设施仍然十分薄弱，抵御自然灾害的能力依然很差。其中最突出的问题便是农田水利设施不健全，部分群众还生活在靠天吃饭的环境中。大部分村组人畜饮水问题基本解决，但由于水源发生变化，有的导致枯竭，有的引水管道老化，沟渠不畅，容易再次出现人畜饮水困难问题，离饮用上洁净水、卫生水的要求差距甚远。课题组在通海县兴蒙蒙古族乡调研时，一直干旱的天气突然下了一晚上的雨，结果第二天从县城到乡政府路边的红旗河河水暴涨，好几段路都被漫出河道的河水淹没了。到了兴蒙乡，乡长介绍说，不论多干旱，红旗河只要下一晚上的雨就能从旱灾变成涝灾。兴蒙乡六组地势比较低，每年光用在排涝上的经费就要三四万元，这些经费都是小组领导到各个部门要来的。跟课题组座谈的当天上午，兴蒙乡的一个水库出现渗水情况，乡长介绍完后还要赶着去处理事故。红塔区是水利设施相对较好的地区，但在当年的旱灾面前也凸显了许多问题。调研中，春和镇黄草坝村委会群众反映最多、要求最为迫切的也是水利设施问题。

其次，虽然散居民族地区的绝大部分村组都已经通了路，但基本都属于乡村路和村组路，路面状况差，晴天黄土飞扬，雨天泥泞路滑，农产品无法

图 9　雨后兴蒙乡红旗河河水暴涨

及时运到市场上，有的甚至仍然只能靠人背马驮。有的村组到乡政府有几十公里路，一个村只有十几户人，要维护道路非常困难。散居民族居住的地方很多生存条件都很差，甚至地质危害严重，一旦发生什么地质灾害事故，通往外界的道路不顺畅，将会极大地威胁当地群众的生命财产安全。

（三）教育、文化、医疗等社会事业发展相对滞后

玉溪市乡镇、村委会都基本建有学校、卫生院、卫生所、文化站，但相较而言，散居民族地区农村的各项社会事业发展更为滞后。

教育主要存在两方面问题：一是师资力量薄弱，教师年龄结构不合理，老龄化严重，留不住优秀教育人才。散居民族地区农村由于自然条件较差，经济发展较为滞后，因此很少有外来的年轻教师愿意到当地任教，即使是硬性分配进去的，也是待几年就想方设法调到其他学校。有时有几个优秀的老师，在教出些名气后也纷纷调到城区学校了。留下的老师，大多是当地人，而且老龄化严重，知识更新较慢。通海县兴蒙乡的乡长反映："小时候教过我的老师现在仍然还在兴蒙小学任教，那么多年了，讲的内容还是没多大变化，你说我们的娃娃怎么去和外面的那些娃娃比？"

第二个问题，是学前教育问题。这是课题组在调研中发现的较为突出的问题。散居民族地区农村普遍没有幼儿园，养成教育缺乏，很多孩子都是进了小学才开始认字，才接触知识。比起从小就接收各类资讯，除了上幼儿园还额外上各种培训班的城里孩子，他们在起跑线上就被远远落下了。在地方财政较好的地区，如红塔区洛河彝族乡，全乡的学前教育都被纳入了乡财政预算，全乡 31 个自然村共有 25 个学前班，教师工资从开始的 300 元/月提

高到了现在的 600 元/月，这些都由乡财政给付。学前班教师每月还有一次
为时三小时的集中培训。课题组在洛河彝族乡洒米寨了解到，该村自 1996
年开办学前班，目前共有学生 18 名，现在的老师李亚敏为高中学历，40
岁，是 2000 年开始任教的。据介绍，学前班的学生多为 3—6 岁，床是村上
购置的，铺盖学生自己带。如果有床位，年纪不到也可以来上学。学生每学
期交 50 元钱，收到村上统一管理。上午 8 点到校，10 点半下课回家吃饭；
中午 12 点上学，到校睡午觉，下午 3 点起床，5 点放学。村里的学前班其
实也就是农忙时帮忙看下孩子，更多的也教不了什么。在红塔区春和镇黄草
坝村委会的几个小组，连这种农忙时帮忙看孩子的学前班都只能是村民的奢
望。自 2009 年下半年把原本由村委会统一管理的各组学前班下放到小组自
己管理后，几个条件较差的小组承担不了教师的工资，就一直没开办学前班
了。村里的学龄前儿童，要不就走一段路到邻村上学前班，要不就一直在家
玩到可以直接上小学的年纪。

　　文化建设方面，据玉溪市民族宗教事务局干部介绍，散居民族较为集中
的 10 个民族乡和 3 个镇，每个乡镇的文化站都只有一两千册藏书，根本无
法满足群众的文化需求。包括其他散居民族地区的乡镇文化站或村组在内，
基本没有专门的娱乐活动场地。少数民族大多喜欢唱唱跳跳，调研中就有许
多群众反映缺乏活动场地的问题。还有的文化站没有精力做自己的主要业
务，把大多时间都花在服务全乡经济建设上了。此外，红塔区民族宗教事务
局干部谈到，当前的宗教工作形势越来越严峻，民族地区的百姓非常单纯，
很容易被外来宗教势力渗透，如果再不抓好宣传阵地，不重视民族地区的文
化建设，这些地方就很可能会逐渐被外来宗教势力所侵占了。

　　关于民族文化保护与发展问题，课题组所走访过的玉溪市散居民族地区
都没有得到专项的民族文化保护资金，有保护意识的地方，是自己想办法要
资金来做事。例如通海县兴蒙蒙古族乡，1988 年建乡，面积 4.7 平方公里，
全乡人口 5636 人，是云南省最小的一个乡，也是省内唯一的蒙古族聚居乡，
蒙古族人口占全乡人口的 96.3%。这样一个独特的民族乡，保护和发展其
独有的民族文化就成了乡政府考虑的重要事项。乡里准备建一个"南方高
原蒙古族历史文化展馆"（三圣宫）来做民族文化的集中展示，建成后还可
支撑起全乡旅游业的发展。整个项目需要 500 多万资金，靠乡一级财政根本
无法解决。项目报到县里，县里批了，也立项了，但一分钱的资金都没有。
唯一的办法只有再往上级报，看市、省两级相关部门能否解决资金。据说玉
溪市委书记到兴蒙乡视察工作时听说了这件事，当即拍板答应给 60 万元，
一期工程建设的 20 万元已经投入使用了，二期还要拨付 40 万元。市民委也

同意下拨 40 万元建设资金。

医疗卫生方面，大病返贫仍然是较为突出的问题。按红塔区 2009 年新型农村合作医疗报销比例规定，参合人员住院医药费扣除不予报销的项目和起付线费用后，乡镇定点医疗机构按 75%、区级定点医疗机构按 60%、市级及以上定点医疗机构按 25% 的比例报销。群众能在乡镇定点医疗机构看的病一般都是普通的疾病，这个医药费对他们来说不是很大的困难；重病或者手术会到市里的医院去看，这时候只能按 25% 的比例报销，剩余的 75% 对他们会造成一定的负担；最严重的是，如果得了恶性肿瘤或是白血病等大病，虽然有大额住院医药费补偿，可每人每年增加补助最高限额只有 10000 元，不论是在市里治疗还是到省级医院治疗，另外 75% 的费用都将是天文数字，是一个普通农村家庭无力承担的。所以，一个家庭只要有了一个重病人，就会立即因病返贫。

在通海县兴蒙乡，课题组调研时了解到一种乡卫生院和民营医院合作办医的特殊模式。

以往的兴蒙乡卫生院，医疗设备落后，药品不齐全，医生水平不高，很多群众生病了都是直接到县城去就医，不会考虑到乡卫生院。后来，乡卫生院开始和县里的一家民营医院合作，将该医院的优秀医生和先进设备引入乡卫生院，而医疗费用的报销比例还是按照乡一级的标准。据兴蒙乡乡长介绍，该民营医院的院长医术很高明，引进到兴蒙的各种设备也都是县内最先进的，所以现在胆囊手术甚至脑部手术都可以在乡卫生院做。这在以前是根本不可能的。群众目前对乡卫生院非常满意，绝大多数人生病都选择在当地就诊。百姓得了便利和实惠，合作医院也有一定的利润，这种运转模式在整个通海县和玉溪市都算是探索出了一条较好的路子。但是，实行医改后，国家财政只补贴在公共卫生上，民营医院补不到，且乡级卫生院所规定的药品目录对很多病都无法治疗，药价也必须按统一定价，不能有利润，民营医院没有利润了，只能从兴蒙乡撤走，以后兴蒙的百姓看病又陷入困难了。目前兴蒙乡卫生院和该民营医院的合作合同到 2011 年结束，大家对新医改政策都还在观望之中，如果与民营医院真的合作不下去了，乡领导打算到上级去积极争取一下，看能不能对兴蒙有什么特殊政策。

（四）民族干部素质有待提高，基层群众自治制度亟待完善

在人才状况和民族干部培养使用情况中，存在以下主要问题：

一是少数民族人才总量不足，人才比例与人口比例还存在一定的差距。少数民族占总人口的 32.69%，少数民族干部占干部总数的 25.09%，比人口比例低 7.6%；散居民族地区少数民族占总人口的 15.85%，少数民族干

部占干部总数的 12.28%，比 1998 年提高了 1.43%，但比人口比例仍低 3.57%。

二是结构不合理、分布不均衡。事业单位少数民族干部多，党政机关少，从事技术和服务行业多、经济部门和政法部门少，民族自治县多、发达县区少，男性多、女性少的现象仍然突出。

三是在公务员招考录用中对少数民族没有强制性的照顾性政策，录用为公务员的少数民族干部偏少。课题组在通海县兴蒙乡了解到的情况是，县内蒙古族的公务员只有十来个，正科级干部只有现在的乡长一人，兴蒙乡连蒙古族乡长都快选不出来了。据介绍，每年公务员招考时也有不少当地蒙古族考生报名，但因为长期讲民族语言的关系，他们的汉语表达都不是很顺畅，结果就算能通过笔试，跟其他汉族考生一竞争，面试时也会被统统刷下。

四是少数民族干部素质不高，部分基层民族干部对国家的民族政策还了解甚少，有的地方干部只能从外地任命。在通海县里山彝族乡调研时，一位乡党委委员课题组介绍，里山乡近十年来都没有本地彝族人担任乡长，虽然同样是彝族，但外派的干部终究没有本地人了解情况，有些工作还是不好做。问起为什么里山本地彝族人当不了乡长，通海县民族宗教事务局的受访干部谈到："现在的干部提拔都需要考试，从副科就要开始考了。里山的彝族要论起考试那还是考不过人家外面的人。而且本身这里的干部和人口比例就很不协调了，可以参加考试的人本来就不多，就更没有竞争优势了。"

其次，在此次调研中，还凸显了一个十分急迫的问题：基层群众自治制度亟待监督完善。

中共十七大将"基层群众自治制度"首次写入党代会报告，正式与人民代表大会制度、中国共产党领导的多党合作和政治协商制度、民族区域自治制度一起，纳入了中国特色政治制度范畴。胡锦涛同志《在庆祝中国共产党成立 90 周年大会上的讲话》中指出："人民代表大会制度是根本政治制度，中国共产党领导的多党合作和政治协商制度、民族区域自治制度以及基层群众自治制度等是基本政治制度。"然而，基层民主发展的规范性却未得到相应的重视，基层群众自治制度亟待完善。

在课题组此次调研走访过的许多省内农村地区了解到，每到村组干部换届选举的日子，农户就会有不少额外的收入。这已经是公开的秘密了。要竞选上一个村组长，可能不但要有庞大的家族势力，而且还要有一定的经济实力。选举的那些天，经常会有候选人家杀羊宰牛，有村民向笔者反映说那段时间吃的伙食太多了，都不知道要去哪家吃了。有的地方是直接拿钱贿选，候选人会到村民家中，按照户口本上能够投票的人数每人发两百或三百元钱拉票。有时这个候选人前脚走了，那个候选人后脚就进来了，村民一晚上可以收到好几百元钱。如果一人给两百，另一人给三百，那到时候你投了三百那个人，给两百的人也不会把钱要回去。所以还有人戏称这样也挺好的，农户可以趁那段时间赚些外快。还有更绝的，为了防止投资了却选不上，有的候选人就买鞋子来发放给村民。你是几码的脚，报上来，先领走一只鞋，等到该候选人当选后，再到他家领另外一只鞋。在有工业园区的村组，要竞选一个村组长起码要花费上百万资金。有一年某个经济条件较好的村子选举，选上的是花了200万的人，另一个花了180万的人就白白投资了一次。据村组干部介绍，以前大家都很团结，各个民族都是一家人。实施基层群众自治制度第一、二届还好，现在基本就是谁出钱谁就可以当村组干部了，由此引发了不团结、不和谐，村子里出现了几个不同的派别，原来关系很好的人，现在都互相不讲话了。不仅是村民中间，连竞选上的书记、组长间都可能不和谐。上任的人更多地想着要捞好处，要把投入的资金翻倍捞回来，很少有人会真心实意为百姓做事的。"如果上级再不重视，再不采取措施，那是要出大问题的！"村组干部痛心疾首地说道。

（五）基层组织体制不顺，严重制约当地经济社会发展

通海县兴蒙蒙古族乡原为该县河西镇的一个村公所，1988年1月7日正式建乡，现下辖5个自然村6个村民小组，即白阁村、交椅湾村、桃家嘴村、下村（分3、4组）和中村。由于建乡时考虑不够周全，没有在乡一级行政建制下相应地成立村委会，乡政府直接就对应自然村了。这种行政体制上的不顺严重制约着兴蒙乡的经济社会发展。

目前我国的各项惠民政策最低一层只对应到行政村，自然村是无法直接享受这些政策的，也没有申报各类项目的资格。例如农家书屋、党员活动室、卫生室、气象预报信息牌等，都是针对行政村所设置的项目，自然村就争取不到。对兴蒙乡的各个自然村而言，有项目到达通海县时，县里会考虑适当安排到兴蒙一部分，但要是自己想往上报项目就不可能了。想要项目，想要资金，在向上级反映后就只能等着。同时，项目越缺乏，差距就越大，兴蒙的经济社会发展就越滞后。除了各类项目，还有村组长的工资待遇问题也较为突出。现在自然村的支书和组长每月工资250元，副组长200元，若是改为行政村，那工资待遇起码要上升到600—700元一个月。这种情况在现行的行政体制下很难有所改变，如果要改变目前的状况，则需要报到省里才能批。据兴蒙乡乡长介绍，他们已经向很多部门反映过这个情况了，但回复都是十分困难，基本不可能。与此类似的还有通海县纳古镇。纳古镇由纳家营、古城、三家村3个自然村组成，原为四街镇的一个村公所，1988年

经省人民政府批准建立纳古回族乡，1997 年撤乡建镇。纳古和兴蒙是同一批建乡的，现在都面临着行政体制不顺的问题。但纳古镇经济发展较好，2008 年的农民人均纯收入已经达到了 8976 元，超过兴蒙乡 4164 元的一倍。

五　玉溪市散居民族地区农村经济社会发展的建议

针对玉溪市散居民族地区农村经济社会发展所存在的问题，除了当地少数民族群众要自力更生，破除"等、靠、要"的落后思想观念外，更需要中央、省级以及地方各级政府提高认识，从政策、资金、技术等方面加强引导和扶持力度，帮助散居民族地区和当地少数民族群众加快经济和社会事业的发展。

（一）进一步完善散居民族地区的政策法规，推动散居民族地区农村经济社会平衡发展

1993 年经国务院批准，国家民委发布了《民族乡行政工作条例》和《城市民族工作条例》。十多年来，云南省人大委员会先后颁布了《云南省民族乡工作条例》、《云南省城市民族工作条例》、《云南省促进民族自治地方科学技术进步条例》、《云南省民族民间传统文化保护条例》等地方性法规，对保障散居民族的政治、经济、文化等各项权利做出了具体规定。这些法规是散居民族地区行政工作的重要依据，对保障散居民族的合法权益，维护和发展平等、团结、互助的社会主义民族关系以及促进各民族的共同繁荣起到了重要作用，但是，《条例》由于时间的推移已难以适应新形势下民族工作的需求，在具体的操作过程中也出现了很多问题。

课题组在玉溪市调研期间发现，除了对民族乡乡长及其他干部任职比例的规定外，现有条例中明文规定的其他事项几乎均未得到落实。例如《云南省民族乡工作条例》中规定，区级人民政府在制定区对民族乡的财政体制时，应与非民族乡有所区别，给民族乡以照顾。在计算财政收入时，超收部分全部留给民族乡；在计算财政补贴时应高于同等条件的乡。但课题组所走访过的民族乡都未得到过这方面的特殊政策，每年 5% 的财政转移支付没有一个乡得到过。红塔区洛河彝族乡由于矿产资源丰富，近年来经济收入都比较好，2008 年全乡农村经济总收入达到了 21.9 亿元，2009 年也有 19 亿元。税收总额最高时突破过一个亿，2009 年也有 9000 多万，其中地方税收 2700 多万，但乡里只能使用 1100 万左右，其余都要上交区、市财政。因此，实际上目前的财政收入超收部分只有部分留给洛河乡使用。

此外，玉溪市 10 个民族乡之外的广大散居民族地区分布着大量的散居

民族，通常以民族村或村小组的形式相对聚居，但其既不在民族自治地方又不在民族乡，所以上述法规就无法覆盖到。没有自上而下的政策和法规支撑，在玉溪市这样经济较为发达、城市化进程较快的地区，真正的民族工作很容易被忽视。当地政府对散居民族的关心大多限于经济发展方面，而且所制定的各类优惠政策并不是以"民族"为切入点的，散居民族的民族身份对当地政府而言没有更多特别的意义。我们所采访到的百姓很多都觉得现在政策很好，生活水平得到了提高，那是因为他们背靠着玉溪市这棵大树，政府有更强的实力来帮助当地所有百姓都逐步一起发展，而不是因为他们是散居民族，政府才对他们有特殊的照顾。

政府部门只关注散居民族和当地汉族因生存条件不同而造成的经济发展差距，却忽视了形成这种差距的历史及族别原因，这种做法带来的后果往往是加大当地散居民族与周边其他民族和地区的发展差距。而当地民族工作部门，因为没有可依循的法规，在工作过程中有诸多不便，无法将众多的散居民族行政村一并纳入规划，只能在有条件时对它们给予一定的照顾。

在红塔区调研时，受访干部对课题组说了一句大实话："对玉溪这样经济社会发展总体较好的地区而言，项目固然重要，但更关键的还是要政策。"因此，要开展好玉溪市农村的散居民族工作，首先要进一步加大《云南省民族乡工作条例》的贯彻执行力度，明确对民族乡的扶持政策、税收留成比例、财政补贴标准等；将民族发展资金列入年度财政预算；地方财政支出中要单列民族发展资金或是适当降低财政资金上缴比例，用于解决散居民族地区经济社会发展中的瓶颈问题；红塔集团每年200多亿元的税收，也应适当返还给玉溪市一部分，用于推动玉溪市民族地区经济社会的平衡发展。

其次，为缩小发展差距，促进社会主义新农村建设，构建和谐社会，必须由国家或省级决策部门结合实际出台针对民族村委会的刚性法规，并要求各级地方政府依照实施。有了细化到民族村的法规，当地百姓才能有确实的政策保障。对既不在民族自治地方又不在民族乡的民族村，可参照《云南省民族乡工作条例》制定《云南省民族村工作条例》，而地方政府则可结合本地实际针对特殊问题制定单项条例，把《云南省民族村工作条例》落到实处。这样，既有国家法规的支持，又有地方政府的单行条例，各项政策的针对性就更强，也更容易落实。

法规出台后，还应建立相应的监督和考核机制，可效仿云南省的民族团结目标管理责任制，从各级党委政府、各有关部门到村委会，每年都层层签订《云南省民族村工作条例》和各单行条例的目标责任书，并将条例的执行情况列入各级党政领导和相关工作人员的工作考核中,以此来督促散居民族工作的开展和落实。

(二) 加大基础设施建设力度,重视社会事业发展,推动散居民族地区经济社会协调发展

玉溪市是云南省的经济较发达地区,但大多散居民族地区仍然较为落后,较少分享到玉溪经济快速发展的成果。而生存条件差、基础设施落后,则是制约散居民族地区经济发展的重要因素。要改变现状,加快散居民族地区农村经济社会发展,就必须加大基础设施建设力度,在资金、技术、人才、物资等方面给予特殊照顾。

在资金配套上,目前的各类基础设施建设项目都要求上级人民政府和地方政府按1∶1的比例投入,致使基层政府财力无力承担,一些大的建设项目无法启动,严重影响了当地的经济发展。因此,加大政府投入,适当降低配套比例,增加政策和资金倾斜,推进重大基础设施项目建设,是散居民族地区的急迫要求。正如一位玉溪市民宗局干部所言,散居民族大多居住较为分散,但目前民族地区的交通建设项目只到乡村一级公路,如果国家在整个交通建设的总资金内能对民族地区有所倾斜,能划出一块资金来做村级公路建设,只要少修缓修一条高速公路,散居民族地区就会有很大发展。

在各种项目的申报和审批上,在同等条件下,建议对散居民族地区村进行重点扶持,特别是在水患治理、新农村建设、文化旅游开发等方面,应给予优先立项和资金支持,以加快当地的基础设施建设,尽快缩短与其他发达乡镇的差距。在调研中课题组了解到,对于申请不到各类建设项目,基层干部有自己的看法。一位村委会干部坦言说:"散居民族地区农村都是较为贫困的,有的村子连上级领导下来考察都招待不起饭菜,这样怎么可能申请到项目呢?领导是去考察项目的,可村里由于经济条件限制没办法表现得很热情,其他热情的地方多得是,领导又怎么会单单把项目交给那个村呢?"所以,要杜绝项目安排上的主观随意性,就需要各级政府积极主动关心散居民族地区,制定相应的扶持政策,将每年都要"跑"、"要"及取决于领导是否有民族感情的项目,变为固定扶持项目。

此外,玉溪市各乡镇、村委会都基本建有学校、卫生院、卫生所、文化站,但设施简陋、专业技术人才缺乏问题较为突出,乡镇文化站缺少图书、设备,缺少管理人员,这制约着文化站功能的发挥;乡镇中学缺乏必要的实验教学设备,卫生院缺乏必要的救护设施,卫生所缺乏必备的器械和药品等问题依然存在;"农家书屋"不允许设在村民小组,导致开设在村委会的图

书室很多都是形同虚设，只有邻近小组的小学生会去借阅书籍，其他村民基本从未借过；民族地区文化娱乐活动单一，看电视和赌博成了群众最主要的娱乐休闲方式，除了图书和科技培训外，普遍缺乏运动场、文艺活动室等；散居民族地区民族文化日趋式微，群众民族认同意识日益淡化。

鉴于以上原因，应重视散居民族地区社会事业发展中面临的问题，并对散居民族地区给予一定的倾斜。要十分重视教育发展的问题，将民族地区学前教育作为下一阶段教育工作考虑的重点，采取有效措施鼓励年轻教师到散居民族地区工作，并建立健全规范的教师流动机制，充分调动教师的工作积极性；要设立专项的民族文化保护资金，普及民族政策，培育散居民族群众的民族认同感和自豪感，引导其保护和传承民族传统文化的自发意愿；要进一步加强农村医疗队伍和医疗基础设施建设，不断完善新农村政策，不断改善农村就医条件，切实解决散居民族群众看病难看病贵的问题。

总之，要在加大基础设施建设力度的同时，加快发展散居民族地区教育、文化、卫生等各项事业，逐步解决制约散居民族地区经济社会发展的瓶颈，使各少数民族在经济发展的同时享受各项社会事业发展的成果，促进民族团结、社会稳定、和谐。

（三）加强少数民族干部的培养选拔使用工作，推动散居民族地区经济社会可持续发展

在 2009 年召开的国务院第五次全国民族团结进步表彰大会上，中共中央总书记、国家主席、中央军委主席胡锦涛发表了重要讲话，指出：要把选拔少数民族干部和各类人才工作摆在突出位置，采取更加有力的措施，努力建设一支政治上跟党走、群众中有威望、工作上有实绩的高素质少数民族干部和人才队伍。

我国是统一的多民族国家，民族问题处理的好坏直接关系到国内政治环境的稳定，而这就必须要有得力的干部去做工作。散居民族地区由于社会情况比民族聚居地区更为复杂，就更需要有一支德才兼备的少数民族干部队伍去做好民族工作和解决民族问题。散居民族地区虽然生存条件较为恶劣，但同时也拥有着丰富的自然资源，群众有着改变现状、缩小发展差距的强烈愿望，这些都是当地经济社会发展的有利条件。要利用好这些条件，改变散居民族地区的现状，关键还要靠人才，要靠一支群众中有威望、工作上有实绩的少数民族干部队伍。只有这支干部队伍培养起来，散居民族地区才能可持续发展。因此，各级党委和政府要提高认识，进一步加强少数民族干部的培养选拔使用工作。

　　针对散居民族地区少数民族干部队伍建设问题，一是在招考公务员及事业单位人员时，应制定强制性的政策，放宽招考的条件和名额限制，有计划有比例地招考录用少数民族考生；二是加大培训教育工作，利用党校和到省、发达地区"外挂"等多种形式，加大培训教育力度；三是拓宽干部来源渠道，省内大中专院校要有计划地增加招收少数民族学生的名额，适当降低分数录取，实行定向招生和培养；四是重视对长期在社会事务部门及散居民族地区工作的干部交流、轮岗、选拔使用工作，使民族乡公务员中当地干部比例不低于60%，并优先培养使用能够以本民族语言开展工作的少数民族干部。

　　（四）采取有力措施，消除影响民族团结和社会稳定的因素，推动散居民族地区农村稳定发展

　　比起民族聚居地区，农村散居民族群众和周边汉族群众有更多接触和往来，也能更直接地看到地区经济社会发展的不平衡，因此，群众心理也更容易产生不平衡。而且，目前的村级集体基本上无经济收入，大多是"空壳村"，乡村两级自身建设资金投入严重不足，村公益事业和基础设施建设难度增大，财政收支矛盾十分突出，组级债务极大，讨债官司不断。这些原因容易导致产生社会矛盾，影响民族团结和社会稳定。随着城市化进程的加快，大量的农村人口、外来人口进入城市，城市少数民族人口的数量和比例都在提高，城乡交往日益密切，经济往来日益增多，饮食、风俗习惯和信仰需求不断增强，城乡结合地极容易成为各种矛盾纠纷的多发地。

　　这些影响民族团结和社会稳定因素的存在，对散居民族地区经济和社会事业的发展极为不利，各级政府要采取积极有力的措施，切实消除影响散居民族地区民族团结和社会稳定的各种因素。一要加大对涉及和影响民族团结宗教稳定工作矛盾纠纷隐患的排查力度。本着"民族、宗教无小事"的原则认真履行职责，及时排除隐患，化解矛盾纠纷。二要建立和完善生态补偿机制，对生态保护做出贡献的地区，要给予适当补偿，让群众从生态保护中受益。对因其他建设而影响到的少数民族群众，要妥善解决他们的生产和生活问题，给他们一定的经济补偿，并划分一定的土地，让他们发展生产。三要落实好有关民族宗教政策，充分保障少数民族和信教群众的权益，尊重他们的宗教信仰和风俗习惯，避免和坚决制止伤害民族感情和民族权益的事情发生[1]。四要重视基层组织建设工作，完善基层群众自治制度，并参照目前

---

[1]　通海县民族宗教事务局：《通海县少数民族散居地区经济社会发展现状调研报告》，2009 年7 月。

中共中央办公厅、国务院办公厅印发的《关于加强和改进城市社区居民委员会建设工作的意见》中提出的将社区居委会的工作经费、人员报酬以及服务设施和社区信息化建设等项经费纳入财政预算，逐步将村委会的工作经费、人员报酬等各项经费也纳入财政预算。

曲靖市散居民族地区农村经济社会发展情况调研报告

散居民族居住相对分散，呈"大杂居，小聚居"的状态。在云南，由于历史和现实的因素，国家在法律和政策层面上对这部分群众的权益关注不够，成为长期制约当地社会经济发展的瓶颈，潜在和显现出来的社会问题和矛盾日益突出，影响着当地经济社会的健康和稳定发展。

本调查报告主要以曲靖市党委、政府在民族工作实际中的具体做法以及部分县、乡镇的实际情况为依据，总结和分析当地政府在开展民族工作中的经验以及现实中所面临的主要问题，探讨依托于"民族村"来制定散居地区民族政策和法律法规的可行性。

一　曲靖市散居人口分布情况

曲靖市是云南典型的散居民族地区。截至 2010 年底，曲靖市总人口 616 万，少数民族人口共有 44.6 万人，占总人口数的 7.22%。其中世居民族有 7 个，分别为彝族、回族、壮族、布依族、苗族、水族、瑶族，人口 40.94 万，占少数民族总人口的 96.6%；此外还分布有其他少数民族如白族、蒙古族、哈尼族等。在世居少数民族中，彝族有 24.21 万人，回族 7.86 万人，壮族 3.4 万人，布依族 3.2 万人，苗族 3.18 万人。曲靖各个县（市）区的少数民族人口分布见表 1。

表 1　　　　曲靖各个县（市）区的少数民族人口分布情况表①

地区	少数民族人口（万）
宣威市	9.65
罗平县	7.99，少数民族人口比例占总人口的 13.35%

---

① 曲靖市民宗委：《曲靖市民族散居地区经济发展情况》（内部资料），2009 年。

地区	少数民族人口（万）
师宗县	7. 11，少数民族人口比例占总人口的 17. 58%
富源县	6. 55
会泽县	5. 13
麒麟区	3. 01
沾益县	2. 35
马龙县	1. 53
陆良县	1. 13

曲靖的散居少数民族主要居住在农村，分布在 8 个民族乡，178 个村委会，2230 个村民小组，2152 个自然村之中。在 178 个村委会，少数民族人口占到 30% 以上的民族行政村有 155 个（民族乡民族村委会 56 个，非民族乡民族村委会 99 个）；在 2230 个村民小组中，少数民族人口占到 30% 以上的村民小组有 554 个；在 2152 个自然村中，少数民族人口占到 30% 以上的自然村有 609 个；① 另外，2123 个村民小组位于半山区、石山区和高寒山区，83 个村小组居于丘陵地带，24 个村小组散落坝区。

民族村委会共 155 个，辖 1298 个自然村（含民族乡内 56 个村委会 499 个自然村），有少数民族人口 20. 89 万人，占民族村委会总人口 41. 82 万人的 50%；少数民族聚居村委会以外民族自然村 604 个，少数民族人口 10. 63 万人，占民族自然村总人口 18. 03 万人的 58. 9%，民族村委会、民族自然村主要居住的七个世居少数民族分别为：彝族 17. 16 万人、回族 5. 67 万人、布依族 2. 73 万人、壮族 2. 56 万人、苗族 2. 39 万人、水族 0. 72 万人、瑶族 0. 2 万人。

曲靖散居民族地区农村 95% 的村民小组居住环境多数处在海拔相对较高，自然环境条件相对恶劣、贫瘠的地带。曲靖散居少数民族的分布格局总体上呈现出人口基数大、居住分散，地理位置偏远的特征。按照 2008 年公布的 1196 元的贫困标准，调查范围内有 475 个自然村处于贫困线标准以下，占 2107 个自然村调查总数的 22. 5%；调查范围内共有贫困人口 14. 83 万人、享受低保 2. 96 万人，住房困难户 2. 54 万户，分别占调查范围内总人口、总户数的 24. 78%、5%、17. 2%。少数民族贫困人口大幅度上升，民生问题

---

① 参阅曲靖市民宗委经济发展科《曲靖市少数民族地区乡、村委会、自然村设计乡村名单》以及《曲靖市民族散居地区经济发展情况》（内部资料），2009 年。

更加突出，已成为曲靖民族工作和扶贫工作的重点和难点。①

二　曲靖市散居民族地区农村经济社会发展的现状

（一）依靠项目带动经济发展

1. 基础设施条件进一步改善

"十一五"期间，在曲靖市各类扶贫项目规划实施中，对民族地区给予了重点倾斜。民族地区共有 123 个村委会纳入了曲靖市各类新农村建设盘子，整合资金 4 亿多元合力攻坚，扎实推进民族地区新农村建设。2006—2007 年投入资金 3000 多万元，在 40 个民族村委会中开展了"三村四化"重点村建设，涌现出如富源古敢水族乡洒交凼村山水林田路综合治理典型，新农村建设取得了显著成效，该村作为先进典型受到国家、省、市、县各级的表彰。2007—2009 年投入资金 3.4 亿元，在较贫困民族地区的 76 个村委会实施"千村扶贫、百村整村推进"工程，使民族地区 21.4 万人受益，其中少数民族 10.5 万人，各项目村实现了户"八有"、自然村"六有"、行政村"六有"的"866"目标。2008—2009 年围绕户"八有"、自然村"九有"、行政村"十有"目标，选择民族地区条件较好的两个村委会实施"小康示范村"建设，每村投入资金在 600 万元以上。如富源县老厂乡拖竹彝族村委会整合资金 6465 万元，在完成村庄建设的基础上，建成了农民别墅新区及配套的文化广场、活动中心、农贸市场和农民小区一条街，走出了依托煤炭资源加快产业培植，拓宽农民增收渠道，以工哺农的新路子。在2009—2010 年"整乡推进"中，民族地区 6 个村委会受益，基础设施极大改善。通过扶持，民族地区基础设施进一步改善。截至 2010 年，曲靖市 8个民族乡乡乡通油路，178 个行政村基本实现了"四通五有"，2151 个自然村中已有 1732 个村通路、1236 个村有安全卫生饮用水、2093 个村通电、1945 个村通电话、1987 个村通广播电视、39 个村列入了易地搬迁计划。罗平县旧屋基彝族乡 7 个村委会全部通了水泥路、56 个自然村中 44 个通了水

① 数据来源："曲靖市全面开展少数民族聚（散）居村委会、自然村基本情况调查"材料。曲靖市民宗委于 2009 年 6 月 20 日启动、组织开展了曲靖市少数民族村委会及自然村（少数民族占30% 以上，简称民族村委会、民族自然村）基本情况调查，此项工作是曲靖历史上第二次对曲靖市民族地区社会经济状况开展的全面普查。本次调查共涉及 105 个乡（镇）街道、560 个村委会（社区）、2107 个自然村、64.65 万人，占曲靖市总人口 608 万人的 10.6%，其中少数民族 31.75 万人，占曲靖市少数民族人口 43.4 万人的 73.2%，从多角度、多层面反映曲靖市少数民族聚居地区的现状。通过调查，全面摸清了曲靖市少数民族聚（散）居村委会及七个世居少数民族的分布状况。

泥路，全乡行路难问题基本解决。①

图1 富源古敢水族乡古敢村

图2 古敢水族乡优美的人居环境

2. 民族地区特色产业培育亮点突出

结合民族地区独特的区位优势和自然条件，着力培育和发展民族地区特色（优势）产业，取得显著成效。富源县古敢水族乡"万亩无公害蔬菜基地建设"进展顺利，已引进龙头企业1家，通过"公司＋支部＋基地＋农户"模式种植蔬菜300亩。渔业、旅游业、蔬菜、生姜、中药材成为罗平县三个民族乡群众增收致富的主导产业；师宗县的三个民族乡形成了以中药材、林果业、林下种养业、热区粮食、旅游业为主的优势特色产业；会泽县新街回族乡在稳步发展种植业的同时，大力发展畜牧养殖业和劳务输出业，依托县驻昆党工委和乡驻昆党总支，初步建成了奶牛养殖、建筑、饮食服务三大领域的劳务输出体系，形成了牛奶、牛羊肉产供销一条龙发展模式，乳业占昆明市场销售份额的60%，牛羊肉屠宰占昆明市场销售份额的85%，全乡务工创业人员占总人口的38.3%。

3. 民族特需商品定点生产企业扶持力度进一步加大

"十一五"期间，曲靖市11户企业被确定为民族特需商品定点生产企业。定点企业共享受流动资金贷款贴息934万元，享受财政贴息15项313万元，保障了民族地区特需商品的生产供应，满足了少数民族群众生产生活特殊需要。②

（二）全面促进社会事业发展

1. 民族教育事业健康发展

"十一五"期间，市委、市政府高度重视少数民族教育，不断完善民族教育政策措施并认真抓好落实，曲靖市普及九年义务教育基本实现，民族地

---

① 保明富：《曲靖市少数民族地区经济社会发展调研报告》，载《今日民族》2011年第11期。
② 同上。

区中小学的办学条件大大改善。目前，曲靖市有民族完全中学两所、民族初级中学 8 所、民族完小 188 所，覆盖市、县、乡、村以基础教育为主的民族教育体系基本形成。民族地区基本做到了最好的房子是学校，教育教学质量明显提高。曲靖市民族中学、宣威市民族中学都跨入省一级高级高中行列；罗平县长底布依族乡 2009 年、2010 年中学、小学综合考核居全县第一；富源县古敢水族乡从 2006 年开始普及高中教育，在全县开创了普高先河。曲靖市少数民族学龄儿童入学率由 2005 年的 98.45% 增加到 2010 年的 99.47%；8 所民族中学 D 级危房已排除 10426 平方米，占 78%；188 所民族小学 D 级危房已排除 80668 平方米，占 51%。其中 2008 年校舍普查库中的中小学 D 级危房 70168 平方米已全部排除。

2. 民族文化体育事业繁荣发展

结合散居民族地区实际，发挥优势，创造条件，努力挖掘民族文化资源，大力弘扬民族文化体育事业。曲靖市 8 个民族乡建有文化站 8 个、村文化活动室 56 个、民族文化小广场 56 个，99 个民族村委会建有文化活动室 46 个。市级成立了彝学学会、民族文化艺术团等民族文化社团组织。在曲靖师范学院建立了 7 个民族体育项目训练基地和民族文化传承研究中心，并在具备条件的县建立了民族体育项目训练基地。以各种文化活动基地为载体，民族文化体育活动有声有色地开展。定期举办民族歌舞乐展演和民族传统体育运动会，到 2010 年曲靖市政府举办了三届少数民族歌舞乐展演和三届少数民族传统体育运动会，并组团参加了历届省民族民间歌舞乐展演和历届省少数民族传统体育运动会。民族历史文化研究工作取得重大进展，2010 年出版了《曲靖回族历史与文化》，罗平县组织力量完成了《彝族毕摩经全集》中的主要内容《玄通大书》的翻译工作，2011 年，列为省少数民族传统文化抢救保护项目的曲靖彝族文献提要编撰工作依托曲靖彝学会组织实施，布依族、壮族文化研究也在有序展开。

3. 民族地区医疗卫生事业长足发展

曲靖市 8 个民族乡均有卫生院，所辖的 79 个村委会均有卫生所，99 个民族村委会均有卫生所，医疗卫生条件较大改善。民族地区全面实施新型农村合作医疗，参合率逐年提高，曲靖市 8 个民族乡参合率达 96%，少数民族群众能享受到基本医疗卫生服务。

4. 民族地区社会保障水平逐步提升

民族地区社会保障覆盖面逐步扩大，民族地区最低生活保障制度进一步完善。将符合农村低保条件的少数民族低收入贫困人口全部纳入农村低保范围。截至 2010 年末，曲靖市 17664 名少数民族人口纳入农村低保范围。[①]

三　曲靖市促进散居民族地区农村经济社会发展的经验

实践表明，曲靖在开展民族工作方面积极探索出了一些政策和举措，促进了散居民族地区的社会经济发展，改善了民生，正确处理了"发展与稳定"的辩证关系，在促进民族地区发展、巩固民族团结、维护民族地区稳定等方面成绩显著。曲靖首创的一些经验和措施走在了全省乃至全国散居民族工作的前列。在国家还没有正式出台散居民族地区的相关法律法规的背景下，曲靖在开展民族工作中创建出来的"曲靖模式"难能可贵，值得认真总结。

（一）加强和改善对民族团结工作的领导，建立健全领导机制

一是，曲靖市委成立以市长为组长的民族工作领导小组，在各县、市、区也相应成立以相关部门为成员单位组成民族工作领导小组，细化分解工作职责，从组织、制度上加强对民族团结工作的领导。二是，市、县两级党委、人大、政府、政协都有联系和分管民族工作的领导；市、县两级民宗委由主要领导分管民族团结工作；乡、镇分别确定分管民族工作的领导；村委会设有协调民族关系的信息员。三是，建立健全各级民族宗教工作的办事机构。围绕加强民族团结的工作，市、县两级民宗部门均设立了政策法规部门，乡、镇设立民族宗教工作助理员，村委会一级则设立协调民族关系的信息员。在全省率先在各县、市、区和民族团结工作任务重的乡镇成立了民族矛盾调解机构，建立了市、县、乡、村四级维稳体系。四是建立民族团结工作经费保障制度。市级财政预算中单列民族团结稳定工作经费，市委、市政府要求各县、市、区把开展民族团结工作专项经费纳入当地财政并逐年增加。五是建立民族团结进步表彰制度。各级党委政府每4年召开一次民族工作暨民族团结进步表彰大会，表彰在民族工作中有突出贡献的模范集体和个人，树立典型和学习的榜样。[②]

（二）通过政策措施保障将民族地区的发展落到实处

从2001年以来，曲靖市党委、政府制定和出台了一系列促进少数民族地区社会和经济发展的政策文件，这些政策体系为加快曲靖民族地区的发展

---

① 保明富：《曲靖市少数民族地区经济社会发展调研报告》，载《今日民族》2011年第11期。
② 丁江伦：《谱写散杂居民族地区民族团结进步工作新篇章》，载《今日民族》2009年第7期。

提供了政策层面的刚性支持。市委、市政府先后制定了 3 个加快少数民族和民族地区发展的文件，文件根据民族地区发展面临的新情况和新问题，不断充实完善一系列优惠措施来加强民族工作，为民族地区经济社会发展创造了良好条件。2010 年市委、市政府制定了《关于进一步加强民族工作，促进民族团结，加快少数民族和民族地区科学发展的决定》，明确了到 2015 年民族地区发展的主要目标，制定了民族地区经济社会发展的具体措施。在民族教育方面，对民族地区少数民族中考生给予加分照顾，一大批少数民族学生得以享受到优质教育资源。在民族人才培养方面，按照文件精神，从 2010 年开始，全市事业单位公开招聘工作人员对少数民族报考人员笔试给予加分照顾。这些政策的执行为民族地区人才培养拓宽了渠道，奠定了基础。①

（三）从实践上创新民族地区建设社会主义新农村的有效方法和途径

其一，创建"民族团结示范村"。2002 年曲靖率先在全省开展了"民族团结示范村"②的创建活动，2003 年，曲靖创建"民族团结示范村"的经验被云南省民委向全省推广。截至 2008 年，共投资 1.9 亿元创建了 30 多个"民族团结示范村"，涌现出一批受到国务院和省委、省政府表彰的示范村，如富源县中安镇回隆回族村和后所镇庆云彝族村，沾益玉碗水苗族村，罗平县腊者布依族村等。其二，创建"三村四化"③新农村建设工程，2006—2007 年，曲靖市投入 4000 余万元建设了 40 个"三村四化"民族村委会，典型代表就是被列为"整乡推进"的富源县古敢水族乡。其三，率先在全省实施"千村扶贫，百村整体推进"的"866"④社会主义新农村建设工程。每个村委会投入资金 400 万元，总计 3 亿多元，目前已经在 76 个民族村委会、812 个民族村民小组中实施。

这些在民族地区实践社会主义新农村建设的新模式——政府大投入、资金大整合、项目大集中、社会大参与、群众大建设的"大扶贫"模式，进一步改善了少数民族群众的居住环境和生产生活条件，产业支撑项目进一步突出，示范带动效果日益明显，形成了以整村推进促进整乡推进、以整乡推

---

① 保明富：《曲靖市少数民族地区经济社会发展调研报告》，载《今日民族》2011 年第 11 期。

② "民族团结示范村"的建设内容和目标是指"民族关系好、领导班子好、经济发展好、社会治安好、村容村貌好、教育科普好"，简称"六好"标准。

③ "三村四化"指以文明村、和谐村、小康村为目标，以坝区实现农村工业化、农业产业化、住房新型化、社会和谐化，山区实现农业产业特色化、道路房屋整洁化、村风民俗文明化、团结互助和谐化为标准的新农村建设。

④ "866"社会主义新农村建设工程，简称"866 工程"，指户"8 有"，自然村"6 有"，行政村"6 有"。

进带动地方扶贫的扶贫新格局，促进了民族地区的社会和经济发展，改善了民生，使得民族地区推进了10—15年的经济发展进程，得到了云南省委、省政府和国务院的充分肯定和高度评价。

图3　曲靖市五龙乡水寨　　　　图4　罗平县长底布依族乡整洁的入村路
　　　民族团结示范村

（四）率先实施民族团结目标管理责任制，从制度上为维护民族团结提供保障

1999年，曲靖市首创的民族团结目标责任制经验受到云南省民委和省委、省政府及国家民委和国务院的充分肯定，并在全省推广实施。主要内容和做法就是：其一，逐层签订民族团结目标管理责任书。每年年初，市政府与9个县、市、区政府。各县、市、区政府与市少数民族人口较多的114个乡、镇、街道办事处，各乡、镇、街道办事处与715个村委会签订民族团结目标管理责任书；市民宗委与各县、市、区民宗局签订系统内部的管理责任书，明确各自的职责。其二，根据出现的新情况、新问题实施调整和充实目标管理的内容。其三，建立严格的民族团结管理责任制的考核与责任追究制度，年底对市、县、乡、村委会从上到下对责任制实施情况逐级检查和考核，并与各级干部的政绩和奖惩直接挂钩。民族团结目标管理责任制的实施和完善，使得民族团结工作落到了实处，建立起了层层落实、分级负责的长效管理机制，为民族团结工作提供了有力的制度保障。

（五）加强民族团结工作的宣传教育，夯实民族团结稳定的思想基础

曲靖市各级党委政府认真落实中央关于开展民族团结进步工作"不仅要教育群众，更要教育干部；不仅要教育少数民族干部，更要教育汉族干部；不仅要教育一般干部，更要教育领导干部"的精神要求，在全社会开

展民族理论、民族政策、法律法规、民族知识的宣传教育。通过现代多渠道的大众传媒进行宣传教育，通过走进党校、大、中专院校、中小学校开展多种形式的专题讲座和活动，通过编印刊物深入基层宣传等方式在干部和群众中牢固树立"汉族离不开少数民族，少数民族离不开汉族，各少数民族之间也相互离不开"的思想观念，夯实和发展了平等、团结、互助、和谐的社会主义民族关系思想基础。

图5　曲靖市富源县中安镇回隆回族村委会张家村悬挂的民族团结标语

（六）民族村在散居民族地区农村发展方面的实践和探索，加快了经济社会发展

除了地方政府在开展民族工作方面的努力与创建之外，民族村委会一级基层组织同时也因地制宜地探索着的发展和建设思路，体现出了基层的首创精神。

1. 加强村级班子建设

选举在当地有威望、具有一定党龄和奉献精神的致富带头人作为村委会书记，围绕着村委会书记组建令群众信得过的领导班子。好的领导班子对于基层组织发展经济和开展工作起到关键的作用，意义重大。领头人选好了，各项工作就好顺理成章地开展。实践表明，曲靖一些散居民族地区充分发挥群众的创造性，依托本地资源和自身优势产业，由村委会的领导班子带头示范、积极奉献，闯出了一条适合本村发展的路子。

比较典型的就是富源后所镇庆云村委会、中安镇回隆村委会以及师宗县纳厦村委会。

庆云村委会是一个彝族村，在致富带头人、老党员牛家德书记的带领下，组建了一个为家乡发展无私奉献的村委会基层班子，在干部队伍结构上实现了老中青结合，工作方式上实行传、帮、带的方式，村委会班子建立了一整套包括经济发展、文化建设、学校教育、社会治安、日常工作等制度。通过榜样的力量，在村委会班子成员中传承着一种精神和信念，传递着做事的方法和做人的道理。依托于煤炭资源，紧紧围绕着"煤挖完了怎么办"的现实问题，牛家德书记前瞻性地无私投资了6000余万元，加上其他来自省、市、县的资金，共计3亿多元，着力解决与民生息息相关的几大工程：民族团结示范村和搬迁户安居工程、民族中学建设、经济林木的栽种、桂花小二型水库及正在建设中的"神鼓彝寨"。可以看到，这五大工程重点全方位地关注到了村民的居住、教育、可持续的生计和文化建设等方面。

回隆村委会主要是一个以回族为主的回、汉共居的村委会，村委会书记桂卫国曾获得过优秀共产党员、市劳动模范、致富能手等光荣称号。在桂书记的带领下，村委会吸收了一批具有奉献精神、热爱家乡的老、中、青人员加入村委会班子，他们将外出经商致富的本村回族同胞团结和组织起来共同为家乡的美好明天出谋划策，"致富不忘家乡，饮水思源"，积极投身家乡的建设工作；村干部通过带头弘扬伊斯兰宗教文化里的积极因素，在日常生活中积极倡导和实践敬老爱幼、行善助困、勤俭持家、邻里修睦、和谐安定的村风民俗，倡导卫生健康、积极向上的生活方式，不仅带动了回族群众，更团结了汉族群众。正是通过领导班子的榜样力量，村委会在各项事业上取得了良好的发展势头，包括回族和汉族村寨的村容村貌和生活水平都发生了巨大的变化。

富源县的这两个村委会正是有了好的领导班子和带头人，有了好的榜样，在市场经济过度逐利的环境下依然激发出了人性中宝贵的品格和奉献精神。2005年，回隆村委会受到国务院授予的"全国民族团结进步模范"称号表彰；2009年，庆云村委会受到国务院授予的"全国民族团结进步模范"称号。

师宗县高良乡纳厦村委会全村主要居住着壮、苗、瑶三个少数民族，辖10个自然村，有839户3820人。其中，新安瑶族村村民主要以到沿海经济发达地区外出务工为主，在打工经济的带动下，村寨建设和群众的生活水平均走在前列。在当地政府和村委会的努力之下，2007年该村申报并通过了市级文明示范村，通过新农村建设项目的带动，新安村的村寨建设更上层楼；在成就面前村干部和群众并没有止步，目前村委会领导班子正在积极筹划依托当地农产品优势，积极组建农民专业合作社，在农产品种植和加工、经济林木种植、生猪养殖等方面正积极探索规模化、规范化运作的模式。这再一次印证了一个事实，好的领导班子对于当地经济社会发展的关键作用。

图6　高良乡纳厦村一角　　　图7　新安瑶族在村内墙壁的装饰图案

2. 探寻可持续发展的、稳妥的支柱产业

曲靖散居民族地区的基层干部带领群众积极探索未来的发展之路，不仅关心当下的生活和生产问题，更将目光投向未来子孙后代的可持续发展方式上，因地制宜，分类指导。

富源庆云村委会通过"五大工程"（如前所述）来破解"煤挖完了怎么办"这一悬在当地群众心头的难题，从单纯依托煤矿资源逐步转向依托生态林业、文化旅游、兴办教育、建设新型农村社区、充分就地安置农村剩余劳动力等方向转型。

牛家德书记说：

　　为了摸清村委会的整体状况和发展思路，我召集了村委会的100多个共产党员多次开会，提出课题，专门讨论庆云的"煤挖完了之后怎么办"的问题。最后我们村委会的领导班子研究决定了两点。一个重要的思路就是，针对当地10个煤矿的煤炭资源开采的问题，重点探讨在开采期限范围之内，地下的煤炭资源挖完了地上的人民生活该怎么办？我们召集了这10个煤矿的负责人共同协商今后的发展问题。每一个煤矿在地面上要栽300亩经济林，不论栽花椒也好栽核桃也好，沟前沟后栽椿树也好，房前屋后栽核桃也好，反正就是必须狠狠地把经济林木栽上。10个煤矿就要栽3000亩经济林木的定额。现在已经完成1190亩，还剩1810亩。2010年1月份我们找到李副县长，他打电话给县林业局，答应给我们24000棵核桃苗，近2000亩地一亩地平均种10多棵核桃苗。除了种经济林木以外，还在3000亩经济林下种草，我们专门跟畜牧局作了咨询，请他们给我们提供信息：哪个国家的草种好？一亩能产多少吨？可以喂多少头牛、多少头羊、多少头猪等。我们还重点扶持100户养殖户,我们从产业办公室专门来抓这个事情。平时,每户人家妇女可以去割草,要生喂的直接就喂,要熟喂的支起火来用大锅搅熟了喂。村里有几个妇女就像这样干,一年可以有5万元的利润。改革开放以来,牛羊肉价格比较稳定,照这样干下去,养殖的前景可观。但是,正是由于我们这个地方缺少文化不懂科技,所以就只有用土办法来教村民干了。我们的想法就是,只要不停下来,能读书的就送去读书,能打工的就外出打工,出去之后把好的技术带回来,慢慢地培养村民的思想和技术。我计划用15年,还给老百姓3000亩经济林,产出2250万元的效益,然后用养牛养羊的收入再返还给老百姓,这样算来就不是一个2250万元的效益,起码是有两三个2250万元的经济效益!

而在富源回隆村,村委会充分发挥穆斯林传统文化中的积极因素,团结了回汉群众,组织在外经商的回族同胞组成各种形式的商会智囊团为村委会的发展出谋划策,积极探索生态旅游模式,创办了农家乐旅游模式,建立了旅游度假山庄。下一步则是组建正式的农民专业合作社,涵盖蔬菜种植、养殖、农家乐等形式,逐步扩大范围,形成规模经营和规范管理。

图8、图9　回隆村委会张家村一户开办农家乐的农户逐渐致富

师宗县的纳厦村委会也在积极探索以当地农业种植和养殖为依托的农民专业合作社的组建。

可以看到,寻找稳定的、可持续的产业支撑,是当地农民积极探索社会主义市场经济背景下新型农业形式的过程,是一种不同于祖辈安守于土地的危机意识,这使得村民们在依托土地的同时却没有被土地束缚住,而是将目光转向了更为广阔的空间。

3. 积极保护和传承民族传统文化

散居民族地区多数以一个或几个民族为主体,总体上呈现出"小聚居,大杂居"的格局，具体到村委会，则呈现出以当地主体民族聚居的格局。当地村委会在发展经济的同时，更注重落实"两手都要抓，两手都要硬"的方针。在富源庆云彝族村，村委会于2008年已经开工建设占地面积12900亩具有彝族文化特色的"神鼓彝寨"；在回隆村委会，已开始重建清真寺，聘请学识渊博、德高望重的阿訇做教长，配备经学院毕业的老师在清真寺管委会任职，弘扬伊斯兰文化的精髓。在师宗县高良乡新安瑶族村和五龙乡壮族水寨村，组建村级文艺队进行民族歌舞表演；在罗平县长底乡长底居委会，打造了一批具有布依族文化特色的农家乐民居，带动了当地的特色旅游。

图10　发展特色农家乐的水寨十八家

图11　五龙乡水寨的特色甜米酒

这样，在发展经济的同时，民族认同感得到加强，民族文化得到复兴；民族文化的复兴又为经济发展提供了动力。"文化搭台，经济唱戏"，文化建设日益从"看不见的手"逐渐走到前台成为"看得见的手"，依托于民族文化特色的经济增长方式日益成为推动地方经济发展的强大动力。

四　曲靖市散居民族地区农村经济社会发展面临的主要问题

（一）经济社会发展面临政策瓶颈

1. 缺乏来自国家层面的刚性的政策支撑

散居民族地区缺乏来自国家层面的法规和政策的支撑，长期得不到应有的重视而造成事实上游离于来自国家层面的扶持和发展规划之外的局面。国家在政策层面上的支撑不足与散居民族地区迫切加快发展步伐的愿望之间存在较大差距。这是目前散居民族地区在新形势下面临的最大困难，具有共性。散居民族地区呈现出发展不充分，发展滞后，与其他地区的发展差距日益拉大的特点。深层次的原因就在于政策上的、项目支撑上的不足。虽然曲靖地区没有"少小"、"直过"民族①,曲靖依然有少数民族地区,尤其是彝族、苗族、水族、布依族等,他们大多生活在相对贫困落后的高寒山区、偏远地区。国家的上位政策和法律还没有关注到这些散居民族的发展。而民族自治地方有民族区域自治法,"直过民族"地区有针对"直过民族"的政策保障,"边境"地区的民族有富民兴边的民族政策,"人口较少民族"也出台了相应的民族政策;而对于散居民族地区农村的发展至今除了《云南省民族乡工作条例》这个地方性法规外,还没相应的政策(例如《散居民族权益保障法》)来进行扶持,同时也缺少相关的单行条例。散居地区农村常常成为国家民族政策兼顾不到或兼顾不了的"盲区"。随着时间的推移,散居民族地区农村与其他地区的发展程度存在着差距扩大的趋势。就国家大局来说,没有散居民族地区农村的发展和稳定,将难以实现整个国家的发展与稳定。

在对曲靖市、马龙县、罗平县、富源县、师宗县等地的调研中,当地干部都反映了这样的问题,散居民族地区农村的贫困与落后,在很大程度上就是缺乏国家层面的扶持,没有法律和政策的支撑,争取项目和资金就更加困难,致使农村的基础设施、经济建设和社会发展严重滞后。不同地方的同一民族之间因为政策待遇不同导致的发展差距也越来越大。

罗平县当地干部反映说:

> 在自治地方的少数民族是少数民族,不在自治地方的少数民族就不是少数民族。有时候我们就在想,自治地方的少数民族就像是亲娘生的,我们散居民族地区的少数民族就像是后妈养的。同样是少数民族却没有享受到一样的民族政策和待遇,会引起民族地位、民族心理的不平等。一些地方的民居改造每家补助2万—3万元,我们这里就轮不着这样的好事,我们要求没有那么高,我们只要求要适当缩小补助的差距。罗平的一些乡镇和文山壮族自治州接壤,在对比中,我们觉得人家好像在"吃肉",而我们是"喝汤"都难!

在现实中的实践经验就是"大项目带动大发展"。这种大项目的实施仅靠当地财政是无力解决的,还需国家提供强有力的财政支持。而这种财政支

---

① 少小民族:中国22个人口在10万以下的较小民族,云南有7个少小民族,即普米族、德昂族、布朗族、阿昌族、怒族、独龙族、基诺族。直过民族:在人口较少民族中除普米族和阿昌族外,其余5个是直接从原始社会末期直接过渡到社会主义的。

持首要的就是需要国家提供来自法律法规、政策等方面的制度支撑。为了国家的稳定，为了落实以人为本的科学发展观，为了改善散居地区的民生，散居民族地区迫切需要国家出台散居民族地区的法律法规和扶持政策。

2. 散居民族地区农村面临政策落实难、完善难的困境

对于散居民族地区的政策照顾，在国家层面上主要就是《民族乡行政工作条例》，这个针对民族乡的工作条例，随着城市化的发展，撤乡建镇的推行，以及散居民族地区经济社会发展出现了新问题，该《条例》已经不能完全适应新的发展需求。特别是对于非民族乡下辖的民族村委会，不仅是散居民族地区少数民族相对集中居住的区域，也是现今发展最为滞后的地区，更是无一相应的政策法规与之对应。在 2004 年 7 月 30 日颁布实施的《云南省民族乡工作条例》中，国家在开展民族工作时主要对民族乡的工作条例做出了五项规定：（一）总则；（二）政权建设；（三）经济建设；（四）社会事业。其中，"政权建设"规定了民族乡领导班子的任职条件和产生办法；"经济建设"主要规定了地方政府部门"对民族乡的水、电、路、邮政、通信等基础设施建设项目给予优先立项和投资，对小城镇建设和人畜饮水等项目，给予重点扶持"以及地方财政对民族乡资金扶持方面规定了"财政转移支付的力度，在对民族乡计算一般性转移支付数额时，所使用的系数应当比非民族乡高 5 个百分点"。"社会事业"则涵盖了民族乡的文化、教育、卫生、科技等方面的制度。该条例的出台，是目前指导民族工作的一项根本性法规，对于促进民族地区的发展和建设提供了政策和资金层面的持续支撑。但是，也应该看到，该条例的制定过于宽疏，实际操作性不能涵盖现实的复杂程度，相当一部分的县级财政本身就资金不足，即使按 5% 的财政转移支付仍然不能满足民族乡下的所有民族地区的经济建设，更不要说是满足多数处于半山、石山、高寒山区的散居民族地区的发展和建设的需要了。

（二）基础设施普遍较差，相当一部分村寨存在着路、水、电不通的状况，严重影响着群众的生产生活

曲靖散居地区 95% 的村民小组位于海拔相对较高的半山区、石山区和高寒山区，自然地理条件的限制加上地质、自然灾害等的侵蚀，加大了当地基础设施建设和维护的成本，群众的出行、物资的运输、生产生活用水都存在着相当的困难。这些不利的因素严重制约着散居地区的经济社会发展。

在马龙县月望乡深沟村委会，由于水库的年久失修，给当地的生产生活和群众的生命财产安全造成了隐患。马龙深沟村村干部说：

　　水利设施年久失修，多地水库漏水，随时有垮塌的危险。水库的除险加固费用在30万元左右。我们连续几年向县水务局反映情况争取资金，但都未得到落实。乡长来视察工作说，你们必须要在哪天哪天把烟苗栽下去，我们迫于无奈只有找水车拉水来栽，而且只够先把公路沿线、面子上看得见的地方栽好，我们真的是很无奈啊！报告写了多次，每次的答复都是"建议提得很好。但是，财政困难，没有资金"。

马龙县民宗局干部说：

　　深沟乡这个地方的情况就是这样，这几年项目扶持少了，土地本来就少，烤烟种植的收入有限，加上水利设施落后，苗族地区生产力水平相对要差些，这种种原因导致深沟这几年返贫。这几年，市、县民委也在想办法，但是一年就这么几个项目，我们也不好安排。因为前一二十年的时候深沟就搞过这些项目，现在还是这些项目就要综合考虑分给其他没有搞过项目的村子。改革开放前，深沟乡主要就是解决温饱问题，搞了个示范村，做得比较好。一度受到国务院表彰。改革开放以后，群众和干部的思想意识也提高了，不仅要吃得饱，还要过得好。现在的问题就是经济搞不上去，问题就出在这里。

图12　月望乡赵家庄一社13号一户贫困的苗族

　　而在罗平县，道路状况的改善与农民的增收息息相关。罗平县民宗局干部说：

　　由于地理环境的限制，少数民族地区的基础设施比较差，全县150个村委会有100多个民族自然村，其中有30多个民族自然村还没有通路，有的只有一些"晴通雨阻"的毛路。近年来的经济发展和群众思想素质的提高，恰恰得益于由于交通、通信、电力的改善，老百姓之间的交往扩大了，进进出出方便了。改善基础设施是少数民族地区最需要的。我们曾经在一个村委会作过调查，该村委会主要就是种烤烟和生姜，但该村不通公路，和长底隔着一座大桥。只生姜种植一项，我们测算了一下效益，这个村2000多亩的生姜，从石门水拉到长底的街上来卖生姜，在现有生产力不改变的情况下，如果说路修通了以后就会比以前靠人背马驮每公斤节省运输费两毛钱，可以为该村委会1700人每人增加350元钱的收入，而且运输量也成倍地增加。而且路、桥一旦修通，年年都可以使得村民的收入增加，效益是比较明显的。

　　可以说，民族地区基础设施的改善将为地区的经济社会发展奠定坚实的物质基础和首要保障。

　　（三）民族教育双语教师的缺乏，教学质量有待提高，集中办学与山区民族的现实情况不相吻合

　　应该肯定的是，曲靖目前的双语教学取得一定的成绩，民族地区的每个完小对1—3年级的低年级都配备了一定数量的双语教师，并定期由政府部门负责双语培训，这对于保护民族语言起到了很好的推动作用。但是，相对于教师的数量，双语教师的人员配置仍然存在数量不足、质量不高的问题，而且有待于形成对双语教师的激励机制。

　　罗平县民宗局干部说：

　　　　教育厅下发的"关于校点撤并"的布局调整方案并不适合一些散居民族地区。集中办学好处是有，师资力量集中了，学生集中统一管理；但是不适合生活在山区的少数民族，特别是对于低年级的学生尤其不适合。例如学校离家隔着个山包在数公里以外，要上学对于低年级的学生就相当困难，安全无保障，住宿难解决。相关费用谁来承担？

　　罗平长底乡干部说：

　　　　低年级的双语教学至少要教三遍，孩子们才能听懂、消化，因此，在同等水平下，实行双语教学的老师在工作量上就比不实行双语教学的

老师要大得多，希望在待遇上给予这些老师特殊照顾，适当提高补助。比如同样是考到 80 分，实行双语教学的老师在各方面付出的工作量比不实行双语教学的老师要多二至三倍。

民族地区的教育成败直接关系到该地区民族未来的可持续发。教育兴，则民族兴。散居民族地区社会发展的总体滞后与教育上不去有很大关系。当地干部群众常常感叹"缺乏人才"。

马龙县月望乡深沟村村干部：

> 深沟这个地方为什么穷？第一个原因就是没有人才，教育上不去，尤其是当地苗族群众的观念转变不过来，苗族娃娃爱玩，成天弄个弹弓打鸟，他们不喜欢到学校里受老师管束，觉得不自在。家长也认为无所谓，这与汉族相比差距就显得相当大，实际辍学率也高。到目前为止，乡里仅出了两个苗族大学生，其中一个在马过河教书，另一个在云南民族大学读书。这几年考上大学的大部分都是汉族。

（四）民族干部的培养有待于加强，民族干部的人员数量的配比不足，干部队伍结构有待于优化

曲靖市规定到 2015 年曲靖市少数民族干部人才比例要达到 8%。实际上，曲靖各个部门与此目标仍有差距，民族干部总量还不足。曲靖目前的民族比例是 7.2%，民族干部的总量占到 6.8%，二者之间还有一定的差距。细分下来，民族党政干部多，社会组织、科研人员、技术人员中少数民族人才比较欠缺。总体上来说，民族干部的数量在比例上从市、县、乡逐级递减。

罗平县民宗局干部：

> 少数民族干部的培养和使用应该得到加强。这种观点倒是都在提倡，但是在落实的时候就没有那么完美，要紧的部门几乎没有安排少数民族干部。在平时的工作中相互尊重，在老百姓有困难的时候伸手帮一把，这种情况下汉族干部也许可以做得和民族干部一样好；但是在处理民族矛盾、冲突的时候，民族干部的优势可能就强于汉族干部，可以发挥汉族干部发挥不了的作用，毕竟民族干部与本民族群众在心理、语言文化、习俗等方面较为一致。《云南省民族乡工作条例》规定，民族乡乡长必须是当地的主体民族。但是在我们的 3 个民族乡里，副职就没有

安排少数民族，一旦乡长调走就将会没有本民族的人去接替乡长一职。一般外地干部待几年能调走的就调走了能提拔地就提拔了，真正想干事的没有几个。而当地干部、本民族干部家就在当地，你的一举一动老百姓都看在眼里，你要下办事在当地根本就待不下去，老百姓会天天来找你，都是沾亲带故的，你就会想办法无论如何也要为老百姓办一些实事。县里民族干部配备的比例远远不够，各个部门的行政和事业单位民族干部（也包括教师）名额还差着 200 来个人。

罗平县长底乡干部：

　　听说，县民宗局要撤并到县统战部，本来民族工作就难搞，现在还要撤并这样一个机构，大家都觉得想不通，这是一个方面；另一个就是，按现有的机制来说，我们的机构不健全。比如说，市里有民宗委，县里有民宗局，但现在是县里的民宗局本身在机构设置上有待加强，到乡一级就没有相应的机构了，只是设置了一个民族宗教工作助理员的岗位，人员还是临时从乡里的其他站所抽调过来的，算是兼职。本来乡上有助理员，村里有信息员，但是实际越往下人员就越没有着落，省市民委发下来的文件经过县里处理之后再往下级基层传递时，由于缺乏相应的机构和人员，往往无法落实文件的精神和工作要求，这就常常导致民族政策的落实和开展不能有效完成。我们给组织部也提过建议，在民族宗教工作任务较重的民族乡设站，较轻的则设民族工作助理员。在县乡一级的机构改革中，包括林业站、畜牧站、派出所在内的"七站八所"都保留了下来，但是却没有专门处理民族宗教工作的站所，可以看出政府对于乡一级的民族宗教工作还是重视不够。成立站所有两个好处：一个是工作好开展，任务好落实；像我们长底乡的民族助理员就是兼职的，他的编制是在乡林业站，属林业站的职工；他是临时从林业站抽出来搞民族助理员。他的晋级加工资等事情都是林业站说了算，林业站要有事领导一喊他非听不可，我们这边要有事他就可以不听，这就形成矛盾，不利于民族工作的落实和开展。再一个就是多一个平台，将来的民族工作站长或所长是本地的少数民族，这对于民族干部的培养也是有利的。我们在实际的民族工作和机构设置上往往造成"一头冷，一头热，中间有点暖"的局面。从中央到省市县都有民宗局，到乡一级以下就没有了，民族工作中央很重视，热得很，到了乡一级就不了了之，越来越冷（而民族工作的重点恰恰就在乡村一级）。乡干部的使用也存在问题，副科以上的干部必须要考公务员，一些工作能力、责任心都比较强的人员，由于考不上公务员就走不上领导岗位。

在现实的很大程度上，民族干部是本民族的精英，同时更是本民族在相应领域利益的代言人。在"凡进必考"的公务员和事业单位的干部招考体制中，即使一些地区和部门对于少数民族考生有加分的照顾，但是对于同一水平的考试而且只以这种考试作为录用国家公职人员的唯一标准的话，少数民族考生往往也竞争不过汉族考生。随着国家现在政策的转变，公务员招考民族加分的政策也取消了，这常常造成在民族地区最需要民族干部的部门往往招不到合适的民族干部，一些工作突出、熟悉当地民族情况的人员实际上就被排斥到工作岗位之外。这样极不利于开展民族工作，尤其对于民族工作任务较重的地区而言尤其如此。

马龙月望乡深沟村干部：

> 整个深沟村委会有9个自然村，人口2343人。其中苗族村占5个，苗族人口1135人，占总人口的48%。这部分苗族是新中国成立前从贵州迁过来的。从深沟村出去的干部，级别最高的就是副科级，汉族，现在已经退休。我们苗族干部太少了，最多也就是出了几个老师。这种状况也是导致在政府部门缺乏本民族代言人而争取不到资金的原因之一。人才问题为什么会制约这个地方的发展呢？我们争取项目争取资金必须是在政府部门有自己的人。你如果没有自己的人在政府部门当官，你去争取资金和项目连个带路的人都找不到。像我们上边就有个村子，前几年搞"新农村建设工程"，现在又接着搞"866工程"，他们的村领导私底下跟我们聊天的时候就说他们在哪个部门有熟人才争取到的。我现在明白，你要是没有人才，没有关系，想争取资金争取项目，那就是跑断腿都枉然。

（五）民族文化保护问题不容乐观，突出表现在缺乏资金和专业人才

民族地区的民俗文化的传承离不开一定的活动场所。一般来说，民族的节日活动承载了民族传统文化从服饰、建筑、饮食、歌舞表演、仪式活动、民间体育活动、经济交往等的内容，这种节日活动使得民族文化得到展演和传承的同时，加深了民族间的交往和沟通，凝结并周期性地强化着一个民族的认同感。此外，民间珍贵的文献亟待挖掘整理、抢救保护。随着民间艺人的渐渐老去，他们在本民族的传统知识也需要尽快建立培养传承人的机制。

这一切都离不开培养专门的民族人才。

罗平县民宗局领导：

　　应该说，省市县各级政府都把少数民族地区的民族文化当成要紧的事情来做。我们起草了一个政策文件，涉及民族地区的双语教育、民族文化的挖掘整理、传承、交流和展示。但是，有些事情有成效，有些事情由于心有余而力不足而有困难。前几年我们搞的彝族文化研究，搞了四五年算是初见成效，出了两本书。如今想启动布依族文化的研究，但是没有这方面的人。现在我们考虑从县教育部门借调两个既会说布依族语言又懂汉语的老师过来帮忙，搜集整理一些古老的文献书籍，记录一些布依族的衣食住行等生活事项。我们准备打造以布依族文化为核心的旅游文化，实际上就是把布依族的文化元素加在旅游里面，但是对于布依族文化的系统研究目前还是很少，主要就是人力、物力不够。但作为民族工作部门，我们有这个义务。布依族除了在户籍上填自己是布依族以外，还有什么是可以向外界展示和说明布依族文化的呢？我们也在思考这个问题。

　　有的时候，县里面要搞旅游，其实就是汉族来办少数民族的节日文化，有点像又有点不像，有的甚至就是歪曲了原本的意思，少数民族对此看法很多。虽然说从表演、商业运作的角度看，倒是有一定的提升，但很多都不符合历史事实。

　　另外就是，涉及少数民族的宗教禁忌的东西应当规范。这不仅仅只涉及吃的，还要扩大到用的、住的、穿的等其他方面。对布依族来说，织布、扎染是民族习俗，应该给他们一定的空间，要保护布依族的民居吊脚楼就需要大量的木材，应该在政策上给予适当的支持，在采伐木料的时候要给予帮助；而不是说砍树就是违法的。再比如说，在鲁布革有个叫屯坡的地方，苗族比较集中，以前苗族妇女穿的裙子都是用麻做的；1999年以后，政府去做工作，叫他们少栽麻或是不栽麻。他们几千年形成的习惯不可能在一夜之间就完全改变。少数民族正是在衣食住行等方面保留了自己的特色才叫少数民族。就服装来说，现在为什么没人愿意穿自己的民族服装？一个是量少，另一个就是做起来费劲。它不像牛仔裤那样，在街上几十元钱就能买到。如果政府能对少数民族的特殊用品给予宽松的政策扶持，这些东西自然就发展得起来。其他文化元素也是这样。

　　在富源县庆云彝族村，已经没有懂得本民族古老文献的人了，在打造当地旅游品牌"神鼓彝寨"的过程中，如果缺少了熟悉并精通彝族文化的本民族群众的参与，这样投资了几千万元的旅游品牌又能走多远呢？

　　随着对外交往的扩大，境外宗教势力对于民族地区的渗透也不容忽视，这些外来的宗教势力常常利用我们在民族工作中的疏忽慢慢地蚕食着我们的宣传阵地，通过捐款捐物等方式帮助群众解决一部分实际困难，争取了这部分群众的人心，最终挤压了本民族文化本就狭窄的生存空间，在一定程度上影响着国家的文化安全。

　　马龙县月望乡深沟村委会干部：

　　　　我们常说，苗族是一个能歌善舞的民族，每年都举办"花山节"。以前都还能够正常举办节日，政府也很重视，每年多多少少都给一些钱。但是，现在有个情况，信基督教的群众近几年多起来了，而我们正常的工作宣传进不到老百姓当中去。在"花山节"上，苗族群众表演歌舞，打篮球赛，举行射弩比赛，如果专门修建一个广场举办这些民族节日活动将群众"争取"过来，我想他们就不会向基督教的势力一方倾斜。因为现在基督教的外来势力渗透太厉害，他们捐钱帮助村民修建厕所，送一些礼物，以这种方式拉拢老百姓，外来势力渗透严重。如果常常以"财政困难"为由不关心群众的生活困难，时间长了可能会失掉人心。

图 13　月望乡深沟村的福音堂

　　其实，搞"花山节"的时候，不仅仅是深沟村的苗族参加，其他各县市的苗族还有其他民族都过来跟我们一起过，积极性相当高，人多相当热闹，影响是很大的。但最近三四年就没有举办过了。马过河那里有个苗族村去年就申请办一次"花山节"，但是没有批下来，原因是，办一次"花山节"少了六七万元钱就办不下来。你这个村今年办一次，其他村包括外县的苗族村都要办，主要内容就是杀猪、杀牛吃几天，玩几天。之所以办不起来，一句话就是：没有钱。深沟这个地方与其他地方不同，我们办"花山节"，基本上都是老百姓自己凑钱、米、菜来办，尽管如此，要办成一定的规模还是会需要几万元钱的经费。

（六）散居民族地区农村的发展面临资金、项目不足的问题

曲靖在国家还未出台对散居民族地区的专门扶持政策的前提下，创造性地探索了一些发展民族经济、改善民族地区社会面貌的宝贵经验和措施，为国家今后出台扶持散居民族地区的发展提供了一些新的思路。但是，正是由于散居地区农村民族人口基数大、居住散、地理位置偏远，使得当地的各种建设成本和交易成本都偏高，在地方政府财政有限的情况下，由于要考虑和照顾城市和乡村的总体建设情况，政府很难有持续、稳定的扶持资金和项目倾斜到散居民族地区。资金和项目的时有时无，甚至有的村寨10多年没有资金和项目的情况在散居地区仍不在少数。在经济快速发展的今天，这种状况进一步加大了散居民族地区和城市、散居民族地区和周边经济较发达地区农村的差距。长此以往，必将积累和引发诸多的社会矛盾，冲击着民族平等、民族共同繁荣发展的理念，极不利于社会的稳定和民族间的团结。

马龙深沟乡干部：

> 整个马龙县57个民族自然村每年能得到四到五个省、市民委扶持的项目，最多的时候可以得到六个项目。大点的项目每个有七万到八万元，小的项目每个有五万至六万元。实际情况是，有的村子三到五年就可以得到一个项目，有的十年二十年都得不到一个项目，算下来一个民族自然村要平均十年才轮得到一个项目。

散居民族地区的发展，决不是靠一两个部门的优先扶持就能解决。毕竟，地方财政有限，相关职能部门即使有心帮扶也没有太多的力量。例如，各级政府财政预算通盘考虑的是各级的总体情况，分散下来能投放于散居地区的资金和项目已经相当有限。而对于主管民族工作的民委系统，既要开展民族工作协调民族关系又要进行民族地区的经济建设，资金更是趋于紧张。

曲靖市民委干部：

市财政每年给曲靖市民宗委200万元的民族工作补助费，这部分费用主要用于在民族地区开展工作时与当地群众联系感情之用。下去调研时，看到村民要修路，民委会支持万把元，少的也有五、六千元；村委会底下村民小组多的就多给点，有三至四万元；少的就少给点，有一到两万元。民族地区举办民族节日，民委前去祝贺也会顺带给个两、三万，即使是没有带钱，在民族过节日的时候民委都会有人到现场表示祝贺——钱不到，但是心意到。少数民族地区其实最看重的是情谊，而不仅仅是钱物。民委在民族工作中与当地群众干部结下了深厚的情谊，少数民族遇到困难和需要帮助的时候首先想到的就是民委，把民委看作是自己的"后家人"。

但是说实话，这200万元对于民族地区要搞建设那是远远不够的，可我们又能怎么办呢？老百姓的困难看在心头你却帮不了忙，大家心头真的很难过！也是我们的老百姓太好了，他们也晓得民委的困难。我们能做的就是雪中送炭式的帮助。

曲靖对于散居民族地区的扶持主要体现在政府在政策和资金上优先向散居地区倾斜，集中体现在各种形式的新农村建设项目上。例如，"民族团结示范村"是民委系统实施的新农村建设项目，主要就是针对民族地区；"866工程"、"三村四化"、"千村扶贫、百村整体推进"是曲靖市在全市范围内的新农村建设项目，针对曲靖市的农村地区。二者之间在功能定位上存在区别又有重叠的地方。对散居民族地区在这方面的投资主要就是靠政府部门在政策上的倾斜照顾，这常常造成散居民族地区新农村建设项目的极不稳定，时有时无，时多时少的局面。例如，散居民族地区有的同时得到两个项目，例如"民族团结示范村"、"小康示范村"，有可能得到其中一个，更有可能几年都得不到一个。

不容忽视的是，在实际执行过程中，新农村建设的一些项目在一些地区也出现了偏差，背离了新农村建设的初衷。

罗平县民宗局干部：

我们在搞"866工程"的时候，修建进村的路就是一项主要的工作，先"户8有"，再"自然村6有"，最后"行政村6有"，而乡村公路的修建首先就列入"行政村6有"之中。在农村，先把路、电、水修通了，其他的东西老百姓自然就会去做了。一个教训是，当时把钱拿去做刷白墙之类的事情去了，搞到最后没有钱了；当时整合来的钱有几个途径，市财政出 100 万元，县财政出 100 万元，部门出 100 万元，社会捐赠 100 万元，在"866 工程"中一个村委会就有资金 400 万元，结果以刷白墙为主的"户 8 有"搞完后，再搞"自然村 6 有"、"行政村 6 有"的时候就没有钱了！最后，群众最需要的路没有修起来，只是把墙刷白了了事。当时我们民宗局也参与了"户 8 有"，有老百姓就抵触说："我不刷白墙我要贴瓷砖！"这说明什么问题呢？老百姓只关心最现实的问题，他有钱了自己就会去做这些刷白墙之类的事，也许他不想只满足于把墙刷白而且还要贴瓷砖铺大理石呢！关键在于你把他们最需要的基础设施建设搞好了，其他一切就都好办了。

当然，这两年乡村的道路建设还是得到了一定的改善，主要就是一些村子的道路硬化工程。但是，力度还须加大，还要政府来进一步加以引导和扶持。

由此可见，在国家对散居民族地区缺乏刚性政策支撑的情况下，地方政府财政有限，散居民族地区较少受到关注。

（七）散居民族地区村委会面临行政体制、发展思路和干部待遇过低等问题

曲靖的散居少数民族主要居住在农村，在 178 个村委会中，少数民族人口占到 30% 以上的民族行政村有 155 个（民族乡民族村委会 56 个，非民族乡民族村委会 99 个），民族行政村比例占到 87%。可以看出，民族村委会工作开展的成效直接关系到散居民族地区的总体建设和发展局面，关系到农村地区的稳定与发展。

庆云村委会干部："我时常说，整个国家的行政权力机构就好比一座多层楼的大厦：最顶层是党中央国务院，往下依次是省、市、县、乡（镇）。人们往往只看到这座大楼宏伟坚固，盖得漂亮。但是没有人想到和看到这座大楼为什么漂亮、坚固。这是因为这座大楼的地基打得牢实呀！这个地基就是村委会！

在调查中我们了解到，民族村委会目前主要存在的问题在于：

1. 村干部的选拔、任用和交流存在一定问题。首先，村干部任职期限短，一般是 3 年，上任的村干部很难在 3 年的期限里实施自己的发展思路，最终往往造成不了了之的局面，对于财力和精力、智力上都造成极大的浪费。其次，村官交流制度导致村干部轮换频繁。轮换制度本来主要是为了防止形成地方私利集团和工作惰性，同时可以积累基层不同的工作经验，但是一些干部由于正是从外地轮换到本地，只想着混经历，没有自己的工作思路和发展计划，对于当地少有感情，工作不负责任，走过场搞形式。甚至一些

村官到任之后竟然三个月不到村委会一趟。最后，一些村委会选举存在贿选、抓选票的严重情况，它严重干扰了国家基层行政权力的效力和公信力，严重背离了国家和人民的意愿，蚕食着基层乃至国家的根本利益，损害了政府的形象，冷落了民心。这是绝不容忽视的现实情况。

庆云村委会干部：

> 说到底，三农问题的"根本"就出在体制不顺问题上，它直接导致上级与基层脱节。从乡（镇）到村委会的干部任职年限最好 5 年一届，尤其乡（镇）一级领导实行真正意义上的公推公选，而不是由县里直接任命，这样才能真正代表群众的意愿并对群众利益负责。有的干部只关心自己的升迁，而不把老百姓的利益放在心上，你找他办事要么推诿、拖延、扯皮，要么就故意刁难，反正总有冠冕堂皇的理由不给你办；有了好处和成绩就是他们的，碰到难题、出了问题就是基层的。我认为，正是体制问题不顺造成了农村经济发展的长期滞后。

2. 村委会工作缺乏分类指导的思想。各个村委会的自然资源、地理环境、民族分布等各不相同，具体的发展思路和工作重点也不相同。一些村委会适合发展工业，另一些村委会则适合发展生态旅游业，而具有气候优势的村委会则适合发展养殖、种植业，等等。但是，如果缺乏分类指导的思路，将不能形成和发挥各个村委会的优势产业。

在富源县庆云村委会，有煤矿资源和没有煤矿资源的村小组面临的问题和发展的方向、侧重点就完全不一样。例如，有煤炭资源的秧田沟、秤杆村、新云上村等村小组主要就是解决村民的安居房建设和后续的产业转型问题；作为一个彝族语言保留比较完好的新华村，尽管有煤矿，但是村民跟外界的其他民族交往较少，文化素质相对较低，他们面临的主要问题则是如何发展养殖、种植产业。没有煤炭资源的厦卡村小组的丁家脑自然村面临的主要问题就是道路不通，急需加快基础设施建设。

而师宗县的情况也同样如此。师宗高良乡纳厦村委会重点发展杉木林业、薏仁米、生姜、反季蔬菜的种植，并积极探索相关合作社的运作模式；此外，村委下辖的新安瑶族村，外出务工经济是该村的主要经济来源之一，留守儿童的问题、外出务工人员的亲情联络问题等也日益突出，在日常的村务工作中如何解决好这方面的问题，也关系到该村将来的稳定和发展。而五龙乡狗街村委会则面临做大做强农家乐的规模和服务质量、提升当地农副产品的产业附加值和市场影响力的问题。

图 14 纳厦村委会的留守儿童

可以看到，散居民族地区各村委会的情况千差万别，既有共性更有个性，有的村委会需要的是"雪中送炭"式的扶持，有的则是更进一步发展所需要的"锦上添花"式的助推。在没有民族村委会相应的总体政策指导下，村小组将很难因地制宜、创造性地制定各自的发展规划和具体措施。

3. 村组干部待遇低，影响基层干部的积极性，甚至干扰到村干部个人的家庭生活。村委会干部每个月都有一些补助，一些条件好的村委会，村委会书记、主任每月仅有 580 元的补助，其他干部每个月 70 元。如果按现在的消费水平和物价指数来计算，一个村委会的干部要维持基本的生活，最低都需要 1500 元左右。一般的群众即使在农闲时打点零工也能每个月赚到 1000 多元，而村委会干部要负责村委会的日常工作，没有时间而且纪律也不允许外出打工，就没有额外的收入，对于上有老、下有小的他们来说，自己家庭的开支已经很难维持一般家庭的正常运转，地里的活计、家人生病、孩子的读书等等的事情都是一笔不小的开支，长此以往，家庭的矛盾日积月累，一旦爆发，势必导致家庭的破裂。

如果基层干部不稳定，基层工作又如何开展呢？

回隆村委会干部：

> 现在的物价那么高，娃娃读书、老人生病都要花钱，一个月就拿着 500 多元的干部补贴。说实话，要是为了钱的话，我一个月随便在外边找点事情做做无论如何都能赚着千把元钱。但是，自己是多年的共产党

员，为了自己家乡的发展和建设也好，还是为了实现自己的人生价值追求也好，也是为了不辜负组织对我的信任也罢，我自己是贴着钱在干，我也要求其他干部：你们要来村委会就要做好无私奉献的准备，自己的家乡要靠自己建设好！如果为了捞钱，你就不要来村委会了，你可以像其他老百姓一样自由地外出打工挣钱。有的村委会干部就是由于待遇太低而工作量又大，根本无法兼顾家庭而最终家庭破裂。我们村回族多，经商的同胞也很团结，大家凑了些钱每个月给村干部适当提高点补助。但这种办法毕竟不是解决问题的根本方法，那些经济条件差的村委会又该怎么办呢？我认为，村委会干部享有公务员的身份也不现实，但是可以让他们在工资补贴上享受一定级别的公务员待遇，包括基本生活补助、医疗、养老保险、住房补贴等，帮助村干部们解决好生、老、病、痛的后顾之忧，那样才能激励起干部们的工作热情；只要你人在这个岗位上一天，做出相应的成绩，就能享受一天的待遇。要不然啊，留不住人，也没人愿意好好干，也没有办法好好干！不能只提倡奉献精神而不解决村干部的后顾之忧，还是要落实那句老话"一手抓精神文明建设，一手抓物质文明建设"，现实暴露的很多问题和情况往往就是"只抓一手"或者"一手都不抓"造成的！

五　曲靖市散居民族地区农村经济 社会发展的对策及建议

（一）采取切实可行的办法促进经济社会发展

1. 进一步加快民族地区经济发展步伐

一是推进民族地区新农村建设。巩固"千村扶贫、百村整体推进""866"工程和小康示范村建设工程建设成果，加快整乡推进工程建设步伐，实现民族地区农业增效、农民增收。对已完成建设的民族地区"866"工程和小康示范村建设工程，要按照农民持续增收、培育支柱产业、完善管理制度、设施长期发挥作用的要求，进一步总结经验、完善措施，进行巩固提升；对在建的民族地区"整乡推进"建设项目要加快进度，高标准建设，按时高质量建成，真正发挥示范带动作用；对正在实施的"民族团结示范村"建设项目要增加投入，加大推广实施力度，推动民族地区加快发展。

二是实施民族地区农田水利基础设施建设。民族地区的农田水利基础仍然较为薄弱，要结合即将实施的三个"二五工程",① 搞好规划，搞好统筹，充分发挥民族地区各族群众的积极性，大干中低产田地改造，大干山区、半山区以小水窖为主的"五小"水利基础设施建设，解决好民族地区山、水、林、田、路配套的问题，实现人均拥有两亩高稳产农田地，户均拥有两个容积不低于 25 立方米的小水窖，进一步夯实农业发展基础。

三是加大民族地区产业结构调整力度。要按照现代农业的发展理念，结合民族地区的客观实际，大力扶持民族地区特色产业发展，拓宽增收致富门路。把改善生态与增加民族地区农民收入结合起来，走协调、可持续发展的高效生态农业之路。

四是要同时发挥外力支援和内生力量的作用。要充分体现优先安排和倾斜照顾的原则，不断从资金、项目、技术、人才等各个方面加大对民族地区的扶持力度，积极争取上级民族专项资金支持，实施好省委、省政府制定的散居民族地区扶持发展工程、民族特色村寨保护与发展工程和曲靖市率先提出实施的民族地区团结发展工程。②

2. 进一步推动民族地区社会事业进步

一是切实抓好民族教育。进一步优化民族地区基础教育资源配置，按照"宜留则留，宜增则增，宜并则并"的原则，结合各地实际，突出民族特点，优化民族地区中小学布局；要在教师招录调配、教学设备配置、教学资源整合等方面向民族地区倾斜，并继续实施好少数民族中考加分照顾政策；要强化民族地区职业教育和科技培训，实施少数民族劳动者素质提高工程，加强民族地区科技设施和服务网点建设，扫除少数民族青壮年文盲，大力培养致富带头人、当家理财人、文化传承人等实用乡土人才，为民族地区发展提供人才支撑。

二是切实抓好民族地区公共卫生服务。要落实好新型农村合作医疗制度，对符合条件的少数民族农村低保户的参合费用由财政全额承担。要加强民族地区基层卫生设施建设，进一步改善民族地区卫生院、卫生所的医疗条件，加快完善民族地区公共卫生和基层医疗服务体系。切实抓好民族地区社会保障工作。要坚持和完善民族地区社会保障体系。

三是切实抓好民族地区公共基础设施建设。要加大民族地区的公路、电

① 2010 年提出未来 5 年"新建 25 件骨干水源工程、建成 25 万件'五小水利'工程、改造中地产田 250 万亩"，即"二五工程"的战略构想。

② 赵立雄：《团结一心　开拓进取　努力开创曲靖团结进步事业新局面——在曲靖市民族工作会议暨第六次民族团结进步表彰大会上的讲话》，载《今日民族》2010 年第 5 期。

网建设力度，逐步建立便捷、快速、安全的交通网络，确保民族地区村村寨寨、家家户户通电，统筹解决好民族地区的出行、用电等问题。

四是切实抓好民族地区文化事业。要继续实施民族文化精品战略，广泛开展民族文化活动，大力发展民族体育事业，不断强化少数民族历史文化研究、抢救、征集和保护工作，着力打造世居少数民族文化艺术品牌，繁荣和发展民族优秀文化。

五是要妥善处理涉及民族风俗习惯和宗教信仰的各种矛盾和纠纷，严密防范和严厉打击敌对势力的渗透、颠覆、破坏活动，对极少数人蓄意挑拨民族关系、破坏民族团结、制造恶性事件的犯罪分子要坚决依法打击，努力维护民族团结和社会稳定。

六是要加强队伍建设，充分发挥少数民族干部在民族团结进步和联系少数民族群众的重要作用。少数民族干部是做好民族工作的重要骨干力量，是加快少数民族和民族地区经济社会发展的关键。在选配少数民族干部时，要切实做到"六个优先"。[①] 在各县（市）区党政领导班子中至少配备一名少数民族干部，到 2015 年市级机关、事业单位和群团组织 1/3 以上的单位领导班子要配备少数民族干部。民族乡要按照《云南省民族乡工作条例》配备少数民族领导干部，并按要求在乡机关所属站（所）中配备少数民族干部；少数民族人口较多的乡（镇、街道）党政班子至少配备一名少数民族领导干部。使少数民族党政、专业技术和经营管理人才所占比例达到并稳定保持在全市党政、专业技术和经营管理人才总量的 8% 以上。[②]

（二）完善散居民族政策，制定《云南省民族村工作条例》

正如前面所述，一些基层村委会在实际的工作中，在发展思路上因地制宜地进行了多种形式的探索和实践，积累起了一些经验，表现出了当地干部和群众的创造精神。但是，一些好的思路和举措由于缺乏国家层面的法律支撑，在融资、项目争取、干部队伍的培养等方面时常遭遇挫折，不能有效实

---

① 对德才兼备、政绩突出的少数民族干部，要优先提拔使用；对具备任职条件的少数民族干部，要优先放到正职岗位上；对与少数民族工作密切相关的部门，要优先配备少数民族干部；对本地区本单位急需配备少数民族干部一时又缺乏合适人选的，要打破地区、行业、部门界限，统筹安排，在更大范围内优先配备少数民族干部；少数民族人口相对比较集中的地方，要优先配备少数民族干部；同等条件下，要优先安排少数民族妇女干部和少数民族党外干部。

② 赵立雄：《在全市民族工作会议暨第六次全市民族团结进步表彰大会上的讲话（打印稿）》，2010 年 5 月 25 日；赵立雄：《团结一心　开拓进取　努力开创曲靖团结进步事业新局面——在曲靖市民族工作会议暨第六次民族团结进步表彰大会上的讲话》，载《今日民族》2010 年第 5 期。

施。主要表现在农村基础设施得不到有效改善，村民贷款发展生产改善生活难等方面，这些难处恰恰和老百姓的基本民生息息相关。

农村基层、散居民族地区的现实问题复杂而迫切，经济发展、基层班子建设、基础设施建设、生态环境、教育、文化的传承和保护、民生改善等诸多问题相互牵涉，破解现实困难的工作是一项系统工程，时代的发展迫切需要针对民族村委会出台相关的法规政策来规范散居民族地区的工作开展，以进一步完善国家的民族法规政策体系，促进散居民族地区的经济社会发展。

鉴于散居地区的现实，如果国家针对少数民族对人口在 30% 的民族村委会能出台相关的政策法规，充分赋予这些民族村委会在资金、项目、融资、干部培养、文化建设等方面的权利和义务，享受一定的优惠条件以帮助这些地区，或许会是一个破解散居民族地区社会发展难题的有益路径。

根据田野调查的分析，针对少数民族人口在 30% 以上的民族村委会（以下简称民族村委会）的工作条例，应该包括以下这几个当地干部和群众最为关心的几个方面：

1. 民族村委会干部班子的建设和培养问题。包括民族干部的产生办法，配比结构，任职年限，待遇和考核办法。当地干部和群众最为关心的就是建立一个好的、老百姓信得过、受群众拥戴的领导班子，多让渡给基层一些自主权力和权益，改善基层干部待遇、解决好基层干部的后顾之忧。

2. 民族村委会的经济建设。包括财政支持、项目扶持的投资，融资办法，担保条件等。散居民族地区的改善基础设施、发展农业产业等方面是比较紧迫的事业，除了需要国家在财政资金和项目上给予扶持以外，也需要对于一般村民在小额融资贷款上有一个宽松而稳妥的、多种形式和渠道的担保条件。现在过于狭窄的担保条件往往造成越需要贷款的弱势村民越贷不到款用于解决改善基本的生活条件，越是经济条件好的村民越容易贷到款，村里的两极分化日趋严重。积极探索良好的小额贷款融资条件，可以让大多数村民发展养殖和种植产业，以解决贫困问题、缩小贫富差距，最终构建和谐乡村。

3. 民族村委会的文化传承与保护。民族节日活动最能体现一个民族的传统文化，凝聚民族认同感，加强民族之间的交往。例如彝族的火把节、回族的开斋节、苗族的花山节、瑶族的盘王节等，不仅本民族过，其他民族也会前来祝贺，走亲访友。每个村委会应当具有一定的民族文化活动场所，以利于展示、展演本民族的文化。

4. 民族村委会的科技、教育、卫生等社会事业。主要依托于新农村建设而全面展开，包括农业科技的培训，图书活动室的建立，学校教育设施的完善，居住环境和村容村貌的改善等。

昭通市散居民族地区农村经济
社会发展调研报告

本报告以昭通散居民族地区农村的经济社会发展情况为基础，总结昭通市散居民族地区农村发展的经验、面临的主要问题并提出解决的方法、途径。在深入调研的基础上，从政策和法律层面上建议出台非自治地方少数民族人口占30%以上的村委会的民族政策和法规，旨在促进散居民族地区农村地区的经济社会发展。

一 昭通市散居民族的基本情况及特点

昭通位于云南东北部，云、贵、川三省结合部，是典型的散居民族地区，既不属于自治州，又没有自治县。2001 年 8 月撤地设市，辖 1 区（昭阳区）10 县（巧家县、鲁甸县、永善县、大关县、彝良县、威信县、镇雄县、盐津县、绥江县、水富县）、143 个乡镇（办事处）。昭通市有 19 个民族乡，126 个民族村，2150 个民族自然村，有苗、彝、回等 24 种少数民族共 56.1 万人，少数民族人口占昭通市总人口的 10%。其中，回族 18.5 万人，彝族 17.8 万人，苗族 17.2 万人，其他少数民族 1.4 万人，占 2.76%。在昭通市 173 个乡（镇）中，每个乡（镇）都有少数民族。在昭通市 1221 个村民委员会（街道办事处）中，无少数民族居住的只有 120 个村（办）。30 户以上聚居的民族自然村寨 1780 个①。

按昭通市民族宗教事务委员会的工作总结分析②，昭通散居民族有如下特点：一是少数民族人口占总人口比例低，但绝对数大，历史悠久。苗族人口占全省苗族总人口的 1/7，回族人口占全省回族总人口的 1/4，少数民族

---

　① 2010 年统计资料。

　② 童成清：《昭通市散居民族经济社会发展情况报告》，2010 年 5 月 16 日；童成清：《浅析昭通散杂居地区和谐民族关系的构建》，载《今日民族》2008 年第 1 期。

图1　昭通苗族服饰

人口总数超过省内部分自治州的总人口。二是民族种类多，主体少数民族人口相差不大。彝族、苗族、回族三种民族是昭通世居主体少数民族，人口都在17万以上，占了昭通市少数民族总人口的97%。三是少数民族人口大分散，小聚居，点多面广。昭通市143个乡镇均有少数民族，1178个行政村中，只有120个无少数民族人口居住。同时，昭通市少数民族人口分布不均。昭阳、镇雄两县区超过11万人，鲁甸、彝良两县超过7万人，威信、永善两县超过3万人，其余五县均不到3万人，水富县只有3697人，绥江县仅有619人。四是昭通市少数民族群众绝大部分居住在边远、高寒山区，调研数据显示，昭通市80%以上的苗族居住于高二半山和高寒山区，近80%的彝族群众居住在二半山及以上地区，还有10%的回族群众居住在高二半山地区。五是少数民族居住的地方地处云、贵、川三省边远结合部，民族关系相互影响大。

　　昭通市散居民族目前面临最大的问题，也是其最大的特征，就是贫困。据昭通市民族工作部门的统计，2007年，昭通市民族乡农民人均纯收入为1380元，民族村的农民人均纯收入为1105元。民族乡农民人均纯收入为昭通市1704元的81%，为全省2634元的58%，仅为全国4140元的33%。民族村农民人均纯收入为昭通市的65%，为全省的47%，仅为全国的27%。苗族地区的经济社会落后状况尤为突出，据统计，农民人均纯收入不到500元的12个民族村全部都是苗族村或苗族人口较多的村，在昭通市未解决温饱极端贫困的46.81万人口中，少数民族有22.4万人，其中苗族有12.2万人，占昭通市的1/4；在丧失基本生存条件，需要转移安置的4.55万户中，少数民族1.52万户，其中苗族近1.2万户，占昭通市的1/4；在昭通市住房极端困难的18.8万户中，少数民族4.37万户，其中苗族近2万户，占昭通市 1/10①。昭通市少数民族的贫困面积大，贫困程度深，而且贫困点较散，几乎昭通市的边远地区和山区都有分布。截至 2009 年底，昭通市已有 10.4 万城镇人口和 42.9 万农村人口已纳入最低生活保障，在有的民族村寨，低保群众的比例高达 70% 左右。据不完全统计，2008 年以来，昭通市投入各类扶贫资金 4.13 亿元，解决和巩固了 18.89 万贫困人口温饱问题，贫困人口从 2007 年的 101.79 万人减少到 2009 年底的 82.9 万人，贫困发生率由 2007 年的 18.64% 下降到 2009 年的 14.78%。但是，从总体上来看，少数民族地区依然贫困。

昭通市散居民族的贫困现象，一是由于历史地理等客观原因造成的，这一地区处于乌蒙山腹地，山高谷深，生存环境恶劣，再加上纬度和海拔都比较高，气候寒冷，霜冻期长，植物生长缓慢，农业发展严重受限，传统的生计体系较为单一，靠天吃饭，几乎无抵御风险的能力；二是由于滞后的生育观以及错综复杂的民族宗教关系，人口没有得到严格控制，导致昭通人口众多。据昭通市统计局的人口统计资料显示：昭通总人口 1978 年为 339.35 万人，到 2007 年增加到 525.22 万人，30 年间人口总量增加了 185.87 万人，增长 54.77%，年均增长率 1.52%，处于全省十六个地州市的第三位。根据"五普"资料，2000 年昭通人口密度已达 214 人/平方公里，居全省第二位，比全省的 108 人/平方公里高出近 1 倍。昭通市 2000 年人口出生率为 24.71‰，死亡率为 7.86‰，自然增长率为 16.85‰，居全省榜首，比全省平均水平的 11.48‰高 5.37 个千分点。人口众多直接导致贫困的产生，而人口素质的难以提高，又使这种贫困陷入恶性循环之中。三是缺乏相关的民族政策倾斜。昭通市的贫困群众，大部分为少数民族。一直以来，仅有《云南省民族乡工作条例》对散居民族地区农村的少数民族权益进行保障，但《条例》实施的效果，往往不尽如人意。贫困面大、贫困程度深，仍然是昭通散居民族地区农村的基本状况。如何摆脱贫困走向小康，努力提高少数民族的生活水平和收入，仍然是少数民族地区面临的重大现实问题。

二 昭通市散居民族地区农村经济社会发展现状

近年来，在各级党委、政府的正确领导下，通过各相关部门、广大民族工作者和少数民族群众的共同努力，昭通市散居民族和民族地区农村经济社会不断发展，各项工作取得显著成绩。

---

① 昭通市民委：《关于对昭通市散居民族工作的调研情况报告》，2008 年。

图 2　课题组在昭通市调研

（一）加快民族地区基础设施建设

2005—2010 年，通过实施饮水安全项目，昭通市解决了 58 个村 244 个民族聚居点的安全饮水困难；争取无电地区通电工程投资 13659 万元及西部农村电网完善工程投资 39654 万元，实施了 20 个村 163 个民族聚居点通电工程。争取中央、省通乡油路建设 278.8 公里，补助资金 11565 万元，实施了守望等 15 个民族乡公路路面硬化，民族乡路面硬化率达到 79%。争取中央、省通达工程 827.7 公里，补助资金 8277 万元，实施了布嘎等 111 个民族村公路建设，民族村公路通达率 100%。争取省、市客运站建设补助资金 360 万元，实施了青岗岭等 9 个民族乡农村客运站建设。新建树林、青岗岭等 4 个民族乡中学，改扩建果珠、布嘎等民族乡中学，不断改善办学条件，实现了 19 个民族乡都有中学的目标。投资 466.5 万元，实施了 33 个民族村村级组织活动场所建设。实施广播电视村村通工程，解决了 132 个 20 户以上的少数民族自然村收听收看广播电视难的问题。投资 548.1 万元，实施了 12 个民族乡卫生院、116 个民族村卫生室、3 个民族乡计生服务站、2 个民族乡派出所、13 个民族乡司法所、1 个民族乡法庭基础设施建设。实施易地扶贫工程，搬迁安置 133 户 561 人。建设民族团结示范村 42 个，新建和改造安居房 13730 户，建沼气池、能源灶 11963 口，近万户人家建设了水泥院坝、连户路，生活质量不断提高，人居环境极大改善。截至 2009 年底，散居民族地区农民人均纯收入达到 1766 元，比 2008 年的 1636 增加 130 元，增长了 8%。①

① 马仲瑾:《加快发展　确保昭通散居民族地区团结稳定》，载《今日民族》2010 年第 10 期。

图3　鲁甸县桃源回族乡鸭子塘新农村建设

（二）培养少数民族干部队伍

昭通市采取切实有效的措施加强少数民族干部队伍建设，取得了明显成效。一是出台政策，每年安排40个指标，专向招收少数民族公务员；二是注重少数民族领导干部配备，到2012年实现昭通市配备5—6名少数民族县区委书记或县区长；三是重视少数民族干部培养，2005—2010年发展了少数民族党员1333人；四是拓宽渠道培养少数民族干部，选聘少数民族优秀大学毕业生"村官"15名，从少数民族优秀党总支书记和村委会主任中考录乡镇（街道）公务员7名，选派4名少数民族干部到上级国家机关和发达地区挂职锻炼，选派96名少数民族干部任社会主义新农村建设指导员；五是按照不低于15%的比例加强少数民族后备干部队伍建设；六是加大培训力度，与云南民族大学合作开办昭通少数民族领导干部研究生班两期、学员97人，昭通市共培训少数民族干部1482人、民族村两委干部150人。2005—2010年，共提拔了60多名少数民族处级干部充实到市级机关和县（区）班子任职。2008年底，昭通市43名地厅级干部中少数民族领导干部14人，占厅级干部的32.6%；747名县处级干部中有少数民族干部101人，占县处级干部的13.5%；8048名乡科级干部中有少数民族干部983人，占乡科级干部的12.2%。各层次少数民族干部总体比例均高于少数民族人口占总人口的比例。①

---

① 马仲瑾：《加快发展　确保昭通散居民族地区团结稳定》，载《今日民族》2010年第10期。

（三）发展少数民族教育事业

对于民族地区的教育发展，昭通市民委也积极努力，创新思路。一是实施"两免一补"政策，对少数民族学生除了录取分数的优惠政策和上级给的助学补贴外，市、县区还适当增加补贴标准。安排少数民族贫困学生救助资金每年 20 万元，安排镇雄、彝良、威信三县民族中学贫困学生生活补助费 24 万元。基本解决了农村少数民族贫困学生因缺书、杂费而上学难的问题；二是促成市委决定：各县区一中、市一中要开设民族初、高中班，昭通师专升本后要开设少数民族本科班。同时在市民族中学开办了苗族高中班，每年招生 50 人，并提高生活补助标准达到每生每月 120 元；三是从 2005 年起，在师专开办民族预科班招生 50 人，2006 年增加到 100 人，2007 年、2008 年增加到 200 人，又开办了少数民族初等教育专业班招生 100 人，2008 年师专共招收市内少数民族学生 191 人，对考入师专的农村少数民族贫困学生和城镇享受低保家庭的贫困学生给予每人 1000 元的一次性资助；四是以"扶持一个，就业一人，脱贫一家，带动一片"的思路，从 2006 年起，先后与省内外 6 所中专学校联合办学，共招收应、往届农村少数民族初中毕业生 1272 人，用民族机动金和社会资金给予一次性资助，学成后由学校负责协调安置，现已有 300 多人进入工厂实习，实习月工资一般不低于 800 元，从 2008 年 9 月起，以后每年至少有 300 名农村少数民族中专毕业生就业，给这些农村少数民族家庭稳定脱贫带来了希望。

图 4　鲁甸县桃源乡拖姑小学

（四）加强民族文化体育建设

昭通市按照"抢救、保护、传承、弘扬"的思路，不断加强民族文化建设。一是民族文化设施不断改善。建成民族乡文化站 12 个、民族村文化室 20 个、村民小组文化活动场所 280 个，启动了鲁甸伊斯兰城堡建设，启动了葡萄井彝族六祖分支祭祖圣地旅游景区建设。二是民族文物古籍的挖掘、整理、抢救、保护取得较大成效。翻译出版彝族毕摩经书 2 卷，收集彝族经书（经书图片）141 卷，复整理 126 卷，撰写彝文经典 8 部，编辑了绥江彝人坟、彝文摩崖石刻图片 47 幅。三是民族语言、文字、习俗、服饰创新传承取得明显进步，民族文化传承人队伍逐步壮大。先后举办彝族语言培训班 5 期 500 余人，彝族毕摩培训班 2 期 10 人，苗族双语教师培训班 2 期 90 人。四是民族传统体育长足发展。2005 年，成功举办了昭通市第一届少数民族传统体育运动会。2006 年，举办了云南省第八届少数民族传统体育运动会，昭通代表团参加了 11 个项目及表演项目的角逐，共获得金牌 36 枚，银牌 27 枚，铜牌 14 枚，团体总分 772 分，夺得金牌总数、奖牌总数、团体总分三个第一，市政府获省政府"特别贡献奖"。五是民族民间文艺得到传承弘扬。2006 年，组织四个民族歌舞节目参加在昆明举行的"云南省第五届民族民间歌舞乐展演"，其中舞蹈《四筒鼓舞》获金奖，苗族《飞歌》获银奖，彝族舞蹈《拽脚舞》、乐器《彝族：月琴》分别获铜奖。2007 年，昭通市彝族舞蹈《乌蒙鼓》、《簸箕宴》节目在广州举办的全国第八届少数民族传统体育运动会上获得表演金牌。2008 年举办了昭通市首届民族民间文艺会演。2009 年，参加云南省第六届民族民间歌舞乐展演参演，再次取得优异成绩，彝族舞蹈《甩铃》获得金奖，彝族声乐《出夜》、苗族舞蹈《苗花开》获得铜奖。六是民族文化传承人和文化遗产的申报取得明显成效。昭通市非物质文化保护名录 64 项，其中少数民族的 3 项；被列入省级非物质文化遗产名录 5 项，少数民族的有"马楠苗族芦笙歌舞之乡"、"苗族花山节" 2 项；唯一被列入第一批国家级非物质文化遗产名录的是大关王杰锋芦笙制作。七是民族学术研究取得了可喜成就。市级三个民族学会分别召开了学术研讨会，出版了《血祭乌蒙魂》、《昭通少数民族体育资源开发利用研究》、《中国西部苗族文化》、《昭通回族文化史》等书刊。这些工作的开展，对繁荣发展民族文化，振奋民族精神，丰富和发展民族文化内涵，增强民族文化的认同感和向心力起到了积极的推动作用。①

---

① 唐俊明、刘孟林：《破冰散居民族促发展 绘织共同进步团结花》，载《云南经济日报》2011 年 11 月 29 日。

（五）推进和谐民族关系构建

民族团结是关系国家前途命运的重大问题，依法保障少数民族群众的合法权益，广泛开展民族团结宣传教育活动，巩固和维护了昭通市民族团结稳定的良好局面具有重要的意义。一是开展民族团结宣传教育活动。2005—2010年，通过在《昭通报》开辟民族团结专栏，开办民族宗教网，宣传民族工作88期，广泛宣传党的民族政策和法律法规。在民族乡、村和民族干部培训班以及昭通市中青班上，把民族政策和法律法规，民族团结宣传教育作为重要内容进行培训。在中小学开设民族常识课，开展民族团结教育，建立示范学校110所、民族团结教育基地24个。昭通市委、市政府领导带队深入民族地区开展民族政策和民族团结教育宣传"汉族离不开少数民族，少数民族离不开汉族，各少数民族之间也相互离不开"的思想。二是坚持团结、教育、疏导、化解的方针，加大矛盾纠纷的排查调处力度。认真接待群众来信来访，做到件件有答复，事事有结果。三是实施民族团结目标管理责任制。把民族团结稳定工作纳入目标责任制考核，采取因地制宜，分类指导的方法，分"共同责任"和"特别责任"拟定对县区的民族团结目标管理考核办法，认真落实民族团结目标管理责任制，实行量化考核。四是针对民族关系协调任务重的地区，深入开展调查研究，分析制定预案。五是加强沟通增进友谊。经常召开少数民族、宗教代表人士座谈会，通报民族工作，听取工作意见建议。五年来，共帮助少数民族群众解决家庭或个人临时困难和问题1200人次，资助金额达142万元，帮助民族村寨、聚居点解决困难2000件次，连续6年，无一起涉及民族方面的群体性事件发生，也无一起到市里的聚众上访的非正常事件。[①]

近年来，鲁甸县桃源回族乡党委、政府认真贯彻执行党的民族宗教政策，引领少数民族群众树立思发展、讲团结、促和谐思想，呈现出民族团结进步、社会稳定、经济社会持续发展的良好局面。在桃源乡传诵着"回族群众喜迎渔洞水库移民"、"房屋失火被毁，各族群众捐资援建新房彰显民族友谊"、"身亡者无钱下葬，回汉群众援助解困难"、"汉族群众逢喜（丧）事办回族宴席，更显民族和睦氛围"的各种回族汉族一家亲的感人事迹。

---

① 童成清：《昭通市散居民族经济社会发展情况报告（打印稿）》，2010年5月16日；马仲瑾：《加快发展　确保昭通散居民族地区团结稳定》，载《今日民族》2010年第10期。

图5　鲁甸县民宗局外墙一角　　　　　　　图6　鲁甸县民宗局的"团结坊"

三　昭通市加快散居民族地区 农村经济社会发展的经验

（一）实施"扶贫挂钩村"建设，推进民族地区经济社会发展

2005—2010年，昭通市委、市政府采取"不脱贫不脱钩"的方式，把昭通市126个民族村列入扶贫挂钩村，把277个少数民族聚居点列入整村推进范围，把基本失去生存条件的200多户少数民族群众列入易地开发扶持，安排市级22个单位挂钩22个民族村，110个县乡单位挂钩104个民族村，各级干部包扶少数民族贫困户近10000户。整合各类资金近10亿元，投入到少数民族和民族地区，建设了一批对少数民族和民族地区经济社会发展起重大带头作用的基础设施项目，增强了发展后劲。实施饮水安全项目，解决了58个村244个民族聚居点的安全饮水困难；争取无电地区通电工程投资13659万元、西部农村电网完善工程投资39654万元，实施了20个村163个民族聚居点通电工程。争取中央、省通乡油路建设278.8公里，补助资金11565万元，实施了守望等15个民族乡公路路面硬化，民族乡路面硬化率达到79%。争取中央、省通达工程827.7公里，补助资金8277万元，实施了布嘎等111个民族村公路建设，民族村公路通达率100%。争取省、市客运站建设补助资金360万元，实施了青岗岭等9个民族乡农村客运站建设。新建树林、青岗岭等4个民族乡中学，改扩建果珠、布嘎等5个民族乡中学，不断改善办学条件，实现了19个民族乡都有中学的目标。投资466.5万元，实施了33个民族村村级组织活动场所建设。实施广播电视村村通工程，解决了132个20户以上的少数民族自然村收听收看广播电视难的问题。投资548.1万元，实施了12个民族乡卫生院、116个民族村卫生室、3个民族乡计生服务站、2个民族乡派出所、13个民族乡司法所、1个民族乡法庭

基础设施建设。实施易地扶贫工程，搬迁安置 133 户 561 人。建设民族团结示范村 42 个，新建和改造安居房 13730 户，建沼气池、能源灶 11963 口，近万户人家建设了水泥院坝、连户路，生活质量不断提高，人居环境极大改善。截至 2009 年底，散居民族地区农民人均纯收入达到 1766 元，比 2008 年的 1636 增加 130 元，增长了 8%。①

经昭通市委第 14 次常委会议研究决定，由 42 位市级领导和 38 家市直单位挂钩昭通市 80 个最贫困民族村寨，促进其跨越式发展。2013 年 3 月 7 日，市委办公室以昭办通［2013］19 号文件下发相关部门，明确领导挂钩名单、工作原则、目标及重点。这 80 个最贫困民族村寨经各县区筛选上报市发改委和市民宗局，并编制规划，规划涉及基础设施、产业扶持、社会事业三大类，总投资 8 亿元。建设目标是通过 1 年的实施，实现村寨水、电、路、通信、电视五通目标，每户有功能齐全的宅院，有一项产业，有一人稳定就业，有一条卫生路。群众生产生活条件明显提高，陈规陋习得到革除，文明程度得到提升，文化活动场地设施进一步完善。到 2015 年，人均纯收入实现翻番，生活质量明显提高，少数民族适龄儿童入学率达到全市平均水平，少数民族学生升学率不低于人口比例。②

（二）创造性地贯彻落实党的民族政策，建立健全政策体系

民族政策是民族团结的生命线，昭通市结合实际，创造性地贯彻落实党的民族政策，并着力建立健全符合昭通散居民族工作实际的政策体系。一是2005 年制定出台了《中共昭通市委昭通市人民政府关于进一步加强民族工作加快少数民族和民族地区经济社会发展的意见》（昭发［2005］20 号文件），对昭通市民族工作做了全面的安排部署，并以《中共昭通市委办公室昭通市人民政府办公室关于印发〈进一步加强民族工作加快少数民族的民族地区经济社会发展的主要任务分解〉的通知》（市办发［2006］9 号文件），对任务进行了分解细化，明确了相关单位的具体责任。二是于 2007 年制定出台了《中共昭通市委关于"十一五"期间培养选拔少数民族、妇女、党外干部的工作意见》（昭发［2007］27 号文件），2008 年又出台了《中共昭通市委关于进一步加强培养选拔年轻干部、少数民族干部、女干部、党外干部的工作意见》（昭发［2008］11 号文件），对培养选拔使用少数民族干部做出具体规定。三是制定出台了《昭通市人民政府关于进一步繁荣发展

---

① 马仲瑾：《加快发展 确保昭通散居民族地区团结稳定》，载《今日民族》2010 年第 10 期。

② 昭通市民宗局：《昭通市扶持 80 个最贫困民族村寨建设》，载昭通市民宗局网站，http：//www. stats. yn. gov. cn/ZT_ SZ/newsview. aspx？id＝2170902&departmentID＝108。

少数民族文化事业的意见》（昭政发［2009］54 号文件）、《昭通市人民政府关于贯彻落实云南省民族乡工作条例的实施意见》（昭政发［2009］55号文件）、《中共昭通市委昭通市人民政府关于进一步加强民族工作维护民族团结促进少数民族和民族地区科学发展的决定》（昭发［2010］3 号）等政策性文件，把涉及少数民族和民族地区经济社会发展、少数民族人才和干部培养目标作了进一步细化。这些政策措施的制定，不断丰富和完善了昭通散居民族政策体系，为加快少数民族和民族地区经济社会发展步伐，满足少数民族群众日益增长的物质文化需要，维护少数民族的合法权益，提供了重要的政策保障。[①]

（三）积极争取项目和资金的投入，带动经济社会发展

散居民族地区发展滞后的一个重要原因，是缺乏资金支持，而项目式的发展和规划，已经成为政府部门实施资金分配的主要形式，项目式的资金运作有利于超前规划，合理利用，解决散居民族农村地区的投入性贫困问题。昭通市民族工作部门通过争取项目和资金投入，以点带面，树立典型并逐步扩大惠及范围，促进少数民族农村经济社会的全面发展。

为了促进散居民族山区的脱贫致富，缩小其与昭通市其他地区的差距，昭通市委、市政府在大面基础设施项目安排中，要求各部门优先照顾少数民族贫困地区。2000 年至今，昭通市共投入资金 8214.02 万元，实施建设项目 453 个。除此之外，市级财政还安排出重点用于少数民族地区基础设施建设的市级少数民族机动金，十多年来，从没间断过，最高时达 200 万元。16年来，仅此一项累计投入的资金就达 1830 万元。这期间，加上省民委同期投入的省级民族经费 3543.2 万元，两笔资金统一配套使用，实施了少数民族地区水、电、路、教育等基础设施建设项目共 980 个。

昭通市 19 个民族乡中，有 12 个被列为扶贫攻坚乡，占全市 63 个扶贫攻坚乡的 19%。昭通市紧扣"四通四有三达到"[②] 和"两基"攻坚计划的要求的目标，自 2011 年起至 2013 年底，用三年时间整合各类资金 23 亿元，建设好全市 19 个民族乡。

126 个民族村中，有 82 个被列为省扶贫攻坚村，占全市 460 个省列扶贫攻坚村的 17.8%。2007 年，昭通市委、政府"百千万帮扶工程"的实施基本上覆盖了 126 个民族村，实施整村推进项目 133 个，茅草房改造 13730

---

① 童成清：《昭通市散居民族经济社会发展情况报告（打印稿）》，2010 年 5 月 16 日。

② 四通：即通水、通路、通电、通移动通信；四有：即学有所教、病有所医、住有所居、有致富门路；三达到：即人均有粮、人均纯收入和九年义务教育普及率基本达到国家扶贫开发目标。

户，民族团结示范村建设 11 个。三是对基本丧失生存条件、脱贫无望的实行跨州市易地开发搬迁。截至目前，共迁出少数民族 8280 人，占昭通市总迁出人数 20700 人的 40%。①

（四）实施民族乡和民族村的分类指导，促进科学发展

昭通市始终坚持因地制宜、因族举措、分类指导的原则，加大对散居民族和民族地区的投入力度，不断增强发展后劲。

昭通市为促进民族乡经济社会发展，制定了《昭通市扶持民族乡经济社会发展规划（2011—2013 年）》。《规划》内容涉及基础设施建设、经济发展、社会事业三大类别，涵盖易地安置、安全饮用水、通路、通电、农田改造、文化建设等 13 个大项。2011 年度计划实施有昭阳区小龙洞乡、鲁甸茨院乡、大关县上高桥乡、永善县五楠乡、彝良县树林乡、威信县双河乡，规划总投入 71156.4 万元。2012 年实施的有昭阳区守望乡、昭阳区布嘎乡、鲁甸县桃源乡、永善县五寨乡、镇雄县以古镇、彝良县柳溪乡、彝良县洛旺乡 7 个乡镇，规划总投资 91769 万元。2013 年实施昭阳区青冈岭乡、镇雄县坡头镇、镇雄县果珠乡、彝良县龙街乡、彝良县奎香乡 5 个乡镇规划总投资 67459.2 万元。为使《规划》的实施有序推进，采取"市直总揽、县区统筹、乡镇组织、村组实施、群众参与"的方式实施建设。②

二是突出抓好以民族团结示范村为重点的整村推进工程。从 2005 年开始，昭通市每年以 11 个民族团结示范村的建设速度向前推进；2003 年到 2007 年 5 年中，民族工作部门示范点、示范村建设项目达 37 个，投入资金 834.3 万元；大关县的上高桥民族乡、威信县的双河乡、永善县的伍寨乡等 3 个民族乡，投资 700 万元，实施民族乡综合开发扶贫。与此同时，扶贫部门还在民族地区大力实施"整村推进"工程，每年有 70 个项目在民族地区安排实施；民族地区的社会主义新农村建设发展态势良好，全市 19 个民族乡、126 个民族村，村村配备新农村指导员，全面指导推进新农村建设。2011 年 4 月至 9 月期间，昭通市分别通过召开现场办公会，整合各项资金 6816 万元（其中定向支持宁边村的项目资金 2316 万元），支持小龙洞乡和宁边村的经济社会发展。民宗局安排项目资金 6 万元，用于小龙洞宁边村少数民族文化建设。对昭阳区靖安乡五星苗寨和小龙洞乡宁边村两个民族村③

---

① 童成清：《浅析昭通散杂居地区和谐民族关系的构建》，载《今日民族》2008 年第 1 期。

② 昭通市委宣传部：《昭通科学推进民族乡经济社会新发展》，2010 年 11 月 15 日。

③ 2002 年胡锦涛总书记调研视察过的靖安乡五星苗寨；1995 年朱镕基总理调研视察过的小龙洞乡宁边村。

进行资金整合，使其实现了跨越式发展。①

（五）实施民族团结目标责任制，维护民族团结社会稳定

昭通市通过实施民族团结目标责任制全力维护民族团结稳定。坚持"分级负责，属地管理"原则，认真落实民族团结目标责任制的各项要求，按照"纵向到底，横向到边"的方式，对影响民族团结稳定的矛盾纠纷进行拉网式排查，在协调民族关系任务较重的地区开展民族团结稳定专项调研，对所排查出的矛盾纠纷和影响团结稳定的隐患，坚持"团结、教育、疏导、化解"的方针，本着讲原则、讲法制、讲政策、讲策略的工作要求，维护法律尊严、维护祖国统一、维护民族团结、维护人民利益，最大限度地依靠各族干部群众，及时化解各类矛盾纠纷，认真接待和处理来信来访，做到件件有答复，事事有结果。

四　昭通市散居民族地区农村经济社会发展存在的主要问题

课题组在昭通市调研期间，一些民族干部和散居民族群众反映了昭通市散居民族地区农村经济社会发展存在的主要问题。

昭通市彝良县树林乡树林村么罗自然村②，2009 年全村经济总收入10.64 万元，农民人均纯收入 960 元。该村属于贫困村，农民收入主要以种植业和养殖业为主。该村截至 2009 年底，已实现通电、通路、通电视、通电话，无路灯。全村未通自来水，有 6 户饮用井水，有 58 户还存在饮水困难或水质未达标（占农户总数的 31.6%）。有 183 户通电，未通有线电视，拥有电视机农户 20 户（分别占农户总数的 100%、10.9%）；安装固定电话或拥有移动电话的农户数 9 户，其中拥有移动电话农户数 9 户（分别占总数的 4.9% 和 4.9%）。

么罗自然村社长介绍：

> 该村每户每年只能产几百斤粮食，产 500 斤都要地好才行。只能种植苞谷和荞麦，苞谷没有地膜也种不出来。人均产量就是在 200—300 斤的样子。整村推进主要是以改造茅草房为主。用电要从彝良输电上

---

① 《昭通市民族宗教事务局 2011 年民族工作总结》，载昭通市民族事务局网站，http://xxgk. yn. gov. cn/canton_ model1/newsview. aspx? id =1734872。

② 么罗村，又写为摸乐村。本书用"么罗"村。

来，在奎香进行变电。1988 年架设电线，但是电费很贵，要 1.2 元一度。现在农网还没有改造，影响老百姓的生产生活。我们这里比周边地区至少落后 50 年。

一户苗家人反映说：

我们打工没有技能也赚不到钱，这里水电路基础设施差，路还处于晴通雨阻的状况，沼气也因为海拔高无法使用，我们的基本生活和粮食还在靠国家补助。不过我们这里还不是最差的，还有更差的。我们这里结冰期一年 6 个月，只能广种薄收。在乌岩社，一共有 86 户，368 人全部是苗族，属于花苗，80% 信仰基督教，有教堂。活动室是一个空坝子，人均粮食 200 斤，人均纯收入 700 元左右，一部分打短工。这里人多面广，扶贫难度大。

图7 么罗寨子普通群众的居所　　　**图8 镇雄县林口乡林口村进村道路**

课题组在镇雄县参加民族工作会议，镇雄县民宗局局长介绍：

民族教育方面校舍差，初中生在乡镇集中办学，村里的办学点取消后，学生到乡镇读书要租房子，一个学期要 600—700 元，加重了学生家长的负担；教育管理上有问题，社会治安问题也较为突出；村公所的卫生室房子太小，有一些村公所在高山，医务人员要在其他地方租房子给病人看病。经济基础设施差，公路不通，马路不通，电压不稳，电价高，农网改造和同网同价没有实现；干部队伍建设和人才培养艰难，40万苗族群众，有 10 多年没有出过苗族干部。

图9   树林村么罗寨 2 号一户的门牌

图10   树林村么罗寨 2 号户内设施

镇雄县委书记补充：

> 自然条件差，冬天很萧条，农作物只能种一季，财力单薄；水利化程度低，还不到 18%，是"看得见水，用不到水"，农网改造还不普及，电价高，有的超过 10 元一度。交通问题突出，生活成本高，自己不产的东西要从外面长途运输进来；公办教师少，教育设施差。新农合后各个村委会有卫生室，但是医疗服务水平太低，自己养不活自己。

在镇雄县林口镇化眉村，一个农户说：

> 家里有四个小孩，分别就读于四年级、三年级和一年级，一个学期一个学生要 250 元，学校校点收缩以后，学生要住校，但是住校费太高，子女一多就供不起了。三年级的这个娃娃叫熊美勇，四年级这个叫熊美艳，他们走到学校要一个小时，有 4 公里路程。冬天的时候孩子们基本不敢去读书。这里的老师一年只有 10 个月工资，代课教师每个月只有 400—500 元，很低。老师因为待遇太差常常流失。只有一个残疾人因为年纪大，行动不便又要照顾家人才留下来的时间长。教师的素质也是参差不齐，有的小学老师本身就只有三年级的文化水平。这里教育质量没有保障。一个社几年都没有一个高中生，初中生寥寥无几。因此，要集中办学就要解决好住宿问题，不能把住宿的负担转嫁给家长。

在镇雄县林口镇化眉村，塑料布遮掩在一个山洞门口，这里居然是一户人家，户主叫做马学能，有三个小孩，因为家庭经济十分艰难，媳妇 15 年前就和别人跑了，他靠采菌子和帮别人放羊为生。三个孩子都在外打工，不回家。家里徒有四壁，不名一文。就是一些破烂的衣物和草堆杂乱地放在一起，据说晚上寒风刺骨时，居然是靠抱着唯一的一条狗取暖的。这个村子像这样的贫困户很多。弟弟叫马学群，弟媳妇杨巧惠，都没有读过书，说家里面两个娃娃在读书，住校租房子一年要 1000 元，负担不起，说着说着就哭了。

在威信县大河村调研时，民宗局干部介绍：

> 这个村子气候等自然条件有限，但仍还是有发展空间。这里有 3 户汉族，和少数民族一样落后，落后的原因不是少数民族本身的问题，而是自然条件的限制。教育设施落后，文化设施落实，经济落后，粮食单产才 150 斤，只能种植苞谷。本村也没有出去当兵的，因为身体体检、学历都达不到。没有技能外出打工也赚不到钱。基础设施建设的成本非常高。一些小孩子在上下学的路上摔伤后无力医治伤患，就此失学的很多。村民最盼望的是通路、通电，要是路修通了就可以发展苦竹产业。苦竹一市斤的价格是 4—5 元，3 年就可以成材，加上国家扶持和自力更生还是有希望可以脱贫的。撒胡椒面式的扶贫结果，路还是烂路，房子还是茅草房。现在是集中打造的思路，集中解决一个村子的水、电、路。边远山区的村子应该得到更多的倾斜。细场坳是扎西镇最差的村子，几乎没有投入。上面的领导来检查常常下不到最基层，不能了解到实际情况，因此政策不到位。安排资金要求老百姓建房，但是路不通的情况下 5 万用于建房都不够，给 5000 元，其他要求自己配套，老百姓因此致贫和返贫。现在没有通路的地方都是离公路远的地方，大部分的苗族居住环境差，少数有生活好一点的，但是不是普遍性的。扶贫资金应该要用在刀刃上。要解决实际问题，必须依靠中央有扶贫的政策，要实干的干部，老百姓要有积极性。

昭通市民委干部介绍：

> 2007 年出台的威信县委 16 号文件在县财政不是很好的情况下，作为威信县民族工作的一个总政策实属不易。威信县的民族工作在全市领先，但是还是任务不轻：由于历史和自然原因，像细场坳这样一个几十年来没有一分钱投入的地方，连初中生和当兵的都没有。虽然市委市政府决定把威信作为苗族风情代表地打造，但是现在苗族文化保存的也不够，文化流失很严重，主要是重视、支持、抢救都不够，常常发生人亡

艺绝的事情。人才干部培养任务不轻，事业单位达到比例还差 230 人。是什么原因造成的呢？是教育滞后、政策滞后的原因。教师水平差异大，导致学生差异大，但是考录的时候用的是同样的标准，少数民族考生就有很多失去了机会。可是我们要看到，少数民族干部在特殊的时候发挥着特殊的重要作用。加快发展的建议：必须要有政策作为支撑和保障。没有政策只能凭同情心和党性，以及大局意识。要保证真正的平等要靠政策固定下来。建议参照市一级的体系，完善威信县的政策体系，结合威信县的实际出台相应的文件。①

昭通市散居民族地区农村经济社会发展存在着诸多问题：一是少数民族干部整体素质有待进一步提高；相关部门少数民族干部配备比例偏低，一些重要职能部门甚至没有配备少数民族干部，且少数民族之间干部比例不平衡。二是昭通散居民族地区农村经济发展缓慢，区域差距继续拉大，城乡差距比较突出，基础设施很难从根本上得到解决，严重制约了少数民族地区经济发展。三是民族教育形势不容乐观，民族教育整体发展水平不高。基础教育投入不足，办学条件差，少数民族学生入学率不高。边远山区校点撤并后，少数民族适龄儿童辍学率逐年攀高，九年义务教育实施难度加大。由于贫困程度深，放弃考取高一级学校继续深造的少数民族学生为数不少，民族间受教育程度不平衡。四是民族文化消失速度加快。对民族文化的重要性认识不够；少数民族优秀传统文化保护与开发工作力度不够，作为民族传统文化载体的民族古籍文物流失严重；民族语言正在消失，许多少数民族群众已不会讲本民族语言。五是因不尊重少数民族风俗习惯而引发的矛盾纠纷还没有从根本上得到消除。作为典型的散居地区，如果上述状况长期得不到解决，必将影响到各民族的凝聚力和向心力，必将影响散居地区和谐民族关系的构建，必将影响社会主义和谐社会的构建。②

（一）民族地区群众依然贫困，基础设施建设发展滞后

改革开放以来，昭通的经济社会发展都取得了巨大的成就，民族地区也受益不小。但是，民族地区群众依然贫困，基础设施建设发展滞后仍然是许多民族地方的真实写照，主要表现在如下几个方面：其一是经济发展差距大。由于自然条件制约和历史原因，昭通市散居民族地区农村的自然环境比

---

① 2010 年 5 月 13 日在威信县调研资料。

② 童成清：《浅析昭通散杂居地区和谐民族关系的构建》，载中国民族宗教网，http://www.mzb.com.cn/html/Home/report/34564 - 200020001.htm。

较差，少数民族大多居住在高二半山区和高寒山区，受自然条件恶劣，基础设施薄弱等因素影响，与全省平均发展水平差距大。2008 年，昭通市民族乡农民人均纯收入 1636 元，占昭通市人均纯收入 2116 元的 77.3%，占全省 3103 元的 52.7%，占全国 4761 元的 34.3%；民族村人均纯收入 1314 元，为昭通市的 62.1%，为全省的 42.4%，仅为全国的 27.6%，同时，在昭通市辖范围内则主要表现为城乡差距大，少数民族主要居住的广大乡村，与城镇发展差距较大，因此，加快少数民族和民族地区经济社会发展的任务十分繁重。其二是基础设施发展严重滞后，而且很难从根本上得到解决，严重制约了散居民族地区农村经济发展。昭通市 19 个民族乡中还有 10 个未通油路，126 个民族村中，有 69 个未通水，有 13 个未通电，有 13 个未通路，还有 30 个未通移动通信。2480 个民族村民小组中，有 1576 个未通水，有 598 个未通电，还有 1234 个未通公路，完全失去生存条件的还有 1991 户 7701 人。19 个民族乡均无完中，校舍面积不足，按初中生均校舍面积 10 平方米的标准计，19 个民族乡中学校舍面积需扩建 20.2 万平方米，按生均宿舍面积 2.4 平方米的标准计，有 8 个民族乡镇中学需建宿舍 1.2 万平方米。昭通市 126 个民族村中，应该办成全寄宿制完小的共 48 所，需寄宿的学生 7587 人。昭通市按生均校舍和宿舍面积标准计，民族村完小要扩建 32.6 万平方米的校舍和 1.38 万平方米的宿舍。19 个民族乡中，卫生院医疗用房面积不足 500 平方米的有 5 个乡，病床位不足 20 张的还有 10 个，医疗设备普遍落后。126 个民族村中，还有 10 个民族村无卫生室，卫生室用房面积不足 80 平方米的还有 42 个村，医疗设备简单，医务人员素质普遍不高。群众"看病难"、"看病贵"的问题尚未得到根本解决①。

（二）民族地区教育发展面临校舍、师资等诸多问题

改革开放以来，随着教育体制改革的不断深入，昭通市教育教学条件得到明显改善。2007 年，投入教育的资金达 16.42 亿元，相当于 1978 年昭通市财政总支出的 21.2 倍。昭通市高等学校在校学生人数由 1980 年的 380 人增加到 2007 年的 4126 人；普通中学在校生由 1978 年的 9.9 万人增加到 2007 年的 32.42 万人，增长 2.3 倍；小学在校生由 45.44 万人增加到 78.77 万人，增长 73.3%；昭通市学龄儿童入学率由 1978 年的 81.7% 增至 2007 年的 98.24%，提高了 16.54 个百分点。

从数据上来看，昭通市的教育事业取得了长足的发展，然而，居于边

① 童成清：《向格桑主任及调研组汇报昭通市贯彻落实〈云南省民族乡工作条例〉》，2009 年 5 月 18 日。

远、偏僻、基础条件较差村寨的少数民族，其教育形势不容乐观，民族教育整体发展水平不高。2007 年对 50 个散居民族聚居点的调研中发现①，基础教育落后主要表现在几个方面：一是学龄儿童入学率普遍偏低，只有62.7%。有 11 个点入学率不到 50%。昭阳区彪水岩苗族寨 25 户人家当时竟无 1 人入学；二是少数民族聚居点多数无校点。列入调研的 50 个点中，有校点的只有 15 个。校点撤并后，没有校点的民族聚居点学生入学路程较远，平均距离为 4 公里，最远的达 18 公里；三是多数学校校舍破烂，设备简陋，有的还是借用村民丢弃的危房办学；四是教师数量少，代课教师多。在此次调研范围内的学校中，共有教师 70 名，其中公办教师 49 名，代课教师 21名；五是能用双语教学的教师少；六是学生继续升学难。被调研的民族聚居点，有学校的多数只办一二年级，半寄宿制点满足不了远途学生的需要，迫使学生半途而废。总结起来看，昭通市散居民族地区民族教育面临着如下的问题：一是基础教育投入不足，办学条件差，少数民族学生入学率不高；二是边远山区校点撤并后，少数民族适龄儿童辍学率逐年攀高，九年义务教育实施难度加大；三是由于贫困程度深，放弃考取高一级学校继续深造的少数民族学生为数不少；四是民族间受教育程度不平衡。

图 11　昭通市马楠乡
坪厂村小学的操场

图 12　昭通市马楠乡
坪厂村小学的校舍

（三）少数民族干部培养结构和分布不合理，且补充困难

昭通市少数民族干部培养存在的问题主要有：一是民族结构不合理。昭通市民族干部总量少，最突出的是苗族干部少，其次是彝族干部少。昭通市的苗族占昭通市总人口的 3.3%，昭通市现有苗族干部 183 人，占昭通市干部总数的 1%。由此可见，苗族干部比例明显低于人口比例。二是年龄结构

---

① 邹永飞：《昭通市民族散居地区经济社会发展情况汇报》（打印稿），2008 年 5 月 13 日。

图13　马楠乡坪厂村的苗族群众　　　　图14　马楠乡坪厂村苗族群众的居所

不合理。目前的少数民族干部年龄都普遍偏大。不少少数民族干部是"文革"后期社招或推荐入学参加工作，这些人现已近退休年龄。以2006年的干部统计进行分析，党政部门实职正处级少数民族干部30人，平均年龄51.6岁，实职副处级少数民族干部70人，平均年龄42岁，其中，70年代的只有2人，少数民族干部队伍出现"青黄不接"，特别是苗族中的花苗支系8万多人，现在没有一个正处级干部。三是分布不合理。一些与少数民族事业发展密切相关的部门没有配备少数民族领导干部，如：市教育、民政、人事等部门；一些部门又配备得很多，如市扶贫办。四是少数民族干部补充难。近年录用公务员实行招考，少数民族本身符合招考条件的不多，加之无任何优待照顾，造成进入公务员队伍的极少。在昭通市民族乡中，上高桥、马楠、伍寨、树林、以古、林口、柳溪、龙街、奎香、洛旺等10个乡，2001年到2008年，没有一名本地籍的少数民族考入公务员。彝良仙马、镇雄发达、威信牛坡坎、永善大坪子等这些以前辈出苗族干部的苗族寨子，近十年来再没有出干部及教师。昭通市最大的彝族寨子——镇雄县花山乡大火地，全寨369户1573人全是彝族。从1986年至2008年共22年，无一名正规大学生。由此可见，少数民族干部补充难，苗族干部补充更难。

（四）民族文化流失严重，保护形势严峻

在散居民族地区，由于民族文化发展缺乏政策支持，不具备浓厚的民族文化氛围，因而流失严重，挖掘、保护、传承、发展面临着更严峻的形势。就昭通市的情况来看：一是民族文化基础建设异常薄弱。截至目前，有7个民族乡镇无文化站用房，7个乡镇文化站用房均低于50平方米，设备简单，器材简陋。126个民族村中，无文化室的还有114个。二是民族文化流失严重，民族文化传承后继乏人，作为民族传统文化载体的民族古籍文物流失严重，民族语言正在消失，许多少数民族群众已不会讲本民族语言。如：由于受历史影响，昭通市 17 万多彝族人口，作为彝族文化传承人的毕摩仅有 4 人。一向被认为民族文化保存较为完好的苗族，被列为昭通市民族民间文化传承人的也只有 5 人。三是民族文化产业发展困难。昭通市由于经济基础相对薄弱，市场发育程度较低，加之文化体制改革进程滞后，经营型和公益型单位的企业化步伐缓慢，社会参与文化产业开发程度也不高，因而尽管产业开发意识已经萌动，但实际推进过程不是很快，结果在各类文化产品的生产中，尤其是国营文化生产领域，真正实现产业化的部分总量偏小，现仍有相当大的发展潜力和空间。另外，文化产业发展过程中还表现出结构不合理的问题：构成文化产业的个体私营经济份额小；文化产业的行业间发展不平衡、差距大。在当前云南省所确定的九大行业中，新闻出版业、科学研究、技术服务和地质勘查业，虽有机构和人员，但都属事业单位，没有进入市场；旅游业带动作用不明显。旅游景点分散，文化与旅游结合有限。

（五）生态环境保护任务繁重

昭通位于云岭高原与四川盆地的结合部，属典型的山地构造地形，山高谷深，海拔高差大，山高谷深，只有昭鲁坝子属于平地，其余绝大部分地区为山区，一些县行政区域内，山区和山地面积占了总面积的 90% 以上，比如大关县，全县绝大部分都是山区，县城都在山坡上。这样的地质构造和环境，当地表植被遭到破坏以后，在雨季容易引发地质灾害，而造成巨大损失，这种地表植被一经破坏便难以恢复。2010 年发生的巧家县特大泥石流灾害，造成了巨大损失，已经敲响了警钟。

昭通市水资源极其丰富，可谓富甲云南，水能蕴藏量为 2080 万千瓦，可开发装机容量 1612 万千瓦，国家在金沙江下游昭通境内规划有溪洛渡、向家坝、白鹤滩三座巨型电站。目前，位于永善县境内的溪洛渡水电站和水富县境内的向家坝水电站两座大型水电站已在施工建设过程中，大型水电站的建设，可能会对当地的生态环境产生深远的影响。

昭通矿产资源丰富，有资源"金三角"的美誉，开发潜力大。矿产资源种类多、品位高，已知矿产资源 33 种，现已探明储量 22 种。有色金属为云南三大基地之一。昭通市有 242 个矿区。昭通市是云南省的重要商品煤生产基地，煤炭产量在全省国民经济发展中居举足轻重的地位。另外，为实现"西电东送"战略目标，对煤炭的需求量将在现有基础上翻两番。丰富的资源，密集的开发，带来生态环境的严重破坏，尤其是收益错位现象严重，没有生态补偿机制。环境遭到破坏以后，当地老百姓就得承担经济和生态的双重恶果。

昭通目前也正在紧锣密鼓的加大少数民族地区城市化进程，城市生活生产的污染扩大化，不易遏制。根据昭通市环保局的总结，昭通环境保护工作面临着如下困难：一是污染减排进入攻坚阶段，完成"十一五"SO_2和COD减排形势严峻。二是"城考"面临极大挑战，不进则退。三是以渔洞水库为重点的饮用水源保护工作任务艰巨。四是由于资金和规划等问题，全面推进农村环境综合整治工作难度大。五是矿山和洗选行业废水治理难度大，监管困难。六是全面推进"七彩云南昭通保护行动"的主动性、创造性不够。七是环保系统能力建设滞后，难以适应新形势、新任务的要求。

昭通市正处于经济加快发展的历史时期，粗放型经济增长方式还没有根本转变，企业资源综合利用率不高，资源浪费还特别严重，破坏性生产和掠夺性开发还时有发生。随着工业化进程的加快，矿石采选、化工、水电、冶金、建材等原料型工业的发展，对资源的开发力度将进一步加大，主要污染物排放总量仍将呈上升趋势，昭通市生态环境将面临更大的压力，资源和环境对经济发展的"瓶颈"作用也越来越明显。

（六）政府机构改革中民委宗教系统的合并对民族工作产生影响

推进机构改革是党的十五大提出的战略任务，是建立社会主义市场经济体制的迫切要求。早在1993年，国务院就顺利进行了机构改革，并取得了巨大成效，同时，提出适时进行地方政府机构改革并给出了地方政府机构改革的意见。2009年7月，云南省政府召开全省州市县政府机构改革会议。会议提出，此次改革的首要任务以转变政府职能为核心，以理顺职责关系为重点，进一步明确和强化责任，优化政府组织结构，完善体制机制，推进依法行政，提高行政效能。会议强调，各级政府特别是县（市、区）政府要加大对政府机构的整合力度，合并职能相同或相近的部门。全面清理和规范议事协调机构及部门管理机构，该撤销的坚决撤销，确需设立的严格按规定程序审批；清理撤并限额以外设立的完全履行行政职能的事业单位，杜绝政府行政职能"体外循环"现象。

昭通由于是典型的散居民族地区，少数民族人口绝对数不小，但是占总人口的比例不大，因此，一般从市级政府开始就是民委和宗教系统不分家的，直至2007年，昭通市民族宗教事务局才分设为昭通市民族事务委员会和昭通市宗教事务局，实行一套班子两块牌子，并增加1名副处级领导职数。而县区则是一直没有分开，都统称为"县民族宗教事务局"。而在县级层面，目前昭通也在按照省委省政府的部署和要求，进一步推进政府机构改革与合并，把民族宗教事务局并入县委统战部，与统战部合署办公。

当前，促进民族地区发展，缩小地区和民族差距，促进民族团结进步是我国推进和谐社会建设的主要任务之一，民委系统作为政府机构中不能缺少的一部分，撤销与合并，尤其是在一些民族人口比重大或民族人口数量大的县，在较长一段时间内可能会造成工作上的较大压力，使得机构精简与工作任务加重的矛盾凸显。

五　昭通市散居民族地区经济社会发展和散居民族的开展的对策建议

（一）昭通市散居民族地区农村经济社会发展的建议

加快昭通市散居民族地区农村经济社会发展，要使基础设施得到明显改善，群众生产生活中存在的突出问题得到有效解决，基本实现"三通四有两达到"的目标。"三通"即通水、通路、通电；"四有"即有学可上、有病可看、有房可住、有致富门路可走；"两达到"即人均有粮、人均纯收入基本达到当地中等水平。[①]

1. 加大基础设施建设投入力度

由于自然、历史、社会等原因，昭通民族地区经济发展相对落后，尤其是薄弱的基础设施建设问题已成为制约民族地区经济社会发展的"瓶颈"。因此加强民族地区基础设施建设，坚持规划先行，大力夯实经济社会发展的基础，是昭通散居民族地区农村民族工作的首要任务之一。同时，昭通散居民族地区农业发展相对落后，农村生产生活条件较差，农民收入水平较低，在农村基础设施建设中，应把工作的着力点放在改善基本生产生活条件、发展特色农业、提高农民素质、加快脱贫步伐、加强生态建设和保护等方面，确保农民群众实实在在得到实惠。

对于昭通散居民族地区来说，如何积极扩大基础设施建设的资金来源是最为关键的问题。在积极争取上级部门专项资金、整合各部门资金的同时，也应当积极扩大资金来源范围，积极引导和鼓励民营企业和社会各领域资金投入，促进散居民族地区基础设施的建设，从而加快散居民族地区农村经济社会的全面发展。

2. 加快民族地区教育发展

民族贫困地区发展滞后，最根本的原因就是教育落后，而要提高民族地

---

① 童成清、文成端：《昭通市散居民族地区经济社会发展调研报告》，载云南民族事务委员会编《云南民族工作调研报告集》，2009 年。

区的教育事业，基础教育是重中之重，因此要在巩固"两基"、实行"普九"的同时，加大对基础教育的投入，努力提高民族贫困地区学生的升学率，降低辍学率。

从市县级政府层面上来说，各县区应采取各种行之有效的具体措施促进昭通民族教育的发展；完善制定实事求是的民族教育发展相关政策；真抓实干地加强全市民族边远山区和民族地区的教育基础设施；努力提高少数民族地区的教育教学水平；市县区民族中学要起带头作用切实抓好抓牢民族教育示范作用。

而从散居民族农村教育发展的实际来看，要采取特殊的政策措施，加大教育扶持的力度，有效提高少数民族劳动者的整体素质。一方面要从"小"抓起，巩固和扩大民族教育方面的各项特殊措施，巩固义务教育，积极推进民族地区职业教育，切实解决好少数民族贫困孩子"上学难"的问题。另一方面，要从"大"抓起，充分利用各级党校、行政学院（校）和高等院校等教育培养平台，精心组织实施"1+1"培训模式，即一手抓政治理论教育，一手抓知识更新和业务培训。同时，积极扩大与省内外的合作，选派优秀少数民族干部到外地进行市场经济、现代管理、企业运作和城市规划管理等方面的知识培训，提高干部的专业化水平。①

3. 积极培养少数民族干部

少数民族干部是民族地区发展的重要力量，推进少数民族人才和干部培养，是加快民族地区发展的一个关键措施。要优先发展教育事业，继续加大教育投入，认真做好普及九年义务教育和扫除青壮年文盲工作，切实加强各级各类教育，在不断提高各族群众整体素质的基础上，培养造就适应民族地区发展需要的专门人才。同时，要制定更加优惠的政策，采取更加灵活的措施，营造更加良好的环境，吸引和凝聚各类人才真心实意地为民族地区的发展贡献聪明才智。

努力建设一支德才兼备、受到各族群众拥护的少数民族干部队伍，对于巩固和完善民族区域自治制度、加快民族地区的发展、巩固各族干部群众的团结至关重要。少数民族干部与本民族有着广泛而密切的联系，是我们党做好民族工作的骨干力量。不仅要继续重视培养一般少数民族干部，而且要注意培养少数民族中高级干部。应采取切实有效的措施加强少数民族干部队伍建设。主要应包括如下方面：一是出台专项招收少数民族干部的政策，制定

---

① 胡青：《加快昭通少数民族聚居区新农村建设的思考》，载《中共云南省委党校学报》2006年第6期。

指标，专向招收少数民族公务员；二是注重少数民族领导干部配备；三是重视少数民族干部培养；四是拓宽少数民族干部培养渠道；五是按照不低于少数民族人口的比例加强少数民族后备干部队伍建设；六是加大培训力度，促进民族干部知识的更新和提升。

4. 促进民族文化的保护和传承

散居民族地区由于多民族交错杂居，不具备单一民族为主体民族的特点，民族文化的多样性特点尤为突出。从生态学的角度来看，多样性是和谐发展的一个基本条件。然而，由于缺失了民族文化相对集中的优势（相对集中则意味着其文化的生命力较强，发展的潜力大，文化保护和传承就容易得多），散居民族地区文化发展的这种"多样性"及"小"、"散"等特点，其传承和发展面临着严峻的形势，缺乏足够浓厚的氛围。以昭通市为例，其在少数民族语言、宗教文化的保护和传承等方面，发展形势就没有自治地区的主体民族好，当然，这其中存在着经济发展状况等影响因素，然而，不可否认的是，这种状况与这种多样性存在着不能忽视的联系。民族文化是一个民族的灵魂和凝聚力所在，民族文化的消失和消亡，也就意味着一个民族的特色和凝聚力的消退，这会给其他的宗教和文化以可乘之机，西方的一些宗教势力会"乘虚而入"，比如说苗族广泛信仰基督教的情况，这在云南乃至西南苗族聚居区都比较普遍，而在昭通也比较突出。当地官员把这种现象形象地称为"抢阵地"。为了解决昭通市散居民族地区民族文化的保护、传承与发展面临的问题，基于昭通市目前民族文化保护传承的现状，应主要集中于几个重点问题：其一是文化活动基础设施的建设，包括文化活动场所、图书室等的建设以及必要的文化活动设备的购置；其二是文化遗产的挖掘、保护和抢救；三是加强对少数民族传统文化的研究、推广和宣传；四是完善外部条件，包括经费保障、政策措施、人才队伍建设等。另外，强调在发展中保护，把文化保护与生态旅游发展有机集合起来。昭通历史悠久、文化深厚，拥有众多珍贵的文物和历史文化遗迹，为发展文化旅游产业奠定了坚实的基础。

5. 把生态环境保护作为与发展同等重要的大事

如何使有限的资源、脆弱的生态环境支持经济快速发展和社会日益增长的物质需求，实现经济与环境协调发展，环境保护工作面临严峻挑战。一是继续开展"七彩云南·昭通保护行动"；二是全面推进污染物减排工作；三是要加强环境管理，严把建设项目环境准入关；四是严格执法，加大环境监管和污染控制力度。加强环境保护，遏制生态环境恶化的趋势，对于缓解资源环境对发展的"瓶颈"制约，促进可持续发展，构建和谐社会具有十分重要的意义，环境保护工作由此而任重道远。

6. 谨慎对待民族宗教系统的机构合并问题

而在政府机构合并与改革中，民委和宗教系统具有特殊性，应该具体问题具体分析，充分考虑国家稳定发展民族团结的大局，充分听取少数民族群众的意见和建议，不能盲目搞一刀切。首先，民族问题不等同于宗教问题，虽然信仰宗教的主要是少数民族，但二者却不能混为一谈。当然，从散居民族地区的实际出发，基于行政成本的节约和行政效率的提高，民族和宗教系统一体是合乎实际的。其次，国家着力推进和谐社会建设，促进民族地区发展，缩小地区和民族差距，促进民族团结进步，民委系统作为政府机构中不能缺少的一部分，撤销与合并不符合国家长治久安与和谐发展的实际要求。再次，政府机构合并应该明确区分党委系统和政府行政系统。最后，在机构改革与合并的过程中，应当充分明确少数民族是国家的主人的地位，虽然因为情况特殊而无法和民族自治地区相比较，但是，绝对不能被当作"特殊群体"而区别对待。昭通市少数民族人口绝对数量大，民族工作部门的撤销合并涉及少数民族群众的切身利益，事关地区的稳定发展和繁荣，应采取谨慎、科学的态度认真研究处理。

（二）昭通市散居民族工作的建议——制定《云南省民族村工作条例》及其意义

1. "民族村"的概念

"民族村"是指在非自治地方少数民族人口占总人口比例达到或超过30%的行政村，即村民委员会。在中国目前的行政体系架构下，乡镇一级以下的行政村是广大人民群众充分民主自治的最基层组织。散居民族地区由于少数民族人口的比例数不大，因而，若以市或县为基本单位，则少数民族人口比例总是处于较小的一端。民族村也可以看作是散居民族聚居的一个基本单位。在云南省的散居民族工作中，昭通、玉溪、曲靖等基层工作者根据实际情况以"民族村"为依托，促进了散居民族地区经济农村经济社会文化发展。

2. 制定《云南省民族村工作条例》的必要性

第一，是改变散居民族地区农村发展滞后的要求。由于历史、地理以及其他的一些原因，散居民族地区的经济社会发展，要相对滞后于民族自治地区和其他地区，全国3000多万散居民族群众，绝大部分的经济社会发展水平都相对滞后。以昭通市为例，昭通市少数民族大多居住在高二半山区和高寒山区，受自然条件恶劣，基础设施薄弱等因素影响，与全省平均发展水平差距大。正如前文所述，造成散居民族地区经济社会发展滞后的原因很多，但是，缺乏政策体系的保障和倾斜的优惠政策，也是其中的重要原因之一。因此，制定《云南省民族村工作条例》，是贫困、发展滞后的散居民族地区农村的现实需求。

第二，是健全民族政策体系的需求。民族政策是民族团结和民族平等的生命线。我们党和国家历来高度重视民族工作，特别是民族区域自治制度，已建立健全的法律、政策体系，得到了各族群众的拥护。但对散居民族地区，截至目前，还没有针对散居民族地区经济社会发展的政策措施。同时，《云南省民族乡工作条例》操作性不强，一些条款已跟不上当前民族地区经济社会发展的新形势。其一，作为地方性法规，《条例》不能详细到每一个方面，也无法在每一个方面都给出硬性的指标，从多地基层政府调查得来的资料来看，一些规定难以落实；其二，由于大多散居民族地区农村财政困难，地方财政没有足够的财力兑现条例有关的规定。因此，实际上，《条例》在许多散居民族地区是处于"架空"状态的，较少有硬性的实惠真正落实到少数民族群众的身上。而《条例》能否真正发挥相应的效果，主要取决于地方政府的财政能力，贯彻、执行条例的情况及是否根据具体的实际，制定符合本地区的方法和方案。

从实践层面看，云南基层民族工作部门已经积累了大量有益的经验，《云南省民族村工作条例》的出台，已经具备了理论和实践准备的条件，并且，符合我国散居民族地区发展的实际国情。《云南省民族村工作条例》的出台，能弥补《云南省民族乡工作条例》的不足，有利于我国民族政策体系的补充和完善。

第三，是构建社会主义和谐社会和团结稳定的民族关系的要求①。民族问题作为普遍的、全国性的社会现象，历来为人们所关注，民族关系始终是社会政治关系的重要方面，民族和谐始终是构建社会主义和谐社会的重要组成部分，直接影响党和国家工作的大局。正确协调和处理各民族之间的关系，巩固和发展平等、团结、互助、和谐的社会主义民族关系，形成各民族共同团结奋斗、共同繁荣发展的局面，实现各民族和睦相处、和衷共济、和谐发展，是构建社会主义和谐社会的必然要求和重要内容。

我国是各民族共同缔造的统一的多民族国家，各民族不分大小、历史长短、发育程度高低都一律平等，是我国解决民族问题的基本立场。平等，是政治上各民族当家做主、是经济上各民族共同发展、是文化上各民族共同繁

---

① 童成清：《浅析昭通散居地区和谐民族关系的构建》，载《云南日报》2010 年 10 月 26 日；中国民族宗教网：http://www.mzb.com.cn/html/report/34564 - 1.htm。

荣、是社会生活上各民族共同提高的全面平等。但由于地域分布、自然环境、历史原因、发展基础等的差异，造成了各民族间事实上的不平等，而且，随着经济社会的快速发展，这种事实上的不平等还在呈不断扩大趋势，有的已经成为影响民族团结、社会稳定的主要因素。因此，加快少数民族和民族地区经济社会的发展，消除历史遗留的发展差异，缩小现实的发展差距，就是对各民族、各地区共同发展要求的统筹兼顾，也是实现少数民族全面平等、社会公正的必由之路。

散居民族是中华民族大家庭中的一员，散居民族工作则是整个民族工作的重要组成部分，没有散居地区少数民族的发展，就没有整个社会的全面发展，没有散居地区和谐民族关系的构建，就没有整个社会主义和谐社会的构建。① 因此，出台《云南省民族村工作条例》，能够促进散居民族地区的发展，也是构建社会主义新型民族关系和构建社会主义和谐社会的要求。

3.《云南省民族村工作条例》的内容构想与重要意义

《云南省民族村工作条例》主要应当包括如下几方面的内容：

其一，散居民族地区民族村的认定、申报等基本运行工作和程序。

其二，散居民族地区发展民族经济、民族教育、民族文化、民族医药卫生以及民族团结进步事业和培养民族干部、民族人才的具体措施。

其三，民族村和地方政府在散居民族经济社会发展中应当承担的责任以及义务等。

《云南省民族村工作条例》的制定和出台，符合散居民族地区农村经济社会发展的现实需求，也是我国实现民族团结、构建和谐社会的内在需求。《云南省民族村工作条例》的制定和出台，对《云南省民族乡工作条例》是一个很好的补充和完善。从政策体系上来看，《云南省民族村工作条例》的出台，将会使民族政策的受益面真正覆盖到非自治地方农村的散居民族。从这个角度上来说，有利于实现真正的民族平等，有利于体现少数民族的国家主人的地位，有利于少数民族经济社会的全面发展。

---

① 童成清：《浅析昭通散居地区和谐民族关系的构建》，载《云南日报》2010 年 10 月 26 日；中国民族宗教网：http：//www.mzb.com.cn/html/report/34564-1.htm。

附录二　个案研究报告

昆明市民族乡撤乡建镇、改办的个案研究

——以谷律彝族白族乡、团结彝族白族乡和 阿拉彝族乡石坝彝族村委会①为例

昆明散居民族地区农村经济社会发展的最大的特点，是随着城市化进程的不断加快，距离城市周边的民族乡正在发生着一系列的变化。原有的 10 个民族乡已经有 6 个撤乡建镇、并镇或者改办。进而，民族乡下辖的民族村委会的散居民族群众生产生活的各个方面也发生着剧烈的变化。在城市化进程背景下反映这一变化，将民族乡和民族村相结合进行研究，可以看到已有散居民族的政策法规已经不能应对当前出现的新情况和新问题，从实际出发，在理论和政策法规上进行突破，才能进一步促进昆明市散居民族地区农村经济社会发展。

一　昆明市散居民族地区概况及民族乡 撤乡建镇、改办的背景

昆明市一个多民族聚居的边疆省会城市，散居特点非常明显，少数民族在全市 14 个县（市）都有分布，除了石林、禄劝、寻甸三个自治县外，至 2008 年还有 5 个民族乡，47 个民族村委会，2196 个民族散居村，全市 52 种民族成分（除了塔吉克族、柯尔克孜族、裕固族和门巴族外），少数民族人口 76 万，占全市人口的 14.6%，散居少数民族 44.8 万，占全市少数民族人口的 60%。少数民族分布面积达 11064 平方公里，占全市国土面积的 52%，因此，昆明市是典型的散居民族地区，并且少数民族人口多、分布

---

① 昆明市西山区团结彝族白族乡、谷律彝族白族乡和阿拉彝族乡先均已先后经历了撤乡建镇（并镇）、改办的过程。为在研究中体现这个变化过程，在文章标题中仍使用"团结彝族白族乡"、"谷律彝族白族乡"和"阿拉彝族乡"不变，但在行文时会根据需要使用现有的名称，对此相应的调整，特作说明。

广、成分多、大分散、小聚居、交错分布。①

民族乡是民族区域自治制度的补充和完善。昆明市从 1987 年以来建立了 10 个民族乡，即：安宁太平白族乡、官渡区阿拉彝族乡、五华区沙朗白族乡、西山区团结彝族白族乡、谷律彝族白族乡、宜良县耿家营彝族苗族乡、九乡彝族回族乡、晋宁县双河彝族乡、夕阳彝族乡、富民县罗免彝族苗族乡。民族乡有汉、彝、苗、回、哈尼、纳西、白、佤、傣、壮、景颇、藏、布依、傈僳、瑶、水、蒙古等民族，其中世居少数民族有彝、回、白、苗、傈僳、壮、傣、哈尼、布依族 9 个。

随着城市化进程加快，昆明市六个民族乡撤乡建镇、改办，太平白族乡成立于 1988 年 2 月，2001 年 12 月改为太平镇；团结白族彝族乡成立于 1988 年 2 月，谷律彝族白族乡成立于 1987 年，2005 年 10 月团结乡和谷律乡合并为团结镇，2009 年 7 月又改为团结街道办事处；阿拉彝族乡成立于 1987 年，市政府在经开区实行实体化改革，于 2008 年 5 月从官渡区划归经开区，2010 年 1 月又改为阿拉街道办事处；沙朗白族乡成立于 1988 年 2 月，2009 年 7 月改为沙朗街道办事处；2012 年 3 月罗免彝族苗族乡改为罗免镇。

昆明市民族乡撤乡建镇、改办是在昆明市加速推进城市化的形式下进行的。为迎接 1999 年昆明世博会，昆明的城市化建设提速，太平白族乡在这一阶段改为太平镇。市委九届四次全会以来，市委市政府从更高的层次谋划昆明的定位和发展，构筑大都市发展的新格局，按照“功能互补、区域联动、一体发展”的思路和要求，拓展现代新昆明的布局框架，调整现代新昆明的发展空间，规划建设“一城四区、一湖四片、一主四辅”的现代新昆明的宏伟蓝图。在这种背景下，团结镇和沙朗白族乡改为了街道办事处。2008 年，市委市政府为发挥经济开发区在经济建设中的作用，着力推进经济开发区品质，落实园区倍增计划，决定对经济开发区实施实体化管理，并把阿拉乡划归给经济开发区管辖，阿拉乡在这种背景下改为了办事处。

综合分析民族乡改镇改办的时间和空间过程，昆明城市化进程不可逆转，有五个民族乡是距离主城最近的乡级行政区域，首先被纳入了昆明城镇系统规划布局，对于优化昆明空间结构形态，优化区域功能布局和优化城乡资源配置，民族乡的改镇改办具有重要的现实意义。同时，也应该看到此过

---

① 数据来源：昆明市民族事务委员会《昆明市散杂居民族地区经济社会发展情况报告》，2008 年 6 月，内部打印稿。富民县罗免彝族苗族乡于 2012 年 3 月改为罗免镇。

程出现的新问题和新情况，并探索积极有效的路径和方式加以解决。

二　昆明市民族乡撤乡建镇、改办后经济社会发展情况

改镇改办之后的民族乡，总体经济社会发展态势良好，无论在发展质量、发展水平和发展潜力以及发展前景上都上了新的台阶。

（一）五个民族乡撤乡建镇、改办后经济社会总体发展情况

1. 经济发展态势良好

五个民族乡改镇改办之后，经济发展已经从依靠单一产业逐步转移到发展二、三产业上来。以太平镇为例，2001 年改镇当年地方财政收入、工业总产值、农业总产值、招商引资总额、固定资产投资额、农民人均收入分别为 449 万、22241 万、1547 万、1000 万、980 万、0.2843 万元；2009 年分别为 9622 万、103592 万、5029 万、69434 万、114950 万、0.5398 万元。年平均增长分别为 225.37%、45.7%、28.14%、588.43%、1450.36%、11.23%。城市化水平也从 2001 年的 49.1% 上升为 71.7%。阿拉街道办事处的三产比重已经达到 4.8∶69.3∶25.9，产业结构日趋合理。在改办当年，阿拉、沙朗、团结街道办农民人均收入分别达到 6034 元、5323 元和 4428 元。

2. 基础设施明显改善

改镇改办后的民族地区围绕新农村和集镇建设，集镇村庄绿化美化和休闲娱乐设施等公共资源服务水平有了很大提高，广大群众已经逐步享受了更多的公共服务资源。太平镇 36 个居民小组实现了村村通硬化路面，开通了 4 条连通 6 个村居民小组的公交线路，建成了农村公益性公墓，开展建设 3 万个座位的体育馆，四块室外标准足球场，18 万平方米的综合训练馆，1000 人座位的游泳馆，沙朗街道办事处和团结街道办事处着力抓好道路、学校和水利基础设施建设，不断提升发展后劲。阿拉办事处结合"城中村"改造项目，基础设施得到显著加强，小麻苴彝族村正在启动"城中村"改造，不久之后彝族群众将住进时尚、现代、设施一流、环境优美的现代化居住小区。

3. 社会事业全面繁荣

改镇改办之后的民族地区，努力实现社会事业全面发展。太平镇力争让各族人民群众共享改革开放的发展成果，实施了大学生扶贫工程、人畜饮水工程、医疗报销配套工程、村组工作支持工程、精神文明载体工程、青壮年培训就业工程、少年儿童关爱工程、老年群体关怀工程、村组道路改善工

等九大工程，建设了高标准的太平学校，修建了正规化的幼儿园，新农合和城镇医疗保险达到 99% 以上，得到了各族群众的肯定和好评。阿拉办事处设立了 5 个医疗服务站，开通了 4 个医保专网。考入重点大学的学生可以享受办事处 5 万元的奖金。

4. 民族团结社会稳定

改镇改办后的民族地区仍把民族工作作为一项重要的工作来抓，加大对民族团结的宣传教育力度，把构建和谐的民族关系，保持各个民族共同团结奋斗、共同繁荣发展的民族工作主题作为重要的议事日程，与各项城市管理工作一起来抓，注重从源头上减少影响民族团结的事件发生，坚持团结、教育、疏导、化解的方针，及时排查矛盾纠纷，妥善处理不稳定因素，在改镇改办过程中，没有出现影响民族团结和社会稳定的事件发生。[①]

（二）谷律彝族白族乡、团结彝族白族乡撤乡建镇、改办后经济社会发展情况

昆明市西山区于 2005 年 10 月 18 日撤销团结彝族白族乡和谷律彝族白族乡，成立团结镇。镇政府所在地为原团结乡政府所在地龙潭。新成立的团结镇总面积达到 425.8 平方公里，占西山区面积的 53.8%。2009 年 7 月将团结镇改为街道办事处后，仍居住着彝、白、汉、苗等 4 个世居民族，总户数 7178 户，总人口 31737 人，其中：农业人口 30530 人，非农业人口 1207 人。汉族 9013 人，彝族 16015 人，白族 5647 人，苗族 945 人，其他 117 人，少数民族人口比例为 72%。

近年来，在上级党委政府的带领和全处各族人民群众的共同努力下，经济社会平稳较快发展，综合实力不断增强，人民群众生活水平不断提高。

1. 经济发展进一步加快

2010 年经济总产值 14.85 亿元，比 2005 年 8.6 亿元增加了 6.25 亿元，年均增长 11.54%。其中：乡镇企业营业总收入完成 13.28 亿元，比 2005 年 7.6 亿元增加 5.68 亿元，年均增长 11.8%；农业经济总收入 1.57 亿元，比 2005 年 1 亿元增加 0.57 亿元，年均增长 9.44%。地方财政总收入完成 5677.42 万元，地方财政一般预算收入 3132.8 万元，农民人均纯收入完成 4606.76 元。

2011 年经济总产值 18.11 亿，同比增长 21.9%。其中：乡镇企业总收入 168621 万元，同比增长 20.31%；农业经济总收入 12533 万元，同比增长

---

① 马洪苍：《对昆明市民族乡撤乡改镇改办后现状的调查与思考》，载《云南人大》2010 年第 9 期。

33.5%。办事处财政总收入完成 10417 万元，地方财政一般预算收入完成 4655 万元。农民人均纯收入 5264 元，同比增长 14.28%。

2. 基础设施建设不断完善

"十一五"期间，是团结镇发展历史上最重要的五年。五年间，团结镇由乡变为镇，再由镇成为街道办事处，开始走向城镇化发展的道路。

油路、信息"村村通"。2006 年以来，团结镇共投入近 8600 万元，加大道路交通建设，构建主要交通网络。目前，出入团结的道路有 7 条，形成了四纵三横的交通网络，基本实现了"村村通"油路，开通了 4 条城乡公交专线，新建了 2 个农村客运站，极大地方便了群众的出行，生活条件有了较大的改善。同时，团结 119 个村小组已全部通电，全部通有线电视或卫星转播电视，有线电视覆盖率 93%，改善和丰富了群众的文化生活。借助广播电视，团结各村寨各族人民能够及时了解时事信息，与城区市民，同步感知时代脉搏。

图1　通往团结镇的城乡公交开通

农业水利设施不断改善。团结历来重视农田水利建设，以确保农业稳定增收。从 2006 年以来，团结共投入 1730.7 万元，加大农田水利建设投入，较好地改善了农业生产条件，促进了农业增产、农民增收。加大农产品深加工力度，形成了以农副产品的产、供、销于一体的农业产业体系，成立了团结果树技术经济协会、永靖蔬菜种植协会、谷律花椒种植协会等 11 个专业协会。随着经济社会的发展，团结的农业产业结构不断得到调整，大力发展精品农业。以农产品销售，加工和"农家乐"生态民居旅游为载体，建成 3 个村级乡村生态旅游服务站，评定 7 个星级"农家乐"经营户，成立了团结"农家乐"工会联合会，发挥辐射带动效应，逐步形成旅游发展与农业产业结构调整良性互动的态势。

图 2　团结镇龙潭白族休闲园

　　新农村建设成效显著。五年来省、市、区各级党委、政府高度重视团结的发展，累计投入社会主义新农村建设资金 1.34 亿元。修通进村道路硬化 80 个村，完成村间道路硬化 71 个村。为 74 个居民小组建盖了多功能活动室，安装太阳能路灯 855 盏，23 个小组点上了太阳能路灯，为 1162 户农户安装了户用太阳能热水器，为 91 个居民小组完善了饮水工程改造，修建小水窖 5200 个，为农户修建了 4210 个沼气池，119 个居民小组开通了有线电视和卫星转播电视。修建卫生公厕 31 座、垃圾收集池或垃圾房 119 座，建村庄污水收集处理场 7 个，安装太阳能路灯 625 盏，集镇中心安装路灯 380 盏，有 15 个小组已用上了路灯。通过五年的新农村建设，团结街道办事处农村基础设施得到了较大幅度的完善，群众生产生活条件明显改善，广大人民群众真正得到了实惠。

　　3. 社会事业稳步向前

　　完善为民服务体系，提高行政效能。自 2008 年以来，团结在办事处为民服务中心成立了以党工委书记为队长的党员为民服务队，下设农业科技服务队、矛盾调解排查服务队、畜牧养殖服务队、扶贫帮困服务队等 4 个"为民服务队"。2010 年，团结对办事处为民服务中心进行改造，在一楼大厅统一规范建立"昆明市西山区团结街道为民服务中心"，服务中心内设招商引资、城建、环保、农业、水利、林业等窗口。在此基础上，16 个社区居委会还建立了"为民服务站"，方便了群众，提高了办事效率，2011 年团结街道机关被昆明市政府评为文明单位。

　　科教文卫事业不断发展。2006 年以来，办事处教育事业共投入 259 万元。完成永靖中心学校下冲分校重建工程和团结中学标准化建设；完善永靖中心学校，谷律中心学校，谷律中心学校乐亩分校，和平中心学校雨花分校、花红园分校的教学硬件设施，教学条件得到进一步善。在中小学实行"两免一补"政策，实现义务教育全免费。加强教师队伍建设，在各小学校教师中公开选拔小学校长，一批优秀青年教师走上领导岗位。狠抓教学质量，提高教学水平。

认真开展文化"三下乡"工作，组建 48 支文艺队开展文艺演出活动，送戏到 72 个村民小组，演出 166 场次。积极开展文物普查工作，切实保护历史文化遗产。组织大兴苗族《赶花山》和乐亩《构建和谐奔小康》两个节目参加了省、市新农村文艺调演，取得省二等奖、市一等奖的好成绩。

2006 以来，区、处卫生事业共投入 454 万元，建盖了新的团结卫生院，整合了西山区区医院的医疗资源，将团结谷律卫生院实施托管，改进了医疗设备，提高了医疗水平，并新建 16 个村级卫生室。2011 年，新型农村合作医疗参保人数 31578 人，参保率 99.5%。建立了区、处、居三级疫情网络，开展免疫五苗接种，麻疹强化免疫接种，确实做到避免和降低传染病的发生及流行。

图 3　团结镇卫生院

（三）阿拉彝族乡撤乡改办后石坝村经济社会发展

阿拉彝族乡是昆明市官渡区唯一的一个少数民族乡，地处昆明市东郊八公里，东与大板桥镇接壤，南与呈贡县洛羊镇交界，西北与金马街道办事处相邻，西南邻小板桥街道办事处和昆明经济技术开发区。全乡土地总面积 75.45 平方公里，下辖 6 个村委会，28 个村民小组，1 个居民小组。现有农业人口 11463 人，彝族（撒梅人）人口为 8322 人，占全乡农业人口数的 73%。除清水村委会外，其余 5 个村委会均为彝族（撒梅人）聚居地。截至 2006 年底，6 个村委会均通路、通水、通电视、通电话。近年来，通过调整产业结构和实施农业产业化战略，依靠科技进步和提高劳动者素质，积极引进和推广优良品种及科学种养方法，彝乡逐步实现了由传统农业向现代农业、从单一种植粮食作物向经济林果和多种经营的转变。2008 年 5 月，市政府在经开区实行实体化改革，将官渡区阿拉彝族乡和呈贡县洛羊街道办事处划归经开区托管；2010 年 1 月 12 日，阿拉彝族乡撤乡设立街道办事处。2010 年 4 月份社区居委会挂牌成立，6 个村委会改成居委会。

图4　阿拉彝族乡彝族（撒梅人）服饰

石坝村隶属官渡区阿拉彝族乡，地处阿拉乡中部，距乡政府所在地两公里，东邻阿拉村委会，南邻呈贡县，西邻普照村委会，北邻高坡村委会。辖大石坝、小石坝、小新村、七家村等 4 个村民小组。该村有农业人口 1912 人，其中彝族（撒梅人）1610 人，汉族 279 人，其他少数民族 23 人。全村国土面积 13.05 平方公里，耕地总面积 644.1 亩，其中田 400.4 亩，地 243.7 亩，人均耕地 0.33 亩，主要种植蔬菜、玉米等作物。该村 2012 年农村经济总收入 7.07 亿元，较 2006 年的 676 万元增长了 10 倍。其中：种植业收入 199 万元，第二、三产业收入 7.01 亿元，农民人均纯收入 7253 元，较 2006 年 4456 元增长了 62.8%，农民收入以二、三产业和种植业为主。截至 2012 年底，全村有 728 户通自来水，有 135 户饮用井水，有 863 户通电，有 631 户通有线电视，拥有电视机农户 863 户，安装固定电话或拥有移动电话的农户数 765 户，其中拥有移动电话农户数 765 户。该进村道路为柏油、水泥路面，对外交通方便。132 户居住于砖木结构住房；有 168 户居住于土木结构住房。全村参加农村社会养老保险 1497 人；村民的医疗主要依靠乡（镇）卫生院。石坝卫生所面积为 120 平方米，有乡村医生 3 人，该村距离乡（镇）卫生院2公里。全村建有文化活动室3个、图书室2个、业余文娱宣传队6个，丰富了村民的业余文化生活。相对于位置偏远、自然条件恶劣的民族村，石坝村的经济社会发展处于较快水平。

但是，随着近年来城市化进程的加快和非农业用地需求的增长，阿拉办事处的普照、石坝两个村委会农民几乎失去了耕地，致使农村富余劳动力和失地农民较多，涉及失地农民的生产生活和社会保障的问题也越来越突出。石坝村土地被征后，按照4.8万/亩（含青苗费）的价格采取货币安置。小石坝小组是把所有的征地赔偿款除了提留一点集体资金（用于奖励考取大学的学生等）外，按照小组人数平均分配赔偿款，再把征地后剩余的土地按照人均分配。

图5　阿拉乡境内的东绕城高速公路

针对出现的大量失地农民，官渡区委、区政府就官渡区农村特困户最低生活救助制度通过了《中共官渡区委办、区人民政府办关于全面推行农村特困户最低生活救助制度的实施意见》①。同期，官渡区人民政府批转了《官渡区农村特困户医疗救助实施办法》的通知②。上述两个文件，对失地

---

① 文件规定：具有本区农业户口，上年家庭年人均收入低于960元的纳入农村特困户救助范围。具体救助标准为每人每月80元，实行定期定量救助，限期为12个月，以货币形式发放。随着社会经济水平的发展和人民生活水平、物价指数的变动，保障标准适时进行调整。

② 文件规定：该区经批准纳入官渡区农村特困户最低生活救助范围的农业人口纳入医疗救助范围。个人负担全部农村新型合作医疗参保资金，用于参加当地的农村新型合作医疗，享受合作医疗待遇；救助对象因患大病，扣除合作医疗费用后，个人负担的医疗费用超过1万元以上的，再给予适当的医疗救助。对特殊困难人群，可适当提高医疗救助水平，同一救助对象每次救助最高金额不得超过5000元。

农民中达到农村特困户救助条件的人在生活和医疗上给予了相应的保障措施。阿拉彝族乡出台了《阿拉彝族乡 2007 年农村劳动力转移培训就业工作意见》（阿政发［2007］7 号），以各村委会的失地农民、年龄在 18—30 岁的农村劳动力为转移重点，以初中、高中毕业农村劳动力为技能培训重点，把省外输出和技能培训作为培训工作的重点，以引导性培训为主，逐步转为有选择、有侧重地进行技能培训，鼓励农民参加职业技能培训，争取获得《中华人民共和国职业资格证书》，提高就业能力。乡党委、政府成立了阿拉彝族乡农村劳动力转移培训就业领导小组，制订了《工作实施方案》。包括石坝村在内的各村也根据本村情况，制定了方案和工作机构。今年以来通过举办葡萄、梨树栽培管理、农家乐旅游、手工刺绣、市场经济、法律法规等各方面的培训 30 多期，培训人员 4000 多人次，共完成省内外和境外劳动力转移 736 人。

通过加强了农村三级（县、乡、村三级）预防医疗保健网络建设，落实新型农村合作医疗制度，在原来的基础上，对合作医疗经费的投入有所增加，合作医疗参合面、受益面不断扩大。通过鼓励有条件的村、组和个人参加城镇职工医疗、养老保险，逐步实现农村医疗保障与城市接轨。

三 昆明市民族乡撤乡建镇、改办后存在的主要问题

民族乡当地少数民族群众和基层干部对撤乡建镇、改办的态度不一，太平镇的少数民族干部群众普遍支持改镇，因为太平镇城市化进程已经推进了12 年，仍然享受着民族乡的相关政策和待遇，各族群众和基层干部态度乐观，前景看好。但是对于新改办的阿拉乡、沙朗乡、团结乡来说，干部群众就有一些思想疙瘩，意见和想法不一致，归纳起来有以下几点：

一是反映"我们一觉睡醒就是城里人"，沙朗、团结办事处的干部群众反映"改办"来得太快了，"我们没有什么思想准备"，"不知道改了有什么好处"。

二是反映"我们是挑着粪桶的城里人"，沙朗的老百姓不知道民族乡与办事处有什么差别，他们说"我们该种地的还是种地，该挑粪的还是挑粪"，"什么时候大街修到团结来，什么时候谷律能看见路灯"，干部群众对改办后的前景充满担忧，团结街道办的反映尤为突出。

三是基层干部认为，"我们做的是农村工作，管理服务的对象是少数民族，名义上是社区，实际还是村子的社区管理体制，与现代化的城市建设要求不符合，担心社区工作干不好，也做不了"。

　　四是民族工作部门的部分干部反映"民族乡撤乡改为街道办后，如何贯彻党的民族政策，在民族发挥宣传和贯彻过程中，是执行《云南省民族乡工作条例》，还是《云南省城市民族工作条例》，担心工作做不好还会被问责。"

　　五是村改居后，基层干部反映"现在只有书记、主任、副书记有工作补贴，其他两委成员，村小组长要依靠集体经济解决，补贴与城市社区有差别，民族地区经济发展滞后，有些村小组集体经济薄弱，入不敷出，小组长的推选很困难，基层干部有想法。"①

图6　阿拉彝族乡石坝村委会大门

图7　阿拉办事处石坝
社区居民委员会大门

　　（一）昆明市民族乡撤乡建镇、改办后的普遍性问题

　　1. 现有散居民族政策法规体系不健全，难以应对当前出现的新情况和新问题

　　第一，民族乡撤乡建镇面临兼顾经济发展和保障少数民族权益的两难选择。

　　在实际工作中，民族乡法律法规所发挥的特殊制度保障作用往往被忽视。同时，有关民族乡的法律法规体系还不能满足民族乡发展的需要，最突出的表现是，除《民族乡行政工作条例》，民族乡法律法规只散见于《宪法》等法律法规之中，至今还没有由全国人民代表大会及其常务委员会制定颁布的专门规范民族乡工作的法律规定。然而，第一，《宪法》只规定民

---

　　① 马洪苍：《对昆明市民族乡撤乡改镇改办后现状的调查与思考》，载《云南人大》2010年第9期。

族乡的行政地位，而没有民族镇①的建制。现行《宪法》在第 30 条第一款第（三）项有关"县、自治县分为乡、民族乡、镇"的规定中没有涉及民族镇。第二，人民代表大会选举法等其他法律也没有民族镇的规定。第三，国务院行政法规也没有规定民族镇的法律地位。1993 年 8 月 29 日国务院批准的《民族乡行政工作条例》，第一次全面系统地对民族乡工作做了规范，是民族乡开展各项工作的具体法律依据，但是也没有涉及民族镇的任何问题。尽管宪法、法律和有关民族乡的行政法规没有对民族镇做出任何规定，随着我国社会经济的发展，我国曾经掀起民族乡建制为镇的高潮，有的民族乡建制为镇，有的建制为民族镇（全国有 59 个民族镇）。针对民族乡建制为民族镇这一现象，国务院于 1992 年发出了《关于停止审批民族镇的通知》，根据国家政策法规规定，民族乡撤销后只能建立非民族镇，同时不再享受民族乡的待遇。由于大部分民族乡舍不得放弃原来享受的民族乡待遇，影响了民族乡建制为镇的工作，制约了民族乡社会经济的发展。在城镇化发展的进程中，民族乡如何兼顾发展社会经济，又要有效保障散居少数民族的合法权益，确实是民族乡撤乡建镇首先将要面对的问题之一。②

第二，民族乡撤乡建镇、改办后民族村委会散居民族权益难以得到保障。

民族乡撤乡建镇、改办后，下辖的民族村中少数民族比例和成分并未发生改变，如团结办事处为 72%，沙朗办事处为 45%，阿拉办事处为 35%，比例仍然较高。由于建镇、改办的城市化进程加快，《云南省民族乡工作条例》不再适用于民族村委会散居民族权益的保障。《云南省民族乡工作条例》34 条规定："民族乡根据法定程序撤乡建镇的，按本条例继续享受民族乡待遇。"这个条款只是规定了"撤乡建镇"。但由于《云南省民族乡工作条例》刚性内容少、可操作性不强等一些问题，在执行、监督、检查方面都存在诸多困难。撤乡建镇后，继续落实有关散居民族的权益保障政策更是难上加难。由于对于撤乡改办的没有明确要求，因此改办后的民族乡就失去了享受民族乡待遇的法律主体地位。民族乡改办后少数民族人口作为民族相对聚居的根本事实没有改变，全面贯彻落实党的民族政策依然应该是这些办事的主要工作任务之一，当地干部群众对以往享受民族乡优惠政策有较深的思想感情，因此为保持这些地区的长治久安，应该明确民族乡在改办后的过

---

① 民族乡的法律地位是 1954 年《宪法》规定的，宪法、法律、行政法规都没有有关"民族镇"的规定。本书"民族镇"概念指民族乡撤乡建（并）镇后仍以少数民族为主体的建制镇。

② 朱玉福：《民族镇法律地位刍议》，载《内蒙古社会科学（汉文版）》2005 年第 1 期。

渡期或者较长时间内仍然可以享受民族乡经济社会发展方面的优惠政策。

第三，民族乡改办，村转居的后续政策不配套。对昆明主城近郊民族乡实施乡改办，村转居，是适应昆明市跨越发展加快城市化的需要，但是乡改办，村转居后上级政府没有及时研究出台相关的配套政策，无论是在管理体制、服务形式等方面，与原来的民族乡、村委会没有严格意义的区别。如土地管理、集体资产处置问题、无房户建房问题、社区公共服务问题、人员素质提升和技能培训、水电路等基础设施建设滞后问题、居民的权利和义务、社区干部待遇低等、农村合作医疗转为城镇医疗保险问题，这些问题干部群众十分关心，但没有具体的配套政策，造成很多工作无法开展。

2. 组织宣传不到位，角色转换不到位，组织管理不顺畅

第一，组织宣传不到位。按照《中华人民共和国村民委员会组织法》第八条规定：村民委员会的设立、撤销、范围调整，由乡、民族乡和镇的人民政府提出，经村民委员会讨论同意后，报县级人民政府批准。由于在村转居之前一些地方并没有按照上述规定办理，其中最为突出的是没有经过村民会议同意，由于宣传不到位，再加上基层干部和村民对市委、市政府的大政方针和建设高品位的现代化新昆明的战略布局的认识不够，干部和村民的知晓率不高，对改办后的重大意义缺乏认识，对改办后出现的问题和情况调研不多，掌握不够，甚至有的干部还认为"改办就是换个牌子就完了，其他该干嘛干嘛"。

第二，角色转换不到位。原村委会和村小组的管理方式主要是管理村原属于农民集体所有土地和其他财产，教育村民合理利用自然资源，保护和改善生态环境，通过调整产业结构，发展现代农业，办好乡镇企业来达到农村集体经济增值和农民增收，从而是广大村民的物质文化生活得到提高。而社区居委会和村小组则主要通过为社区居民提供全面服务，提高城市社区居民的综合素质，营造幸福的、和谐的城市生活氛围。由于阿拉、团结、沙朗街道办事处村改居后的社区干部都是来自于农村，他们多数文化素质偏低，参与专门的培训时间较短，还缺乏城市建设知识和管理经验，工作方法和管理方式仍是停留在原村委会的层面上，原村民对村集体的依赖程度大，且村改居之后仍是属于城市里的农民，所以造成社区和村小组的干部角色转换不到位。

第三，组织管理不顺畅。基层管理体制是一个复杂的体系，这个体系的机制是不是健全，机构之间是不是协调，运作状态是不是和谐，将直接影响着基层的管理水平和管理效能的发挥。民族乡改办后，由于管理体制和机制尚未健全，导致了组织管理相对混乱。最突出的是阿拉办事处，阿拉所在的

行政管理体制隶属于经开区，经开区虽然有行政管理职能，但不设人民代表大会，阿拉办事处的人大代表只好到官渡区去参加人代会并参与代表活动，代表意见由官渡区人大常委会转到经开区办理。其次，阿拉、团结、沙朗改为街道办后，从体制上没有了管理本地经济社会发展的自主权，相应的管理体制和运行机制没有及时调整和改变，部分基层干部觉得很失落，加上村改居后"社区不像社区，农村不像农村"，工作还按照原来模式推进。①

3. 基础设施水平比较低，城镇功能还相当不完善，产业结构不尽合理，乡镇企业作用发挥不足，各种热点难点问题突出

第一，民族乡撤乡建镇、改办后在一段时间内仍难改变基础设施落后、投资不足的状况。道路、供电、供水、通信等基础设施差，缺乏环卫、环保设施，更谈不上园林绿化、消防等基础设施。有的甚至把民族乡的小城镇建设简单地理解为"住房建起来，耕地圈起来，农民住进来"就是实现城镇化，不注重水、电、气、交通、通信等基础设施的配套建设。

第二，城镇规划水平低、规模小、功能薄弱且相当不合理。城镇建设缺乏长远计划，致使城镇布局杂乱无章，管理混乱，各功能区划分不明确，处于初级化城镇发展阶段。政治、经济、文化、教育等功能的发挥仅仅满足较低的管理、生产、生活需要。产业结构不合理，第一产业比重大，第二、三产业发展缓慢，或发展二、三产业缺乏对资源的合理、良性地开发和有效利用，大多停留在初级生产阶段，普遍缺乏主导产业，缺乏强有力的技术支持，市场竞争力弱。

第三，乡镇企业吸纳农村剩余劳动力的能力有限。在城乡一体化的进程中，乡镇企业起着十分重要的作用。但事实上，许多乡镇企业优势不明显，增长乏力。乡镇企业的不发展，吸纳农村剩余劳动力的能力极其有限，迫使这些农民不得不流入大中城市——特别是东南沿海地区的乡镇企业和服务性行业，成为打工群体。有的乡镇企业为了自身的经济效益，不顾对生态环境破坏造成的社会成本，粗放型的生产方式使排放工业废物的随意性大。而大多数乡镇企业自身目前还不具备治理其污染的经济和技术能力。土地资源利用率低、浪费严重也很普遍。

第四，现实矛盾很突出，热点难点问题多。一是失地后，村民就业压力大，这些世代依靠土地生存的农民转变为居民，离开世代为生的土地，没有文化，没有技术，没有资金积累，只懂得种植和养殖业的农民，就业难成为

① 马洪苍：《对昆明市民族乡撤乡改镇改办后现状的调查与思考》，载《云南人大》2010年第9期。

了一个突出的问题。二是农村宅基地的审批与建房问题。现在很多农民需要建房审批宅基地，但是政策上"一刀切"，他们不知道什么时候可以住进现代化的小区。三是当地干部村民要求对村转居后得到的土地赔偿，企业改制后集体资产处置后再做分配，原来村民应享受的各种待遇如果处理不善，会导致社区矛盾突出，势必造成不稳定因素。

4. 少数民族综合素质亟待提高，民族文化流失严重

第一，少数民族综合素质亟待提高。民族乡撤乡建镇除了经济社会发展的客观需要外，很多通过行政建制改变而产生的制度性农村人口城镇化。人为的"撤乡建镇"的建制变动，"乡"就变成了"城镇"，农村人口就变成了城镇人口。根据民政部颁布的建制镇设置标准要求，建制镇"驻地非农业人口应占其总人口的10%以上"，但是很多新设镇严格说来未达到这个设镇标准，这种低水平的粗放型的城镇化并未带来人口"质"的同步提高；实际上，人口的城镇化是一种不完全的非农化过程，其就业结构和生活方式并没有发生根本性的转变，这势必制约小城镇经济的可持续发展。民族乡少数民族在完成户籍转换和职业转变后如何提高素质，如何获得市民意识和现代性，完成市民化，是少数民族散居地区民族乡城镇化面临的又一问题。

第二，民族文化流失严重，新的文化风尚还未建立。在民族乡城镇化的过程中，少数民族发生了从分散、落后的乡村向密集、发达的城镇（城市）转移，在文化的变迁和重构中造成了大量民族文化的流失。城镇化改变了少数民族传统的生产生活方式，使得传统文化的受众越来越少。由于现代化步伐的加快，特别是电和电视的普及，民族地区少数民族"日出而作、日落而息"的作息习惯发生了改变；游方、对歌、听故事、编制手工艺品、参与民族文艺表演已经渐渐淡出人民的生活；随着民族乡的城镇化，劳动力向外转移使得传统文化的生存面临挑战；现代工业用品逐渐取代了传统手工制品，民族民间工艺的一些"绝活"正在消失，"人死艺绝"的事情屡屡出现在年画、剪纸、蜡染、刺绣、挑花等需要口传身授的技艺上；民族文化逐渐势微，传承机制脆弱，后继乏人；在民族乡城镇化的过程中，还可能因为旧城改造拆除老街、老城，对有形文化造成不可弥补的损失；众多少数民族非物质文化，如民族语言、民歌、民族体育、民族医药、民族舞蹈也可能因为城镇化和现代化的冲击而逐渐衰落。

城郊结合部失地农民缺乏健康的文化娱乐生活，流动人口等问题给精神文明建设带来困难。很多被访农民认为自己业余时间中几乎没有参与过什么体现新农村精神风貌、健康的集体娱乐活动。同时，由于城郊结合部地区住房的租赁较便宜，管理较松散，对外来流动人口选择居住具有很大的吸引

力，流动人口总体素质也相对比较低。当前管理体制模糊、管理方法和手段滞后，使得管理难度较大。村民周边普遍存在影响、阻碍城郊村精神文明建设的治安问题和隐患。由于社会成员复杂化，刑事案件案发率比以前明显增高，近年来"防艾禁毒"工作也日渐凸显出重要性。

（二）谷律彝族白族乡、团结彝族白族乡撤乡建镇、改办后的主要问题

谷律彝族白族乡、团结彝族白族乡撤乡建镇、改办后面临的问题是：

1. 经济发展不平衡，粗放性经营突出

两乡合并前的谷律乡和团结乡经济发展是不平衡的。合并后团结镇的16个村委会之间的经济发展和城镇化水平差异也十分明显。由于自然条件的差异，以及经济开发时间和方式上的不同，使得团结镇各个村委会的经济呈现出不平衡发展的特点。不仅如此，城乡结构不协调、功能不完善、城镇的集约化程度不高，吸纳剩余劳动力的能力有限，经济辐射、带动能力不强，还不能满足少数民族散居的团结镇的发展需要。

2. 城镇化建设中的支柱产业单一，乡镇企业发展后劲不足

农业依然是团结镇最为重要的产业，农业人口数约占总人口的96%，农业从业人员的比重达到70%左右。以资源开发为主的采砂业、矿业是第二产业中主要产业，工业体系尚未形成且发展单一。资源型产业的发展受到资源总量和开采水平等因素的制约，随着资源总量的日益减少，发展必然面临转向。以运输业和旅游业为主的第三产业，创造了社会财富，也为农民的增收致富提供了空间，但是其他类型的乡镇企业发展不足。团结镇乡镇企业在市场竞争中，出现机制弱、包袱重、竞争力不强等问题。经济总量中，资源性经济占主导地位，上档次有规模的企业少。经济发展中科技含量较低。改办后的主要问题是招商引资工作受到土地收储工作的制约，大部分招商引资项目以农业项目为主，工业项目必须进园区，引进受到较大影响。其他项目在用地审批手续上较为困难，项目单一化较为突出。由于土地政策的重大调整，即"建设用地上山，基本农田下地"，也将制约城镇化水平的提升。

3. 土地和环保方面的热点、难点问题多

在团结镇城镇化过程中，土地执法力度不够，管理难度较大，乱建乱盖现象依然突出，私挖滥采现象屡禁不止。由于近年来石英砂源减少，开采难度加大，加之石英砂由集体开采转为私营企业开采，为了追求最大利益，有的企业无计划开采，造成森林植被破坏。龙潭和妥排两村交界处的村民，为了争夺石英砂资源矛盾频发。白眉村委会的章白村民小组村民因为私挖乱采石英砂，还引发了堵路事件。部分村民受到利益驱使非法开采铁矿，破坏了生态环境，造成矿产资源流失，安全隐患突出。山林矿山、土地、环保问题

已经成为团结镇平安创建工作中的难点问题。

4. 人口城镇化水平不高

到 2006 年，团结镇累计外出务工人员为 5229 人，占劳动力资源的 26%。仅 2006 年，就有 490 人外出务工，其中，省内输出 316 人，省外输出 174 人。外出务工者远达东莞、深圳等地从事五金、制鞋、制衣等工作。这种劳动力转移属于职业转移，特点是转移劳动力在城乡之间的"两栖"现象。① 即劳动力已由农业领域转向非农领域，但其居住地仍保持在原籍农村。这种职业转移是介于劳动力由单纯的种植业向林、牧、渔业转移和劳动力从农村向城镇转移的地域转移之间。这个阶段农民传统的生产生活方式没有转变为接近城镇职工和城镇居民的生产生活方式和社会意识，因此，团结镇人口城镇化水平不高。

5. 乡村生态旅游在管理、经营、服务等方面仍存在不足

团结镇乡村生态旅游总体上缺乏统一管理，经营市场较为混乱。除龙潭、大兴着手对"农家乐"旅游开发建设进行协调管理外，其他村委会对"农家乐"的发展与管理尚未引起足够的重视，对接待农户的不规范行为缺乏有力的规范措施。目前发展的以"农家乐"为主的乡村旅游，实际上更多扮演着"农家饭店"的角色，且已有的活动项目重复性大，对"农家乐趣"的表现力度有限。旅游购物品开发环节薄弱，游客消费弹性较小，主要集中于效益较低的饮食、交通、住宿商品上；旅游购物季节性强，主要以苹果、梨、花椒等农产品为主。环境保护意识薄弱，卫生条件有待改善。管理服务还处于分散的自发式，服务质量和水平还需要提高。资源缺口大，在提升档次上有差距，难以形成规模，导致生态旅游发展迟缓。

（三）阿拉彝族乡改办后石坝村的主要问题

阿拉彝族乡改办后，作为一个民族村委会，不再能够享受《云南省民族乡工作条例》中所规定的各项优惠倾斜政策。加上城市化不断加快，村委会也随之改为了居委会。改办、改居后，主体群众的民族成分、身份没有发生改变，但是大量少数民族失去土地，不仅影响到他们个人，而且还影响到家庭稳定和社区和谐。失去土地后，农民首先要面临医疗、养老等问题，

---

① "两栖"现象：即劳动力已由农业领域转向非农领域，但其居住地仍保持在原籍农村。劳动力长期与农村保持着千丝万缕的联系，大多数进城劳动力的根基仍在农村。在农村劳动力的转移中，长期性和稳定性较差。在外打工者的时间一般在两年以下，而且季节性劳动力转移较为明显。在城镇打工的劳动力常是农村社会、家庭中的骨干成员，他们往往年轻力壮，但他们在外打工的目的是养家糊口。因此，在他们将所挣到的钱拿回农村的同时，自己还必须定期和最终回到农村以维持家庭的正常运转。

同时可能要参加就业培训，面临职业转换，并且还要进行心理调适和生理适应；对失地农民家庭而言，传统的单纯依靠种植业获得经济收入的模式正转换为多元的生计模式，有的家庭为了增加收入，不得不经营店铺、外出务工、出租房屋或从事其他行业，然而从事二、三产业的失地农民所占比例毕竟不大，由于自身或家庭原因无法多元经营的家庭，就陷入经济困难的境地；对社区来说，失地农民的生活方式正在改变，人际关系出现新的特点，社会治安成为管理难点，传统文化发生变迁而新的文化生活尚未建立。失地农民面临的问题，也是当前石坝村经济社会发展的重要问题。

第一，失地农民首先面临医疗保障问题，合作医疗对于农民来说是最基本的医疗保障，在一定程度上为农民看病就医减轻了负担。但是对于患有慢性病和重大疾病需要住院治疗的农民来说，合作医疗所能支付的费用只是杯水车薪，保障能力有限。

第二，失地农民面临的第二个问题是养老体系的健全问题。农村地区目前的养老方式主要是依靠传统的家庭养老，这是一种以约定俗成的规则，依赖子女供给的养老模式，具有一定的社会风险，且农村的家庭规模日趋小型化，核心家庭增多，家庭的养老负担相对加重，在一对夫妇要赡养双方多位老人的情况下，家庭将不堪重负，而且年轻一代思想观念正在发生着巨大的变化，"养儿防老"已经越来越不现实。失地农民由于文化素质较低，在面临着失去土地就相当于失业的情况下，将在更大程度上冲击传统的家庭养老模式。

第三，失地农民关心的第三个问题是自己和子女的就业出路问题。耕地占用后，除了极少数人及时转产就业外，大部分的农民，尤其是年纪稍大的和女性，由于信息闭塞、缺乏技能，全闲在家，在离开土地选择就业上显得比较被动，从技能上、心理上都需要适应和调整。失地农民普遍担心子女如果成绩不好，不能继续升学，回家务农已经不再现实；而如果成绩良好，可以一直升学，则又无力负担高中和大学的教育费用。对于已经赋闲在家的年轻人，有的完成了9年义务教育并参加了就业培训，小部分能够利用所学的知识实现就业和创业，大部分由于观念、技能等问题，难以在短期适应社会的选择。

第四，农民在失去最基本的生存保障——土地后，村民之间也失去了共同劳动的场所和条件，加之面对未来生活没有明确的目标，缺乏与人沟通，闲下来后普遍感觉到心里空虚。到一定年龄的人会觉得精神上有失落感，他们反映说以前是"穷欢乐"，精神压力和危机感不大；现在觉得心理压力大，心理失衡。同时本村人之间的关系由于大家平时见面减少，为了生计不得不扩大活动范围，生活圈子的扩大，使得人际关系上有了疏离感。原来天天从事体力劳动的农民突然间因为无地可种而又无事可做，也普遍反映身体素质下降。失地农民在面临一系列现实问题的同时，也面临着心理和生理的适应过程。

第五，失地前，石坝村大部分农民家庭依靠种植业（基本上是种菜）获得主要经济来源的方式，在征地后由于每个家庭的土地面积锐减发生改变。有的家庭开始经营副食店、杂货店、餐饮店、洗衣店；或者出租多余的房屋为外地人住；有的也外出务工或在本村乡镇企业打工；或拉三轮摩托车增加家庭收入。但毕竟从事二、三产业的并不普遍。由于身体状况和家庭原因不能进行多种经营的，如果家中有孩子正在上学，或有病人需要就医，有老人需要赡养，家庭经济往往都很困难。现在村子里将地（农业用地）租给私营企业，依靠年终给农民分红（每人2000元左右）的部分收入，随着国家不断完善用地政策，已不能够产生长远经济和社会效益，而能够产生规模效益的新型产业还没有发展起来。

第六，人际关系上出现的新特点，石坝村现在有近2000人左右的本村人口，外来人口却有2万多人，是本村人口的10多倍。外来人口主要是务工，租住本村人的房子。由于本村人多地少（人均1.6分），依靠种植业获得的经济收入减少，只要有多余房间的村民，多愿意出租补贴家用。本村人在与外地人的关系上表现出由于房屋的租赁关系产生的相互需要，以及本村人在为了增加收入前提下对外地人的接纳性；同时，由于外地人与本村人争夺教育资源，流动性强，难以管理，甚至发生外地人偷盗、抢劫的现象，本村人的安全感差，对外地人产生了排斥和提防心理。

第七，社会治安等问题接踵而来，隐患增多，刑事案件案发率明显比以前高，社会成员复杂化。村上利用护村队管理外来人口，登记他们的身份证，并收取卫生费。但是在管理上仍有难度。

第八，传统文化不断发生改变。例如民族语言的传承，由于多元的人口构成和主流文化的影响在儿童的群体里慢慢消失；传统服饰也逐渐淡出人们的视线；而传统节日，也会因为资金问题无法举办活动。因为闲暇时间增多，一些活动，如打麻将影响了家庭和社会的和谐。新的文化和文明的生活新风尚还未建构起来。

通过访谈可以看出，失地农民正面临着一系列问题，这些问题关系到他们个人、家庭和整个社会的和谐，涉及与他们切身利益相关的医疗保障、养老保障和就业问题，也包括心理适应和生理健康，同时又与生计模式的转变、社会文化的变迁和社会治安等诸多方面息息相关。因此，失地问题不仅是农民的问题，也是农村和全社会的问题。当前政府已经制定了有关保障农村特困户的相关政策，也开展了技能培训和就业指导，为增加失地农民的经济收入和丰富失地农民的文化生活发挥了重要作用。然而，我们也应该看到，政策的制定和执行中，仍然还有可以与农民需求进行调适的空间。

现行的农村合作医疗为广大参保的失地农民提供了最基本的医疗保障，但是还不能解决失地农民患重病的问题；农村特困户救助制度，为特困户就医和生活多了一层保护屏障，但能享受的人群面很小；当前的就业培训在时间、地点安排上，可能还不便于需要照顾家中老人小孩的普通农村妇女参加，对女性劳动力转移没有采取特殊的帮扶政策；开设的培训课程时间相对较短，缺乏完整性和系统性，适合中年人群和病残等弱势人群的还有必要增加；在技能培训的同时，开设心理讲座和辅导也很有必要；当前失地农民对信息的了解渠道有限，大部分不知道如何获得想知道的信息，对当前的政策也不完全了解；农民需要有一个健康向上的文化活动氛围，既可以传承民族民间文化，又可以增进人际沟通，促进心理健康。对于农民来说，也应该引导其尽快转变就业观念，提升学习主动性并提高就业技能，尽快实现就业。

四　昆明市散居民族地区农村经济社会发展的建议

（一）从理论和政策创新角度，健全和完善散居民族政策体系

1. 建议修订完善《云南省民族乡工作条例》

该条例的制定较为宽疏，实际操作性有待加强，涉及内容不能涵盖现实的复杂程度。特别是随着云南一些城市周边的民族乡城市化进程加快，云南已经有 49 个民族乡撤乡建（并）镇。而 1992 年国务院发布的《关于停止审批民族镇的通知》将民族乡建制为民族镇的行为视为违宪行为。根据规定，民族乡撤销后只能建立非民族镇，不再保留有其民族性和较大的自主权。《云南省民族乡工作条例》已经不能应对新的历史条件下民族乡群众的合法权益的保障问题。因此。应该修订明确民族乡"建镇、改办后仍需要继续享受民族乡的有关待遇"。民族乡撤乡设镇后有关优惠政策的实施问题解决不好，势必会给民族乡的发展带来新的问题，同时也会削弱民族乡在民族管理工作中的地位和作用。因此，必须研究具体对策和政策以确保民族乡民族的权益不受损害。

既要考虑城市化发展需要，也要兼顾散居民族权益保障需要，建议在条例中增加"可以设立民族乡，也可以设立民族镇"。为加速少数民族散居地区农村城镇化发展，宪法、法律和行政法规应明确赋予民族镇以民族乡同样的法律地位，使民族镇合法继承民族乡的各项优惠待遇。虽然一些发展较快的民族乡提出了撤乡建镇的要求，民族乡的建镇工作相比非民族乡仍然滞后得多。截至2001年底，我国有1248个民族乡，其中只有59个民族镇，仅占我国民族乡的0.47%。民族镇在民族乡中所占的比例低。随着我国的城镇化、现代化建设进程的推进，民族乡建制为民族镇是发展的必然，是城镇化和小康社会建设的必经之路。在完善撤乡、并乡、建镇中，民族乡出路的法律依据尤为必要。

2. 现实问题要求散居民族政策法规从民族乡下延到民族村一级，制定《云南省民族村工作条例》

现有立法还留有民族乡和城市以外的散居民族的法律空白，无法形成完整意义上的散居民族法规体系。对于散居民族地区，所制定的《云南省民族乡工作条例》，主要用于保障自治地方非自治民族的权益；而《云南省城市民族工作条例》保障的也只是居住在城市中的少数民族的权益。而对居住在非自治地方农村的散居民族，其民族权益至今没有得到国家民族政策和法律的保障。

随着城市化的发展，我国散居民族工作的特殊性和重要性更加突出。20世纪90年代制定的《城市民族工作条例》和《民族乡行政工作条例》已不能适应当前少数民族发展的需要。国务院应尽快修订以上两个条例，有关部门特别是辖有民族乡的省、市，要把散居民族的法律、行政法规进一步细化，制定具体实施办法和细则。条件成熟时，应尽快由全国人大或其常委会制定保障散居民族权益的法律，将散居民族政治、经济、文化、社会各方面的权利纳入保障中。民族法律法规的立法和实施工作有待加强。一些关系民族地区发展和少数民族权益保护的法律法规尚待制定，建议制定《云南省民族村工作条例》。本条例适用对象既包括民族乡辖区内的民族村，也包括非民族乡内的民族村。

3. 尽快制定民族乡改办之后的综合配套措施

民族乡改镇改办是推动民族乡跨越式发展的重大历史机遇，但是改革毕竟涉及各个方面的利益调整，对改镇改办后出现的各种新情况，新问题，各级政府要高度重视，从多个相关的职能部门抽调工作人员，深入到实地调研，对村转居社区原村民数量、原村集体资产、村办企业等情况进行调查走访，根据《中华人民共和国村民委员会组织法》和《中华人民共和国城市居民委员会组织法》相关规定，结合当地实际制定出切实可行的综合配套政策，经村民会议讨论同意后付诸实施。对涉及老百姓切身利益的具体问题，如宅基地、民宅产权、新农合转养老保险等问题要及时制定相关的政策，消除有可能因政策缺位引起的社会矛盾。

（二）进一步加大对民族乡建镇、改办后的财政扶持力度，妥善处理村转居后原来村集体资产和负债，提高城镇基础设施建设水平，调整产业结构，转变经济增长方式，发展乡镇企业，解决环保、土地等热点问题

1. 进一步加大对民族乡建镇、改办后的财政扶持力度

基础设施滞后是导致城乡一体化进程的最大障碍，也是村转居必须解决的一个难题，改办后的团结办事处，总面积达到425.8平方公里，占西山区总面积的53.8%，下辖16个居民委员会，119个居民小组。山区半山区的面积为90%以上，用当地群众的话说，"山高坡陡箐深水冷"，加快发展仍是这个地区的主要任务。由于农村基础设施建设底子薄、欠账大、社会公共服务从零起步，各个方面需要投入大量资金，因此区级和市级财政要加大对团结、沙朗、阿拉的投入力度，形成各级财政支出向农转居倾斜机制，使这些地方的居民尽快享受到城市发展带来的实惠。与此同时，居民委员会工作经费和来源，居民委员会的成员的生活补贴范围、标准和来源，居委会办公用房，公共服务设施等应由公共财政统筹解决。所需要经费特别是居委会的工作经费和居委会成员的补贴，应该与城区居委会同等对待或者高1%—2%，调动基层干部的工作积极性。

2. 妥善处理村转居后原来村集体资产和负债

对村转居后的集体资产、债权债务进行全面的清查核实，界定权属明确产权关系，提出处置方案，经原来村民代表大会讨论同意，在处置好债券债务的前提下，把集体资产量化到人，可以采用入股分红，也可以按照资产公开拍卖，用于支付原村民的社保、医保、培训、教育等个人保障性支出。集体土地，在"社区不像社区，村庄不像村庄"的过渡时期，除去一定土地确保村民生活外，应考虑无房户的建设用地，剩余全部转化为国有土地出让，土地出让收益要确保所有者的合法权益。

村改居社区共有的固定资产，既是社区发展的成果，又是今后城市建设的财力保障。集体资产的所有权属于村集体，原村民十分关注这些集体资产的增值及给自己带来的收益，如果处置欠妥，将导致社区在新人心中不稳定，矛盾和纠纷不断，引发新的不稳定因素。

3. 民族乡撤乡建镇后应提高城镇基础设施建设水平，充分挖掘自身优势，因地制宜地发展相关产业

要以特色产业和优势产业为依托，充分发挥比较优势和竞争优势。通过调整产业结构，发展二、三产业，培育优势产业，促进城镇化进程。把农业产业化龙头企业作为新的增长点，要重视发展劳动密集型产业，提高企业的

技术素质和产品档次，要发展特色经济，提高乡镇企业的竞争力。要大力发展农产品加工业，促进农业农村经济结构调整。培植一批具有区域优势的农产品加工特色产业，扶持一批农产品加工龙头企业，培育一批"名、特、优、新"农产品加工产品。延长农业产业链条，积极推进生产、加工、销售一体化，建立完整的农业产业体系。扶持一批产业关联度大、市场竞争力强、辐射带动面广的农业产业化经营重点龙头企业。

4. 培育乡镇企业引导其良性发展，增强对本地区农村剩余劳动力的吸纳能力

加快乡镇企业产业结构调整步伐，围绕自主创新，搞好科技成果对接，促进乡镇企业与大专院校和科研院所进行"产学研"结合，通过实施乡镇企业二次创业，促进民族散居地区城镇化发展。

5. 在建设和发展小城镇的过程中，把乡镇企业引导到可持续发展的轨道上来

要杜绝破坏生态环境的生产方式和生活方式。对能耗高、污染大、破坏环境严重的乡镇企业，要按照国家产业政策，关闭一批、淘汰一批、改造一批。在制定小城镇总体规划的基础上，加强环境保护的执法力度，用法律规范产业主体行为；提高居民的环保意识为小城镇的可持续发展创造主观条件。优化配置农村的土地资源，尽快建立、完善土地利用监督机制，制定可持续的用地战略。规划用地要建立在土地资源可承受的范围之内，土地利用总体规划应在科学性的基础上，具有权威性和法规性；土地开发利用与城镇发展战略、基础设施建设紧密结合。

（三）民族乡撤乡建镇、改办后，应把农民市民化①作为重要目标之一，并积极保护、发展民族文化和弘扬地方特色

1. 把农民市民化作为重要目标之一

目前少数民族散居地区城镇化进程中的农民市民化，面临着认识、政策、制度、信息等重重障碍，农民如何提高自身素质，转换行为规范、思想意识、文化观念、思维方式、生活方式、进行必要的心理调适。首先，要加快经济发展，多渠道、多形式扩大农民就业机会，使其获得相对稳定的职业和收入，这是加快农民生产生活方式转变和完成角色转换的重要保证。其

---

① 所谓农民市民化，指的是在我国现代化建设过程中，借助于工业化的推动，让世世代代生活在农村的广大农民，离开土地和农业生产活动，进入城市从事非农产业，其身份、地位、价值观念及工作方式和生活方式向城市市民转化的经济社会过程。引自黄丽萍《农民市民化的制约因素分析》，载《延边党校学报》2007 年第 1 期。

次，转变农民传统观念，提高农民整体素质。更新观念，大幅度提高农民整体素质，促进人的全面发展，教育是关键。一是广泛开展文化科学技术教育，建立多层次、多形式的成人教育体系。二是积极组织群众的自我教育活动，发动群众从市民道德素质、社会治安、城市规划建设、城市环境、社会文化管理、生活休闲方式等方面发现自己的问题，进行自我教育。三是开展社区教育，创造有利于农民转变观念的社会环境。再次，倡导科学、文明、健康的生活方式和行为习惯，引导农民转变生活方式和行为习惯。具有科学、文明、健康的生活方式和行为习惯，是农民向市民转变的重要内容和标志。

2. 在民族乡城镇化的过程中，要积极保护和发展民族文化

首先，应该在对传统民族民间文化进行全面、系统的调查基础上，按照分类保护的原则进行保护。对于已经衰退，但还存在的民族民间文化可以进行直接保护；对于已经濒临消失的，要先抢救再保护；对于重要的但是又完全消失的民族文化，应该搜集整理相关资料进行存档。应该根据传统文化的特点进行侧重保护，例如侧重保护民间艺人，以老带新，重视对年轻人的培养。其次，要把民族文化的保护纳入城镇建设规划之中。充分尊重历史传统，在城镇规划中注意保存老建筑、老街、老城墙等，以修旧如旧的方式，保存历史人文风貌；城镇化应该充分发掘地方生物资源、矿产资源、能源资源、旅游资源，依托资源发展有地方特色的小城镇，充分展示民族特色，保留民族民间工艺、美食等。再次，地方党委、政府应高度重视民族民间文化的保护工作，保证经费的正常投入，重视民间艺人的生活，保护其知识产权，授予民间艺人荣誉称号和进行适当的生活补贴并重，并引导年轻人传习民族民间文化。最后，积极引导广大群众参加民族民间文化活动，发挥教育和舆论的导向作用，增强民众的保护意识，将部分民族文化，如民族音乐、民族舞蹈、民族体育、民族语言等引进课堂，开办一些特色兴趣班，使民族文化后继有人。

（四）处理好民族乡撤乡建镇、改办后失地农民的失业、养老、医疗等社会保障问题

随着城镇化进程的进一步加快，城市住房和非农业用地的需求也随之增加，大量的农业用地转化为城市用地，失地农民的规模还会不断增加。工业化和城镇化建设占用土地的同时，有关的保障制度尚不健全，使失地农民不能享受失业、养老、医疗等社会保障，从而变成"种田无地，就业无岗，社保无份"的"三无公民"。如何处理好这些问题，就成了关系失地农民生存、民族团结和社会和谐的重大问题之一。

第一，从宏观层面上，应该尽快由劳动和社会保障部牵头起草有关失地农民社会保障的法律或条例，由国务院提交全国人大讨论通过，再由国务院颁布实施有关失地农民社会保障的法律或条例。① 另外，可以参照有些地区的模式，搞好"留地安置"，增强集体经济实力。留地安置是国家征用土地后，将所征土地的一定比例留给农民，让其用于二、三产业的开发，实现就业。②

第二，建立失地农民的最低生活保障制度。由于失地农民已经不再享有土地保障，因此必须重视失地农民的最低生活保障问题，建立适合当地农民生活的最低生活保障制度，从维持失地农民基本生活需要、当地人均国民生产总值和人均纯收入、地方财政和乡镇集体承受能力、土地转让收入等多方面来综合、科学地确定最低生活保障标准。最低生活保障制度的资金主要由占地单位支付，同时，各级政府要及时调整财政支出结构，增加对低保资金的投入，以确保失地农民最低生活保障制度的资金来源。此外，确定失地农民最低生活标准时，可根据失地农民年龄、再就业机会和能力客观上的差异，进一步细化，对不同年龄段的失地农民给予不同的最低生活标准，年龄越大，给予的最低生活标准相对越高，以此促使年龄偏低的失地农民积极寻找就业机会。

第三，建立失地农民的养老保障制度。失地农民的养老保险金可由三部分组成：征地费用、政府补贴、个人出资。对五保户、孤寡老人、特困户可由村集体垫付。失地农民基本养老保险制度应实行社会统筹和个人账户相结合的模式，政府的全部缴费及占地单位缴费的一部分计入统筹账户，个人缴费和占地单位缴费的一部分及历年利息积累全部计入个人账户，由社保机构集中统一管理。待交费对象男年满 60 周岁、女年满 55 周岁开始领取养老保险金，可委托当地银行等金融部门具体办理养老金的领取事项。

_____

① 应包括以下主要内容：①完善征地制度，保证失地农民享有充分的知情权。②解决失地农民的基本生活问题。对于各地失地农民的基本生活补偿应参照当地的一般标准执行。③提高补偿安置标准。④明确土地补偿费的分配管理。国家统一制定同一区域的征地综合补偿安置标准，并及时公示补偿资金标准额度和每户农民资金到位等情况，严禁挪作他用。⑤政府从土地出让金中划出一定比例用于对失地农民的就业培训，并对其就业给予政策倾斜和扶持。⑥制定明确的处罚规则和标准。建立失地农民社会保障长效机制的核心和关键是法律的颁布和实施。

② 这种形式主要以城市郊区为主，如浙江瑞安市认识到仅靠提高征地补偿标准替代不了土地给予农民的生活保障，积极探索征地补偿安置的新措施，即将 10% 的返还安置用地用于建设村级标准厂房，实行租赁经营；浙江龙港实行留用地政策，按 10%—20% 比例向土地被征用的村返回建设留用地，主要用于村发展二、三产业，将剩余的土地以宅基地的形式分配到户，村民自建房屋用于出租，可以获得较高的租金收入。

第四，建立失地农民的医疗保障制度。失地农民医疗风险凸显，没有相对健全的医疗保障制度，很可能因病致贫或因病返贫。医疗风险具体表现在有病不敢就医或无法长期坚持就医，失地农民"小病硬扛，大病等死"的现象并不少见，从而严重影响着失地农民的生活质量。建立失地农民医疗保险制度。对于具备条件的地区，可与城镇社会医疗保险实行统一的制度，对于不具备条件的地区，可先参照新型农村合作医疗保险制度执行，实行占地单位、政府和个人多方筹资，以大病统筹为主的农民医疗互助共济制度，个人缴费可完全入个人账户，由个人用于支付门诊医疗费用；占地单位和各级财政补助资金则作为大病统筹基金，用于失地农民的大额或住院医疗费用报销，大病统筹基金依然划归社保机构集中统一管理。

第五，促进失地农民再就业，是实现失地农民维持"可持续生计"目标的重要手段。失地农民在就业能力方面明显处于劣势地位，要提高失地农民素质、增强其就业技能，政府应积极向他们提供有针对性的就业培训，开设适合失地农民需求便于农民参加的技能培训与心理辅导课程，有特殊需要的弱势群体（妇女、大龄、残疾）也应充分考虑，在时间和地点安排上给予方便。对自主创业的失地农民提供优惠政策，加大扶持力度。对自主兴办二、三产业的人员，在工商登记、税收、信贷、用地、用电等方面给予优惠政策倾斜，让利于民，增加其自主创业的信心和决心。对吸纳失地农民的企业实行税收优惠。建立农民就业信息指导中心，不定期地免费向农民提供准确的就业、务工信息。

第六，引导失地农民转变观念，树立就业信心，树立市场竞争就业观，克服"等、靠、要"的思想，尽快完成从农民到居民的角色转变，提高自谋职业、竞争就业的自觉性和能力。从访谈中，可以看到尽管为数不多，还是有部分农民（被调查本人或他们谈话中提及的亲戚和同村人）成功转型就业，有的转变了思想观念，主动获取与自己保障和生计相关的信息，较快地进行适应；当然也有些是外出务工但"失败"返乡的，他们虽然没有成功就业，但是经过"出"和"返"，应该对开展劳动力转移培训中缺失的内容和成功就业需要的素质有所体会。建议请有关部门组织这些成功的和"失败的"（并不是完全意义上的失败）典型人物与普通失地农民进行交流，通过正反两方面的经验，转变失地农民的观念，提高他们的就业能力。

第七，构建有效、畅通的信息服务网络，及时、准确地为失地农民提供就业信息，加强信息收集、传送、反馈等环节中的职责，规范管理，创造有利于就业的机制和环境。建立通畅的信息政策宣传通道，帮助失地农民了解现行政策，帮助其掌握获取信息的方法，创造上下通达的信息环境。

五 结论

民族乡是我国民族区域自治地方的重要补充，是最具中国特色的解决中国民族问题的民族政策，是长期实践的经验结晶。随着城市化进程的加快，许多民族乡正在进行或即将面对撤乡建镇、改办的工作。民族乡撤乡建镇、改办，是少数民族散居地区农村城镇化的重要组成部分，是民族乡经济社会发展的必由之路，关系到民族团结和各个民族共同繁荣发展，也关系到民族地区全面建设小康社会目标的实现。民族乡建立小城镇的过程，实际上是民族地区区域经济社会发展和少数民族社会文化变迁的过程，这个过程同时伴随着许多尖锐和现实的问题。

《中共云南省委云南省人民政府关于深化乡镇机构改革的实施意见》指出：我省现行的乡镇行政区划，大都是在原来的人民公社、县辖区的基础上设置的。从整体上看，这种格局基本符合我省山区面积广大、人口密度较小的实际。但随着社会主义市场经济的发展和城镇建设步伐的加快，部分乡镇的规模和布局已明显不适应新形势的要求，存在功能、布局、区划等方面的问题。为使生产力在一个更为合适的区域内更加合理地整合、调配，能更为有效地推动当地社会经济的发展，在省委省政府的指导下，昆明市加大撤乡并镇力度，确定全市乡镇总数调减压缩15%以上，即全市134个乡镇中将撤销合并20个。撤并的重点为：县（市）区政府驻地镇与环县城的乡镇，应予合并；辖区面积不足80平方公里、且不具备撤乡镇建街道办事处条件的，应与相邻乡镇合并；人口不足1万人、规模较小的乡镇，应与相距较近的乡镇合并；财政收入过低、难以支撑的乡镇，应与相邻乡镇合并；有利于区域经济社会发展的相邻乡镇，应予合并。

按照这样的要求，原谷律乡属于"人口不足1万人，规模较小；财政收入过低，难以支撑的乡镇"，被昆明市西山区列为应予撤销并与团结乡合并的乡镇。谷律乡和团结乡撤乡建镇的关键原因之一还在于2005年云南省政府出台了在全省范围内筛选和重点扶持60个精品旅游小镇建设，加快文化产业发展的政策措施，西山区委、区政府希望抓住机遇，通过撤乡建镇促使团结镇成为省政府重点扶持的旅游精品小镇之一，因而主张"一步到位"，撤乡建镇。但是团结镇成立后，少数民族干部反映了一些现实问题：撤乡建镇完全是自上而下强制推行的结果，弊大于利，把我们最有特色的、别的地方千方百计都争取不到的民族乡牌子丢了，结果又没有列上省政府重点扶持的旅游小镇，两头吃亏。虽然现在都说原来享受的民族政策不会变，但时间一长肯定淡化。保留民族乡设置虽然有利于争取上级政府对民族地区发展的扶持，没有了民族乡的牌子以后来自民委系统的扶持会难以争取，等等。[①]

民族乡撤乡建镇是一个民族问题，是发展问题，也是政治问题。[②] 对于民族乡的撤乡建镇、改办等应充分考虑少数民族权益保障、经济社会发展需要、对民族关系的影响等各个方面的利弊，完善撤乡、并乡、建镇中民族乡出路的法律依据尤为必要。

对于已经撤乡建镇、改办的散居民族地区，不仅要妥善处理好失地散居民族群众的失业、养老、医疗等社会保障问题，还要以理论和政策创新为助推，不断加强民族乡和民族村理论研究和探索，解决实践中出现的新情况、新问题，加强散居民族政策和法制建设，为散居民族提供更完善的法律政策保障，创造更好的经济发展环境和文化环境，才能切实保证民族散居地区少数民族的权利，推动民族散居地区的经济社会繁荣发展。

---

① 郭家骥：《城镇化进程中的民族关系——以昆明市西山区团结镇为例》，载《文化多样性背景下的民族和谐——国际人类学民族学联合会第十六届大会文集》2009 年 7 月 27 日。
② 沈林：《中国的民族乡》，民族出版社 2001 年版，第 144 页。

玉溪市红塔区春和镇黄草坝彝族村委会经济社会发展的个案研究

一 黄草坝村的基本村情

黄草坝村委会位于春和镇西部山区，南接洛河乡法冲村委会，西与晋宁县双河乡接壤，东南与大营街龙潭交界，国土面积104平方公里，辖田房、黄草坝、落水洞、蚂蟥箐、新寨、玉碗水、马吐龙、孔塘箐、法寨、后河、老官箐、小竹园等12个村民小组（自然村）。黄草坝村委会以彝族为主，其中彝族4759人，白族30人，其他民族50人。整个村委会现有农户1212户，共4839人，其中男2448人，女2391人①。其中农业人口总数为4809人，劳动力3238人；有耕地10740亩，人均占有耕地2.22亩，适合种植烤烟、玉米、小麦等农作物；森林覆盖率88.9%，年均气温13.5℃，村委会所在地海拔1900米，是一个纯山区少数民族农业村委会。

黄草坝村委会距春和镇政府所在地18公里，到乡镇道路为水泥路，交通方便，距红塔区中心城区18公里。黄草坝境内有红塔区第三高峰——雷打山，被誉为红塔区的后花园，玉溪的"香格里拉"，是红塔区今后开发旅游业的重要地区之一。改革开放以来，黄草坝的经济取得了长足发展，全村经济收入以种植业、养殖业为主，农民收入以烤烟收入为主，2009年全村经济总收入完成4340万元，比上年增加170万元，同比增长4%。其中：个体私营企业收入完成1230万元，比上年增长114万元、增长10.2%，纯农收入3211万元，比上年增加120万元、增长4%；烤烟销售收入1525万元，比上年增加149万元、增长10.8%；农民人均纯收入4300元，比上年

---

① 2010年8月统计数据，黄草坝村委会各村民小组户数及人口数具体如下：一组（田房）99户、397人，二组（黄草坝）174户、705人，三组（落水洞）120户、474人，四组（蚂蟥箐）112户、451人，五组（新寨）86户、330人，六组（玉碗水）170户、692人，七组（马吐龙）159户、601人，八组（孔塘箐）154户、661人，九组（法寨）44户、146人，十组（后河）46户、190人，十一组（老官箐）31户、117人，十二组（竹园）17户、75人。

图1　黄草坝村委会办公楼

增加58元、增长1%①。

图2　黄草坝成片的烤烟田

二　黄草坝村经济社会发展情况

（一）黄草坝村经济发展情况

1. 基础设施建设落后影响村组经济发展

据黄草坝村委会提供的2009年统计数据，该村基础设施情况具体见表1（当时的总户数为1257户，总人口为4834人）：

---

① 此处数据来自黄草坝村委会2009年工作总结材料。

表1	黄草坝村委会基础设施情况表（2009年）		
住房：砖（钢）混结构房屋的农户数		户	74
砖木结构房屋的农户数		户	12
土木结构房屋的农户数		户	1170
其他结构房屋的农户数		户	1
交通：是否已通公路			是
进村路面：a. 属于柏油、水泥路面、b. 属于弹石路面、c. 属于砂石路面、d. 土路、e. 其他			a
村内主干道是否硬化			是
距离乡（镇）政府		公里	15.00
有汽车		辆	253
有农用运输车		辆	54
有拖拉机		辆	524
有摩托车		辆	488
通水：是否通自来水			是
其中：已通自来水的农户数		户	1257
饮用井水农户数		户	0
饮水困难或水质未达标农户数		户	0
通电及通信：是否通电			是
其中：已通电农户数		户	1257
是否有路灯			否
拥有电视机农户数		户	1218
安装有线电视农户数		户	1218
装有固定电话或拥有移动电话农户数		户	1085
其中：拥有移动电话的农户数		户	1024
能源：建有沼气池的农户数		户	614
装有太阳能的农户数		户	549
建有小水窖数		口	551
已完成"一池三改"农户数		户	614
农田水利：有效灌溉面积		亩	7545.00
高稳产农田地面积		亩	6510.00
人均拥有高稳产农田地面积		亩	1.35

2010年7月，笔者在黄草坝村进行了驻村田野调查。

飞永富是黄草坝七组马吐龙的支书，属兔，时年47岁，彝族，初中文化，当过民兵，做过联防队员，干过团工作、妇女工作和村组长，从2001年开始担任马吐龙的村支书，已经是第四届支书了。飞永富做了二十多年村组干部，对马吐龙的情况非常熟悉。

马吐龙是黄草坝经济发展较为滞后的一个自然村。飞永富家有4口人，他们夫妻二人，还有两个儿子。大儿子在云南民族大学上学，已经大四了；小儿子21岁，初中毕业后在家务农；妻子48岁，小学文化，一直在家务农。飞永富家有8亩耕地，50亩林地①，每年的经济收入就靠8亩耕地种植的烤烟，大概在一万五至两万间，这在村里已经算是中上水平了。飞永富说，在马吐龙，年纯收入只要上万就算不错的了。

马吐龙共159户601人，人多地少，人均耕地面积还不到两亩，这就严重制约了当地经济发展。村里农户经济收入主要靠烤烟，也有部分农户在发展养殖业，有投资2万多养殖母猪的，在马吐龙就算成规模了。还有两三家养鸡的，平时存栏量都有两三千只。但是总体来说，马吐龙很多家庭年纯收入都不到一万，以四五千或五六千的居多。村里最富裕的，是几个到景洪跑运输拉矿的家庭，那些家庭收入就来得快了。

访谈时，飞永富强调，马吐龙是黄草坝环境最好、气候最好的村子了，什么都能种，种什么都能长得好，但除了耕地面积的限制外，最大的制约因素就是水利设施问题。从地理位置看，马吐龙村前和村后的山谷里分别各有一条河，叫前河和后河，一般人都认为，马吐龙干不死，水利资源好得很。但是这两条河只能供马吐龙的人畜饮水，生产用水则根本无法满足。遇到近年这种大旱，马吐龙就是黄草坝旱情最严重的村子，经济收入也一下子跌到了最末。所以，就算其他自然条件再好，只要水利资源不好，那经济收入也不可能上得去。

在入村调查时，笔者听到群众反映最多的是水利设施问题。这其中又以马吐龙的情况最为突出。

黄草坝目前共有小水窖551口，而玉碗水、马吐龙、法寨、后河和竹园五个小组拥有小水窖的数量却为零。据飞永富介绍，马吐龙没有小水窖，但是现在私人的连上队上的（有50来个烟草部门修建的集体水池），一共有水池200多个，不过因为天旱，不多久就干了。现在马吐龙用的水是从法寨压过来的，不需要电，现有的水可供人畜饮水，除此之外还可供一般浇地，

---

① 目前黄草坝林改的具体方案还未下来，所以农户的林地暂时由集体管护，收入也由集体共享。

其他就满足不了了。

因为干旱，水压不过来，马吐龙用的水要到法寨下面的河里拉，村委会还补助了他们一万五的汽油钱。

飞永富介绍说，建小水窖国家会有部分补助，每个补 2000 元，每年总共要投入几千万，但建水池就没有。而且，像这种情况，群众拉水灌进水窖里，其他有水窖的地方每口补助 80 元还是 100 元，可马吐龙就享受不到。小水窖项目马吐龙报了 150 多个，但村里实用的还是小水池，所以群众都希望建水池能够补助点水泥钱，就算补四五百块也行。

问到除了修建水池水窖外，还有没有什么解决用水问题的方法，飞永富说现在他们有两种方案：一是从法寨引水过来，有六七公里距离，一共需要三四十万资金；二是从前河引水上来，这需要两百多万资金，但可以连带竹园的用水问题都一起解决。他们更倾向于第一种方案，因为资金花费得少，也更方便，但法寨在水资源这个问题上不太好协商，他们不缺水，但是不愿意马吐龙去那里引水。所以，要是采取第一种方案的话还需要村委会出面来牵头做。现在飞永富希望的，就是打报告到村委会后政府能安排点资金，不能全部给的话最好也能支持个二三十万，村里的群众愿意集资来做这个事，具体可能集资到十几万，那样就能解决马吐龙的用水问题了。

马吐龙的组长普福祥也向笔者反映，现在他们最急需的就是水利项目了。水不是引不来，只是缺乏资金的问题。黄草坝的 12 个小组中，只有马吐龙还有村庄道路没有浇灌水泥，经济条件是最差的。村里想发展蔬菜种植，其他方面条件都很好了，就是缺水，所以群众的日子一直好过不起来。

其他几个小组也都把水利项目视为急需的基础设施建设项目，就连当初由于有水资源而被划归黄草坝的老官箐，因为水源在低处，耕地在高处，所以需要做引水工程，8 公里的距离，一共要五六十万资金。现在这笔资金还没有着落。

离村委会最远的法寨相较而言不算缺水，现在需要的是更换以前的生产用水钢管，那个有点细了，要换根粗的。对他们而言，最迫切需要解决的是路的问题。法寨距离村委会 21 公里，基本是土路，一到雨季交通就无法保障。就像前文讲到的，滑坡塌方等事故经常发生。而且，滑坡还不光发生在雨季，天干的时候也会滑坡。遇到这种情况就得叫装载机来推路，装载机工作一天就要 1500 元左右的工资，所以每年光维护道路就要两三万元的支出，这些都是小组自己承担的。村里现在发展蔬菜种植业，很多农户都种了豌豆，最令大家担心的就是豌豆摘下来后一旦路不通过了夜就不行了。问到村委会对于法寨的路有什么规划没，杨淑媛回答说，按现在的情况看，要把这条土路修成弹石路或者水泥路什么的是不可能的，村委会也没有其他更好的办法，只能是让法寨平时注意维护，村委会有能力的话也补贴他们一点。除了道路交通问题，法寨最危险的其实是面临着泥石流和山体滑坡的威胁。原来有相关机构来评测过，法寨应该整体搬迁，去年有几户人家的房子也都已经开裂了，但群众不愿搬，所以现在村委会随时监测着法寨的情况，虽然它距离最远，但杨淑媛还会经常下来。杨淑媛介绍，一到下雨天村委会就担心着法寨群众的安全问题，因为如果有突发的自然灾害，法寨这个没有手机信号的地方连向外界求救都没办法。

图3   马吐龙远景

　　比起平坝地区，山区的经济发展大多相对滞后，而造成这种现象的首要原因便是基础设施建设的落后。与许多民族地区一样，黄草坝正是纯山区村委会，也同样存在着基础设施建设较为落后的问题。

　　2. 村民保守意识制约村组经济发展

　　除了必要的基础设施建设外，村民的发展意识也是影响当地经济发展的一个重要因素。若是村民有积极的发展意识，能想方设法谋发展，再加上适当的政策扶持，那势必能找到一条发展的路子。反之，若是村民意识保守，自己没有强烈的发展愿望，那么就算是有再多的外在扶持也终归会使当地经济发展受到制约。

　　老官箐是个比较特殊的村子，历史上属昆明市晋宁县管辖，但由于村外有个大龙潭，黄草坝几个村组的生产生活用水都得靠它，所以自1966年2月19日划归到玉溪市红塔区管辖，为黄草坝村委会11组。

　　在老官箐，笔者采访了村支书王世保。

　　王世保属虎，时年60岁，彝族，未念过书，但现在可以做村里的会计工作。他1968—1975年间当过7年兵，之后放过10年电影，1986年当上队长，并一直兼任村支部书记，自上一届开始才只担任支书。王世保家一共有6口人，分别是他们夫妻二人、老母亲、三个儿子。王世保的母亲90岁了，是老官箐年纪最大的老人；妻子属龙，时年58岁；他们育有三个儿子，但大儿子在蚂蟥箐娶了媳妇，户口已经迁出去了，二儿子27岁，在武汉打工；小儿子25岁，在玉溪市里打工。家里真正生活的，其实只有三个老人。

王世保家有耕地12亩，林地都是公益林，集体持证，没有个人的。依靠种植烤烟，他家每年有2万左右的毛收入，再加上每年卖一两头猪，纯收入大概在1万4、5左右。支出则主要是在化肥钱、生活费、医药费等方面。两个在外打工的儿子自己的工资都不够自己用的，只是每年过年回来时会给家里千把块钱。

老官箐整个村的经济收入仍然是以烤烟为主，养殖业没有成规模的，只是基本每家都养着些猪、鸡等家畜，也有养牛、羊的，但较少。村里的31户、117人中，外出务工的有15个左右，基本集中在玉溪和昆明等地。村里收入高的家庭，光烤烟就有卖到4万来块的，纯收入可达到3万左右；差的家庭主要是因为没文化、不勤快，烤烟的种植、烘烤技术不行，每年只有几千块收入，人均纯收入也就千元左右。全村平均下来，人均纯收入在2000块左右。据杨淑媛介绍，老官箐的账上一分钱都没有，去年村委会帮他们争取到整村推进资金新建了个公房，还差3万多块工程款，小组一直付不出来。

到老官箐的那天，笔者也是跟随烤烟技术员一起下去的，但在村组办公室等了半天，只等来六七个人参加培训，连公房都不必占用，在办公室就可以开始培训了。王世保告诉笔者，他头一天就在广播里通知大家来参加培训了，当天早上又通知了一次，但大家积极性都不高，工作非常难开展。普通农户不来参加不说，就连村主任都没来。比起笔者到其他几个小组看到公房坐满参加培训的农户的情景，老官箐的经济收入较低也就不奇怪了。

3. 产业结构调整促进先进村组发展

农村产业结构与农村经济发展状况和农村经济效益之间有着内在的必然联系，因此，产业结构调整是农村发展的希望，是农村奔小康的重要手段。在黄草坝就有这样一个通过产业结构调整促进村组经济发展的极好例子。

"今年村子里在外面打工的人都跑回来了，都是回来种菜的。"黄草坝村委会孔塘箐小组的支部书记施有宝介绍道。"我们村里以前出去打工的人多，但是这两年慢慢少了，年纪大的嘛就在村里帮花卉公司打打零工，年轻的嘛都回来种豆种菜了。这个收入算下来比出去打工还高。"施有宝正忙着组织村民到公房集合，市烟草公司的技术员今天要到村里给大家培训收烟和烤烟的知识，村委会的工作人员也要来公布孔塘箐上半年的财务收支情况。

图4　在菜地里劳作的孔塘箐村民

　　据黄草坝村委会副书记杨淑媛介绍，孔塘箐是整个村委会经济发展最好的一个小组了。往年，黄草坝的经济收入来源主要是依靠烤烟，遇到大旱，蔬菜价格普涨，村委会便引导村民开始种植豌豆。由于烤烟收购有价格调控，农户栽种一亩烤烟平均收益在两至三千元左右；而按照市场价格，农户每栽种一亩豌豆平均可收益七至八千元左右，和烤烟相比，种植豌豆的每亩收益要高出几千块，因此，凡是种了豌豆的农户收入普遍都比较高。而孔塘箐的村民在每次产业结构调整时积极性都很高，村委会引入公司和资金到黄草坝搞三七种植基地，孔塘箐的村民很支持，全村共出租了250亩土地给三七种植公司；引入公司搞花卉种植，村民也很支持，出租的土地也有两百来亩。这些出租的土地每年每亩租金为1050元，都是直接支付给农户。所以，不仅有出租土地的收益，还有给这些公司打工的收入，孔塘箐村民的收入总是领先于其他几个村小组。就像从栽种烤烟到栽种豌豆的调整，孔塘箐响应的农户也是整个村委会中人数最多的，所以他们还是经济收入最高的。据杨淑媛介绍，村委会每次有什么新的项目或是新的产品要试验，都会放到孔塘箐来，而且几乎每次试验都能取得很好的成效。

　　待烟草公司的技术员开始给村民培训烤烟知识了，施有宝才有空坐下来细聊。施有宝属蛇，时年45岁，彝族，初中学历，2004年开始连任了两届村小组组长，2010年4月开始担任村小组书记。他有两个女儿，都已经成

图5　孔塘箐村民在接受烤烟知识培训

家了，大女儿嫁在本村，小女儿嫁到了峨山①，现在家里就他和妻子两个人生活。施有宝家有耕地11亩，公益林20多亩，除了栽种烤烟和豌豆外，他还有一辆犁地机，农忙时有偿为村民犁地。除去农业生产垫本和日常生活开支外，他家一年有2万元左右的纯收入，在孔塘箐也算是经济情况较好的家庭了。

施有宝介绍说，目前孔塘箐全村每年的经济收入总共400来万，村民主要种植的作物为烤烟、豌豆、百合。养殖业方面，全村共有母猪200多头，每年光卖猪的收入就有八九万，这还不算在上述400余万的收入中。按现在的人口数661人计算，人均纯收入可达到6000多元。"经常还会有外边的人（邻近村委会、乡镇或是县市的人员）到我们这里参观考察三七和百合的种植情况，还有人来学习我们产业结构调整的经验呢。"施有宝略带骄傲地说。

4. 政府项目扶持拉动落后村组发展

对于本身条件较好的村组，政府稍加引导或施以一定的助力便可促进其经济更快发展，但对于一些由于各种原因发展一直较为滞后的村组，却必须依靠政策倾斜和项目扶持才能拉动其经济发展。

2010年7月27日一早，村委会文书普金祥开着村委会的面包车，带着烤烟技术员小普和笔者赶往法寨。法寨是黄草坝12个村民小组中离村委会所在地最远的，调研沿途经过了田房、马吐龙、竹园等村子，在离法寨还有几公里的地方，遇到了塌方。26日晚上9点左右，黄草坝下了一场暴雨，

---

① 峨山是玉溪市四个自治县中的一个，是我国最早成立的彝族自治县。

使得路边原本就不太稳固的山体塌落了下来。一辆从法寨开出来的货车已经被堵了一个多小时了，塌方是在他们通过这个路段时正好发生的，幸好没砸到他们的车。笔者到的时候，货车上的几个村民正在用锄头和铲子清理塌方的土石。又等了一个多小时，一棵大树根用人力根本无法铲除，所以只有掉头返回了。从法寨出来的货车上拉着村民种的蔬菜，当天没法拉到城区，对村民就意味着经济上的直接损失。

图6　通往法寨的塌方道路

第二天中午，玉溪市人民财产保险公司的几个工作人员到了村委会，因为前一天文书普金祥向上级机关汇报了法寨种植的烤烟遭遇暴雨和冰雹灾害的情况，保险公司也接到了电话，那天专门派人到法寨去核实受灾情况。村委会电话联系后说头一天塌方的路已经被推土机推通了，笔者和杨淑媛便坐着人财保公司的车和他们一起进法寨了。

法寨户数不多，是个小村子，直到1994年才通了路，1997年通的电，是红塔区最后一个通路和通电的村子。现在法寨还没有手机信号，和外界联系只能靠座机，而且只要一停电座机就无法使用了，要是有什么突发的自然灾害，连向外界求援或是通报灾情都不可能。像这样没有手机信号的村子，黄草坝目前一共有三个，分别是法寨、后河和老官箐。村小组和村委会到移动联通等通信公司反映过多次情况了，但一直都未得到解决。

一进法寨，给人的第一感觉就是硬件设施建得不错，村内道路都是水泥路，而且都铺到了各家各户门口，村里还有篮球场，有公厕，有垃圾房。孔塘箐虽然是黄草坝经济收入最高的村子，但村内道路硬化程度都还达不到法寨的水平。笔者便采访了拔翠珍。

拔翠珍属蛇，时年43岁，彝族，小学文化。家中现有5口人，分别是

他们夫妻二人、儿子、儿媳和女儿。他们家里人全都是小学文化，儿子 21
岁，儿媳 22 岁，女儿 19 岁。村里大部分年轻人最多就念到初中，之后就外
出打工了。目前法寨外出务工人员一共有 18 人，务工地点都在玉溪市内，
有在化肥厂的，有在有讥肥厂的。

拔翠珍家除了栽种烤烟外，家里还开了个小卖部（村里一共有两家小
卖部），小卖部每年有上万元的纯收入。还买了辆骏马农用车，除了拉烟外
还跑运输，从法寨到红塔区城里的彩虹桥，来回 20 块一个人。农用车每年
也可以有上万元的纯收入①。这样，加上 4 亩烤烟，拔翠珍家每年总共有四
五万元的纯收入，家庭人均纯收入已经在万元左右了。"我们法寨大家都过
得差不多，差的每年也有两万多三万左右的收入，差距不大。除非是一个人
过的，像有些老人，无儿无女的那种，那样就一年可能只有两三千块了"，
拔翠珍介绍说。

杨淑媛在一旁补充介绍道，法寨是黄草坝 12 个小组中得到帮扶最多的，
整村推进、道路硬化、垃圾房、人畜饮水工程、学校建盖等，都是村委会为
法寨协调到的项目。现在，就硬件设施来说，法寨已经比其他好几个小组都
好得多了。

（二）黄草坝村委会社会事业发展情况

1. 文化生活情况

文化生活没有随着经济的发展愈加丰富，反而日渐单一；政府提供的资
源未得到有效利用，几乎成为闲置的摆设。这就是黄草坝目前的文化生活
情况。

黄草坝是个彝族村，所以村民大多喜欢唱唱跳跳，喜欢文艺活动。抵达
黄草坝的当天，杨淑媛就谈了很多有关黄草坝文化生活的事情。

据杨淑媛介绍，黄草坝每个小组都有自己的文艺队，多的小组会有七
八个团（当地把文艺队叫做团）。团与团之间以年龄段来区别，年龄相近
的人一般会组成同一个团。十来年前，很多节目都是这些团自编自演的，
大家的积极性非常高。杨淑媛参加的那个团有 37 个团员，每一轮选 5 个
人当组长，负责收钱和组织排练的工作，每年为一轮。每当农闲时她们就
定时间排练，如果迟到了还要交罚款。黄草坝的文艺队在红塔区文艺调演

---

① 在入村入户的访谈中，当问到家庭纯收入时，很多被访者往往会有意把收入说少。因为除
了外来的田野工作者，访谈时往往还会有与被访者同村或同一家族的人员在旁边。在熟悉的人面
前，出于不愿炫富的心理，被访者最初一般都会压低收入，在其他参与者的一再更正下，才会说个
大概的数字，但往往还是略低于实际收入。

上得过一等奖，去小石桥、峨山等地演出过。有外地的客人来交流演出时，团员们还要凑钱招待客人。这些文艺活动化解了很多家庭矛盾，因为一个家里婆婆参加一个团，儿媳妇参加一个团，有共同的兴趣爱好，沟通交流的机会也多了，矛盾就少了。不过这些都是以前的事了，现在各个团的活动都已经没有从前那么频繁了，只有过年过节时会有演出，或是平日里哪家有喜事了，团员除了去帮忙外还会组织节目去表演。原因一是因为这些活动都需要经费，演出服一套就要两三百元，还有买三弦和平时排练用到的钱，这些都是自费，有些条件不太好的家庭就会闹矛盾，男方就不同意妻子去参加活动了。二是因为这几年越来越缺少活动场地，不少小组的公房需要维修，就算有公房可以使用，那也容纳不下好几个团排练，还得排开时间。所以很多团都找不到合适的场地，有的就在有院子的团员家里排练。三是因为现在大家的生活都好过起来了，休闲娱乐的方式多了，平时需要忙的事也多了，不像以前，只是栽种自己的几亩地，也没有其他事可做，所以只要农闲就会凑在一起排练。

此次调查中遇到的女性被访者，所有人都参加了自己小组里的文艺队，都向笔者表示很喜欢文艺活动，但反映的普遍问题就是没有场地和设备，导致她们的活动受到限制。她们最希望的，是政府能帮她们提供个排练场地，如果能再提供录音机或影碟机等设备那就更好了。

黄草坝村委会办公楼的一楼有一间农家书屋，面积不大，但书籍的种类也还不少。笔者调查期间一直未见到有人来借阅图书。问起来，一位工作人员告诉笔者，图书室安在村委会就是形同虚设，现在只有1、2组的小学生会来借了看，其他村民从来没有来借过。2008年开设这个农家书屋时，村委会提议设在小组里，但上级不允许，结果就成了如今这个局面了，资源白白浪费了，村民却又没有书籍可阅读。

2. 教育情况

村民受教育水平整体较低；村小硬件条件有所欠缺，教学质量不高；集中办学实施过程中存在困难；学前教育不规范且得不到普及。黄草坝如今的教育情况不容乐观。

黄草坝村委会村民的受教育水平整体较低，大多为初中文化，大专以上文化的较少。例如马吐龙，直到去年才有了第一个大学本科毕业生，整个小组共有本科生4个，专科生7个；老官箐也是2008年才有第一个大学本科毕业生，加上一个目前正在云南民大念大二的，整个小组一共只有两名大学生、一个中专生和6个初中生（已毕业的和在校的）；而法寨，全组中专以上文化的只有一个男孩子，毕业于玉溪市第二职业中学，目前在上海一家工

图 7　黄草坝农家书屋

厂实习；孔塘箐的情况好一点，第一个本科生在 1997 年就毕业了，现在海南工作，目前小组内一共有 5 个本科生。落水洞外出务工的人比较多，2010年就有 60 几个在外务工的①，所以自 20 世纪 80 年代出了 3 个大学生后就再也没有人上大学了，很多人都是初中毕业后就外出务工了。小组里有 3 个高三毕业生，笔者去调研时据说已经在网上查到被学校录取了。

学校方面，黄草坝有一所中心小学——黄草坝小学，位于一组田房，校园占地面积 15 亩，现有教学班 11 个，幼儿班 8 个，共有在校学生 416 人，全寄宿的有 374 人（有 42 个田房的学生不住校），是红塔区最大的山区寄宿制学校。黄草坝小学于 2000 年 3 月收缩了各村组的 12 个学点，实现了全面集中办学。学校现有教师 24 人（包括 4 名代课教师），其中男 15 人女 9人。男教师平均年龄约 41 岁，其中本土教师 13 人，均在黄草坝小学从教12 年以上，而女教师平均年龄 24.5 岁，从教时间不到两年。

笔者采访了杨老师。杨老师时年 35 岁，毕业于昆明师校，1995 年到黄草坝小学任教，如今已从教 15 年了。他给笔者介绍道，除了国家规定的九

①　据落水洞的支书施长留介绍，整个落水洞共有 60 余人在外务工，多为二十四五至三十七八间的青壮年。他们基本都在刘总旗的钢铁厂、砖厂或水泥厂里打工，也有 3 个走得稍远一点，在昆明打工。在厂里打工每月高的可以拿到一千七八的月薪，如果是开车的就更多，可以有两千多。一般的就是拿一千五左右。村里有人外出务工的家庭，经济条件一般都好于务农的家庭。我在落水洞的另一个被访者 33 岁的殷美琴家从 2008 年开始盖新房，去年装修完成，一共用了 10 万元左右的资金。现在他们把家里 11 亩耕地中的 5 亩以每亩每年七百五十元的价格租给了种三七的老板，一次签了两年的合同，所以殷美琴的丈夫可以抽出身去刘总旗的钢铁厂打工了，每月能挣一千五左右，打算干一段时间来还盖房子还欠着的两万块钱。

图 8、图 9　黄草坝小学教学楼

年义务制教育阶段的政策外，现在区里对山区寄宿制学生还每月补助 50 元生活费。但是一个学生每月在校时间有 20 天左右，这 50 元的伙食补助摊下来每天还不到 3 块钱，现在菜价又涨得那么高，很难保证孩子生长发育时期所需的营养。身体都长不好，学习成绩又怎么上得去呢。而且，现在国家要收缩校点办寄宿制学校，可是黄草坝小学在硬件条件上还有所欠缺，例如床位就还不能满足需求，有些家庭两兄弟都在这里上学的，就让他们挤在一张床上睡。杨老师告诉笔者，洛河的学校，是乡政府出资专门补助学生的早点钱，他们的学生无论是生活条件还是学习条件都比黄草坝的学生要好。所以，学校教职工的孩子有条件的都送到区里上学了，就像杨老师自己的儿子，已经上五年级，一至三年级在黄草坝小学上的，现在杨老师在红塔区里买了房，就把孩子也转到区里去上学了。

　　在各村组的采访中，许多被访者谈到子女教育问题时都有不少话要讲。一组田房和离田房比较近的二组黄草坝都觉得集中办学好，没有意见，但离田房较远的几个村组的百姓就各有各的看法了。这些意见中有不赞成集中办学的，原因是觉得家里离学校太远，孩子从一年级起就要住校，来回的路上安全隐患大，家长有时生产忙起来就无法接送，不放心。也有的觉得总体来说还是集中办学好，教学质量比以前提高了，孩子住校后也会更加成熟懂事，不会被家里人影响到学习，但对于孩子来回学校的安全问题还是十分担心，希望政府能考虑到这些问题而帮助解决。

　　马吐龙的普寿仙时年 34 岁，两个孩子都在黄草坝小学上学，大儿子上六年级，小女儿上一年级。"集中办学好倒是好，就是太不方便了。田房小学（即黄草坝小学）离马吐龙太远了，大人走小路不到一个小时，娃娃走么要一个半小时，中间还要过一条小河，还有一个独木桥。我大儿子读二年级的时候有一次去上学下着大雨，差点被河水冲走了，还是一个五年级的把他救起来的。从田房搭车到我们这里大人要收 4 块，娃娃是 2 块，我们村里面的家长还开过会讨论说每周统一接送一次，但是有些同意有些不同意，就没有整得成。我觉得么，最好还是政府能出面组织车来一路接送下这些娃娃，不然我们家长确实是不放心。"

关于教育，还有一个是学前教育问题。

以前，黄草坝所有村组上的幼儿园都是由村委会统一管理的，以学费收得多的村组来补贴学费收得少的村组，镇里也会给部分补贴。但春和镇是农业镇，补贴不起那么多钱了，所以自 2009 年下半年开始，这些幼儿园都放回村组自己管理，由村组自己负担了。账上有钱或是适龄儿童比较多能收得起学费的村组就还是开办幼儿园，可适龄儿童又少账上又没钱的村组就办不起了。现在整个村委会有 4 个小组没有幼儿园，分别是老官箐、后河、小竹园和法寨。开办了幼儿园的小组情况也不容乐观。例如二组黄草坝的幼儿园，一共有二十来个孩子，不分大班小班，全都在一间房子里游戏和学习。幼儿园的房子是 2006 年盖起来的，平房，用了一万多块钱，是小组上出的钱。老师是本组人，初中文化，每月工资 500 元，由小组负担。幼儿园上学的时间是每天早上 8—10 点，下午 12—14 点，孩子的饭都是回家吃。二组一事一议项目想重修村庄道路，村子里的 6 条路是 1994 年修建的，当时虽然用了 14 万，但那个年代的工程质量不是很好，现在都坑洼不平了。修路的事已经立项了，一共需要 80 多万工程款，上级政府只给 50 万，剩下的 30 多万需要自己筹资。所以，如果修路的话，二组幼儿园平时的开支和老师的工资就成问题了。

城里的孩子现在上幼儿园的费用比上大学的费用还高，除了学校里学的东西外，还从小就参加许多各式各样的课外培训班，等到上小学时，很多孩子都已经识不少字，懂不少知识了。可在黄草坝，本来小学的教学质量就不高，孩子们还没有地方接受学前教育，白白浪费了几年启蒙期。就算办了幼儿园的村组，老师更多的也只是起到一个保姆的作用，在家长白天出去干活时帮忙看着孩子，真正教授的知识很少。大家都知道民族地区的学生成绩较差，升学率不高，可这些学生在上学前并不像城里孩子一样有条件养成良好的学习习惯，在起跑线上就输给了他们，这是令人非常痛心的事。杨淑媛是区政协委员，曾在之前的政协会议上提议过山区的学前教育由政府财政统一开支，但没有得到肯定的答复。接下来的政协会议，她打算再提交一次关于学前教育的提案。

3. 医疗卫生情况

村级卫生所基本能满足群众日常的看病需求；新型农村合作医疗的参合率较高，但无法承担大病医疗费用仍然是村民担忧的问题。

黄草坝有一个村级卫生所，设在二组黄草坝村，面积为 600 平方米，有乡村医生 6 人。村民的日常医疗基本就靠村卫生所。至 2009 年底参加全村新型农村合作医疗人数为 4699 人，参合率 96%。有少部分村民认为自己这几年都没得病，划不来交那 20 块钱，所以未参加；还有部分外出务工人员未在本村参加。被访者中有家人到玉溪市人民医院和玉溪市中医院住过院的，报销过部分医疗费用，觉得参加农村合作医疗是很好的。但在采访中，笔者也发现群众对新型农村合作医疗制度有部分意见。

图 10   黄草坝卫生所

按红塔区 2009 年新型农村合作医疗报销比例规定，参合人员住院医药费扣除不予报销的项目和起付线费用后，乡镇定点医疗机构按 75%、区级定点医疗机构按 60%、市级及以上定点医疗机构按 25% 的比例报销。群众能在乡镇定点医疗机构看的病一般都是普通的疾病，以黄草坝村民的经济条件来衡量，就算不报销，他们自己承担起来也没有太大困难；重一点或者需要手术的病他们会到市里的医院去看，这时候只能按 25% 的比例报销，剩余的 75% 对他们就会造成一定的负担了；最严重的，如果得了恶性肿瘤或是白血病等大病，虽然有大额住院医药费补偿，可每人每年增加补助最高限额只有 10000 元，不论是在市里治疗还是到省级医院治疗，另外 75% 的费用都将是天文数字，是一个普通农村家庭无力承担的。

在落水洞，被访者殷美琴给笔者讲了一件事：她们村有一家人特别不幸，兄弟二人都得了癌症，哥哥得的是肺癌，弟弟得的是肝癌。哥哥是退休工人，有单位的医保可以报销，所以一直在医院治疗，还有生存的可能；弟弟在家务农，才50岁左右，支付不起天价的治疗费，所以现在只能在家等死。两兄弟一个能参加国家医疗保险，只用自己支付较低额度的治疗费，而另一个参加的是农村合作医疗，支付不起高额的治疗费，所以在得了大病后或许会有两种截然不同的结局。马吐龙的普寿仙在讲到新农合的问题时说，对于现在自己交20块钱然后报销那么多是没有意见的，觉得是合理的，因为人家报销得多的人交纳的费用也多。但是她的想法是能不能让愿意交的农民也多交点，比如50块左右，最后报销的时候比例相应提高一些。

三　黄草坝村经济社会发展中存在的主要问题及原因

（一）上级政府在经费投入和项目安排方面已相对有所倾斜和照顾，但当地的各类基础设施建设仍然较差，致使其成为限制黄草坝经济和社会事业发展的最主要因素

近几年来，通过整村推进、一事一议财政奖补、民族团结示范村等各类项目，各级政府对黄草坝已投入逾六千万元。这种投入是春和镇其他几个坝区村委会所达不到的。但由于地处山区，道路、水利等基础设施建设难度都比坝区大得多，如以马吐龙为例的水利设施建设及以法寨为例的村组道路建设等问题，目前资金缺口都较大，尤其是法寨的村组道路建设，上级政府不可能安排出那么大一笔专项资金，要当地自筹经费更不可能，因此短期内还是只能依靠临时维护。而水利设施和道路交通等问题解决不了，农民要增收致富就十分困难。

（二）当地农民受教育水平普遍不高，与外界接触相对较少，意识较为保守，且存在"等、靠、要"思想，直接导致产业结构调整等工作开展不顺，制约了黄草坝的经济发展

从上文的调查资料中可以看到，思想比较活络、善于学习相关农业科技知识、对产业结构调整积极性较高的村组，例如孔塘箐，经济发展就明显领先于黄草坝的其他几个村组。而老官箐，村组干部本身工作能力较差，缺乏带动全组农民发展经济的主观意愿和能力，村民也只知道埋头种自己的几亩地，对农业科技知识和产业结构调整大都不感兴趣，经济自然就很难增长。其他例如蚂蟥箐，争取到新农村建设项目后，每家得到了几千元的房屋修缮款，可在这笔钱用完后，不管是墙涂了一半，还是房屋修缮了一半，村民便不再自掏腰包继续完成工程。他们认为这是政府的事，要继续工程，就得政府再投钱。这种种思想意识上的滞后因素导致了黄草坝各村组间发展不平衡。

图11　蚂蟥箐随处可见的粉刷到一半就停工的房屋

（三）文化事业发展经费不足，使得以政府投入为主的文化基础设施建设和农村文化活动的开展受到影响

缺乏文化活动场地，是此次调查中被访者普遍反映的问题。此外，由于经费匮乏，村委会长期无法添置活动设备和图书资料，难以组织大型文体活动。这导致了当地农民生活方式较单调，文化消费品结构较单一，赌博等不良习气日益抬头。

（四）集中办学和新型农村合作医疗制度在当地的实施过程中存在部分问题

集中办学本是优化教育资源、提高教学质量的有效手段，但就黄草坝的具体情况而言，由于中心小学硬件设施不达标，且学生往返学校途中安全隐患较大，因此虽然都知道这是好事，但许多家长对收缩校点进行集中办学仍有很大的顾虑，这也是山区普遍存在的问题。教育方面，还有学前教育的问题亟待解决。

其次，新型农村合作医疗制度为当地农民带来了较大实惠，但大病返贫或得了大病根本就无力医治仍是村民十分担心的问题。

四　黄草坝村散居民族工作情况及存在的主要问题

（一）黄草坝村委会民族文化保护与发展现状

1. 语言文字

民族语言是一个民族的重要特征之一，对民族形成和发展具有重要作用。民族语言文字是民族文化的表现形式，继承、传播和发展民族文化，首要的条件就是掌握好本民族的语言文字这一主要工具。有语言没有文字，是目前黄草坝民族语言文字保存情况的现状。

一到黄草坝，最初也最深的印象就是当地的彝语保存得很好，笔者遇见的所有村民基本都是一口流利的彝语。就连外面因为通婚而进到黄草坝生活的其他民族，现在也大多能通彝语了。黄草坝地处红塔区，相较其他民族地区而言经济发达得多，所以民族语还能保留那么完好是非常不易的。不过，黄草坝的年轻一辈中，彝语的保存情况也日渐堪忧了。

在十二组竹园村，笔者采访了村民普天陆。普天陆属虎，时年 34 岁，彝族，初中文化，原来曾担任过竹园村的出纳。普天陆家里有个独生子，全家只有三口人。儿子 12 岁，念小学 5 年级。在问到民族语言的保存情况时，普天陆这样告诉我们，"我们这里的彝话保留得好的，大家都会讲，平时也都是讲彝话。""你家里人全都会讲吗？"他肯定地点了点头。再追问一次，"你念 5 年级的儿子也会讲吗？""会。"他还是给了肯定的回答。笔者放下问题，和他聊起了天，跟他举例说元江县不少孩子甚至年轻人都已经不太会讲民族语了，并介绍自己家乡的民族语保存情况，这时候，笔者第三次询问他儿子会不会讲彝语的问题。普天陆在聊天中慢慢放松了，也打消了顾虑，这才坦诚说他儿子已经不会讲彝语了，"像我儿子他们这么小的一辈基本不讲彝话了，他们平时在学校读书都是讲的汉话，回来村子里跟同学还有娃娃伴也都是讲汉话，我们讲彝话时他能听懂一些，但是讲就不会了。还有那些在外面打工的，年轻的那些，回来村子里面一下讲彝话一下讲汉话的，好些人觉得在外边讲彝话还有点害羞。"

黄草坝还有个特例，十二个自然村中有一个村是全部讲汉话的，那就是 11 组老官箐。

老官箐是黄草坝比较独特的一个村组，村里的 117 人中除了后来嫁进来的几个外族外基本都是彝族，但整个村子讲的却都是汉话。例如村支书王世保就一句彝话都不会讲。笔者对这个问题很感兴趣，仔细询问之后，才发现原因要从老官箐的历史中去找。正如上文所及，老官箐是 20 世纪 60 年代才从晋宁划归到玉溪管辖的，在晋宁的时候老官箐的人就都不讲彝话，划归到黄草坝后，尽管经过了四十余年的时间，但无论老少，不管在家庭里还是在学校里，或是平日与其他几个村组的交往中，老官箐的人都一直坚持讲汉话，成了黄草坝与众不同的一个村组。"不过，村子里年纪大点的人还是大多会讲彝话，像我妈她们都会，年轻这辈因为从小上学就和其他村子讲彝话的娃娃在一起，所以也基本都会，只有像我这种极个别的人才不会。"王世保说，"但是由于历史上就一直讲汉话，所以现在我们老官箐讲的还是汉话。"

总而言之，就一个城镇化较为明显，且以经济发展为主要目标的民族村来说，黄草坝的民族语算是保存得比较好了。但是，彝族除了有语言，还拥有自己的民族文字，黄草坝的彝语保存得那么好，他们的彝文保存情况又如何呢？

"我们黄草坝么，没有哪个会写彝文了，原来说是 6 组有个老人会写彝文，我们去看，他还不是就有本书，认不得是哪里拿来的，就是有白事（丧事）的时候需要写到几个彝文，他就照着书上的字写一下，让他自己写他还不是不会。其他么再也没有了。"杨淑媛在从老官箐回村委会的路上对笔者讲道。

在春和镇政府，笔者见到了镇党委宣传委员，说到黄草坝的彝文保存情况，她讲了件事。2009 年，黄草坝 4 组蚂蟥箐争取到了省级新农村建设项目，统一规划了村庄布局，要做成生态示范村。镇里觉得在一个彝族村搞新农村建设还是需要点民族特色，就决定给蚂蟥箐做个寨门，寨门上挂一个彝族的图腾，还要用彝文写上寨名。当时写寨名的事就由她负责。她找遍了红塔区也找不到一个会写彝文的人，最后找到玉溪市民宗局，局里有个彝族干部，帮她联系一个还能写彝文的峨山彝族，这才把彝文寨名的事情办妥。她说，当时这个事让她费尽周折。可见，找到一个会彝文的人，对春和镇，对整个红塔区，都已经是一件非常困难的事了。

2. 传统节日

在黄草坝，彝族最具代表性的传统节日火把节习俗已消失，只有"祭龙节"等节日习俗得以保存，但节日气氛已不甚隆重。

笔者在黄草坝做调查期间，正好是彝族传统的火把节前夕，但是整个黄草坝都感觉不到一点节日来临的喜悦气氛。在走访了底下的自然村后，笔者才发现，原来黄草坝早已没有过火把节的习俗了。

黄草坝目前比较多村子过的传统节日是"祭龙节"，意在祈祷来年风调雨顺，五谷丰登。祭龙节没有统一的时间，各个村子都有自己的日子，但都在农历二月之间。例如落水洞的祭龙节在二月初三，老官箐的祭龙节在二月初七，法寨的祭龙节则在二月十二。

提到祭龙节，老官箐的王世保有着说不完的话。他介绍说，老官箐现在过得最大的节是"正月十五"，以前倒是年年都过祭龙节的。二月初七这天，村子里的人就凑钱买来母猪头、公鸡等物品，全村老小都到龙潭边去做饭吃，大家都相信在祭龙节那天多喝汤来年雨水就会多。平日里村民们对龙潭也很爱护，生活中有许多禁忌，例如不能在龙潭里洗衣服、无事不能到龙

图 12　落水洞祭龙场所

潭边玩耍。但是，6 年前老官箐新换了一任村组长，十分反对过祭龙节，所以他在任的那 6 年间老官箐就取消了过祭龙节的传统。由于大旱，村里都在传言说没有雨水、灾害多就是因为没有祭龙才出现的，所以 4 月份换届选举重新换上了一位组长后，村民们纷纷要求凑钱再开始过祭龙节。王世保也十分同意恢复这个传统，如果小组上没有钱的话他愿意自己出钱让村里重新过祭龙节。

黄草坝也有不过祭龙节的村子，比如马吐龙。据马吐龙的村支书飞永富介绍，马吐龙一直不过火把节，也不过祭龙节，以前只在每年的农历七月中旬过"七月半"，即"丰收节"。这些年因为七月都在农忙，所以连"七月半"都不过了，改为每年的农历十月十五过"虎节"。至于为什么过"虎节"，飞永富是这样解释的："以前我们村子这座山上有老虎，但是那只老虎路过村子的时候没有伤人，为了感谢老虎不伤人，所以村子里的人就开始过虎节了。过虎节也没有什么特殊仪式，就是一家人聚在一起热热闹闹地吃顿饭，跟过汉族的节是一样的。"

3. 民族服饰

节庆习俗之外，在黄草坝已经基本没有人穿彝族服装了，五六十岁的妇女们也只有少数还在包包头，至于身上的服饰，也都已经是汉装了。

村委会农经站的工作人员杨美华告诉笔者，村里的年轻人结婚时穿的也都是婚纱或是其他套装，没有穿彝族服装的了。在黄草坝的那些天，杨淑媛一直形容说当地的传统彝族服装很漂亮，可都没机会见到，直到有一天去参观村民开办的彝族农家乐，才在店里看到了杨淑媛形容的喜鹊帽、白裤子的彝族服装——墙上挂着的老板母亲的照片。现在黄草坝三四十岁以上的妇女有些还有自己的彝族服装，但基本没有手工缝制的了，大多是机器制作，而且是为了文艺活动所需而置办的。正如杨淑媛所说："现代化进程加快后黄草坝的民族文化已经基本消失了，服装、房屋等都追求的是现代化，很多人对自己的彝族文化都觉得无所谓，除了语言外，跟汉族没有什么区别了。歌舞也一样，基本都是以流行歌曲和舞蹈为主。老老小小都一样，老的也是这样了。"

图13　保存在照片中的黄草坝传统彝族服装

4. 宗教信仰

就黄草坝彝族文化的生存现状而言，比起文字、服饰、节庆习俗等要素，最让人感到意外的还是宗教信仰的淡化和缺失。

当笔者问起被访者有何信仰时，所有人都摇头说什么都没有。在解释了这个信仰不仅指佛教、基督教等宗教，还有信天地鬼神或是祖宗什么的之后，被访者们还是都说什么都没有。问到过年过节有没有给祖宗献饭之类的仪式，被访者都回答说不会那样做，只有竹园的普天陆讲他家里的老人有时会这样做一下，但是很少。尽管黄草坝的彝语保存得那么好，可居然没有人听过"毕摩"① 这个词。因为会有支系及地域方言的区别，所以笔者起初以为黄草坝当地会有自己一个对宗教人员的彝语称谓，但问了好多人，举了很多例子后，只有杨淑媛回答说，笔者讲的可能是他们叫的"贝玛"。在元江，"贝玛"是哈尼族祭司"摩批"的汉语称谓，是汉族人叫的，可在黄草坝，他们所知道的对祭司的称呼，只有"贝玛"。而且这个"贝玛"在当地彝族人的生活中并不具有多么重要的地位，很少有事情会需要请他，村民办喜事丧事都很少请他，以至于当笔者问起这方面的事情时，大家几乎都想不起来还有这样一个角色。

（二）黄草坝村委会的民族认同

因为有相同的语言这个纽带，被访者们对自己的民族身份都有明确认识，都非常肯定地说他们就是彝族。但是，再追问一句，你是彝族的哪一支？这个问题在黄草坝就没人能给出答案了。

在孔塘箐，笔者采访了 76 岁的彝族老人矣正永。问到他知不知道自己是彝族里面的哪一支，老人摇摇头，表示听不懂问话。笔者再解释了一番，他说只知道自己是彝族，其他就不清楚了。问他知不知道当地的彝族以前是从哪里搬来的，他说一直就是在黄草坝了，他的上一辈也从没提过再以前的祖先是从哪里搬来的。从到黄草坝的第一天起，笔者问过许多人这个问题："你是彝族的哪个支系？比如尼苏、诺苏、山苏等之类的？"他们觉得有点困惑，又觉得这个问题有点多余："彝族么就是彝族嘛，其他都没有了，都不分了。"这是大家给出的回答。关于民族记忆，年轻人都没有什么可谈的了，只有杨淑媛那一辈的人还记得小时候村子里的老人很多都穿着传统的彝族服装，她们自己年轻时也经常用传统的彝族调子来编排舞蹈到邻近村寨演出。传统服饰和音乐，是他们仅存的民族记忆。

由于黄草坝是个较为纯正的彝族村，所以在村里大家对自己的民族身份都没有什么顾忌。但在外出务工的年轻人中，还存在着这样一种现象：许多人对说出自己是彝族会感到害羞。"我们这的民族文化保存得还是好的，但是那些在外面打工的年轻人会回来说，他们在外面遇到人家说起什么民族时会不好意思讲自己是彝族，会觉得害羞。反正就是认为我们民族比人家落

---

① "毕摩"是彝语音译，"毕"为"念经"之意，"摩"为"有知识的长者"，是传统彝族社会专门替人礼赞、祈祷、祭祀的祭师。

后，人家还是会看不起我们嘛。"竹园村的普天陆这样告诉笔者，"在村子里么倒是没有什么，大家都是一样的，但是出去就不同了，他们还是会有想法的。"

由此可见，黄草坝彝族民族认同感的产生是在传统社区中世代承袭而来的，因为有着共同的语言和生活环境而得以延续。在村民心里，和其他族群的"异"不是产生这种认同的主要根源，生活在一起的这群人相同的语言和环境这种"同"才促使他们有了一致的民族认同。因为构成民族认同背后的民族文化要素极其单薄，所以，在受到外来文化冲击时，这种认同很容易弱化。生活在村里的人对自己是彝族这种说法既未感到自豪，也没有什么自卑感，觉得都无所谓，而务工在外的年轻人有时会对这一民族身份感到害羞，正是上述原因造成的。

（三）散居民族工作开展情况

1. 黄草坝村民族工作开展情况

由于缺少必要的宣传工作，使得不论是村委会干部或是普通民众都不了解民族政策；又因为没有在民族乡，所以黄草坝一直未享受过任何民族政策，也没有开展过民族工作。

"我们黄草坝总体政策是好的，这个是事实，这些年不管是镇里还是区里都给了我们很大的支持，黄草坝的变化还是很大的。但是，说到民族政策，我们是从来没有享受过。"在采访中，黄草坝村委会书记李有富这样对笔者说。

据李有富介绍，黄草坝的国土面积占了整个红塔区国土面积的 1/10，地方大，人口分布较为分散，不适宜发展的地方还很多。邻近的小石桥乡和黄草坝只隔了一座山，人口比黄草坝只多了一千来人，国土面积甚至还小了几十平方公里，但因为民族乡的身份，所以就比黄草坝多了许多优惠政策。从民族干部的使用上来说，小石桥因为有《云南省民族乡工作条例》的硬性规定，所以能保证乡干部中的彝族干部比例，村委会干部到乡镇任职也更为容易。黄草坝在春和镇辖区，镇领导基本都是汉族，村委会要出干部就只有"硬考"一条路。而黄草坝的村委会和小组干部都是彝族，是因为整个村委会的百姓基本都是彝族，并不是因为有政策规定村干部必须是彝族。

在教育方面，小石桥和洛河两个民族乡每年都有玉溪一中的定向名额，那里的学生考上玉溪一中的概率比黄草坝大得多；而且这两个民族乡与黄草坝一样都是彝族生活的地方，可他们的学生上学除了九年制义务教育阶段的国家补助外，还有政府给的针对民族乡的补助，黄草坝的学生就享受不到这部分补助。远的地方当地村民看不到，可小石桥和黄草坝就一山之隔，政策上却有所区别，大家还是会议论的。

李有富告诉笔者，原来黄草坝、波衣和大石板三个村委会曾想联合成立一个民族乡，1989 年时这个方案报到了玉溪市人大，但这个方案最后也就不了了之了。

在各个村小组，问起了不了解国家针对散居民族的相关政策，知不知道同为彝族居住地方的洛河和小石桥比起黄草坝来多了什么优惠政策时，被访者几乎没有人能回答出来的，只有法寨的拔翠珍说好像洛河 60 岁或 65 岁以上的老人每月有 50 元还是 70 元的生活补助，但黄草坝在以汉族为主的辖区，没有这种待遇，这里的老人都在议论这个事。被访者们只知道洛河和小石桥肯定是比黄草坝政策要好，但具体好在哪些方面，就都说不出来。

自村委会有记载以来，黄草坝所有的项目投资已有 6000 多万了，百姓都觉得现在的政策还是好的，但对于自己作为一个散居民族地区的少数民族可以享受到什么优待，基本都不是很清楚。到过其他彝族地区的人还是会有所比较的，比如到过小石桥、洛河或是楚雄等地的，但也只是羡慕人家而已，不会再往深处思考。据村干部介绍说："老百姓是想要政策的，但具体可以要什么政策他们不可能说得出来。连我们这些村委会干部都是你这次下来了才知道我们也可以享受民族政策，你说一般的老百姓咋个会知道？不要说我们黄草坝了，洛河那些地方的老百姓都不知道自己到底多享受了什么政策。区民宗局在项目、资金上对黄草坝还是关心的，也有所倾斜，但好像没有对我们宣传过民族政策。我们这里的干部和百姓只知道目前党的方针政策，镇上基本未开展过民族工作，村上就更不知道这些东西了。玉溪现在只宣传聂耳文化，只以这个为准，大家都知道这个。民族工作部门没有时间经常下来跟我们接触、沟通和交流，所以我们民族自己都不懂得民族政策到底是什么。你问我的那些民族工作方面的问题，我什么都不了解，一点基础都没有，怎么提得出来具体的意见和建议？现在我们只希望是能够享受点民族政策就最好了。"

2. 春和镇民族工作开展情况

在春和，一切以经济发展为重，日常工作基本没有民族概念，只有山区坝区之分；少有民族文化保护意识，即便有也是为了经济发展的目的；对于民族文化的融合与消失现象持顺其自然的态度。"经济为主，顺其自然"，这可以说是春和镇民族工作开展情况的真实写照。

春和镇位于红塔区西北部。镇政府所在地春和集镇富春街，距市中心城区 6 公里。辖区面积 193.5 平方公里，其中山地占 72.4%。辖王大户、春和、中所、孙井、团山、龙池、飞井、马桥、刘总旗、黑村、黄草坝、波衣12 个村委会，118 个村民小组，76 个自然村。2009 年末，全镇总户数16340 户，农业户数14426 户；总人口56283 人，其中：男27594 人，女28689 人；农业人口54230 人，占总人口的96.4%；少数民族人口8657 人（以彝族、白族、回族为主），占总人口的15.4%。农村从业人员16935 人。辖区内人口密度为291 人/平方千米。耕地面积2330.73 公顷，其中：田1098.93 公顷，地1231.8 公顷；稳产高产基本农田1923.07 公顷。农业人口人均占有耕地430 平方米（0.64 亩）。

　　2009 年，全镇工农业总产值（现价）232366 万元，其中：工业产值201593 万元，农业产值30773 万元。农村经济总收入371753 万元，比上年增加9.55%；农民人均纯收入6224 元，比上年增加11%；全镇农村经济总收入超过亿元的有刘总旗、马桥、孙井、春和、黑村、王大户、飞井、团山等8 个村委会。就农民人均纯收入而言，黄草坝在春和镇的12 个村委会中排名第十，为4822 元，之后的龙池村委会为4645 元，最后的波衣村委会为3947 元①。

　　镇里的宣传委员身兼数职，负责联系宣传、民宗、价格监督等多项工作。问起镇里的民族工作是不是就由她负责，她说也没有什么固定的工作，就只是负责和民宗局间日常事务的联系。宣传口由镇派出所所长兼副镇长分管，民族口由镇党委副书记分管。整个春和镇党委和政府做和民族沾边的工作的，就只有她一个人。她介绍说，春和镇目前没有开展民族工作，所以也就没有设专人负责这一块的事务。镇里对民族工作还是比较重视的，但没有设专人是个现实问题，红塔区到处都是同样的情况。因为山区不可能发展工业，只能靠农业，靠发展种植业和养殖业，所以考虑到均衡发展的问题，区政府对黄草坝和波衣两个山区村委会投入倾斜得较多，整个春和镇投入最多的也是在黄草坝。除了是山区外，各个口在安排项目和资金时对黄草坝的投入较大，还有部分原因是因为黄草坝村委会领导班子的执行力很强，有项目进去都能执行得很好，能出成效，所以镇里区里也愿意多放项目到那里。不过，现在的项目很多都需要几级政府配套支付，有些资金春和镇上承担不了，就只有放弃那些项目了。

　　"现在我们春和镇面临的主要问题是发展，民族宗教问题不是我们的工作重点。对彝族回族这些我们镇里的少数民族，我们都是以和汉族一样的目

---

　　① 此处数据来源于《2009 年春和镇年鉴手册》（内部印刷）。在黄草坝2009 年的工作总结材料中，该村委会的农民人均纯收入为4300 元，而在上述年鉴手册中给出的这个数据则为4822 元。

光来看待的，把各个民族都并在一起考虑。具体执行政策时有所区别，只是因为山区和坝区的自然地理环境有所不同。我们是看这个区域适合发展什么就让它发展什么。山区因为自然地理环境的制约，不像在坝区一样可以发展工业，会有就业机会，所以我们就只能在项目和资金上对他们有更多地投入。黄草坝这样的山区，我们镇里还是打算以种植业为依托，发展林果和生态旅游等这些方面。去年我们帮他们引进种植了一千多亩三七。"当地干部在访谈中这样说到。笔者问及镇里会不会因为黄草坝和波衣是民族村而对其有特殊照顾，她说："我们不会考虑这些特殊性，因为有时候越重视各方面可能会越不平衡。比如高考时少数民族学生加分的政策，在我们融合程度比较高的地方，像坝区这几个村委会的少数民族，老百姓就觉得和汉族是一样的生存条件，但是就因为占了民族身份就能加分，大家还是会有意见的。"

春和镇党委副书记是 2001 年到春和工作的，担任过副镇长，现在还兼任着纪委书记。访问他几个问题后，笔者对春和镇的民族工作开展情况有了更进一步的了解。

问到镇里在考虑项目和资金时，会不会因为黄草坝的民族村性质而对其有所倾斜，他回答说，目前各级政府对民族地区的工作都非常重视，各种政策肯定都是向山区、民族地区倾斜，有项目和资金都会优先考虑这些地方。但因为自然条件限制，山区除了农业外没有其他支柱产业，总体来说和坝区有着较为明显的差距，所以，根本问题不是政策倾斜与否、到位与否，而是山区自身条件受限，就算政策倾斜了也很难赶上坝区的发展进程。

近几年来，镇政府对黄草坝已经投入了六千多万元，比较大的几项有：2004 年修建从黄草坝到镇里的水泥路，投入一千多万元；2006 年的土地开发整理工作投入一千多万元；2007—2008 年的现代烟草水利设施工程投入两千多万元；2008 年的蚂蟥坝建设工程投入数百万；2009 年蚂蟥箐的省级新农村项目初期投入三百万，预计最后的总投入要上千万。据说，现在黄草坝的耕作条件让坝区的百姓都非常羡慕。

"黄草坝的森林植被是全镇最好的，资源还是很丰富的，但因为有环保政策，所以这些资源不能乱用。它的自然条件决定了只能发展第一产业，而且主要还是靠烟草种植。至于其他，可依靠的渠道还不多。目前我们正在考虑劳动力转移的问题，可能还是要通过这条路才能把黄草坝的经济发展真正带动起来。"谈到黄草坝未来的发展规划时，他这样说。

在对村组干部的访谈中，他们一直强调的都是山区和坝区这组对应词，每次问到民族地区，他们回答时说的总是山区。发现这一点后，笔者问他们考虑政策的出发点是山区还是民族地区，他们介绍："春和这里除了少数回族生活在坝区外，其他少数民族基本都生活在山区，这二者是关联在一起的。我们这里的情况就是山区和民族相结合的情况。山区是整个春和镇和红塔区发展比较落后的地方，所以我们考虑政策时是以山区和坝区相区别的，出台的文件也是针对山区的文件。生活在山区的汉族因为自然条件限制所以经济也是比较差的，也是不如坝区的汉族，所以不能说因为是少数民族才照顾。我们都是以照顾山区为主。"

在被问到春和镇目前的工作安排中是否有民族工作这一块、是否考虑过开不开展及如何开展民族工作的问题时，副书记回答说："我们工作的重点在经济发展上，把山区少数民族百姓的生活搞上去是最重要的问题。我目前分管的工作有党建、新农村建设和民族宗教事务，但是民族宗教这方面只是有需要的时候去参加下会议，上面有文件了传达一下，其他就没有什么了。经济发展才是重中之重，那些山区百姓的生活过不好，天天搞民族工作也没有用。"

在民族文化保护与发展的工作上，他也有着自己的看法："我们这些地方的少数民族和汉族都是杂居在一起的，汉化已经比较严重了，我觉得不一定说要怎么去保护它，就好比楚雄啊大理啊那样的，我的意见是就顺其自然，融合了就融合了。现在我们不是都在讲究融合吗？我觉得融合了不管是对汉族还是对少数民族，都是一件好事。能够保留的可以保留，但是也不必要老是去搞什么挖掘的工作，不必强求。"除了蚂蟥箐寨门上彝文的事，他还介绍另一件关于这个寨门的事。他说，做寨门时，除了彝文外，他们还打算在上面挂一个彝族的图腾。当时问了很多黄草坝的老人，都没有人知道他们的图腾是什么，他们对此已经完全没有概念了。回到镇里查了资料，看到有说虎是彝族的图腾的，但是考虑到现在这里的彝族已经成了农耕民族，性格也老实忠厚，所以镇里就决定用牛来作为黄草坝彝族的图腾，做了个牛头挂在蚂蟥箐的寨门上。"所以说，我觉得对民族文化的态度就是不强求，要尊重历史。不是同一个民族就都要有同样的文化，不是楚雄的彝族做什么红塔区的彝族就要做。要尊重当地的现状。散杂居地区的特点就是这样了，各民族趋于同化的情况比较严重。如果是民族自治地方的话还是会做那些保护工作的，但我们这里民族文化已经基本消失了，民族独特文化有一部分但是不明显，所以不能用自治地方的东西来要求散杂居地方。要顺其自然。"他解释说。

前文曾提到过黄草坝有一户农家乐墙上挂有身着当地彝族传统服饰的老人照片，那家农家乐的房屋式样还保留了当地彝族传统的建筑风格，要打造的就是彝式的农家乐。谈到这个，他介绍道，镇里当时决定在黄草坝发展生态旅游，定了扶持 5 户农家乐，但一段时间后去验收，发现 5 家全都装修成现代式样了，一点彝族风格都没有了。"他们把原来的楼板全部打掉做成汉族的样子，人家城里人用来做卫生间顶的材料他们拿去装修在吃饭的地方，你说哪个还会想去？"他说。"最后，我们找了现在这家丙云农家乐家，当时他家不是第一批那 5 家里的，所以房子都还没动过，我们就是想要那种感觉的，所以就扶持了他那一家。资金上补助了 1 万，其他像床和炊具餐具等的，加起来总共 2 万左右吧。现在他家生意做得挺好的，节假日时很多昆明人都会去他家吃饭休闲。"说完，他又补充了一句："我们搞民族文化挖掘保护的目的最终还是要为了经济发展。"

图 14、图 15　黄草坝彝家乐

问起在散居民族政策层面上有何需求时，他只笼统地说希望有帮助山区少数民族加快发展方面的政策："山区不单是政策的问题，关键是当地自然条件的制约。而且，山区百姓等、靠、要的意识严重，很多政策是倾斜了，但执行过程很让人头疼。比如说每户补助他们 5000 块来改造房屋，但百姓用完这些钱后就不弄了，等着政府再给钱。说起来还是他们自我发展意识较差，如果放在坝区，人家肯定早就弄好房子了。"问他在项目扶持方面有何具体要求，他提了三点：一是希望能加大山区百姓的教育培训力度。他认为，对群众的教育引导是重要工作，首先要解决他们在发展过程中的思想障碍，这才有可能谈之后的政策扶持与倾斜；其次还希望多有农村科技知识培训项目，让老百姓能科学种植和养殖。二是希望有项目可以扶持山区农村引领百姓发展的带头人。现在山区其实种植养殖的条件很好，发展秋冬农业非常适合，但就是特别缺少开拓型人才，缺少能带领当地百姓发展的带头人，没有人到市场上闯，十分缺乏市场信息，所以经济发展较为困难。三是希望多一些基础设施建设方面的项目。像坡改地、土地开发整治、通电通水等工程，春和自己已经投入较大了，但还是希望能有更好的项目扶持。在坝区，政府投入 30 万可以带动群众自己投入 70 万，可在山区就不行。黄草坝还好一点，像波衣，让集体出钱做事是不可能的，只能全部依靠政府投入，所以政府的财政压力很大。

（四）散居民族工作存在的问题

1. 政府对经济工作与民族工作两个概念认识不清

从对春和镇干部的采访中可以看出，目前春和镇和整个红塔区各级政府面临的首要任务就是发展经济，其他所有工作都围绕这一中心展开。在他们看来，只要经济发展了，百姓的生活过得好了，就不会有什么民族问题产生。况且，帮助民族地区的群众发展了，也就是做好民族工作了。红塔区民宗局的干部介绍说，目前区里的政策对汉族和少数民族都是一视同仁的，只以山区和坝区两种居住条件来区分，根据具体问题制定相关政策。山区居住的虽然多是少数民族，但也有部分汉族，他们的生存条件都同样艰苦，如果只针对少数民族出台帮扶政策的话对那部分山区汉族而言就不公平了，所以最终就只以山区和坝区作为区别政策的标准。

此外，正如笔者在前文中所提到的，黄草坝这样一个几乎是纯彝族的村子，除了语言外其他方面基本都已经汉化了，这让人很容易忽略他们的少数民族身份。当地群众所反映所要求的，和其他汉族地方一样都是和经济有关的问题。所以，民族工作在这样的地方就逐渐被大家忽视和遗忘了，上级政府部门从主观意识里也就难免将经济工作与民族工作相混淆。

2. 民族工作部门未全方位积极主动地开展散居民族工作

在黄草坝，村委会干部都对笔者说区民宗局对村里还是很关心的，有什么项目都会优先考虑黄草坝，平时有条件时也都会支持黄草坝。一部分基层的彝族干部，虽然也经常和民宗局的工作人员接触，却不知道不在自治地方的少数民族也可以有政策来保障自己的权益，由于政策宣讲不够，其对民族政策的知晓程度比较低，也比较模糊。

在区民宗局谈到这个问题，工作人员说对于宣传民族政策的事他们也有自己的难处。目前散居民族地区在政策保障上只有一个《云南省民族乡工作条例》，但这个条例的很多规定在红塔区的两个民族乡都很难全部落实，像黄草坝这样不在民族乡的村子，更谈不上没有什么政策了。既然没有什么政策可享受，那民宗局的工作人员下去也就没什么好宣传的，同时还担心这方面的政策讲多了可能还会出现不稳定因素，只在有项目或是资金可以安排时尽量往这几个民族村倾斜。

除了政策宣讲缺乏外，项目的安排上也有较大的主观随意性。

十组后河是黄草坝唯一的一个民族团结示范村，是 2006 年 11 月由区民宗局确定立项的。刚听说黄草坝有个民族团结示范村时，笔者就提出想去那里看看，看那个小组有什么发展的经验，是不是在民族工作方面做得比较好。但是据说这个村也没什么特别的，就是村容村貌上因为有了 20 万的项目资金，所以做得比较好而已。笔者问及这个民族团结示范村是怎么评定的？为什么在 12 个小组里选了后河？回答是，当时镇上给了黄草坝一个民族团结示范村的名额，上级民族工作部门的人都一起下来实地看了，最后因为后河人口少，地方小，做工程容易出亮点，所以就把这个示范村定在了那里。这和想象中的民族团结示范村评定程序完全不一样。

3. 群众缺乏较为强烈的民族认同意识，趋于寻求经济认同

黄草坝村民缺乏较为强烈的民族认同意识，转而寻求经济认同，对自己的民族文化的式微和相关权益保障的有无并不关心，这是第三个突出问题。

黄草坝整个村委会的农民人均纯收入在四千余元，虽然比起春和镇坝区的几个村委会和红塔区的其他一些村委会来说发展是相对滞后一些，但不论是纵向与本村之前的情况相比，还是横向与其他地区的民族村相比，这个发展水平并不算差。

由于各方面的支持，黄草坝这两年的生产条件比以前改善了很多，村委会引导土地向企业、大户流转，经营向规模化发展，吸引了上海鲜花港、明珠花卉公司、芊卉花卉公司进驻本村几个小组，共发展花卉种植 470 亩。此外，由维和制药有限公司牵头，引进文山三七种植大户，发展三七种植 1648 亩。农民通过土地流转增加了收入，除获得土地租金外，每亩还获得打工收入约 4000 元。同种植烤烟相比，每亩可增收 3000 余元。此外，农民为企业供售腐殖土、松毛等附属生产物资又可获取另外的一笔收入[①]。但是，有了一定的经济收入，与外界接触得多了后，村民们开始更加注意自己与坝区百姓的经济差距了。在这整个红塔区的经济都发展得红红火火的时期，黄草坝村民比以往任何时候都渴望能赶上别人，渴望能改变山区的贫困生活。在他们看来，不论是哪方面的政策，只宣传是没有用的，一定要能带来项目，带来资金，这才是最重要的。除了几个村委会干部外，笔者采访过

---

① 数据来源于玉溪市农业信息网，http：//www.yxag.gov.cn/Yx/article.aspx? id = 353247&departmentid = 305。

的小组干部和村民几乎没有人对民族文化的式微表示过主动的担忧；他们没有因为"彝族"这个身份而得到过什么特别的待遇，所以，不论外界赋予的还是自发意识到的，"彝族"这两个字对他们而言并没有其他太多特殊意义。这也是导致蚂蟥箐寨门上的图腾不是由他们自己而是由政府部门决定的现象。在这样的环境下，他们的民族认同意识越来越弱化，经济认同意识则不断得到增强。民族工作开展不足，他们在此方面也没有什么要求，这两个问题已经渐渐分不清因果关系了。

图16　黄草坝三七种植示范基地

五　黄草坝村经济社会发展和散居民族工作开展的几点建议

（一）加大基础设施建设力度，充分发挥自身优势，走有民族和地方特色的发展道路

玉溪市是云南省的经济较发达地区，但居于其中的黄草坝仍然较为落后，没有充分分享到玉溪经济快速发展的成果。而生存条件差、基础设施落后，则是制约黄草坝经济发展的重要因素。要改变现状，加快黄草坝经济发展，就必须加大基础设施建设力度，对当地的基础设施建设项目给予优先安排。在推动当地经济发展过程中，必须把加强基础设施建设，改善群众生产生活条件放在重要位置，大力发展水、电、路、房和基本农田建设，为群众脱贫致富和社会经济可持续发展打下坚实基础。在建设过程中，还要加大财政扶持力度，对重点建设项目适当增加投资比例，降低或免予地方配套，并在土地安排方面给予倾斜。

　　此外，由于地处相对封闭的山区，黄草坝没有先进的生产技术和生产管理经验，也缺乏发展商品经济的可靠市场，但也有着自身的优势，那就是良好的生态环境以及相对低廉的土地和劳动力价格。依托这些优势，可以加速当地产业结构调整进程，引进企业进行规模化的三七、花卉及蔬菜种植，培植特色产业。其次，可在目前经营的几家"彝家乐"基础上对当地的民族休闲旅游产业进行整体谋略与规划，将开发重点放在乡野意趣的营造利用及彝族民俗文化的挖掘表达上。只有突出了生态优势和民族特色，"彝家乐"才能成为黄草坝秀美风光和彝族文化的载体，才能具有长久的生命力，而黄草坝也才能走出自己的特色发展道路。

　　（二）重视各项社会事业，逐步解决制约经济社会发展的瓶颈问题，推动当地经济和社会协调发展

　　黄草坝建有小学、卫生所、农家书屋，但硬件条件较差、设施简陋、专业技术人才缺乏问题较为突出。黄草坝小学无法完全解决集中办学后的学生住宿问题、缺乏必要的实验教学设备、教学水平不高；黄草坝卫生所缺少必要的救护设施、缺乏必备的器械和药品；"农家书屋"缺少图书、设备，缺少管理人员，不允许设在村民小组，导致基本形同虚设；村民文化娱乐活动单一，看电视和赌博几乎成了他们最主要的娱乐休闲方式；除了图书和科技培训外，缺乏运动场、文艺活动室……以上种种都是目前黄草坝社会事业发展中存在的问题。

　　要解决这些制约当地社会事业发展的瓶颈问题，使群众在经济发展的同时享受各项社会事业发展的成果，促进民族团结、社会稳定、和谐，就必须做到以下几点：一是重视教育发展的问题，将学前教育作为下一阶段教育工作考虑的重点；采取有效措施鼓励年轻教师到当地工作，并建立健全规范的教师流动机制，定期派教师到条件较好的地区进修，提高教学水平；改善教学条件和教师待遇，增加教学设施的投资，充分调动教师的工作积极性。二是要进一步加强医疗队伍和医疗基础设施建设，不断完善新农合政策，不断改善当地就医条件，切实解决散居民族群众看病难看病贵的问题。三是要制定合理的图书借阅制度，充分发挥农家书屋的作用；争取相关项目资金，建设文体活动场所，为群众健康的文体娱乐活动创造条件；设立专项的民族文化保护资金，普及民族政策，培育当地群众的民族认同感和自豪感，引导其保护和传承民族传统文化的自发意愿。

　　（三）由国家或省级决策部门结合实际出台针对民族村委会的刚性法规，并建立相应的监督和考核机制

　　1993 年经国务院批准，国家民委发布了《民族乡行政工作条例》和

《城市民族工作条例》。十多年来，省人大委员会先后颁布了《云南省民族乡工作条例》、《云南省城市民族工作条例》、《云南省促进民族自治地方科学技术进步条例》、《云南省民族民间传统文化保护条例》等地方性法规，对保障散居民族的政治、经济、文化等各项权利做出了具体规定。这些法规对保障散居民族的合法权益，维护和发展平等、团结、互助的社会主义民族关系以及促进各民族的共同繁荣起到了重要作用，但在具体的操作过程中也出现了很多问题。

目前有关散居民族的各类法规都是以民族乡为最小单位的，黄草坝的彝族人口占到该村总人口的98%以上，基本上是一个纯彝族村委会，但它既不在民族自治地方又不在民族乡，上述法规就无法覆盖到。没有自上而下的政策和法规支撑，在红塔区这样经济较为发达、城市化进程较快的地区，在春和镇这样一个以汉族人口和汉族领导为主的乡镇，真正的民族工作很容易被忽视。当地政府认为自己也是重视民族工作、关心散居民族利益的，但他们重视的关心的只是散居民族的经济利益，觉得提高了这些地方的经济水平就是做好了散居民族工作。而且，他们所制定的政策并不是以"民族"为切入点的，散居民族的民族身份对当地政府而言没有更多特别的意义，政府制定针对该地区的倾斜政策，只是为了要缩小"山区"和"坝区"的发展差距。黄草坝百姓觉得现在政策很好，生活水平得到了提高，是因为他们背靠着红塔区这棵大树，政府有更强的实力来帮助当地所有百姓都逐步一起发展，而不是因为他们是散居民族，政府对他们有特殊的照顾。

政府部门关注山区和坝区不同区位的经济发展差距，却忽视了形成这种发展差距中的历史及族别原因，这种做法可能导致当地散居民族传统文化的逐渐式微和与周边发展差距的不断加大。

而当地民族工作部门，因为没有可依循的法规，在工作过程中有诸多不便，无法将黄草坝这样的民族村一并纳入规划，只能在有条件时对它们给予一定的照顾。

此外，据红塔区民宗局反映，现在对散居民族的政策扶持没有连续性，有些政策不一定每年都能到位。像玉溪市里出台的对市内少数民族学生每月补助50元的政策，这两年市里30元的配套资金不到位，所以就没有再实施了。也曾经有学生来反映过这个问题，但民宗局也只能向他们解释实际情况。玉溪市委、区委对这些政策都有督察室专门负责督察，但最后的实施情况也仍然如此。

因此，要使黄草坝的经济和社会事业得到持续稳定的发展，要开展好黄草坝的散居民族工作，首先就必须由国家或省级决策部门结合实际出台针对民族村委会的刚性法规，并要求各级地方政府依照实施。有了细化到民族村的法规，当地百姓才能有确实的政策保障。对既不在民族自治地方又不在民族乡的民族村，可参照《云南省民族乡工作条例》制定《云南省民族村工作条例》，将基础设施建设、农村教育、医疗以及民族民间传统文化保护等问题以法规的形式明确下来，从政策上保证民族村的少数民族权益，克服由于项目和资金分配上的不平衡和无连续性导致的发展滞后问题。而地方政府则可结合本地实际针对特殊问题制定单项条例，把《云南省民族村工作条例》落到实处。这样，既有国家法规的支持，又有地方政府的单行条例，各项政策的针对性就更强，也更容易落实了。尤其在玉溪市这样的经济较发达地区，有了刚性法规后，黄草坝的水利设施建设、道路交通建设以及文化活动场所建设等经费就不需要村委会领导、镇政府领导四处去争取，也不需要完全依赖上级领导的民族感情了。

法规出台后，还应建立相应的监督和考核机制，可效仿民族团结目标管理责任制，从各级党委政府、各有关部门到村委会，每年都层层签订《云南省民族村工作条例》和各单行条例的目标责任书，并将条例的执行情况列入各级党政领导和相关工作人员的工作考核中，以此来督促散居民族工作的开展和落实。

（四）加强经济较发达的散居民族地区民族工作部门的建设，防止其被边缘化

红塔区民宗局只有 3 个职能科室：办公室、民族事务科和宗教事务科。据介绍，局里每个科就只有一两个工作人员，有些工作不是不想做，而是有时候确实顾不过来。在区里，民宗局项目资金较少，开展工作也较为困难。

红塔区除了两个民族乡外，其他乡镇都没有设专人负责民族工作，民族工作开展的力度仍是不够的。在经济欠发达的散居民族地区，群众享受不到当地政府出台的优惠政策，民族工作部门掌握的项目和资金就是他们解决各方面发展困难的主要渠道，当地政府既愿意也需要民族工作部门来实施这一部分的工作，所以，那里的民族工作部门反而是受到重视的，是有话语权的，在群众心中也是可信赖和有地位的。可在红塔区这样一个经济较发达的地区，政府自己出台的面向所有群众的普惠政策大部分都比一些经济落后地区的民族政策要好得多，这里的散居民族也在不断参与着城市化的进程，民族认同逐渐弱化，较少有人提出民族权益保障方面的要求，所以，这里的民族工作部门工作职能越来越简化，和少数民族群众的联系和感情也可能会因此弱化。

因此，除了针对性法规的出台外，要开展好黄草坝的散居民族工作，还应加强上级民族工作部门工作网络建设，充实各职能科室工作人员，充分尊

重和听取他们在民族工作方面的意见和建议，并要求在各乡镇、村委会和自然村均设专职的民族工作人员，形成自上而下的民族工作网络，全方位开展散居民族工作。

（五）注重对经济较发达的散居民族地区基层两委班子的引导工作

在春和镇政府和红塔区民宗局，笔者不止一次听到大家夸黄草坝的村委会领导班子工作能力很强，所以上级政府和各部门都愿意把项目放在黄草坝。在调研中，村委会副书记杨淑媛一直是笔者的协力者。通过一段时间的接触，笔者发现她对整个黄草坝的情况都非常了解，有些连小组书记和组长都回答不上来的问题，问杨淑媛肯定有答案。

杨淑媛的父亲是黄草坝村委会的老书记，她自己自1997年1月开始在二组黄草坝村任支书，1999年6月到村委会工作，任总支委员、妇女主任；2002年6月至今任黄草坝村委会副书记。在黄草坝，她是个能人，懂的东西多，各方面能力也很强，但对民族工作和相关政策了解不多。

笔者刚到黄草坝时，听说是去调查当地经济社会发展情况和民族工作情况的，杨淑媛就跟笔者讲了很多村里文艺队由盛到衰的事情。在她看来，这就是黄草坝彝族文化衰落的最突出表现了。关于火把节，她说，村委会领导班子早就商量过想在村委会旁边租块地，弄个广场，在那里举办火把节。可做这件事最少需要几十万的资金，自己筹资是不可能的。村里没有企业，没有税收，平时一年到头十来万的开支都只能跟上级要，现在要弄广场上面是不会给钱了。黄草坝是彝族村，可每年的火把节上级都没有给过他们钱，他们也就没办法组织活动了。杨淑媛认为，过火把节是可以给黄草坝带来经济收益的。如果黄草坝的民族文化活跃起来了，那就肯定会拉动当地的经济发展。

由于多年来一切以经济为重的观念，虽然一些村组干部对黄草坝彝族文化的衰落有所察觉，也希望能恢复这些传统文化，但这一切的出发点都是因为认为这样能拉动黄草坝的经济发展。杨淑媛和村委会书记李有富，还有村两委班子的其他几个成员，全都是土生土长的黄草坝彝族。他们工作负责，能力很强，为黄草坝的经济发展做了很大贡献，得到了群众的一致认可。但在只重经济而不重民族工作的大环境影响下，要开展好当地的散居民族工作，就必须注重对这些基层两委班子成员的引导工作，向他们普及相关的民族政策，让他们了解自己的传统民族文化，培育起他们较强的民族认同感和自豪感，让他们有保护和发展自己传统文化及争取民族权益保障的自发意愿。这些基层干部在当地都是有威信有能力的人物，只要做好了他们的引导工作，就能带动起当地的群众，在散居民族工作的开展过程中发挥积极作用。

曲靖市富源县后所镇庆云彝族村委会
经济社会发展的个案研究

曲靖市位于云南省东部，是云南第二大城市，也是云南重要的工业城市。曲靖市拥有丰富的矿产资源，是云南省重要的工业基地和工业原料基地，有煤、铅、锌、铁、磷、重晶石、萤石等矿分布，其中以煤、铅、锌为主。煤炭资源远景储量达 276 亿吨，占全省总量的 52%，炼焦煤约占全省的 96.5%。

富源县以丰富的资源而得名，素有"八宝之乡"的美称。境内不仅土地、水能、动植物资源丰富，矿藏资源更为丰富，老厂优质无烟煤矿区被称为"中国江南第一大煤田"。全县有煤面积达 1088 平方公里，占国土面积的 1/3 以上，煤炭总储量 256 亿吨、已探明储量 86 亿吨，是全国 100 个重点产煤县之一和云南重要的煤炭能源基地县，也是云电外送的主要基地之一。同时，富源也是一个国家级贫困县。守着丰富的煤矿资源却一直戴着国家级贫困县的帽子，其矿村矛盾突出，经济发展一直保持着以工业发展为主，农业发展为辅的"亚健康"状态。近年来，随着地质变化的加剧，矿区与农村的发展面临着日益严峻的考验。如何构建和谐的矿村关系，已成当地经济社会发展中的重中之重。

多年的煤炭开采，造成辖区内地质灾害突出，村民的房舍安全和生命财产安全受到威胁。富源县因各种地质灾害及煤矿开采原因受损的农户有 15000 余户，受灾群众 6.7 万余人，受损房屋面积 134 万余平方米。受地质条件及资源开采等综合因素的影响，辖区内民房开裂情况严重，特别是新云上、秤杆边、秧田冲、渣滓湾、外后所等居民点，部分民众的住所出现了地基下陷、房屋倾斜、墙体开裂等危险情况，同时，也有群众反映因煤炭开采而出现水源水位下降以及面临枯竭等问题。后所镇外后所村委会的马场口、外后所、罗关冲的 4 个自然村不同程度出现了上述情况。这些问题的出现直接导致了该地煤矿企业与民众的纠纷升级，出现了当地民众围堵该县国有煤矿企业——年生产能力 55 万吨的后所煤矿，致使该企业所属的打磨沟 1、2

号井口停产的事件。

富源县后所镇庆云村经济社会发展的个案，正是在此背景下，通过曲靖市开创的民族团结示范村建设和富源县开创的"四新"工程建设，通过广泛动员社会力量积极参与扶贫济困，加大扶贫攻坚力度、实施促进贫困散居民族地区经济社会发展、加快全面建设小康社会进程的有效举措，创造了"矿村结合"扶贫开发机制的典型,① 促进了庆云村经济社会全面发展。

一 庆云村的基本情况

坐落在云贵交界的乌蒙山下的云南省曲靖市富源县后所镇庆云村是一个彝汉杂居的偏僻山村，距镇政府所在地 12 公里，距离富源县城 37.5 公里，东面与贵州盘县接壤，北与云南宣威市相邻，有"一脚踏两省，鸡鸣三市县"之称。该村平均海拔 2350 米，平均气温 13.8℃，年均降雨量 1093 毫米，无霜期 240 天。有国土面积 26 平方公里，林地面积 3100 亩，耕地面积2900 亩。

全村辖 10 个村民小组 33 个自然村 1633 户 7192 人，其中彝族人口 910户 4006 人，占全村人口的 56%。全村共有党支部 17 个，其中村民小组党支部 6 个，非公有制企业党支部 11 个，有党员 109 名。辖区内有省直属煤矿 1 个，私营煤矿 10 个，煤炭加工转换企业 8 个，是一个典型的煤炭老工业区。2008 年人均纯收入 2500 元，2009 年农民人均收入增至 4890 元。经济来源主要依靠劳务输出和种养业。

改革开放前，当地群众"守着金碗吃糠窝"，长期过着"吃粮靠返销，用钱靠救济"的艰苦日子。民谣"有女莫嫁庆云村，吃了上顿没下顿"是当地的真实写照。近年来，庆云村紧紧依托工业经济的优势，坚持以"农民高兴、企业愿意、政府认可"为原则，村两委班子带领群众有序开采煤

---

① 目前曲靖市有 501 家矿山企业参与了矿村共建，启动矿村共建示范点建设 300 余个，签订《矿村共建协议》454 份，矿村共建项目达 3032 个，协议投入资金 18 亿元，已实施 842 个项目，投入资金 5.8 亿元，正在实施 590 项目，投入资金 4.8 亿元。通过对口扶持，累计投入资金 33 亿元，发展出 55 个惠农产业，完成 201 个污水处理设施建设项目，植树造林 8 万亩，治理地质灾害隐患点 110 个，修缮旧房 7087 户，修建通村油路（水泥路）900 公里，修建水利工程 600 项，配套修建学校 110 所、医务室 100 个、文化中心 90 个、超市 62 个，促进了农民增收，解决了 20 余万贫困人口的温饱问题，改善了矿区群众生产生活条件，矿区生态得到明显改善，废弃建设用地进一步盘活，矿群矛盾逐步得以化解，涌现出了富源县后所镇庆云村、老厂镇拖竹村、宣威市徜塘镇通南铺村、师宗县雄壁镇小哨村、陆良县活水乡石槽河村等一大批矿村共建的典型，为曲靖市的矿村共建工作的深入开展提供了宝贵经验。

炭资源，发展经济，有力推动了经济社会发展进程，加快了民族团结示范村建设进程，让农民得实惠，企业得发展，政府得民心，该村已呈现出"领导肯抓、企业肯帮、群众肯干"的喜人局面，促进了全村经济社会繁荣发展。2009 年 9 月，国务院授予云南富源县后所镇庆云村民委员会"全国民族团结进步模范集体"荣誉称号。

图 1　庆云彝族村民委员会大门

二　庆云村经济社会发展的困境

经过几十年的煤矿开采，庆云村的矿业经济虽然发展起来了，但养育庆云人的那条曾经清澈的河流和那一座座明媚的山川却在不知不觉中消失了。从前清澈的河水变成乌黑的煤水，昔日的一座座青山变成了光光的山头……随着采煤数量的不断增加而可采储量的逐渐减少，庆云人的生活和未来的发展前途陷入了困境。庆云村党总支书记牛家德①的一番话，总结了庆云村经济社会发展的现实问题。

　　我是 2007 年 4 月份在党委、政府多次动员下担任富源庆云村党总

---

① 庆云村党总支书记牛家德早年创办大炭沟煤矿时，因贡献突出而先后荣获国家、省、市、县各级政府 40 余次表彰，荣膺"全国煤矿优秀矿长"、"优秀企业家代表"等称号。近年来，庆云村委会和牛家德亦多次受到国家、省、市表彰。2009 年 9 月，国务院授予云南富源县后所镇庆云村民委员会"全国民族团结进步模范集体"荣誉称号。2010 年 6 月 8 日，云南省教育厅厅长罗崇敏为庆云民族学校题写了"教真育爱"的匾牌。此外，中国作家协会党组成员、副主席、书记处书记高洪波先生为牛家德题赠了宝贵的墨迹："笑品人生"。2011 年 1 月，牛家德再次受到云南省民委、省工信委的表彰，荣获"云南省首届少数民族优秀民营企业家"的称号。

支书记的。2009 年 4 月份，我们总结了庆云这个地方的特点。即，6 个"没有"，6 个"多"，2 个"落后"，2 个"怕"。具体说来，6 个"没有"是：一是没有土地资源，二是没有森林资源，三是整个村委会没有水利资源，四是没有一座古建筑，五是没有一点古文化，六是没有出土一点古文物。这 6 个"没有"充分说明庆云这个地方过去穷得不得了。

因为开采煤矿资源而带来的"6 个多"就是：一是奸、懒、馋、滑的人多；二是上访的多；三是车多，230 人有 230 多辆车；四是由于水被污染，环境污染、空气污染，得癌症死亡的多；五是打麻将的多；六是喝酒打架的多。以前庆云这个地方原始森林多，老虎豹子多，为了生存，先民在那个时候拳脚都很厉害。现在嘛，喝了酒就打架闹事了。

"2 个落后"，一是庆云的文化教育相当落后，改革开放 30 年以来还没有出过一个国家级重点大学生；第二个落后就是思想、素质相当落后，全村 7200 人，没有一个出去打工的。我们自己都觉得可耻啊！

"2 个怕"就是，一是县局各委办主管庆云工作的领导最怕庆云，经常完不成任务要写检讨要被问责；第二个怕呢，就是招商引资、引进人才、引进技术的最怕庆云，引不进来。我到曲靖市人才市场去招人，不管是外省的还是外县的，都开出了标准，本科生每个月 2500 元，专科生 2200 元，还包吃包住，结果都招不来人。

这就是我上任之前面临的困难。

我们村委会有国土面积 26 平方公里，其中 16 平方公里有煤矿，庆云村委会有 10 个煤矿，8 家洗煤厂，若加上我们管辖范围之内的其他国有煤矿共有 12 家。这些矿场有的是 60 年代办的，更多的还是 80 年代初办的。由于开采年限长、煤层多，导致了庆云这个地方被挖得千疮百孔，好的田地也没有了。目前全村 1680 户 7200 人，少数民族 4006人，占 56%，在校小学生 1720 人，却没有幼儿园，教育太落后，这就是庆云这个地方为什么存在那么多问题的缘故！

另外，我认为，主要原因之一还是国家对散居民族政策太少，没有对散居民族的状况进行深入细致地调查研究。过去对庆云这个地方关心也太少。就是到市委、县委和统战部开座谈会我也是这么说的。

国家对西藏、迪庆那些高海拔民族自治地方的照顾政策好，低的地区像曲靖坝子海拔在 1500 米，土地相对肥沃，出产率高，收入也高。我们散居民族地区很多地处半山区，海拔不高不低，就只能种些洋芋、包谷，幸好还有点煤炭资源。但是由于一二十年的过度开采，这下就挖坏喽，挖出大麻烦来了，挖出大问题来了！2009 年我们村委会生产了 110 万吨煤，上缴各种税费 1.2 亿元，就像一个人献血一样被抽走了，留下的是社会上各种各样的难点和问题。目前庆云这个地方的煤矿就够挖 10 多年，在当地教育、卫生医疗都很落后的情况下，一旦 10 多年以后煤被挖完了这个地方该怎么办？10 多年以后这个地方的人该怎么生活？各级对此都缺乏调研和研究。

　　过去庆云这个地方一穷二白，被划为"飞地"，划给哪个行政区域都没有人管。后来共产党来了，政策好了，开采资源，这个地方的老百姓日子也慢慢变得好了。2005 年，煤的价格相当好，煤矿企业发展迅猛。但是，煤矿企业发展迅猛我认为是不正常的。因为煤矿企业受到国家产业政策的刺激，价格升高，产量增长，如果治理不及时，后续产业跟不上，最终会给当地带来很多问题——山挖垮了，水挖干了，土地挖塌陷了，房屋挖开裂了，社会矛盾日益激化。正是在这样的情况下，党委、政府多次来动员我进村委会干书记一职，我就开玩笑说：毛泽东 56 岁登天安门，而我是 56 岁干进村委会的大门。①

2007 年以前，由于庆云煤矿布局不合理，开采不科学，许多村庄房屋开裂，水源枯竭，树木被砍光，环境被破坏，群众生产生活受到了严重的影响。要么群体越级上访，影响庆云形象，要么围堵煤矿，影响煤矿生产，加之外来流动人口较多，打架斗殴，偷盗抢劫屡屡发生，社会治安比较混乱，群众不满情绪日益增多。概括起来说，庆云成了一个"群众越级上访多、社会治安案件多、百姓生活困难多、经济发展阻碍多"的村委会。煤炭产业发展不仅没有给群众带来实惠，反而成为不安定的引发因素。庆云村委会的情况引起了镇党委、镇政府的关注，解决庆云的问题被提上重要议事日程。由于牛家德书记多年以来在发展煤矿的同时，还关心支持公益事业，为庆云百姓做了很多实事，在群众中有较高威信，加之本人又是一个老共产党员，政治上忠诚可靠，镇领导多次动员其担任庆云村委会总支书记。他本着对家乡的热爱，对组织的负责，义无反顾地承担起一个老共产党员的职责，就任庆云村委会党总支书记。上任后针对庆云的实际情况，他一方面深入到农户交心谈心，广泛听取群众的意愿，另一方面深入到企业座谈了解情况，寻求他们的支持，经过认真的深入调查和细致的分析研究，依托曲靖市开创的民族团结示范村建设，探索出一条"以工哺农，矿村携手，互惠共赢，

---

① 2010 年 5 月 28 日课题调研组在庆云村委会办公室进行访谈的整理资料。

共建和谐新村"的庆云发展之路。

图 2　庆云村丰富的煤炭资源

三　庆云村经济社会发展的主要做法和经验

2007 年 4 月,全村 109 名党员全票选举通过,牛家德当选为全村 10 个村民小组 7000 多人民群众的村党总支书记,真正成为庆云群众的"领头羊"。上任履职后,他走村串寨进村入户作调查,全村 33 个自然村都留下他的足迹。他召开群众大会,特别是 11 个彝族聚居的贫困自然村,他一次又一次带领村组干部多次反复地进行调研,了解到彝族群众的困难和原因,帮助他们解决缺水缺粮、行路难等问题。经过多次召开村民代表大会、党员大会、企业负责人会议,庆云村拟定了"以教育为先导,以煤炭企业为龙头,以化解社会矛盾为重点,以民族团结示范村建设为中心,打好私挖滥采攻坚战,突出社会主义新农村建设,促进企农关系和谐,增强民族平等团结意识,促进农民增收致富"的发展思路,提出了庆云新农村建设工作的规划和构想,努力抓好庆云民族团结示范村工程、庆云民族学校工程、千亩经济林工程、桂花小二型水库工程等四大工程建设,从根本上改变庆云贫穷落后的面貌。

（一）健全村级组织和制度建设

庆云村是后所镇的政治、经济、文化次中心,民族团结示范村建设的成功与否直接关系到当地彝汉群众的生产生活,关系到后所镇的经济发展,关系到后所镇的对外形象。庆云村充分利用当地煤矿企业多、煤炭工业经济效益明显的优势,按照"党政组织、群众参与、企业自愿、企村联动、结对共建、合作双赢、以城带乡、以工哺农、以富带贫、矿村结合、整合资源、集中投入、合力攻坚、统一规划、分步实施、突出重点、整体推进、协调发展"的建设思路，实施民族团结示范工程，围绕"建好村庄，树好形象，促进发展"的工作目标，组建了协调领导小组及建设指挥部。领导小组采取分步实施的办法建设庆云民族团结示范村，使民族团结示范村建设走上规范化、科学化、法制化的轨道。

为更好地开展民族工作，在庆云村的班子中，有多名成员为彝族，包括村党总支书记牛家德和村委会副主任敖成云，并由敖成云兼任民族工作专干，具体分管和负责民族工作。

庆云村年组织村两委班子成员从村寨到煤矿、学校、友邻村委会认真调查研究，制定完善了庆云的经济社会发展、村委会规章制度、党总支制度（包括民主生活会制度、党员干部培训制度、目标管理制度、发展党员制度和思想汇报制度）。村党支部制定了激励关怀和帮扶机制①以及庆云村"四议两公开"工作法②。通过有效的组织制度和管理制度，庆云党总支和村委会成为了强有力的战斗堡垒，带领庆云人一步一步实现和谐发展的目标。

村党总支充分通过召开支部会议，找周边企业协调，解决群众用电难、用水难、行路难等问题，并把新华村民小组列为帮扶的重点，该小组共有226户962人，是一个保持着彝族语言和彝族传统的纯彝族村民小组，返贫人口占60％以上，返贫现象十分突出。村党总支发扬一个党员一面旗帜的精神，由党员挂钩扶持贫困群众，帮助群众解决实际困难，寻找发展的路子和空间，努力实现共同富裕的目标。各企业在村党总支的带动下，主动加入到对该村的帮扶行列中来，在帮资金送物资的同时，注重把"输血"扶贫和"造血"扶贫相结合，着力在提高农民素质、开展技能培训、开发农业资源、建设产业基地、拓宽产品市场、加强基础设施建设上进行重点支持和帮扶，突出解决该村剩余劳动力的就业问题。围绕新农村建设规划，每年为

---

① 庆云村《党支部激励关怀和帮扶机制》主要包括：一、党内激励。对认真做好群众思想工作、化解村民矛盾、为群众办实事、维护社会未定做出贡献的，通过开展民主评议，按照支部党员30％的比例报村党总支，审核公示后，报镇党委备案后由党总支进行表彰。二、困难党员救助。对党员生病不能自理生活，常年抚养痴呆、智障、残疾子女造成生活困难的，直属亲属身患重疾造成生活困难的，60岁以上且家庭人均纯收入低于权限水平以下的党员，经本人申请，报村党总支，审核公示后，报镇党委备案后由党总支兑现补助。三、对于生病住院、逝世、及家庭遭受重大自然灾害造成生活困难的党员，经村支部书记报告，村总支核实并进行慰问后，报镇党委入账备案。

② "四议两公开"即"4＋2"工作法，即农村所有村级重大事项都必须在村党组织领导下，按照"四议"、"两公开"的程序决策实施，"四议"：党支部会提议、"两委"会商议、党员大会审议、村民代表会议或村民会议决议；"两公开"：决议公开、实施结果公开。

图3、图4　庆云村的"四议两公开"工作法图和激励关怀和帮扶机制图

该村办三到五件实事，为实现新华村长足发展打下了良好的基础。

（二）依托民族团结示范村开展建设

庆云村两委班子经反复研究，提出了建设民族团结示范村的大胆想法，同时积极向上级党委政府汇报。市委常委、市纪委孔书记到此调研后，充分肯定了这一想法。原县委宁书记两次召集各相关办局到此召开现场办公会，成立了以原县纪委刘本芳书记为组长，后所镇镇长为办公室主任，相关单位负责人为成员的领导小组，并明确了相关办局的职责。庆云民族团结示范村2007年开始设想、规划，2008年底正式启动。为了充分让利于民，共享资源开发成果，村委会将土地无条件让出来，大炭沟煤矿垫资190多万元。在上级行业主管部门的帮助下，对民族团结示范村建设控制线周边的煤矿进行了逐一调查，并由煤矿负责人签字保证，经过详细的地质探测，建设地点地质稳定，无煤炭采掘活动。

民族团结示范村建设重点解决新云上、秧田沟、称杆边三个自然村313户1231人的安居问题，采取统一规划，统一户型，统一建设的办法建设，采取"向上级争取一点，项目整合一点，企业捐助一点，农户自筹一点"的办法筹资建成"庆云新村"。该项目安居房建设总投资3900多万元，加上水电路、绿化、医院、幼儿园、超市、红白喜事堂、文化活动广场等附属配套设施，预计总投资1.5亿元。到2010年已完成投资3500万，筹集资金2900万元。其中省市民宗委90万元、县委政府1000万元、异地搬迁项目扶贫开发项目491万元、居民地震安全工程60万元、市建设局环境治理先进村项目10万元、打厂沟煤矿960万元、兴云煤矿40万元、打磨冲煤矿20

万元，群众自筹 229 万元。

安居房户型为每户 120 平方米，户均筹资 2 万元。至 2010 年，庆云村民族团结示范村建设一期工程进展顺利，13 幢 300 余套户型 120 平方米的安居房建设工程全面启动，其中有 7 幢即将交付使用，有 6 幢完成地基基础工程，300 户农民在 2010 年内乐迁新居。以上三个自然村距新居不到 500 米，建成后改善了群众的生产生活条件，使生产区和生活区相对分离；再将原自然村划分为三个养殖小区，使老村庄有效财产得到进一步开发利用。

庆云新村建设是曲靖市民族团结示范村创建的飞跃，与其他示范村相比，庆云新村建设有以下特点：

一是在项目资金上给予重点扶持。

二是曲靖市民宗委把庆云村作为 2008 年度全市的重点示范村来打造，富源县委、县政府专门成立了由县直 10 多个部门组成的民族团结示范村创建工作领导小组。

三是基础设施建设得到极大改善。安居房建设配套设施齐全，体现彝族建筑外观风格，实施了水源地污染治理工程，改善和提高了群众的生产生活环境和质量。

四是关注民生。采用工业反哺农业，以资源带动发展，反租倒包土地的形式发展种养殖业；成立农业代表合作基金会，支持农户发展，解决了后续产业发展及民生问题。

五是重视教育。高标准建盖了 8 级抗震、各类教学设施和运动场地齐全、可容纳千人的民族学校，将解决庆云及周边两个彝族村委会学生就学问题；学校建成后，将开办家长学校，以其改变家长的思想认识。这一做法符合省民委提出的新时期民族工作重点"改变一代人、培养一代人"的要求。庆云新村建设，是民族地区农村城市化的一种尝试，是城乡社区统筹、协调发展的新探索。①

2010 年 9 月庆云村又迎来富源县新农村"四新"工程②建设项目的机遇。2010 年，富源县投入 7000 万元，启动了 59 个"四新"工程项目村建设。其中，选择煤矿企业周边和矿村结合部进行"新矿区"的建设。以"七有"为目标：即户均有一幢具有抗震能力、人畜分居、整洁实用的安居房；有稳定的工资性收入，矿区农户 75% 以上的劳动力上矿务工或在当地

---

① 曲靖市民族宗教事务委员会：《提升品质打造亮点——曲靖市民族团结示范村创建历程》，载《今日民族》2010 年第 6 期。

② 富源县在实施"四新工程"，即新社区、新村庄、新矿区、新山村。

从事二三产业，年人均纯收入 5000 元以上；有优美的生态环境，无地质塌陷、环境污染和矿村矛盾等现象，开采区、废弃物堆放区复垦和绿化率达90% 以上，森林覆盖率达 50% 以上；有资源开发利用成果共享新机制；有集村民议事、文体活动、医疗卫生、托幼教育为一体的综合服务中心；有配套的水网、路网、电网、信息网等公共基础设施；有一套村企一体化管理、协调共同发展的好制度。

对"新村庄"的建设要求是，选择重点项目建设区、地质灾害较为突出、村庄居住分散、生存条件较差，住户在 300 户以上的村庄进行易地搬迁建设。以"七有"为目标，即有人均不低于 30 平方米的标准化集中住房；有增收致富的主导产业，村民年收入中有 70% 以上来自特色农业、交通运输、餐饮服务业；有稳定的经济来源，年人均纯收入 5000 元以上；有配套的水网、路网、电网、信息网等公共基础设施；有集行政办公、居民议事、文体活动、医疗卫生于一体的综合服务场所；有宜居的生活环境，村庄绿化率达 40% 以上；有健全完善的村庄管理制度。

煤炭资源开采致富了一批人，同时也影响了大部分群众的利益，涉煤地质灾害引发了大量的社会矛盾和纠纷。2010 年，富源县"四新"工程建设给庆云村带来了新的发展机遇，按照上级党委政府的安排部署，把大地头、打石头、托塔卡、上新寨、下新寨列为"新矿区"建设；把庆云新村列为"新村庄"建设。2010 年完成入户调查，召开党员会，村民代表会议，群众会议通过了实施方案，紧接着组织实施，2011 年 5 月 31 日竣工，完成后受益农户 704 户 2779 人，计划总投资 5645.28 万元。

依托曲靖市民族团结示范村建设及后续富源县"四新"工程建设，庆云村走出了"工业反哺农业，煤矿支持乡村"、"矿村携手、共建新农村"的新路子，投入 1.5 个亿，逐步解决群众生产生活中的问题，打造具有彝族文化的新农村，促进了彝汉团结共发展。现在，庆云民族团结示范村的一期工程建设基本结束，部分农户已经搬迁新居。示范村的二期工程建设也按时启动。庆云民族团结示范村建成后将是一个居住环境优美、交通便捷、生活便利、民族团结和谐发展的高品质生活社区。庆云民族示范村建设工程的尝试，已成为振兴庆云经济的重要载体，繁荣了庆云经济、加快了城镇化进程，促进了产业结构的调整和优化升级，让群众共享到了发展成果，率先成为富源农村城市化进程的典范之一。

（三）开创政企结合发展方式

庆云村两委班子确定了"扶商、安商、兴商"的工作思路，积极支持非公企业的发展，在全村形成了"政以兴商为重、民以从商为荣、商以公

图5　庆云民族团结
示范村工程指挥部

图6　牛家德书记结合示范村沙盘介绍情况

益为乐"的良好氛围。通过多年发展，非公企业尤其是以煤炭为主的煤矿、煤焦企业抓住市场机遇，得到了迅猛发展，出现了一批"老板"。村两委班子加大宣传力度，注重企业社会责任意识的培养，帮助辖区内的企业家树立了四个理念：在产业配置资源整合中，帮扶力度大的企业资源配置优先的理念；与企业家共同回顾过去，向他们介绍贫困人口生活状况，培植同情理念；引导民营企业家树立正确的财富观，找准政府意志、企业意愿、农民愿望的结合点；让企业主永远铭记"产业报国、贡献社会"的企业价值观，用实际行动关心家乡发展，多做慈善事业，完成"工业反哺农业、城市支持农村"新的历史使命。而这些企业主致富不忘家乡，抱着一颗"上为政府分忧、下为群众解愁"的责任心，勇于承当社会责任，积极回馈社会，捐助公益事业，争相出重金为全村公益事业"埋单"：修路、建校、引水、造林、建公房、村寨搬迁、扶贫帮困、村庄建设、农用煤补贴、农电改造、慰问"五保户"、建老年活动室等，在富源县乃至云南省率先走出了"工业反哺农业、煤矿反哺乡村"的共建新农村的路子。由于企业解决群众问题积极主动，党总支和村委会工作扎实有效，大部分村寨和群众得到了周边企业的支持和帮助。各企业也坚持做到"不裁员、不减薪、不拖欠工资"，并积极创造就业岗位，从一定程度上缓解了就业矛盾，增进了社会和谐。

大炭沟煤矿负责人牛家德把村里的社会事业当成自己的事业做，一是帮扶好贫困党员和老年人，每次召开党员大会，他就发放相应补助，60岁以上的每人发放100元，60岁以下的每人发放50元，对病故去世的老党员，他总是亲自去表达哀悼并送花圈和1200元安葬费；二是热心公益事业，每年教师节筹资 2.4 万元对老师进行奖励,"六一"儿童节筹资 3.6 万元买作业本发放给品学兼优的小学生。捐资 3000 多万元,建成了庆云完小、新华村小、新寨村小和庆云民族中学,实施了建设庆云片区人畜饮水工程,修建了 10 余公里出省柏油路等,促进当地 5000 余群众就业创收;三是从 2007 年担任庆云村党总支书记后,争取 1.2 亿元资金建设民族团结示范村,逐步解决群众安居问题;以厦卡村优越的水资源为基础,投入 1200 万元建设桂花小(一)型水库,在解决群众饮水及灌溉问题的同时,为发展农家乐打牢基础。

在牛家德的带动下,2007 年,新华煤矿、沟发煤矿、红土田煤矿、新寨煤矿率先筹集资金 260 万元,兴建了新华民族小学、新寨民族小学,当年便投入使用。各煤矿捐资 400 余万元建设庆云完小,主教学楼、食堂于 2007 年顺利竣工并投入使用。村委会为缓解教师住宿压力,将投入 80 余万元兴建的村委会办公楼让出,搬到一个煤矿的办公楼办公,成了富源县无办公楼的村委会。同时,各煤矿还捐资 800 余万元硬化村庄道路 9800 余米(其中柏油路面 8400 米,水泥路面 1400 米),投资 700 余万元修通连接贵州省的柏油路 7100 米,投资 1100 万元建设庆云片区人畜饮水工程项目,解决四个村委会 16000 余人的饮水问题,投资 3000 余万元帮助 560 户群众解决易地搬迁问题。各企业累计投入社会公益事业的资金达 6260 余万元。

这些私营企业主反哺社会的责任感,既感召他人,惠泽乡里,又实现了企业和群众的互利双赢,在全村形成了"政府搭台,企业唱戏,农民受益"的企业自愿捐资建设公益事业的良好氛围。通过反哺社会,极大地改善了庆云村生产生活环境,促进了庆云村农村交通、水利、环境、能源和信息化等工程建设,形成城乡衔接的路网、水网、电网、信息网、资金网、物流网、销售网和生态网,实现了生态、生产、生活逐步一体化,为庆云村农民增收、农村发展奠定了坚实基础。

(四)根据优势促进经济发展

1. 改善基础设施建设

庆云村群众基本居住在山区和半山区,自然条件较差,基础设施落后,影响了群众的生产生活,制约了庆云的发展。部分群众居住零散,最小的自然村只有 18 户。多年来,因村委会经济基础薄弱,虽然靠近公路主干道的自然村都修通了公路,但仍然有三个彝族自然村未通公路,六个自然村路况较差,其中打磨冲村距公路主干道只有 500 余米,却被一河阻隔,沟深坡陡。为了修通打磨冲、厦卡、丁家脑包三个自然村的公路,牛家德书记自己积极带头捐款 10 万元,协调资金 8 万元,共筹集资金 90 万元,投入公路建设，并由煤矿提供炸药，组织专业爆破队，无偿出动挖掘机、装载机，动员群众投工投劳，掀起了修路的热潮，经过三个月的奋战，终于结束了三个自然村行路难的历史。自然村厦卡小四队，原有 14 户人家，有 6 户因交通用电不便搬到坝区居住，尚有 8 户群众居住在深山老林里，过着人背马驮的生活，村委会多次进村调查研究，组织村民修通了进村公路，从根本上解决群众发展的问题。另外一个不通公路的丁家脑包村，居住着 6 户人家，进村的300 余米道路为羊肠小道，在村委会的协调下，2008 年由企业捐资 60 余万元修通了进村道路，通过交通建设，进一步增加了彝汉两族的沟通和友谊。牛家德书记还捐资 300 多万元支持镇上公路建设，主动投入 760 多万元修通了庆云连通贵州段江镇的柏油路。

　　因煤矿采掘水源枯竭，群众生产生活用水困难。为了解决庆云村委会的生产生活用水，牛书记带头捐资 1200 万元，协调资金 100 万元，争取上级资金 100 万元，总共投资 1400 万元，铺设主管道 4.5 公里，从法凹水库引水解决庆云村委会 25 个自然村生产生活用水，解决厦卡等村的人畜饮水、部分工业用水及灌溉问题，目前已投资 30 万元完成了地质勘探等前期工作。这几年，牛家德书记在公路建设和人畜饮水工程方面的捐款超过了 2300 万元。另外，一些自然村还未进行农网改造，增加了群众的经济负担。庆云村还积极协调电力公司把庆云 9 个自然村列入农网改造项目进行改造，结束了庆云群众用电贵的历史，进一步减轻了农民负担。

　　2. 发展后续替代产业

　　庆云村群众科技意识淡薄，加之土地贫瘠，产量低，大多数以种玉米和洋芋为主，产业结构单一。围绕发展思路，在产业结构调整上，一是突出抓好畜牧产业。引导称杆边、秧田沟、新云上三个自然村的村民修缮老住宅区房屋，改造为三个养殖区，引导和鼓励群众积极发展大河乌猪和黑山羊养殖，实现产业结构由依赖煤炭向养殖业转变，拓宽增收致富路子。二是大力发展务工经济，让群众从贫瘠的土地上解放出来，到企业务工挣钱，各企业厂矿已解决 5000 名农村剩余劳动力的就业问题，安置残疾人 1000 余人；三是大力发展庭院经济，动员不能进矿的人员种蔬菜卖给煤矿，农民的收入增加了，生活质量明显得到了提高。而最长远、效益最明显的产业结构调整则是整合土地资源培育后续产业。

　　庆云村委会 2007 年底共有农户 1598 户，有耕地面积 3172 亩，人多地少，加之土地经营零碎，难以形成集约规模化经营。全村主要经济支柱为煤炭资源开采。大部分群众在煤炭企业就业，致使全村农户对土地的合理开发利用认识不到位，土地利用率和科技推广率低下，土地荒废比较普遍，水土流失严重，耕作粗放，农户因土地问题与煤炭企业的纠纷日益增多。为改善企农关系，发展后续产业，形成规模化经营，最大限度地利用好土地资源，促进全村产业结构调整的提升和完善，在村民委员会的指导下，对农户土地进行整合，让煤矿集中管理，让剩余劳动力到煤矿务工。形成煤矿"三个一百工程"，即每个煤矿必须安置本村劳动力 100 人，每个煤矿捐资社会公益事业必须突破 100 万元，每个煤矿必须用三年时间每年整合土地 100 亩。按煤矿区域划分，经煤炭企业和农户充分协商后，由庆云村民委员会与煤矿代表和户主代表达成并签订了《庆云村民委员会矿区土地资源整合培育后续产业合作协议》。该《合作协议》主要规定：

一是煤矿整合规划集中开发，实施经济林、果、青饲料等的栽种及各种养殖。协议执行期不低于 15 年。

二是农户责任地经户主（农户代表）、村委会工作小组成员、煤矿人员到实地丈量核实，一次性认可转移。

三是协议期内，土地属性不变，土地管理经营权属煤矿方，矿方有权按照规划组织实施经济性作物栽种及各种养殖，并有权享受其产生的经济收益。

四是协议期内，煤矿若因产业政策及国家大政方针政策变动（如被关闭、资源整合等）影响难以履行协议时，矿方应及时通知农户，处理好双方交接等相关事宜。

五是协议期内，矿方不得改变土地使用性质（如用于工业广场建设、房屋建盖等），确需改变用途的，由双方共同商议解决，并办理相关的法律证件手续。

六是协议期内，矿方按中等标准，实物赔偿方式每亩土地每年赔偿农户洋芋 200 公斤、苞谷 180 公斤，于每年 7 月—12 月由矿方组织兑现，农户凭赔偿粮食供应证签字称领。

七是协议期满后，矿方应把土地、土地上面附属物（经济林、果、草）一次性转交农户，农户将收回土地管理经营权及土地上附属物（经济林、果、草等）的经济收益权。

"发展绿色产业，建设美好家园"，总体发展思路是"立体发展林果业，规模发展畜牧业，科学发展种草业，积极尝试加工业"，要求 11 个煤矿承担环境污染责任，大力投资林果业、养殖业、种草业、绿色加工业，加快经济转型的步伐。具体措施就是：将全村委会划为 11 个绿色生态区，每个煤矿承担一个生态区，生态区土地进行集中流转，全部退耕还林，整合土地资源，集中矿区土地，采取由煤矿与村民协议管理土地发展经济林木的路子集约土地经营，培育新的经济增长点，实施可持续发展产业的产业调整方式。辖区内的每个企业用三年时间，每年完成 100 亩经济林木栽培，土地由农户协商流转，管理由企业负责，企业每年补偿农户每亩玉米 180 公斤、洋芋 200 公斤，也可按市场价折合人民币赔付农户。企业转型或停办时归还农民管理和享受。在煤矿企业的支持下，2008 年完成达到验收的核桃树种植 1190 亩，栽种核桃苗 15476 株，2010 年该项目达到 3000 亩。高处种花椒、中部栽核桃、沟旁低潮处种香椿、空余地点种饲草，充分体现优势互补。庆云村在"三十年前吃山肚子，三十年后吃山帽子，还子孙后代一座绿色银行"上实现重大突破，解决"煤挖完了怎么办"的实际问题。目前，庆云村实现了"山顶种花椒、山腰栽核桃、山脚挣钞票"的立体经济发展目标，逐步迈入可持续发展、健康发展、协调发展的快车道。

3. 合理分配劳动力资源

煤炭产业是庆云村委会的支柱产业，是庆云群众增收致富的主要来源，消化了庆云 60% 左右的劳动力，煤炭收入占庆云农村经济总收入的 80%，占农民人均纯收入的 70%。在庆云人人围着煤炭转，家家盼着煤炭富，煤炭产业在庆云处于明显的优势主导地位，而这种优势主导地位挤压了其他产业的发展空间。为了确保庆云经济的可持续发展，除了合理调整产业结构外，还必须合理进行劳动力分配。

近年来，庆云村煤炭资源的开发，为当地剩余劳动力安置提供了优越的条件。村委会协调督促辖区内的 10 个私营煤矿、1 个省属煤矿、8 个煤炭加工转换企业，每个企业必须吸纳本村富余劳动力 100 人就业，吸收一部分素质较高的中青年人才进入企业的管理岗位，许多群众靠到煤矿务工走上了致富之路。

村委会牛家德的思路是：

> 我给每个煤矿签订协议要他们每个煤矿安排解决 100 个劳动力的就业问题，煤矿开采范围以外的 300 亩土地，煤矿要出资栽树，而且每亩地补助每户农户 500 元，比如有 5 亩地的那户人家就可得到 2500 元的补助，劳动力就安排在煤矿上，该挖煤的挖煤，妇女就负责搞好后勤，我不主张搞机械化运输，因为一种机械化设备的引入往往就取代了 10 多个人的劳力，我就对妇女们说，要装车的话你们就自己动手，这样每个月就有八九百元、上千元的收入了嘛！这样你们不就有工作了嘛！如果都是用皮带运输煤炭装车，这些人就会找不到工作。一个煤矿可以安排个几十个人专门拉煤装车。我算了一下，年底结算，妇女们上煤车的收入在 800—1500 元之间，这样生计就不成问题了。

图7　庆云村的务工经济

　　再有一种安排就是，一个煤矿要有十几、二十个人专门负责捡煤，这样就又安排了些劳动力。我们县目前还是个农业县，农村最迫切的问题就是怎么把剩余劳动力安排好，而不是盲目引进机械化。这也是我们各级政府要注意的问题。无论你用原始的办法也好还是用现代的办法也好，总之你要把这些剩余劳动力安排好。尤其在农村，50岁的村民仍然有劳动能力，他们同样要生活，如果完全使用些现代高科技的东西，他们根本就不会操作，一旦闲下来就会闹事，发泄对社会的不满，结果造成仇富心理相当严重！这就是摆在我们基层干部面前实实在在的实质性问题。农村现在面临的问题怎么来解决，农民的就业和致富怎么来解决，不管用土办法也好用洋办法也好，解决农村问题最重要。

　　产业结构调整，除了种经济林木以外，还在3000亩经济林下种草，平时，每户人家妇女可以去割草，要生喂的直接就喂，要熟喂的支起火来用大锅搅熟了喂。村里有几个妇女就像这样干，一年可以有5万元的利润。正是由于我们这个地方缺少文化不懂科技，所以就只有用土办法来教村民。我们的想法就是，只要不停下来，能读书的就送去读书，能打工的就外出打工，合理分配劳动力。出去打工的回来之后把好的技术带回来，慢慢地培养村民的思想和技术。①

　　庆云村结合自己实际情况，将劳动力合理分配在煤炭行业的不同岗位上、分配在经济林木的种植管理、经济林下种草、外出务工、求学等不同行

---

① 2010年5月28日课题调研组在庆云村委会办公室进行访谈的整理资料。

业中，既可以增加农民收入，又能促进社会发展，增进社会和谐。

（五）改善民生促进社会和谐

1. 发展教育培养人才

庆云村委会少数民族人口比例较高，彝族人口占全村总人口的56%。由于煤矿较多，过去就业容易，许多家长和孩子认为不读书也能挣到钱，对读书不重视，加之收缩校点，孩子要到离家乡10公里的镇所在地读初中，学生流失较多。庆云村委会多年出不了一个重点大学的学生，一般大学的学生也没几个，教育水平落后。另外，随着流动人口的增加，孩子入学比较困难，就读初中更是难上加难。现在农村劳动力除合理安排在"上煤矿、跑运输、搞一点商饮服务"外，大部分没有一技之长，建筑工匠和管理人员大部分靠"进口"。由于教育发展滞后，造成庆云村历史上"三无"，即无一点古文化、无一点古建筑、无一名重点大学生，人才极度短缺。

教育问题已成为影响庆云发展的战略问题。从庆云长远发展的角度，要促进庆云的可持续发展，单靠煤炭产业，仅凭挖煤的农民是远远不够的，还必须依靠高素质的劳动者。因此发展教育，培养人才，提高劳动者素质已成为村委会工作的重中之重。

牛家德书记说：

> 必须要重点抓教育。3000多亩山坡瘦地7000多人，不抓教育到时候就是要饭的要饭，抢人的抢人，做贼的做贼。抓教育，不是说要求村民去当官，而是说起码读到初高中毕业，出去打工人家才会要。年轻人外出打工一年出去百来个，十年出去千来个，等在外边挣到钱了再成个家，就对庆云这个地方减轻了3000亩瘦薄土地上的人口压力。并且他们在外边还学到了很多东西，传递外边好的经验、技术、观念等，比如，他们就会想外边都在忙着发展赚钱，不能一天只会喝酒打架。所以投入教育我看是个好办法。[①]

为了加强教育基础设施建设，大炭沟煤矿垫巨资建设庆云民族学校，现已完成综合楼、教师宿舍、男女生宿舍、阶梯教室等主体工程15000多平方米，投入资金2500多万元，占地面积45000多平方米，学生食堂和厕所列入二期排危工程，投入资金200万元，也已经竣工。2010年内完成道路硬化和运动场建设，含围栏等设施投入资金1000多万元，建成后总投资达

---

① 2010年5月28日课题调研组在庆云村委会办公室进行访谈的整理资料。

3700 万元，办成 9 年义务教育制的全封闭寄宿制学校。之后再投资 500 万元建一个幼儿园，最终形成从幼儿园到小学、初中阶段的教育体制，实行封闭化管理。庆云村教育的发展，一定会促进庆云群众的素质的提高，为庆云的发展插上腾飞的翅膀。

图 8　正在兴建的庆云民族学校一角

2. 保护和弘扬民族文化

庆云村彝族文化源远流长，保护和弘扬民族文化是庆云村发展中的重点之一。一是着力解决村民的"文化生活难"问题，自 2006 年开始，每年由企业捐资举办一届彝族文化节（即彝族火把节）。进一步强化企业参与、群众自己组织、自编自演的特点，突出民族特色。用鲜活的事例来教育和促进民族团结进步，弘扬彝族文化，发扬彝族人民勤劳勇敢的精神。2008 年 1 月 15 日借曲靖市委、市政府赴少数民族地区慰问演出之机，村委会筹资 8 万元评选表彰了 100 户勤劳致富模范户，四户敬老爱老模范户和 10 名优秀共产党员。

二是规划一块总面积达 12900 亩山林，依托民族文化发展旅游业，打造神鼓彝寨。神鼓彝寨选址位置较好，森林资源丰富，山水景色优美，具有开发前景。整个景点以彝族风情为主，规划设计有土司楼、古城墙、阴阳广场等设施，集休闲、游玩、观景、餐饮、住宿、娱乐、会议为一体，总共投资 8000 万元。工程从 2008 年动工，至 2010 年已投资 2300 万元，水、电、路及平整地面等基础设施已基本完工，计划 2013 年全部建成。神鼓彝寨将成为一个展现彝族风情、弘扬彝族文化的旅游精品，必将扩大庆云村的影响，助推庆云村的经济文化发展。

3. 改善人居生活环境

由于煤炭开采历史悠久，全村涉煤地质灾害村有 8 个村民小组，群众住

图9　庆云村正在建设的神鼓彝寨

房不同程度受损，有的已无法居住，加之贫富差距太大，大部分群众生产生活条件极差，庆云曾是全县唯一没有通过平安村委会创建的村。为了群众的安居乐业，2005—2008 年期间，对群众房屋有一定影响的煤矿，在上级党委政府的指导帮助下，赔付群众损失达 2000 多万元。自 2005 年庆云村开始成立了搬迁工作领导小组及办公室，负责协调解决民房开裂的修缮及搬迁问题，制订了翔实的工作方案，结合煤矿的发展实际、承受能力和群众最直接的现实利益需求，统一确定了搬迁补偿标准：户均 2000 元，人均 2000 元，砖混结构每平方米 200 元，砖木结构每平方米 100 元（有楼板的按两层计算），简易房每平方米 60 元。房屋受损户平均得到了 3 万元/户的赔偿，主要用于修缮危房，建设搬迁入住的新房，基本从面上保障了群众的安全问题。但因群众居住大多在山坡上，房屋除险加固难度极大，加之群众经济基础差，有的无法选址建房，有的根本上补助也无法筹资建新房，有的建好新房后又产生第二次甚至第三次危害。为此，镇、村两级因地制宜，科学规划，本着突出经济发展、贯穿生态理念、体现文化内涵、反映区域特色，实现和谐发展的原则，实行山、水、林、田、路、村综合治理，采取"七个一点"（上级补、财政挤、项目配、站所帮、社会捐、企业出、群众筹）的办法多渠道筹措建设资金。把庆云村委会称杆边、新云上、秧田沟三个自然村集中在一起，统一建设集商场、学校、医院为一体具有彝族文化特点的新云新村，统筹解决 3 个村 313 户 1321 人的房屋安居和地质灾害治理问题，基本实现生产生活分离。

同时，庆云村着力解决村民的"人居环境难"问题。庆云村的广大群众自发地对村庄进行改造，实施村庄道路硬化、庭院净化、环境美化、村庄亮化工程。庆云村群众的生活环境、生活方式发生了翻天覆地的变化,如今全村已是柴灶改成了沼气池,厕所改成文明卫生厕,公共地带建起了小花坛和综合活动场所,昔日邋遢的面貌得到了改变,逐步形成社会风气良好、环境整洁优美、文化生活丰富多彩、社会治安稳定、人民安居乐业的社会主义新农村。如今,该村的村民们的思想观念更新了,村风村俗变好了,文明语言变多了,热心公益事业的人增多了,村民们逐步过上了"种粮有补助、村村水泥路、养老有保险、医疗搞互助"的新生活。

图10　建设中的庆云新村

四　庆云村经济社会发展中的主要问题

庆云村的发展已经有了翻天覆地的变化,但是通过在庆云村各个自然村对一些村民和村干部的访谈,也可以看到发展中还存的一些问题。

庆云村牛书记:

选拔村委会干部,镇一级和村一级的干部特别重要。行政体制问题太多,有些不会开展农村工作,选拔到基层工作就不合适。乡镇村一级学习南泥湾精神,县级以上可以学习延安精神。班子建设中有的年轻人没有独立自主的工作能力,逐步带动年轻人是需要时间的。政治上不成熟的也不行,发展思路不清楚的也不行。基层农村的稳定发展就是国家稳定发展的根基,乡镇村的领导干部非常重要。三农发展不好是因为行政体制有问题。村委会三年换届选举一次,年限过短。各个村之间调任交流也是存在问题的。建议村委会之间停止频繁地交流和调任。人员频繁流动导致在任期间责任心不强。村干部没有思路、没有措施就没有发展。有的村干部三个月不到村子里工作一次，老百姓都不认识村干部。在稳定干部队伍方面也有问题。后所镇在三年半的时间里面换了四个书记，乡镇的第一把手调任的太频繁。乡党委书记、乡长不能调任太快。县里面定发展目标，乡领导要调研，竞争上岗。达到目标的可以上任，干部队伍建设尤为堪忧。贿选、家族势力之下选出的干部不行，老百姓推选的一般上任就能干出成绩。现在，村委会一级如何选拔干部问题很突出。现在不分贡献大小一个样，都是 580 元的工资。什么事都从上面压下来，下面基层的太累。一栋楼房建的好，大家就只看见楼房，基础好不好大家都忽视了，基层工作太重要了。我在基层工作三年半，头发都白了一大半。乡镇干部和村干部一般最少工作 5 年，干得好的不能调走，公推公选可能是比较好的方式。乡镇干部要调研要有想法有竞争。村委会一级的干部应该通过乡党委和政府加以走访结合选举选出。

村民之间贫富差距大，贷款难，返贫问题突出。秧田沟的房子太烂，房屋不能保证人畜安全。因为搬迁需要建房，自己出钱的比例超过家庭经济负担能力，国家给的钱不够，就会导致一部分人返贫。关于农村的融资可不可以采用扶贫贷款、小额贷款和贴息贷款，信用担保则是可以在村民之间相互担保，或者老师、干部为村民担保，富裕户担保、企业担保等形式。

散居民族政策从《云南省民族乡工作条例》延伸到民族村，制定《云南省民族村工作条例》很有必要，从医疗卫生、民族文化、教育、科技、种养技术、贷款融资和领导干部的培养选拔等都要进行分类指导，要有可操作性。盘点不同类型的给予不同的指导，从指导层面上提出，各个民族村依据条件细则化。

村组干部的待遇太差了，导致了挂职的在混日子干不成事情，无所作为。村小组成员由镇上发工资，70 元一个月，太低了。村小组的八大员在庆云村都是全脱产了，不再参与家里的务农等工作，不然不可能做事，只有村里面每个月给每个人的工资不低于 1500 元，才能有点精神干事。这个问题不解决，光靠开会，不可能有结果。离开了这些人，事情也不可能干好。

还有制定的政策不能结合实际，不能发挥实效。就后所镇而言，有 6 个村委会是有煤矿的村委会，有 6 个村委会是没有煤矿的村委会，上面的政策就是一个，没有办法对应下面的实际情况。因此，分类指导很重要。现在很多村委会的工作都和老百姓严重脱节，主要是不能调动积极性。有些项目资金也没有完全用出效果。

如何处理好资源共享的问题呢？富源县的贫富差距很大，富人大多只是带动了自家人的发展。我在富源县的每个煤矿上都讲，矿老板的钱是在富源县赚的，现在房子开裂、水源干涸、地表下陷，不帮助老百姓解决这些问题，百姓只有上访，又把问题留给了党委和政府。应从利润中每年拿出20%—30%做公益事业，政府的政策在这一点上没有限制，只靠目前缴纳的税费都解决不了这个问题。建议有煤矿的村委会公益事业投入不到1000万的应予补足。之后应抽出20%—30%做公益事业。12月份就要召开村民委员会大会讨论这个事情。要挖煤就要负责，签合同，不敢干的就关闭，不然环境就要继续恶化，党和人民的关系就要恶化。环境保护必须提上议程，本地肺癌发病率高，且呈低龄化发展，栽种生态经济林木有利于保护空气和水源。目前，幼儿园、医院、民族中学均已盖好。拟通过村民委员会自治条例解决当前的问题，真心实意地为百姓服务。没有煤矿的村委会要考虑种养的科技含量，选种育种，进行产业培植，农业深加工和对外联系等。做试点、做实验、做调研、召开会议讨论，要相信人民群众和基层。①

称杆边村的搬迁户敖长发说：

挖煤引起了房屋开裂，每家人交3万元，其余房款有政府补贴50%，企业赞助3万元，每套房子12万元，有120个平方米。2011年1月估计能搬完。3万元压力倒是不大，可以接受，也支持搬迁。搬迁后环境和卫生都有改善，少部分人可能存在资金困难，大部分还是可以承担，有房产证，村委会与购房者签订合同规定房子不许买卖、转让。因为担心有的农民不会从长远利益考虑，会把房子卖了做其他的事情。新房子是配套房，里面还有超市、学校和幼儿园。搬迁后的问题是管理要跟上，要完善，包括安全和卫生。新房子周边的外来人口很多，担心安全问题。有的农户的房子已经倒了住不成了，等着住新房子，但是尾款迟迟未到工程就完不了。我家原来住的是砖瓦房，80平方米一层，有两层，但是条件差，老房子没有卫生间，没有厨房。老村子的田地用来发展种植业和养殖业，修缮老房子可以养一些鸡鸭牛羊等，可以增收。这是一项民心工程。

---

① 2010年10月20日在庆云村委会访谈记录整理。

在牛书记当书记的三年半中，庆云村的改变很大。原来经济没有现在好，牛书记是一个默默工作，无私奉献的好书记。原来的条件太差了。一个村10个矿业企业，一个国营煤矿还有洗煤厂，以前的一些村领导都不管房子倒了，现在落实到位，解决实际问题。农户改善大，利益获得多。过去开矿受益人是老板，房子倒了，找煤矿还不理人。按现在这种发展，共享资源开发成果，比以前好得多了。上级党委和政府请出老书记是民心所向，村党总支和村委会团结干事才行，基层党组织是很重要的。就后所而言，其他有的村委会的村组干部的伙食都解决不了，基层选举能不能选出一个好的带头人，起到示范作用是至关重要的。我们主任是汉族，推选干部没有特别考虑过民族，但是因为是彝族和汉族杂居村，因此两种民族都有要好点。①

在丁家脑村丁立华家，他和丁乔玉也给我们介绍另一些情况：

丁家脑村有11户，60人左右。基础设施差，路况差。丁家脑村以前从来没有进来过项目，厦卡曾经有电网改造的新农村建设项目，放在了其他村子（有彝族的村子）。汉族的日子比彝族好过一点，丁家脑村还没有出过大学生，高中生也不多。一个是读书成绩不好，二是供不起。只参加了新农合，交了10元钱。新农保要交100元。庆云的彝族喜欢喝酒，汉族相对勤劳，差距由此产生。厦卡最有钱的还是彝族，从小在外面做生意。项目进不了丁家脑村我们也没有办法。现在农网改造没有实施，电费要1.5元一度，改造之后应该就是每度0.43元，电网改造的钱已经交了，一家交了200元。另外就是水不行，井水吃不成，路不好也是发展不起来的原因。②

敖先华说：

我养殖搞了三年，又种了点地，种植苞谷，另外还主要靠在矿上的务工收入。养猪主要面临的是市场价格的风险和病情防御风险。今年成

---

① 2010年10月15日在庆云村委会访谈记录整理。被访者敖长发：59岁，汉族，家中有9口人。

② 2010年10月15日在丁家脑村丁立华家访谈记录整理。被访者丁立华、丁乔玉。丁乔玉每个月能有300—400元的收入。丁乔玉有4个小孩。大儿子26岁，上班，刚刚上了一个月；老二是女儿，已经结婚了；老三读高中一，19岁，一个月需要600元；最小的18岁，读职高。

本高，猪的价格低，有可能要贴本。这三个村是彝族和汉族杂居，民族关系好，汉族也过火把节。但是村里没有图书室、活动室。一般在条件好的农家组织活动。有图书室和活动室的需求，还需要种养技术。但是村上无经济来源。现在三村的水是自发性的，三五家约起来去搞，时有时无，没有项目进来。电网改造项目进来过，平时也没有闲钱去赌博和打麻将。在厦卡村小有2个老师，一年级20人，二年级20人。大部分学生走路往返于家和学校之间，单边5公里，来回10公里。来回的路上很可能发生受伤。老师工资是后所镇支付，每个人300元，学费免，特别贫困的有一些补助。三年级就要去庆云读书。①

王赛武说：

我家每个月收入有1000多元，是依靠勤劳致富，原来去矿上打工，但是太辛苦了，而且主要是不安全，新农合和新农保我们都参加了。家里有个老人75岁，每个月能有55元的生活补助。这个是曲靖麒麟区和富源县的试点，老人60岁以上的可以每个月领55元的生活补贴。听说过农网改造项目和修路的项目，但是没有进过我们村子。我家经济上属于中上水平。现在村子的发展受限于路不通、水不通。以前与盘县的彝族往来比较多，这几年不多了，但是和自家的亲戚往来还是多呢。对于与自治地方政策上的差别从电视上和书上知道一些，希望能修路。②

吴新华说：

我有三个小孩，都是只上完初中就供不起了，在馆子里面打工，都没有成家，最大的25岁。打工的钱只够他们自己用，平时就夫妻两个在家。整个厦卡没有煤矿，没有煤矿的连路都不好。四社的水平差不多，但厦卡属于较差的。家里养了3头猪，还种了点土豆和苞谷。用钱感觉有点紧张，新农合和新农保都参加了。四社没有过其他项目，电网已经改造过了。我们的水质还可以，但是没有水管，还靠挑水。这边的生态环境还可以，但是从新中国成立前到现在的路面一直没有改变过。

① 2010年10月16日在敖先华家访谈记录整理。被访者敖先华，31岁，汉族，经济上属于上户，养殖了105头猪，有三个孩子，最大的10岁，最小的上幼儿园。
② 2010年10月16日在王赛武家访谈记录整理。被访者王赛武，38岁，三村人。

有的人家在路边上种菜，道路变得更窄了。种子和肥料的钱开销大。燃料用煤，捡来用。汉族也过彝族的节日，自己觉得民族认同感不强。汉族和彝族还通婚的，这边和彝族和宣威县的黑彝族比较接近。[①]

沙国常说：

我们这的彝族语言失传，与汉族杂居了很多年，已经不会说彝族话了。语言失传了挺可惜，但没有办法。汉族和彝族通婚也有 10 多年，以前很少通婚。关于民族政策，只知道学生考试彝族有 10 分的照顾，其他的认不得。我认为应该有政策帮助彝族发展一下。彝族杂居区的彝族人外出流动不多，所以具体和自治区的差别也不知道。因为居住分散，举办火把节也需要资金，所以有资金的时候才办节日。民族服装已经不穿了，外出打工的比例不高，有的去矿上，但是 20 岁左右的有些嫌苦，出路很少。村子要发展需要农业科技、技术培训、种养技术。[②]

敖成富是庆云村副书记，分管社会治安：

打架斗殴的事情时有发生，私挖煤矿是禁止的。有的小年轻上班嫌苦，晚上出去吃饭、喝酒，会和饭店发生纠纷。因为房子开裂，在"老革命"（指牛家德书记）来之前，男男女女一帮一帮地来村委会反映问题。本地人一般下矿井的少，外地人多。电网改造还没有搞，我打算协调九岩矿山资金修路，条件是把新农村建设的点放在小白岩修路，要 160 万，电网改造还要几十万，老百姓对于本村什么项目都整不着，感到比较生气。小白岩的电费是 1.8—2.0 元一度，新华的电费是 1.5元一度。电网改造的呼声和愿望很强烈。小白岩的路面也是最差的。庆云村还有 10 个自然村的电网改造没有实施。这 10 个村的地理位置基本连成一片。由于水电路等项目的分配资源有限，分配上的差别引起了村民的心理失衡和不稳定因素。这 10 个村子与贵州的地界交界，村民们

---

① 2010 年 10 月 16 日在吴新华家访谈记录整理。被访者吴新华，四社人，52 岁，汉族。

② 2010 年 10 月 16 日在沙国常家访谈记录整理。被访者沙国常，62 岁，彝族，属于黑彝支，家庭经济处于中下水平。有 5 个孩子。1973 年出生的女儿，已经出嫁；1976 年出生的女儿，也已经出嫁；老三在家已经在矿上上班，处理污水，每个月 1200 元；四女儿在富源县一中当老师，未成家；老五是儿子，当教师。家里主要依靠养猪和种地。

平时放牛放马都在一起，亲戚很多，知道贵州的政策还是要更好一点。①

刘鼎山：

我的孩子都已经成家了。孩子租房在六社住，在煤矿上班，一个月1000元，是地面工作，不下井。我喂了两头牛，养了9头猪。主要经济来源是依靠牛羊养殖，土地少，每人不到1亩，只有几分地，米都要买着吃。闲暇时间看电视，汉族和彝族一样过彝族的节日，彝族也过汉族的春节。但是节日不集中过，因为没有资金。一般都是在家过。以家庭为单位聚一下，吃得好一点而已。现在风俗简化了，活动有，但是不隆重了。②

庆云村副主任说：

基层干部的待遇太低了，有的是私车公用，倒贴钱，好多都不愿意在村委会和小组上做事，是因为在牛书记的带动下才来的。庆云村有10个煤矿，外地人，如湖南人、山西人、山东人、西安人和四川人等承包了8个矿。本地人有的赚了钱也在外地投资，牛书记反对这种做法。外地人赚了钱，留下了房屋开裂、水源干枯和地表下陷的烂摊子，把问题留给了本地人。有的村子虽然是汉族为主体民族，但是比有的彝族村子还要难过，路还要烂，领导来了车子都开不上去，像小白岩的山下新寨。③

张玉州说：

我家的房屋、地面和玻璃窗三年前就都开裂了。贵州那边的政策是先盖好安置房，搬迁后再挖煤矿。现在村子里面的煤矿叫做打厂沟煤，建于1985年。主要是2007年煤矿井道已经挖到了村子下面，挖空了以

---

① 2010年10月17日在庆云村委会访谈记录整理。

② 2010年10月17日在刘鼎山家访谈记录整理。被访者刘鼎山，59岁，一社人，汉族，家庭经济为中上水平。

③ 2010年10月18日在庆云村委会访谈记录整理。

后村子的地面就下陷了。老板是庆云的汉族，房子开裂后老板没有来看，后来建新村，牛书记叫老板出资建新房。新房子的问题是不好养牲畜，有点不适应，有的人家拿3万元也拿不出来。住在新房子要回老宅子去照料庄稼和牲畜有点不方便，产量不高。因为搬迁已经定局，最近一年那些老板挖煤挖得更厉害了，房子开裂也更厉害了。现在还有一些房子没有建好，我的想法就是能尽快建好房子，要不然搬家也搬不成，房子烂得更厉害了。如果交不出3万的也能搬进去，那么交了的人又有点不平衡。另外村民们也担心小区的治安会不会好。住惯了老宅子，觉得老宅子山清水秀，水果蔬菜可以自己种，还是有好处的。挖煤是少数人受益发财，私人煤矿没有为本地做出什么贡献。水土保持的也不好，庄稼都长不好，最后人畜都会没有水喝，没有菜吃。①

图11　秧田沟村已经开裂歪斜的房屋

新云小组的组长介绍：

村委会的中年干部多半是以前跟随老书记在矿上工作的人员，动员他们为人民服务，我是1980年自己办养猪场，也有一定的规模，养殖了500头。在书记的鼓励下尝试养殖产业的探索。而且他动员我来村里工作。有意从年轻人里面选拔干部接班，书记说："我60岁了，我都不歇气，你才20多岁，你有什么资格歇气？"村里普遍存在私车公用的情况，村里面车子不够，使用自己的车子办公事没有任何补贴。

① 2010年10月19日在张玉州家访谈记录整理。被访者张玉州：68岁，彝族。

村委会副主任敖成云说：

作为一个彝族村委会，应该抓民族工作。我们在教育中和教师经常性的"打招呼"，彝族文化的开展也比较重视，如开展火把节等活动，或经常性借机进行表彰，在村规民约中也有体现。要优惠政策的倾斜，才能有发展有团结。镇上在吕副书记来之前没有民族工作干部，村里自发组织火把节，镇上对民族工作不够重视，没有人过问。没有人抓民族文化、民族传统。民族文化是有凝聚力的，但是现在忽视了。民族文化和民族传统乡镇干部中应该要有主管负责人。因为56%的村民是彝族，庆云村委会是副书记专管民族工作。现在村民物质上都有了提高，但是精神文明大滑坡，赌博、打麻将和喝酒成风。新农村建设对于中国农村十分有必要。庆云从"六个没有六个多、两个落后两个怕"转变到现在很不容易。庆云也重视民族工作的宣传：在教师队伍中宣传、在大会上的宣传、在党员会上的宣传，争取把矛盾消灭在萌芽状态。①

龙少田说：

因为是在有矿村，滑坡比较厉害，房子开裂是常事，和常年开矿有关，地表下陷也是这个原因，地质问题多。后来实施了异地搬迁，政府出资1.5万元，按照每个人2400元的标准补助。有的家庭因为盖房子还导致返贫。新华村人均收入不到3000元。1998年我家买了一个车子跑运输，主要支出是买米、买猪，粮食不够吃。全村都参加了新农合，一个人出10元。新农保没有参加，那个费用太高了。需要100—500元。我们这里的肺病多，比例高，有的20岁下坑，干20年，得了病，新农合的钱就只能解决一点点而已，大部分都不够。

这里彝族用语言保留好，近10年没有穿民族服装了，但是老年人还是穿呢。过节是村委会统一过，经费是煤矿出。政府来的经费少。新华村没有图书室、没有图书和公房。有一位毕摩。在后所的倾斜政策是有的，但是面小。过去彝族和汉族不通婚，近10年才开始通婚。

新华煤矿和另一座煤矿建了一所1—3年级的小学。集中办学后一个小孩要增加300元的支出。有两个小孩的要增加600元左右，集中办

① 2010年10月20日在庆云村委会访谈记录整理。

学的缺点是学生的生活质量差，在镇上集中办学后普遍反映说增加了家长的经济负担，有的家庭主要劳动力是挖煤的工种，体力消耗大，经济支出增加了后，初中生在镇上的生源流失有点多，4—5 年级在村委会读书的学生流失不严重。读中学的是集中放假，两周一次放假，一次四天。另外就是学生上、放学的路上安全也难以保障。在条件还不具备校点撤销的 4 个校点，暂时还是保留了 1—3 年级的校点。打算在新华建设一个文化团，经费自给。

同样是少数民族，自治地方有政策，散居地区就没有，新华就没有过，群众对这个反应很大，有这个方面的差异和心理不平衡。新华在发展上的困难是地少，粮食基本上要依靠买进。地不够种，教育费用支出大，文化基础差，外出务工难。后山有铁矿，但是需要项目支撑。2000年时实施异地搬迁，从民委系统来过一笔资金。关于民族权益知道一点，我们有亲戚在贵州的很多，感觉差别太大了。①

龙把顺说：

贵州盘县那边有一个姐姐，感觉政策比这边好，我们与本地的汉族也有差别。自治区的条件好，经济政策好，与自治地方比，我们这里差距大。民族工作开展难。我们相对落后的彝族没有特殊的政策倾斜。

汉族外出读书和打工的多，教育文化较为发达。有关系有文化才能出去。出去才有钱赚。我们一是希望把文化赶上去，二是希望搞搞培训。镇上搞了一下培训把务工者输出到广东等地，但是因为文化低，不适应。

我们会讲彝族话，是双语的环境。教师是从外地来的，讲彝族话困难。本地无法培养出教师，教育费用还是突出问题。庆云村曾请民族大学的教授来过，希望能有点特殊照顾，给几个名额读民大，毕业后回来干村官。培训经费、活动经费和图书室的需求大。要从教育上考虑给予倾斜加分的照顾，能出点人才。

我们生活习惯上没有攒钱的习惯，不兴存钱。有点闲钱只会打酒

①   2010 年 10 月 13 日新华村小组长胡晓买和调研组在龙少田家的访谈记录整理。被访者龙少田，40 岁，彝族，属于上户，有 7 口人（包括 3 个孩子、夫妻俩、老母亲和儿媳妇，其中有一个女儿在读书）。主要家庭经济收入来源是煤矿运输，有一个人在煤矿上工作，每年能有 5 万左右。其他人主要务农，种植玉米、土豆等。7 口人只有一亩多地，而且是坡地，没有林地，只有灌木。还有 5 到 6 亩荞麦地，价值不高。

喝。一般经济困难的倒是不赌不玩麻将，没有钱。前几年民族歌舞还是很盛行的，对歌可以通宵。那时候压力小，快乐多。现在为了学费、压力大，要外出打工挣钱。现在歌舞都少了。不过庆云村今年打算出资10万元成立一个文化队。

全村总收入不算低，但是人均低。煤矿资源大量产出，但是少数民族还是贫穷。我们只参加了新农合，没有参加新农保。粮食一年是够吃三个月。买着吃的时候要有7到8个月呢。农网改造可以降低电费，可是我们这里还没有搞。如果电网改造了我们一天能节约支出5元左右。①

杨学昆说：

去年没有钱，但是老大想读书，借钱给他去读书。家里已经差钱4000多元了。亲戚家借钱是常事。老大读的是煤矿技校。家里只有1亩地，种土豆和包谷。一年到了2、3月份就要开始买粮食吃。喂猪的粮食也是不够，要买包谷喂猪。家里没有亲戚在盘县，感觉自己和汉族差不多，没有什么政策和待遇。希望能有无息贴息贷款用以发展养猪。村子里面有200多家人，只有10来家贷过款，还是小额贷款，这10多家没有一家的贷款超过4000元，还有利息。我也没有听说有务工输出培训。从来没有听说过有什么政策，除了滑坡搬迁外。粮食贴息贷款可以暂时用于孩子的读书费用支出，等娃娃毕业了再还。我的工资差不多就只够自己的伙食费。现在还可以打工，等老了以后谁要？等我们的煤炭挖完了我们就没有出路了。还好牛书记有远见，已经带着人出去考察出路了。40多岁的这些人，有2/3都没有读过书，现在小娃娃1—6年级有学费减免还是可以读书，只是不敢吃穿。电网改造还没有搞，反映了好多次了。去年一个陈老板出钱修路，有项目和没有项目的差距大，村民心里面往往会有点不平衡呢。从过去到现在我们村子都比其他村子困难。更困难的是男人不在世的家庭。

民族语言保留还比较好，2—3岁的彝族孩子都听不懂汉话，但基本不穿民族服装，有民族服装的就是不穿，穿着出去读书的孩子还被笑

---

① 2010年10月13日在龙把顺家的访谈整理。被访者龙把顺：家庭经济上属于中等水平，家有7口人。小儿子6岁；老三13岁，读三年级；女儿在后所镇读初二，生活费初中每人300元；大儿子20岁。本人在煤矿上班，一个月30天上满是2000元工资。种地主要是苞谷和土豆。

话，又从学校拿回来，穿着赶集也会被笑，因此一般不穿了。50 岁以上的老人才会纺织绣花，40 岁的基本也不会了。主要原因是服装自己整太麻烦了，买了穿还便宜，手工也好，省事。唱歌还是唱的，跳舞就少了。晚上的时间要捡煤渣，整苞谷，一天要烧 20 斤煤炭。煮猪食主要是烧柴，主要靠捡碎煤渣。祭祖、祭龙、祭山和火把节的都还在搞。①

胡小买：

我被老书记点名要在村委会干，不然打工可以挣 2000 元。村子的发展没有经济支撑，缺乏发展资金。需要贷款政策放开点，没有公房、活动场地、图书室和缺乏科技信息。本地彝族对比差距大，读书观念方面一上初中就不支持，供不起的就回家了，政策上不平等。"老革命"的钱都投资在公益事业上，每户人家的生活上差别不算大，治安还可以，受益后修了一条路。新华村的房子开裂的是很多呢，主要是要通过政策、资金和项目来改变现在的生活。除了贷款，对文化生活也有要求。小组上有 20 个党员，都还是具有奉献精神的，但是没有钱。②

龙小刘：

我一只鸡也养不起，一个月 4 到 5 元的电费都交不起，主要是吃苞谷饭。媳妇是做农活，没有参加低保。燃料是捡来的（访谈中，小白村的彝族跑了好几个过来，有的把户口本都带了过来，证明自己是彝族，他们担心是不是有什么政策，怕自己享受不到。希望能有政策可以使他们的生活得到改善）。农村的贷款要是能有三年的期限就好了，假如是养猪、养牛或者养羊的话，也可以卖了，要是娃娃读书也能毕业

① 2010 年 10 月 14 日在杨学昆家的访谈整理。被访人杨学昆：49 岁，家庭经济属于下户，彝族。妻子陈慧竹，41 岁，彝族，不识字。有三个小孩子，都在读书。大的儿子 16 岁；老二女儿 14 岁；最小的儿子是 13 岁。因为杨学昆生病，干不了重活下不了矿洞，在做翻斗工作，工资低，一个月才 500—600 元。
② 2010 年 10 月 14 日在胡小买家的访谈整理。被访人胡小买：新华村的组长，50 岁。上任半年。有 4 个孩子，老大 27 岁；老二 25 岁；老三读大专，23 岁，是女儿；老四 21 岁，女儿，在医院工作。经济收入上，老四一个月 2000 元，寄回家一些；本人一个月 70 元，村委会发 600 元。

了。有一个周期可以缓解一下。①

通过对以上一些家庭经济分别处于上中下不同水平典型农户和村委会工作人员的访谈，可以看到，庆云村存在的主要问题是：

（一）经济发展不平衡，部分群众生活依然困难

庆云村委会中各个小组之间、彝族汉族民族之间的经济发展不平衡。有煤矿资源的村小组比无煤矿资源的村小组经济发展水平相对好一些。村民之间贫富差距大。有的村子虽然是汉族为主体民族，但比有的彝族村子经济发展还要落后，如小白岩的山下新寨因为路况太差，领导来了车子都开不上去。

群众的经济收入来源主要依靠养殖、种地和在矿上务工，外出务工的比例不高。一般养殖就是几头猪，规模不大，种地主要是包谷、土豆等单一品种，土地面积很小，人均不到一亩，有的还是坡地，没有林地，只有灌木。还有的是荞麦地，价值不高。因此，粮食基本不够吃，需要靠买入。经济支出主要是教育费用、购买种子和肥料。燃料用煤，基本都是靠捡来用。种养业是传统产业，但群众在种植、养殖和发展第三产业方面知识、技术和经验欠缺，农村又缺乏专业人才指导，种养业难以形成规模。

群众普遍反映贷款难，贷款周期短，返贫问题突出。在有矿村，由于长年开矿，房子开裂、地表下陷、滑坡常有发生，地质问题多。2000 年异地搬迁之前还有很多茅草房。实施异地搬迁时，按照每个人 2400 元的标准补助。新华村人均收入不到 3000 元，自己出钱的比例超过家庭经济负担能力，有的家庭因为盖房子还导致返贫。现在过于狭窄的担保条件往往造成越需要贷款的弱势村民越贷不到款用于解决改善基本的生活条件，越是经济条件好的村民越容易贷到款，村里的两极分化日趋严重。

大部分群众参加了费用比较低的新农合，少数经济条件好的还参加了费用较高的新农保。由于从事矿业工作，很多群众都有肺病，且比例高，病程长，新农合的钱就只能解决一点点而已，大部分都不够医治开支。

一部分彝族群众反映其在生活习惯上没有攒钱的习惯，有点闲钱只会打酒喝。因为文化层次低，到外面务工都不适应，收入也比较低。亲戚之间借钱应急是常事。少数家庭中有重疾患者或者智障子女的，生产生活则完全陷

---

① 2010 年 10 月 14 日在龙小刘家的访谈整理。被访人龙小刘：彝族，45 岁，下户，本人没有工作。家里 4 口人，老大 19 岁，没有工作；老二 12 岁，四年级，是女儿。身体不好主要做农活，一年买粮食需要 2000 元，没有养猪。

入窘迫。

图 12　秧田沟村的部分村民生活依然贫困

（二）基础设施建设仍然滞后，环境整治任务艰巨

地处偏远的少数民族村基础设施投入较少，地处偏远且自然条件较差，历史欠账较多，群众生产生活保障措施落实困难。主要是：一是路况差。在没有煤矿的村子，如厦卡村、小白岩村，路况差是普遍情况，从新中国成立前到现在的路面一直没有改变过。有的人家因为土地少，在路边上种菜，使得本已狭窄的道路更是崎岖难行。二是农村电网改造项目覆盖面小，至2010年仅完成厦卡和旧云两个村民小组，改造率仅达25％。农网改造没有实施导致电价高，增加了群众的经济支出。小白岩的电费是每度1.8—2.0元，新华的电费是每度1.5元。改造之后电价可降至每度0.43元。庆云村还有10个自然村的电网改造没有实施，其地理位置基本连成一片。三是有的村小组水质太差，井水无法饮用。有的村，如四社缺水，或者缺乏水利设施，还要挑水。三村的水也是时有时无，还没有项目解决饮水用水的问题。有的村农田水利基本建设滞后，诸如小水库、灌溉渠网等毁坏严重，有些机井无配套设施。抵御自然灾害的能力仍然比较弱，影响了少数民族群众增收。四是有的村级文化设施落后，群众文化生活贫乏。

对于项目太少，群众反映强烈且意见较大。有的村子与贵州的地界交界，村民们平时放牛放马都在一起，亲戚很多，常常会与贵州的政策做对比。群众对修路、电网改造等基础设施建设的呼声和愿望很强烈。由于水电路等项目的分配资源有限，分配上的差别引起了村民的心理失衡和不稳定。

部分企业对涉煤地质灾害引发的热难点问题认识不到位，捐资社会公益事业的积极性不高。生产的矸石和煤泥大量积压，对环境污染十分严重。庆云河河道年久失修，治理滞后，部分地段安全隐患较为突出。群众搬迁大多数没有安全的建设地点。因为庆云新村建设搬迁已成定局，少数私营矿主更加无视煤矿采掘给群众带来的负面影响，致使村民在还没有搬迁之前的居住安全隐患更为突出。

（三）民族文化急速流失，对民族政策认识模糊

庆云村是彝族和汉族杂居，民族关系比较和谐。但后所镇在吕副书记任职之前没有民族工作干部，也没有人抓民族文化、民族传统。庆云村56%的村民是彝族，庆云村委会由敖副书记专管民族工作。

因为居住分散，有资金的时候村委会会集中办火把节。经费是煤矿出，政府来的经费少。汉族和彝族一样过彝族的节日，彝族也过汉族的春节。没有资金时节日不集中过，一般都是在家过。以家庭为单位聚一下，吃得好一点而已。现在风俗简化了，祭祖、祭龙和祭山、火把节的都还在举办，但是不隆重了。过去汉族和彝族很少通婚，近十多年来通婚也比较常见。有的村子彝族语言保留较好，两三岁的彝族孩子都听不懂汉语；但有的村子彝族语言失传，与汉族杂居后很多已经不会说彝族话了。

由于自己缝制民族服装费时费工，很多彝族群众认为买的衣服好看、省事，除了50岁以上的彝族妇女会纺织绣花，还在穿民族服装，近10年来大部分中青年人已经不穿民族服装了。外出读书的女孩子带去学校的民族服装，穿着上学或者赶集就被笑话，都又纷纷从学校拿回来。

闲暇时间村民一般喜欢看电视，晚上的时间要捡煤渣用于煮饭、煮猪食。一些村民物质上都有了提高，但是精神文明大滑坡，赌博、打麻将和喝酒成风。村民们反映前几年闲暇时民族歌舞还是很盛行的，对歌可以通宵。那时候压力小，快乐多。现在为了学费、生活费，压力大，要外出打工挣钱。现在唱歌还是唱的，跳舞就很少了。

大部分村民对民族政策仅有模糊的概念，例如知道学生考试彝族有10分的照顾。对于与自治地方政策上的差别从电视上和书上知道一些，对于"同样是少数民族，自治地方有政策，散居地区就没有，新华村就没有过"，群众反应很强烈。彝族群众认为是汉族外出读书和打工的多，教育文化较为发达。有关系有文化才能出去。出去才有钱赚。相对落后的彝族没有特殊的政策倾斜。群众普遍希望能通过民族优惠和倾斜政策带动项目投入，希望能有修路、电网改造和发展经济的更多机会。部分群众有一定的心理失衡。村委会工作人员认为民族自治区的条件好，民族政策好，与自治地方比，庆云村发展差距大，民族工作开展难。

（四）科技文化教育仍然落后，生活观念短时间还未转变

有的村里没有图书室、活动室，一般在条件好的农家组织活动。由于村上没有经济来源保障文化建设和科技普及，不能满足村民对图书室、活动室、种养技术、农业科技培训的需求。

教育水平落后。40 多岁的村民，有 2/3 都没有读过书。在彝族、汉族杂居的村子，村民会讲彝族话，是双语的环境。但因为本地无法培养出教师，是从外地请来的，这些教师讲彝族话困难，对于彝语的保护不利。对于校点撤并，普遍反映的问题是学生步行来回上下学的路途遥远，路途中存在各种不安全因素，以及住校学生生活水平下降，家长经济负担增加等问题。有的家庭主要劳动力是挖煤的工种，体力消耗大，学费方面的经济支出增加后，初中生在镇上有生源集中流失的现象。大部分家庭对教育费用支出都感觉力不从心，初中毕业后由于教育费用的攀升辍学的比例高。

村民对新的生活方式不能完全适应，传统观念在短时间内不能完全转变。庆云新村新建的房子是配套房，一些村民反映了他们的担心，认为新房子不好养牲畜，不适应。如果住在新房子要回老宅子去照料庄稼和牲畜不方便，产量也不高。住惯了老宅子，觉得老宅子山清水秀，水果蔬菜可以自己种，还是有好处的。同时搬迁后的问题是管理要跟上要完善，包括安全和卫生。新房子周边的外来人口很多，担心安全问题。

（五）基层组织建设有待加强，村组干部待遇过低

村级组织建设有待加强。村级工作人员频繁流动会导致在任期间责任心不强。有的村干部三个月不到村子里工作一次，老百姓都不认识村干部。制定的政策不能结合实际，有些项目资金也没有完全用出效果。就后所镇而言，有 6 个村委会是有煤矿的村委会，有 6 个村委会是没有煤矿的村委会，一些政策没有办法对应基层不同的实际情况，一些村委会的工作和老百姓严重脱节。

村组干部的待遇太差，导致干部队伍难以稳定。按照现行的村组干部的待遇，需要村组干部完全脱产，全心全意投入村组工作是非常困难的。庆云村的村组干部中私车公用、倒贴钱是普遍现象，半数以上是以前跟随老书记在矿上工作的人员，在牛书记的带动下才来村组工作的。牛书记说："庆云村小组的八大员在庆云村都是全脱产，不再参与家里的务农等工作，不然不可能做事，村里面每个月给每个人的工资不低于 1500 元，这样才能有点精神干事。这个问题不解决，光靠开会，不可能有结果。离开了这些人，事情也不可能干好。村组干部工作不好，党和人民的关系就要恶化。班子建设中有的年轻人没有独立自主的工作能力，逐步带动年轻人是需要时间的。希望

能通过制定《村民委员会自治条例》、《村规民约》以及对民族村实施优惠政策措施来解决当前村子的发展问题,真心实意地为百姓服务。"

农村工作面广、量大,水费的征收,邻里纠纷调解,农田灌溉、产业结构调整、防虫、科技培训任务落实等方方面面的工作都需要村组干部配合完成,村组干部与乡镇干部相比,工作量与乡镇干部的工作量基本相当,但一个乡镇干部的月工资相当于一个村干部的年工资总额,除去通信费、摩托车燃油、修理费等工作费用外,年底剩余的工资寥寥无几,甚至出现亏空。付出的太多,工作量太大,工资又低,收入与付出不对等,使许多村组干部觉得工作不划算,思想上有波动,造成了村组干部队伍不稳定,村组干部流失严重。

通过实施一系列政策措施和民族团结示范村等新农村建设项目,庆云村的群众真切地感受到最近几年的变化和发展。但是也应该看到,由于少数民族村的政策滞后,一部分现行的民族政策是在计划经济体制下形成和发展起来的,已不适应社会转型的需要。民族政策不健全,使得散居民族群众与其他地区发展的差距日益加大,庆云村在发展中还存在着一系列问题。民族聚居地区和散居地区在政策方面的差异较大,民族村群众盼发展、思发展的愿望殷切,在感性层面和直观层面感受到同一个民族村委会的不同小组之间的差异,同一个民族在不同地区的发展差异,甚至在心理层面引起了一定的失衡,需要引起重视。对于反映比较集中的水、电、路、贷款、教育费用等问题,以及农村的图书、信息获得、种养技术等问题,还有文化生活贫乏的问题,领导班子和基层组织建设等问题,应给予重视并根据实际情况,通过实施有效的措施进行解决。

五 庆云村经济社会发展的对策建议

(一) 继续调整经济产业结构,促进民族村经济发展

针对现有产业高污染、高消耗,可持续生态产业少,治理修复难度大的现状,继续推进经济结构战略性调整,实施煤矿整合规划集中开发,实施经济林、果、青饲料等的栽种及各种养殖,增强可持续发展的生态效益。在庆云村委会,有煤矿资源和没有煤矿资源的村小组面临的问题和发展的方向、侧重点完全不一样。针对有煤炭资源的秧田沟、秤杆村、新云上村等村小组,应重点解决村民后续的产业转型问题。针对彝族语言保留比较完好的新华村,尽管有煤矿,但是村民跟外界的其他民族交往较少,文化素质相对较低,应重点发展养殖、种植产业。针对没有煤炭资源的厦卡村小组的丁家脑

自然村，急需加快基础设施建设，解决行路难问题。

引导资金投入和技术支持，积极发展小额信贷。建议农户小额信贷单笔贷款数额可提高到1万—3万元。这样，既可满足农户发展经济的需求，又不使农产造成太大的负担，便于能按时还清贷款。在一定幅度内对按期归还贷款的农户利率每年适度递减，鼓励农户多贷款，用好款。适当放宽村民在小额融资贷款上的担保条件，使其有一个宽松、稳妥、多样的渠道。良好的小额贷款融资条件，可以让大多数村民发展养殖和种植产业，以解决贫困问题、缩小贫富差距呼吁国家在财政资金和项目上给予扶持，研究包括财政支持、项目扶持的投资，融资办法，担保条件等，促进庆云村经济发展。

（二）加快基础设施建设，加大环境治理力度

加强水电路等基本建设，重点在带动当地发展起重大作用的交通、水利、电力、通信、能源等公共基础设施项目，优先安排与少数民族群众生产生活密切相关的农田水利、人畜饮水、电力、通信、乡村道路、广播电视、贸易集市、清洁能源、民房改造等中小型公益型项目。争取对庆云河道进行规划，上报立项，争取电网改造项目。争取规划新的村庄建设点。

进一步落实企业的主体责任，对村庄有影响的煤矿要签订协议，造成的损失由煤矿全权负责和解决，以缓解群众上访的压力。提高资源开发利用的回采率、利用率和加工转化率，转变矿业经济发展方式，主要是治水、治房、治林、治污、治灾，做到地质灾害有减少、矿区生态有改善、新农村建设有进步，建设环境友好型矿区。

（三）保护民族文化，加强民族团结和民族政策宣传教育

散居民族地区农村的民族文化的保护和传承离不开一定的活动场所。一般来说，民族的节日活动承载了民族传统文化从服饰、建筑、饮食、歌舞表演、仪式活动、民间体育活动、经济交往等等的内容，这种节日活动使得民族文化得到展演和传承的同时，也加深了民族间的交往和沟通，凝结并周期性地强化着一个民族的认同感。因此，村委会应当具有一定的民族文化活动场所，每年定期举办彝族火把节，把火把节作为展示、展演本民族的文化，加强民族认同感以及推动地方经济发展的强大动力。

此外，在富源县庆云村，已经没有懂得本民族古老文献的人了，在打造当地旅游品牌"神鼓彝寨"的过程中，如果缺少了熟悉并精通彝族文化的本民族群众的参与，这样投资了几千万元的旅游品牌又能走多远呢？应尽力挖掘本民族的传统知识，也需要尽快建立培养传承人的机制。这一切都离不开培养专门的民族人才。

积极开展教育活动，以教育促团结，在全村开展民族基本知识、民族理论政策以及民族法律法规的宣传教育，提高群众的民族团结意识。继续办好各种形式的少数民族村支部书记培训班，培养"双强"党员干部，提高其科学发展、带领少数民族群众致富的本领。

（四）提高人口文化素质，逐步引导转变观念

应设立专门机构，负责群众的文化教育和技术培训。可举办扫盲班、初中文化补习班、高中文化补习班、企业管理班，可结合矿山实际开展师带徒的技术培训、职工夜校、初级技术补课、中级技术培训、新工人岗前培训。对各级干部开展了矿级干部轮训、车间主任、工段长岗位培训、班组长轮训、职工质量管理培训、特殊工种、安全技术培训等。

同时，应建立科技信息项目库，定期向农户发布科技信息项目，定期送项目进村，进农户，为农户提供直接的、面对面的项目服务。应建立科技扶贫队伍，帮助农户选项目、送技术，依托村委会，为农户排忧解难，带动并促进民族村经济的发展。

随着我国农业产业化和城乡一体化进程的加快，城市与农村的地域界线越来越模糊，传统农民的身份、地位、价值观念、社会权利以及生产生活方式等都在发生着巨大的变化。应逐步引导村民转变就业观念、思维方式、生活观念和行为习惯，要通过加强农民思想道德领域的进步带动农村经济社会的全面文明进步。

（五）加强基层组织建设，提高村组工作人员待遇

好的领导班子对于基层组织发展经济和开展工作起到关键的作用，意义重大。实践表明，庆云村干部队伍结构上实现了老中青结合，工作方式上实行传、帮、带的方式，村委会班子建立了一整套包括经济发展、文化建设、学校教育、社会治安、日常工作等制度，闯出了一条适合本村发展的路子。

应积极推广"三定三有"经验，定权责，定规范，定工作，干事有合理待遇，干好有发展前途，退岗有一定保障。探索参照国家公务员管理办法，打破地域、身份界限，对村级干部、尤其是村党支部书记进行选拔，吸引一些年轻、有文化、能力强、品德好的优秀党员走上村党支部书记岗位，最大限度调动村干部的工作积极性，提高工作效率，推动农村经济社会的全面发展。

村组干部是加强农村基层组织建设的基础，也是建设社会主义新农村的执行者，村组干部队伍稳定与否、素质高低、活力大小直接影响着党在农村各项路线方针政策的贯彻落实，直接影响着"三农"问题的彻底解决，直

接影响着社会主义新农村的建设进程，因此，提高村组干部待遇势在必行。一是增加转移支付力度，用于增加村组干部的工资。二是通过集体经济补充收入，对当年完成集体经济指标的村班子，按完成经济总量的和增量的适当比例提取工资，作为村组干部工资的有效补充，增加村组干部的工资。三是建立村组干部奖励机制采取以奖代补的形式增加村组干部的收入。四是在增加村组干部工资待遇的基础上，还应该建立相应的保障机制，推行村组干部养老保险政策，解决村组干部的后顾之忧。

（六）加强理论研究，建议制定《云南省民族村工作条例》

应积极探索研究民族村政策，如财政税收、转移支付、金融支持、资源使用、各项减负直补、进城务工、创业、各项社会保障、社会保险、社会福利等政策，积极倡议优惠政策应向少数民族村倾斜。认真落实少数民族特需商品的生产、储备、供给和传统生产工艺抢救等政策措施。同时，要在对各类别的民族村进行调研的基础上，通过制定《云南省民族村工作条例》，从行政村的整体层面上，对散居民族群众的合法权益给予保障，从而促进散居民族地区农村经济社会的全面发展。

昭通市永善县马楠苗族彝族乡马楠苗族村委会经济社会发展的个案研究①

一 马楠村的基本情况

云南省永善县马楠苗族彝族乡位于昭通市永善县东南部，距县城 65.4 公里，东与大关县高桥乡太华村接壤，南与水竹乡双旋村毗邻，西与黄华镇凤凰村接界，北与溪洛渡镇云荞村、顺河村、团结乡新田村相连。马楠乡最高海拔 3020 米，最低海拔 780 米，呈"一匹梁子两面坡"地貌，属高二半山区，立体气候明显，年温差较大。马楠乡辖兴隆、桃山、马楠、坪厂、冷水、虹口 6 个村委会 130 个村民小组 3400 户 13022 人，其中苗族 446 户 1427 人，彝族 547 户 2135 人。苗族主要分布在马楠、坪厂、冷水、虹口四个高寒、冷凉、偏远的村委会；彝族主要分布在兴隆、桃山两个村委会。各民族大分散，小聚居。民族文化丰富多彩、源远流长，曾被誉为"芦笙歌舞史诗"之乡和"蜡染刺绣"之乡。2009 年马楠乡农民人均纯收入 1210 元，仅为全县的 48%，为全市的 50%。

马楠村位于乡政府驻地北部，距乡政府 16.5 公里，全村海拔均在 2600 米以上，最高海拔 3050 米。马楠村有天然草场 46054 亩，人工草场 18000 亩，年最高气温 18℃，最低气温 -16℃，无霜期仅 120 天。全村辖 18 个村民小组 319 户 1090 人，其中苗族 234 户 756 人，彝族 28 户 101 人，其余为汉族群众，是一个典型的以苗族为主体民族的民族村②。2005 年农民人均纯收入仅 621 元。马楠村的苗族能歌善舞，素有"会说话就会唱歌，会走路就会跳舞"的美称。芦笙是马楠苗族最有代表性的乐器，也是男人专用乐器。芦笙舞动作明快紧凑，时而蹲跳，时而倒立，时而翻滚，多姿多彩，舞

---

① 参见王俊《散居民族村经济社会发展的个案研究——以昭通市永善县马楠苗族彝族乡马楠苗族村为例》，载《昭通高等师范专科学校学报》2012 年第 4 期。

② 马楠村属于非自治地方的民族村。

图1　建设前的马楠村（马楠乡政府提供）

蹈优美，节奏鲜明。蜡染也是苗族民间传统印染工艺，历史悠久。绘画图案
有传统的山、水、花、鸟，及现代的人物肖像等，图案典雅、美观，集苗族
历史、文化、风俗习惯和审美情趣为一体。刺绣是苗族服饰中最主要的装饰
之一，编织是苗族妇女用手工制作盛装附件时必不可少的工艺。境内苗族多
数均居住在高寒山区和高二半山区，主要以苞谷、洋芋、荞子、燕麦为主
食，喜食大片猪肉，喜喝"三角酒"，善做鸡辣子汤和羊杂碎辣子汤。在苗
族一年中最隆重的节日——花山节上，方圆数十里的苗族（也有其他民族）
男女老幼都要穿上节日盛装，一路吹着芦笙、竹笛赶到马楠村花场，场面非
常热闹。

**图2、图3　马楠村委会和挂钩帮建单位深入马楠村开展散居民族地区
经济社会发展调研（马楠乡政府提供）**

马楠乡是云南省委办公厅的挂钩扶贫点，马楠村是昭通市民宗委的挂钩
扶贫点。几年来，通过扶贫挂钩村方式加快了马楠村经济社会发展的进程。

二 马楠村经济社会发展的困境和制约因素分析

马楠村海拔高，气候条件差，资源匮乏，地广人稀。由于基础设施脆弱，经济条件差，社会事业落后，成了全国有名的贫困村。"贫困落后"一度成为了马楠村苗族群众生产生活的真实写照和代名词。

（一）马楠村经济社会发展的困境

1. 贫困面大，贫困程度极深

马楠村所有人口均为贫困人口，其中特困户共 284 户，占总户数的90%，贫困户共 35 户，占总户数的 10%。在绝对贫困人口中，年人均纯收入不足 600 元，有 791 人未能解决温饱问题，占全村总人口的 72.6%，其中少数民族 746 人，占贫困人口的 94%。截至 2009 年末，全村还有贫困人口614 人。相当一部分苗族群众居住在"千脚落地"的茅草房和杈杈棚内，过着日出而作、日落而息的原始生活。有的苗族群众整个家产尚不超过 500元，人均有粮仅 215 公斤，一年所种植的粮食只能维持半年的口粮。一年到头，苗族群众主要吃洋芋、荞粑和炒面。部分村民除了过年杀猪，平时很少闻到肉的香味。冬去春来，村民们就一两套衣服，破了补，补了破，新三年，旧三年，缝缝补补又三年。甚至于有的村民家里只有一套像样的衣服，供走亲访友和赶街的时候轮流穿。有的家里只有一床被子供老人和小孩用，青壮年就在火塘边放点蕨草过夜。马楠村由于受地理位置、海拔高度、气候条件等因素影响，贫困面大，贫困程度深，产业发展不平衡。因灾、因病返贫率高，稳定脱贫率低。

图 4 苗族群众居住的"千脚落地"茅草房

2. 基础设施薄弱，投入严重不足

马楠村大多不通路，不通水、不通电话，不通广播电视，是典型的"五不通"村寨。由于交通不便，运输基本要靠人背马驮。老铁厂、耗子口、水口、城墙岩等地的苗族群众，买油盐等生活必需品要到村委会驻地，走路需要三个多小时，往返就是一天。高坎子、马楠、石墩、羊洞子、沿街、石灰窑已通公路，但晴通雨阻的现象极为突出。

照明设施缺乏，村里面大多点煤油灯，有的买不起灯油，甚至点竹篙。马楠街上群众用的柴油机发的电照明，电价高达每度 7.5 元。

村里没有广播电视、文化室，村级组织的基础设施建设仅有村委会用房。大部分苗族群众根本不知道什么叫文化生活。苗族群众居住条件十分简陋，虽然通过茅草房、权权房改造以及安居工程的实施，但仍有 50% 的农户还居住在茅草房、权权房和窝棚内。人畜共居的现象十分普遍，无畜厩、无厕所的农户占 98%。因人畜共居在一起，泥水、粪水搅和在一堆，卫生环境较差。

缺水也是马楠村的一个突出问题。马楠村山高无流水，群众饮水常常是夏靠雨水，冬靠冰雪，常常要到 10 多公里以外的地方去人背马驮地找水用。全村仅有高坎子、老马楠两个点 43 户 161 人解决了人畜饮水问题，其余的 16 个村民小组无自来水饮用。

3. 生产技术落后，无法精耕细作

马楠村种植业以产洋芋、荞子、燕麦为主，还有一小部分适应高寒山区气候的豆类。年复一年的洋芋、荞子基本上没有更新换代，高淀粉洋芋品种没有很好地推广。原始落后的耕作方式仍在一些地方占据主导地位，科技增产措施难推广，普及面不大，生产投入不足，产量较低，缺粮面大。

现有的粮食生产满足不了群众的生活需要，苗族基本上要依靠出售牲畜换取粮食，致使畜牧业发展缓慢。养殖业以 48—50 支纱半细毛羊为主[①]，其余养山羊、牛、马，但皆处于原始的敞放敞养放牧方式。除了 48—50 支纱半细毛羊和黄牛冻精改良之外，其余的牲畜养殖均无科技投入。由于缺少技术，使生猪的饲养周期较长，出栏率低。

同时，因没有对外来养殖个体户进行规范管理，使草场资源受到严重破

---

① 云南半细毛羊是国内培育的第一个粗档半细毛羊新品种。自 20 世纪 60 年代后期，用长毛种半细毛羊（罗姆尼、林肯等）为父系，当地粗毛羊为母系，级进杂交再横交固定而育成。1996 年 5 月正式通过国家新品种委员会鉴定验收，2000 年 7 月被国家畜禽品种委员会正式命名为"云南半细毛羊"。主要分布在云南昭通的永善、巧家等地。云南半细毛羊是国内培育的第一个粗档半细毛羊新品种，羊毛细度为 48—50 支。

图5　基地中的半细毛羊（马楠乡政府提供）

坏，甚至蜕化，载畜能力大幅度下降。由于冬季时间长，又缺乏厩舍和冬季饲草，幼弱病畜因冷冻和缺乏饲料难以过冬而大量死亡，严重阻碍了当地畜牧业的发展。畜牧饲养、管理科技含量低，防疫滞后，牲畜因病和冷冻死亡率高。还有许多群众因缺乏底垫资金，只能"望牧兴叹"。

水利化程度低，林果业发展缓慢，产业化、规模化效益不明显。

4. 社会事业发展滞后，群众素质普遍较低

医疗卫生事业发展滞后，缺医少药。现在马楠村仅有村医1名，无村卫生室。村医唯有的器械是一副听诊器和几支注射器、几种药品。由于缺乏必要的医疗设备和必备的药品，群众看病难、就医难的现象极为严重，形成了"小病拖、大病扛"的状况。因病致贫、因病返贫的现象比较突出。

学校教育面临困难。教育设施严重不足，教室紧张，存在不同年级并班教学的情况，给管理和教学上带来了困难，也不利于学生身心发展和学习。校点撤并后，最远的学生住地距离小学有20多公里山路，一个来回都要好几个小时。由于没有住宿条件，学生就要早出晚归。特别是冬天下雪冰冻，学生的读书问题更加严重。有的在上学途中不慎摔跤后造成腿伤，因无力医治就此失学。很多适龄儿童辍学在家附近放羊、喂猪。学校早上无法开课，一般要到11点才能上课，且下午4点左右就要放学，学生回到家就要六七点。教学时间比较短，教育质量无法提高。很多苗族学生无法持续在校就读，有的小学生毕业时已有十七八岁了。

农业劳动者的文化素质较低，文盲、半文盲占劳动力的50%左右，群众没有市场经济意识，原始粗放型的自给自足的生产生活方式十分普遍。由于观念落后，思想保守，村民没有致富的经验和能力。有的甚至形成了"两眼向上，两手向外，吃粮靠救济，花钱靠贷款"的习惯，缺乏苦拼实干

图6　早上开课前放羊的孩子

精神。村级组织不健全，缺乏凝聚力和战斗力。村级干部队伍不稳定，工作缺乏开拓性和创造性，见子打子，在工作上难以适应新形势和新任务的要求，使一些好的政策得不到很好的贯彻落实，一些新的科技扶贫措施落实不到具体的生产中。

5. 生态遭到严重破坏，水土流失现象突出

马楠曾因杉木林而闻名，百年前还是林木葱郁、树木参天的原始森林。由于人口的快速增长和对森林的无节制砍伐，以及大量的毁林开荒，林草植被大面积减少，生态环境持续恶化，水土流失加剧，洪涝、低温冷涝、冰雹、雪凌等自然灾害频发，资源匮乏，土地肥力下降，产出率越来越低，已经形成了"无灾不成年，十年九歉收"的恶性循环状况。全村没有煤炭资源，燃料以木柴和茅草为主，木柴消耗量大于薪炭林生长量，森林覆盖面积急剧减少。海拔2200米以上的森林已经基本被毁，至今难以恢复。为了生存，村民只能到10多公里以外的国有林去砍柴维持生活需要。这对薪炭林、灌木林和国有林的生长带来很大的影响。生态环境恶化的趋势未得到有效的遏制，自然条件不断恶化。

笔者调研期间，乡村干部和很多质朴的苗族群众反映了马楠村苗族群众真实的生活。例如，马楠乡蒲书记：

> 马楠村的贫困是突出的。曾经有句话说"马楠不脱贫，永善不脱贫，永善不脱贫，昭通不脱贫"。吃低保的人都占了大部分。每人每个月的低保费50—70元不等，70元就是最高的了。这个村是靠天吃饭、广种薄收。年底有结余的家庭比例20%都不到。大部分都只能持平就不错了，主要花销是买化肥和粮食。马楠村男的很多都找不到对象，甚

图7　冰雪覆盖下的大河沟村（马楠乡政府提供）

至于有的是三代亲戚里面都有光棍。

校点收缩后，有的学生因为离校太远不能入学，产生了新文盲。学生不入学，甚至还偷瓜、拿鸡。在没有建好完小之前就撤并校点不合理。为了提高教育质量的初衷是好的，但实际情况是导致了100多个学生没有办法入学。

人员素质总体偏低，村组干部中的初中生都很少，两委班子的带动作用不明显。地方资源十分有限，不能吸引人才留下来。

还有就是马楠乡村里面没有图书室，养殖技术主要是靠兽医进行防病治病。因为是在山区发展种植业，产量很低，而冬天这一季发展养殖业也很困难。很多群众家的牛羊既有冻死的，又有旱死的，损失很大。

张树德（苗族）反映：

> 我家里有三个孩子，有一个小儿子和我自己同住，大的那个儿子在思茅打工，女儿已经出嫁。现在家里吃的只有亲戚送的一块肉了，粮食也不够吃。今年没有得着低保，本来想去思茅，但是我人老了，也种不动茶了，就没有去了。比我家差的还有呢。小的这个儿子在种地，村里有很多人都娶不上媳妇。衣服靠国家救济，年年都有点。主要是盖得太薄太冷了。漏雨了还住在杈杈房里面，只能用塑料布简单地盖住。现在我右眼患有白内障，看不清，左手也会痛，但看不起病。一年到头也没有结余。

王明学（苗族）说：

> 我家四口人，家里没有养羊，猪已经杀掉了（10月份已经杀了年

猪），没有钱，房子漏雨了修不起。主要经济来源靠种洋芋，基本是找一分用一分，一年能挣400—500元。想养羊，但是买不起，贷款也贷不到，借也借不到。晚上点煤油灯，睡得也早，没有什么文化生活。

杨文武（苗族）有50多岁，他家是马楠村出了名的贫困户，他说：

我大儿子是智障，已经失踪多年，并患有风湿。大女儿已经嫁人，但是她的孩子是在我这儿，增加了我的经济负担。小女儿在河南打工，小学都没有毕业。我老婆是个聋哑人。我背柴都背不动，烧柴和煤炭也买不起。我家有8只羊，还是国家扶贫给的。以前没有搬迁过来的时候（指搬到新建的马楠村小组）连睡觉的床都没有，那时候住在茅草房里面，睡在草上。

朱学勇（苗族）家的经济收入在马楠村属于中等水平，他介绍：

我家有四口人，家里有个残疾兄弟（弟弟），已经丧失劳动能力。我父亲去世后，母亲又改嫁了。我弟弟就来和我住。原来住的是土墙房，那时不通电，不通公路。2009年的时候我从烂包湾搬来马楠（此处指马楠村小组），主要是考虑到这里交通方便，孩子读书近，就选择了在本社（指马楠村小组）安家。家里一个人分了3亩地，但是收获太少了，种不出。我养了30只羊，其中山羊17只，绵羊13只，没有养猪。我以前在海南打工，在工地上搞建筑。一天一个人有50—60元的收入，比较苦，除了生活费外，一个月可以有结余，出去打工的收入还是要高些。孩子的外婆和外公在思茅住，后来弟弟过来了就没有出去打工了。弟弟娶不到媳妇，但是可以放羊。现在暂时还没有什么打算。

刘向累（苗族）是原来的老马楠社社长（相当于现在的马楠村小组长）：

我家里3口人。我放羊，我家里有30多只羊，主要就靠养殖业获得收入。一年能有6000—7000元的样子吧。一只羊可以卖600左右。一个月卖一只左右，今年到11月份就已经卖了16只了。一只母羊一年能带一个儿，成活率在60%—70%。家里母羊有30只。另外我还种20多亩洋芋和荞子，但产量不高。每年可以杀两个年猪，但是不够吃，因为猪有点小还有点瘦。孩子他妈没有奶水，所以要买奶粉，有点贵，感党负担重。村里农忙的时候都是大家互相帮助，不花钱。年底的时候一般都要借钱。还好我们两个都有低保，一年就多了 1600 元。有的人家挖点天麻换点钱，但产量太低，海拔太高了人工的种不出来。社与社之间（小组之间）距离比较远，近一点的也要走 4 个小时。

可以说，马楠村发展长期滞后，贫困面大、贫困程度深且返贫率高，解决贫困问题的难度大。面对马楠村山区的深度贫困，人们不禁要问原因是什么？

（二）马楠村经济社会发展滞后的原因分析

1. 条件性贫困。马楠村的气候条件非常恶劣，这是难以改变的。马楠村地处高山，气候特点是"低温雾大阴雨多，四季分明秋寒早"，是典型的"长冬无夏，春迟秋早"的气候。全年平均气温低，无霜期短，冷涝灾害频繁，十年九灾，对农作物和牲畜的生长极为不利。马楠村的土地非常贫瘠，土壤肥力极差，资源和物产匮乏，农作物产量很低，牧草牲畜长势缓慢，营养不足。产业单一，粮食仅产洋芋、荞麦，畜牧仅有牛羊。当地村民因经济困难对农业生产投入不足，养殖业也由于蛋白质、氨基酸、钙、磷等营养物质补充不足，效益低下。这是造成贫困的主要自然原因。偏远的区位是发展的劣势又难以改善，冬春季节几乎有四个月雪凌封山，运输中断；春秋雨季公路常常塌方，无法通行；山间驿道，一遇冰凌，人畜难行。山间行车常常大雾弥漫，车辆只能缓行，一般宿于永善县城，防止困于马楠，进退两难。当地苗族编的一首长诗，其中一句是："马楠有路无交通，年年想富年年穷。"由于交通不便，导致了马楠村处于被市场遗忘的角落，成为马楠村社会经济发展主要障碍之一。

2. 投入性贫困。资金和项目投入严重不足，是导致马楠村贫困的最主要社会因素。从改革开放到 2007 年底，整个马楠村投入不足 100 万元。马楠村龚家坪、壕子口、老铁厂、烂包湾、水口、老厂坪等 10 多个村小组几十年来几乎没有投入过一分钱用于发展经济建设。

3. 素质性贫困。马楠村 534 个劳动力中，文盲和半文盲就有 250 人，占 46.6%，初中以上的只有 29 人，仅为 5.34%。劳动者文化素质低，思想保守，观念落后，缺乏商品经济意识，缺少脱贫致富的思路，少数人还缺少上进心和苦拼实干的精神，这也是马楠村贫困的重要因素之一。

4. 机制性贫困。生产经营机制与畜牧产业发展的矛盾，是造成马楠村贫困和贫富悬殊的重要社会原因。同样居住在马楠村，有人牛马成群，养羊数百，价值几十万，已达小康；有的人分文不名，一贫如洗，未越温饱，贫富之悬殊，令人震惊。马楠村民脱贫致富的唯一资源是草场，唯一产业是畜牧业。但是生产经营机制制约了畜牧产业的发展。其一是耕地影响草场。由于随意开荒种地，草场的利用率大大降低，真正利用起来的草场仅为60%。马楠村人均耕地16亩，广种薄收，种粮面积比例过大，限制了畜牧业的发展。其二是少数人占用了多数草场，草场资源分配不均衡。30%的农户占用了60%的草场，而60%左右的农户仅仅享用40%的草场，10%的无牲畜农户没有享用草场。不改变草场的经营模式很多农户就无法脱贫。

可以说，马楠是集条件性贫困、投入性贫困、素质性贫困、机制性贫困于一体，而有的因果又是互动的。

蒲书记说：马楠村的贫困是多种原因造成的，其中投入严重不足也是一个重要原因。2007年以前马楠村基本上没有大规模的资金和项目投入。高寒山区承载着超负荷的人口，养殖规模也不平衡。养殖大户有500多只羊，牛和马也有50多只。可是贫困的家庭却一只牲畜也没有。普通人家一般就是50只左右。贫困的群众在贷款方面没有担保，基本无法贷到款去发展生产。后来从马楠移民好几千人去思茅，因为那边自然条件好很多，有的人能吃苦耐劳，后来也买车了，有的致富了。2008年以后，各级党委政府对马楠的投入增加了不少，才使马楠发生了翻天覆地的变化。

三　马楠村经济社会发展的主要做法和存在问题

虽然制约马楠经济、社会的发展和导致贫困的原因是多方面的，但除了恶劣的气候条件难于改变外，其余的条件只要经过艰苦的努力是可以改善的，乡村两级领导干部经过深入的调查研究并总结多年来工作实践，认为马楠村具备一定的发展条件。

第一，有国家和省、市、县各级党委、政府的坚强领导以及各部门的高度关心和扶持投入，乡村干部有信心和决心为马楠村的发展贡献力量。2008年以来省市多位领导深入马楠村调研，马楠村民迎来了前所未有的发展机遇。2008年6月，省民委主任王承才一行深入马楠村老马楠、石墩等地调研，并把马楠村确定为云南省散居民族地区经济社会发展试点的示范村。2008年11月，市委夜礼斌书记到马楠村调研，对马楠村的社会经济发展做出了重要指示。根据王主任和夜书记的要求，永善县民宗局和马楠乡党委政府对马楠山经济社会发展做出了规划。

第二，马楠村有富足的草场资源和发展畜牧业的潜力。马楠村拥有丰富的草场资源和适宜发展以云南半细毛羊为主的畜牧业的气候条件。畜牧业是

图8　昭通市民宗局马楠村扶贫点四级干部座谈会（马楠乡政府提供）

马楠村的主要经济来源，也是群众脱贫致富的希望和出路。全村有人工草场1.8万亩，天然草场4.6万亩，按马楠村实际的载畜标准，即3亩天然草场饲养1只绵羊，16亩天然草场饲养1头黄牛，9亩天然草场饲养1匹马，1亩人工草场饲养1只绵羊，4亩人工草场饲养1头黄牛，3亩人工草场饲养1匹马计算，全村草场合理载畜量为3.4万只羊。据2009末统计，马楠村现有绵羊4660只、山羊1380只、牛468头、马442匹，还远远没有达到草场的合理载畜量，还能载畜2.4万只。这说明马楠山草场的载畜能力，能够满足村民脱贫致富的需求。

第三，提高科技投入可使马楠村的农业生产增产。马楠村位于高寒山区，在粮食生产的生产上，若采取一定的措施，固定一定数量的耕地作为口粮地和牲畜的饲料地，推广良种良法，粮草套种，测土配方施肥等有利于促进粮食增产的有效措施，推广科技增产措施，提高耕作水平，合理调整、布局种植业结构，马楠村农业增产增收将会跃上一个新的台阶。

第四，绝大多数的群众亲眼目睹亲耳听到了近年周边地区的发展成就，盼发展、思发展的愿望变得强烈，大部分群众有艰苦奋斗的精神。

马楠村的贫困牵动了从中央到地方各级领导的心，省市民委等部门也从多方面给予马楠村帮助和扶持，把马楠村列为了挂钩扶贫点。正是这些举措为马楠村的村民创造了脱贫致富奔小康的基本条件。

（一）马楠村经济社会发展的主要做法

1. 改善基础设施建设

马楠村"十一五"项目规划总投资668.5万元用于促进全村经济社会发展，其中，国家帮助扶持604万元，群众自筹64.5万元（详见表1）。2008年6月马楠村被列为少数民族散杂居地区经济社会发展示范点后，在各级各部门的关心、支持下，马楠村获得了空前的投入。2008年以来，共有1300余万元用于投资改善马楠村经济社会发展的基础设施建设。其中，民房建设共投资769万元，新建、改建民房275户，分6个点集中安置了全村群众。①

畜圈建设投资125万元，2008年投资50万元，2009年投资75万元，新建畜圈211户211间4243.21平方米。

通电建设共投资203万元，2008年投资64余万元，解决了高坎子、羊槽、老马楠等村民小组136户356人的照明困难问题；2009年投资90万元，解决了石灰窑、洋芋坪、大河沟109户398人的用电困难问题；后续投资48万元，用于石墩羊洞子通电建设。

安全饮水工程建设共投资19.59万元，解决了老马楠等6个集中安置点的饮水困难。

公路建设投资69万元，2008年"两灾"重建保通公路建设投资9万元，2009年特殊党费建设新修和保通公路建设共投资60万元，全面改善了全村的公路通车条件，方便了群众的出行。

改炉降氟项目建设投资13.27万元，改炉319个，实现了家家有降氟炉。

基础设施建设共投资78.8万元，新建户间道7640米，厕所6个，广场两个，舞台两个。

协调县移动公司新建了移动基站1个，确保了全村通信全覆盖。

2. 大力发展畜牧业

马楠村80%的牲畜集中在大约20%的大户手中，一部分群众没有牲畜或只有很少的牲畜。截至2010年4月的统计，没有牲畜或牲畜不到10只的群众仍有259户，没有牲畜就没有脱贫致富的希望。为确保马楠村家家户户有牲畜，能够稳定脱贫，乡党委政府和马楠村委会根据马楠村的实际情况，制定了大力发展以饲养云南半细毛羊和人工改良草场为主的产业发展规划。即对全村现没有牲畜或牲畜不到10只的259户群众进行补畜，户均10只，共2590只，按照每只800元计算，共投入资金207万元。通过补畜，全村群众户均能增收1200—1500元，全村共增收40余万元。

3. 调整产业结构，提高种养殖业科技含量

俗话说："手中有粮，心头不慌"，以调整产业结构为基础，以增加农

---

① 民房建设共投资分为：一是"两灾"重建投资300万元（含2008年马楠新村民族团结示范点建设资金50万元），二是"特殊党费"援建项目建设投资381.5万元，共新建住房223户10198.8平方米，解决了81人的住房问题；三是羊槽民族团结示范点建设投资60万元，维修改造马楠羊槽群众住房41户；四是整村推进房屋改建投资27.5万元，改建了老马楠、大河沟群众住房11户38间。

图9 马楠新村

户收入为目的，马楠村主动争取各方面的技术支持，大力发展高淀粉洋芋种植，提高产量。切实改进粗放型的牲畜敞放敞养现象，实施一定规模的圈养技术，积极引导农民珍惜和利用好草场资源，保障饲料来源和牲畜越冬并引进畜牧良种进行改良。

4. 提高劳动者的文化素质

马楠村还注重引导群众改变传统落后的生产生活方式，引导村民树立"科学技术是第一生产力"的观念，强化其市场观念。引导村民逐步掌握先进的耕作技术和养殖技术，逐步摆脱素质性贫困，达到由传统农业向质量型、效益型农业转变。同时切实搞好计划生育工作，努力提高人口素质。

5. 重新规划和安置劳动力

鉴于已经基本失去生存条件，省市县党委政府实施了异地开发扶贫措施，从1996年到2000年的五年间，先后迁移到思茅、江城等地的苗族群众很多都实现了安居乐业。本着"既节约社会投资，又便于群众生产生活，既能安居又能致富"的原则，按照"集中安置，综合扶持，改善基础，配置产业、弘扬文化、构建和谐"的思路，马楠村将18个村民小组集中安置在老马楠、石墩、羊槽、石灰窑、大河沟等几个居住点，并安排配套建设项目①。通过调整生产经营机制，走合作化的经营道路，将全村劳动力分为四个部分，即"一部分放牧，一部分种草，一部分种粮，一部分打工"，积极

---

① 配套建设项目18个，总投资1660万元，人均投入1.52万元，户均投资5.2万元。其中民居、水电路、卫生等基础设施建设项目8个，投资715.3万元，占总投资的43%。蓄种购买，草场改良、牧场建设等支柱产业培植项目4个，投资891.7万元，占总投资的53.7%。文化教育项目6个，投资53万元，占总投资的3.3%。

搞好外出务工输出及培训工作，实现和谐发展。马楠村村经济总收入、人均纯收入均有提高。

表1　　　　　马楠村"十一五"期间项目规划总投资资金分配表

序号	项目名称	单位	投资情况			资金来源	
			规模	单价（元）	投资额（万元）	国家扶持（万元）	群众自筹（万元）
	合计				668.5	604	64.5
一	基础设施建设				506	455	51
（一）	人饮工程	公里	9.5	40000	38	30	8
（二）	通电工程	公里	19.5	60000	117	100	17
（三）	通路工程	公里	20		39		14
1	新修	公里	6	30000	18	10	8
2	维修	公里	14	15000	21	15	6
（四）	乡内异地安置	户	130	24000	312	300	12
二	经济发展				138.5	130	8.5
（一）	种植业				52.5	50	2.5
1	高淀粉洋芋	亩	1500	350	52.5	50	2.5
（二）	养殖业				86	80	6
1	良种母羊	只	300	400	12	10	2
2	草场改良	亩	4000	150	60	60	
3	畜厩改造	平方米	1400	100	14	10	4
三	社会事业				8	7	1
（一）	教育	购置教学设备			3	3	
（二）	医疗卫生	购置医疗设备、药品			1	1	
（三）	民族文化室	平方米	100	400	4	3	1
四	节柴灶	口	280	500	14	10	4
五	农技及劳务输出培训	人	1000	20	2	2	

数据来源：《马楠苗族彝族乡马楠村十一五规划》，马楠乡政府提供，打印稿，2010年。

"家家有房住，人人有饭吃，个个有衣穿，能喝自来水，儿童有学上，在家有广播电视，外出有道路车辆"，这是马楠村群众期盼已久的生活。由于各级党委政府的高度重视和一系列举措的有效实施，为马楠村的村民创造了脱贫致富奔小康的基本条件，全村自然面貌和村民的精神面貌正在发生翻天覆地的变化。家家户户实现了"五通三有"，即通水、通电、通路、通通信、通卫星电视，有住房、有畜圈、有降氟炉。

马楠村的杜书记说：

> 群众的生活从 2008 年后就有了较大的改善，通水、电、路、通信并住进了安居房（八级抗震），还统一修建了畜圈。新的安置户也重新划分了 3 亩土地和草场，思想比较安定。与 07 年以前的生活比发生了很大变化，至少有 30 年到 40 年的差距呢。现在的马楠村，草场还是那草场，只是比原来更宽广、更绿了；过去的"权权棚"、"千脚地"已渐渐被一排排敞亮的抗震房取代，户间道也更加宽敞、平整、洁净。遍地的羊群和满山的肥牛、壮马，以及村民高亢、洪亮的山歌诉说着他们对新生活的期盼。

通过积极争取省市民委等各有关部门支持，马楠村加大基础设施建设力度，争取异地安置项目，扶持无房、危房的住房建设，消除了茅草房、权权房和人畜共居的现象；优先安排人畜饮水工程，解决饮水困难现象；硬化乡村公路，达到每个自然村村村通简易公路，增强对外运输能力；架设输电线路，使 80% 以上自然村通电，解决群众照明和农产品加工用电问题，成就斐然。但是在发展的过程中也还存在一些不能忽视的问题。

（二）马楠村经济社会发展中的主要问题

1. 缺乏配套资金是制约项目实施的瓶颈

项目资金是带动马楠村发展的核心动力之一，但上级的项目资金安排到马楠后，还需要当地进行资金配套。少数民族群众几乎都拿不出配套资金。马楠村每户建设安居房可以得到国家补贴 4000 元，但还需要自己出资万元以上。因为资金缺口大，有的只能借高利贷；很多人房子建好后却成了空壳房，任何家具、电器都置办不了；有的群众没有钱，又没有技术，请外人帮建又要增加雇工成本；由于地理位置边远，运输成本很高，为凑配套费少数民族群众再次返贫的情况十分常见。但是放弃国家补贴很多人又觉得可惜。因此，争取项目和实施项目往往处于两难境地。建房配套费不能到位的，就要由当地政府补贴。群众的房子修好了，地方政府的债务也增加了。马楠村属于只能投工投劳而无力投资配套费的地区。项目安排到这样的高寒山区，由于大部分群众生活十分贫困，对项目实施的主动性比较差，还要靠乡上成立的包村工作组去做群众的思想工作。各地的经济社会发展基础不一样，在处理引导资金与配套资金的关系上就应该因地制宜，对于特别困难的地区，应降低配套资金的比例，或采取特殊的扶持方式。

2. 民族文化保护与传承面临严峻形势

马楠村的苗族能歌善舞，素有"会说话就会唱歌，会走路就会跳舞"的美称。马楠苗族喜欢跳的芦笙舞，动作明快紧凑，舞姿优美。蜡染也是苗族民间传统印染工艺，历史悠久，集苗族历史、文化、风俗习惯和审美情趣为一体。刺绣是苗族服饰中最主要的装饰之一，编织是苗族妇女用手工制作盛装附件时必不可少的工艺。马楠苗族每年还要和周边数十里的苗族一起欢度花山节，男女老幼都要穿上节日盛装，一路吹着芦笙、竹笛赶到马楠村花场，场面非常热闹。虽然目前花山节是乡政府统一组织在马楠村举办，村里有舞蹈队和宣传队，但村里还没有活动场所。苗族男人和女人只有节日时才穿民族服装，平时很少穿。有的少数民族学生刚到外地上学（县城或者市里）时，都会带上一套民族服装，但一穿上就被同学笑话，以后就不再穿了。现在女性大部分都会做苗族衣服，但是买的汉族服装更便宜，所以年轻人一般都买汉族装穿。由于不准种麻，做土布的技艺逐渐失传。村子里少数40多岁以上的人才会吹芦笙。甚至会吹芦笙的人，不仅没有人来学，反而会被笑话，吹的人自然就没有兴趣了。年轻人对传统文化不感兴趣，也不热衷，文化素质普遍较低，不能适应社会的需求。苗族之间一般讲苗话，在孩童中的传承相对较好。但当地的彝族居住分散，为了和其他民族交流，民族语言流失很快。民族文化正在快速流失，当地文化人希望能够出台政策，把民族文化、民族语言和服饰的保护纳入政策中。

3. 教育卫生条件和人口素质亟待提升

马楠村教育落后，少数民族学生求学艰苦。现有村完小1所，远的村小组到完小走路有11公里，近一点也有3公里。现保留的两个校点，只设1—3年级，教师的文化水平仅为小学4年级。代课教师一个月只有200元的代课费。其中的一个校点（大河沟小学）的老师是从大关县请来的初中毕业生，马楠村本地没有这样的人才在校点教书。冬天学生流失的特别严重。学生通常不能保证按时完成作业。很多家长是文盲，没有能力管教孩子，"读书无用论"很流行，观念很滞后。

村卫生室通过在以前的马楠乡政府卫生院的基础上改造，2009年开始有两个医生，添置了一点设施，可以看小病，比起过去老马楠的条件已有改善，村医每个月也有1000元的工资。但是村民中看不起病的还是很多，村医能解决的问题也很有限。村级活动场所和文化室还在建设中，没有投入使用。

马楠村群众文化素质普遍偏低，外出务工人员比例不到5%。两委班子中的少数民族比例高，但文化素质偏低。村组干部待遇差（主任和支书每月 1000 元左右，支委和村委每个月 150 元，小组干部每个月 130 元），工作积极性调动受限制。

4. 优势发展资源未能充分有效利用

马楠村有丰富的草场、风能、矿产和旅游资源。为利用草场资源马楠村还引进了一个公司实体实施合作化模式，返聘当地少数民族群众参加工作，但是综合利用率不高。马楠村沿袭传统的放牧模式，有 2/3 以上的草场资源被外乡、外村的人占用，当地群众利用的只有不到 1/3，处于无序化的管理和利用状态。矿产资源也存在着乱开乱采的情况，外面的企业甚至于不经过村委会同意就直接开采，利用效益很低。风能资源仅处于科学论证阶段，还未正式开始利用。马楠虽然有独特的旅游资源，比如万亩草场、万里云海及苗族文化，但由于马楠当地没有接待能力和条件，一般游客当天到达后就会离开，无法拉动马楠当地的经济发展。当地政府正考虑通过打造草场、云海以及民族风情、民族歌舞吸引游客，但这需要民族政策和资金的倾斜、基础设施的改善和群众观念的改变。

图 10　马楠村美丽的万亩草场

图 11　马楠村美丽的万里云海

图 12　马楠村苗族蜡染

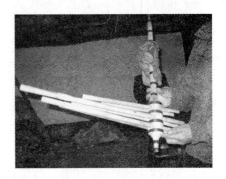

图 13　马楠村苗族芦笙

从以上的调查可以看出，尽管马楠村通过实施一系列有效措施，使村民生产生活条件有了一定改善，经济收入有所增加，产业结构调整也初见成效，纵向上看经济社会发展有了翻天覆地的进步，但横向对比差距依然很大。马楠村经济社会的可持续发展需要通过多行并举才能实现。

四　马楠村经济社会可持续发展的对策建议

经过各级党委政府的帮扶投入和马楠村群众的积极响应，马楠村发生了从贫困村到示范区的转变。然而，发展中并存着一系列的新问题，仍然需要多行并举才能实现马楠村的可持续发展。

（一）坚持抓好扶贫开发，加快脱贫致富步伐

马楠村现有贫困人口占总人口比例高，扶贫开发工作任重道远。要围绕消除农村绝对贫困现象这一目标，采取有力措施，加大扶贫攻坚力度，确保全村绝对贫困人口逐步解决温饱，低收入人口稳定脱贫。应该重点抓好以下几个方面的工作：一是深入实施"百千万帮扶工程"，坚持领导带动、部门联动、社会推动、上下齐动的工作机制，进一步强化各级各部门挂钩帮扶和干部职工结对包扶，引导各方力量投入扶贫攻坚第一线，力求在帮助贫困群众稳定增收上有明显突破；二是扎实抓好整村推进、异地安置等项目建设，广泛组织群众参与，确保项目建设顺利推进，把项目建设与易地扶贫、产业扶贫结合起来，力保群众"搬得出、稳得住、能致富"；三是切实按照"一事一议"财政奖补工作要求，进一步加大"一事一议"项目申报和实施力度，推进村级公益事业建设迈上新台阶。

（二）加快调整产业结构，不断提高科技含量

围绕"稳粮、增收，强基础、重民生"的工作要求，促进农业稳定增产，稳定粮食播种面积，提高粮食综合生产能力和粮食生产效益。积极鼓励和支持成立农业专业合作组织，进一步调整优化农业产业结构，在巩固粮食生产的同时，集中力量做大优势产业，千方百计增加群众的经济收入。进一步强化农业科技服务，深入开展科技试验、示范工作，大力发展高产、优质、高效、生态、安全农业，推广绿色农产品开发和无公害标准化生产技术，力争"良种良法"科技覆盖提高。落实各项惠农政策，重点扶持农户发展种植业和养殖业，整合项目资金，切实改善生产条件，增加抵御自然灾害的能力。

规划利用草场资源，合理发展畜牧业。应该对现有草场资源进行普查，了解其面积、载畜量和存在的主要问题，提出合理利用的方案，防止出现人

畜争地、生态恶化的情况。根据方案合理规划当地草场资源的利用，并提出有效的管理办法。逐步树立市场观念，提高牛羊的商品率。提高种养业的科技含量，加强科技培训，提高群众进行科学饲养和管理的能力，引导群众关注和适应市场需求。

（三）保护开发民族文化，逐步恢复生态环境

充分发挥马楠村少数民族文化浓郁的优势，积极争取国家发展少数民族地区社会经济的优惠政策，着力打造民族文化产业，实现文化与旅游联动，促进经济社会发展。一要把民族文化的挖掘和弘扬作为一项重点产业来发展，充分利用苗族花山节、彝族火把节等民族传统节日，邀请四方宾客到马楠做客和参观考察，带动马楠经济社会的发展。二要在交通基础设施建设、农业产业结构调整、集镇建设等方面体现少数民族乡传统而浓郁的民族特色和民族风格；三要做好民族文化与天然旅游景点的开发，围绕万亩草场、云南半细毛羊基地、神奇壮观的马楠云海、高品质纯天然的冷水渔洞山泉、苗族芦笙和蜡染刺绣等民族民间文化，大力宣传和弘扬，提高马楠对外知名度，提升马楠形象，打造马楠品牌。

树立改善生态环境就是发展生产力的新观念，持之以恒地加强抓好集镇、乡村环境保护工作，认真贯彻落实农村环境保护工作"以奖促治，以奖代补"的政策措施，加强农业生态环境监管和土壤污染防治，深入推进农村环境综合治理。逐步提高森林覆盖率，垦殖指数控制在9%以内，农户节柴灶普及率达80%以上。有效遏制草山恶化、森林面积急剧减少、水土流失严重现象，明显改善生态环境。

（四）加快社会事业发展，提高村民文化素质

马楠村基础教育落后，文盲、半文盲比例高，对科技的接受能力较差，应加大对教育、科技培训、医疗卫生等的建设投入。进一步完善农村义务教育，全面落实"两免一补"政策，加大农村小学贫困生的救助力度，巩固和提高农村适龄儿童入学率和适龄少年入学率，降低小学辍学率，改善小学办学条件。全面扫除有学习能力的青壮年文盲。

应积极开展技能培训，力争转移一部分农村劳动力。鼓励和支持外出务工人员带技术、带资金返乡创业，实现劳务经济持续健康发展。劳务输出既能减少土地压力，恢复当地生态，又能利用当前城镇经济发展加快贫困农户的脱贫步伐。

进一步完善医疗服务体系，解决群众就医问题，提高群众参合率。抓好人口计生工作，统筹解决人口问题，努力控制人口增长、提高人口素质。健

全完善社会保障体系，扶持救助困难群众，解决贫困群众因灾、因病及子女上学而造成的临时生活困难。

（五）保障散居民族权益，促进政策法规出台

依靠争取项目投入和资金支持促进马楠村经济社会全面发展的变化是巨大的，作为一个典型的民族村，马楠村也迎来了新的发展机遇。2010 年 1 月《云南省扶持散居民族地区发展规划 2010—2015》① 中将云南省未纳入其他扶持规划、农民人均出收入低于 1196 元的 1186 个散居民族地区村委会中的 600 个村委会、3000 个自然村列入了此发展规划。规划期内项目总投资将达到 54.6 亿元，力争通过规划实施，到 2015 年，基本实现散居民族地区经济社会发展达到当地中等以上水平，基本实现"四通六有三达到"②。这表明，云南散居民族地区经济社会发展已逐步得到关注，这对广大的散居民族将是一个难得的发展机遇。除了项目倾斜和资金投入，研究制定适合民族村发展的政策法规也同样重要。

五　结论

建设一个更加富裕、祥和的马楠村不仅需要通过项目倾斜和资金投入，加快脱贫致富的步伐，调整产业结构和提高科技含量，合理利用草场资源，保护民族文化，恢复生态环境，提高村民的文化素质，更需要借助当前难得的发展机遇，积极促进保障散居民族权益的政策法规出台。只有营造良好的政策环境才能保证民族村获得长期、稳定的发展条件。随着云南经济和社会事业的不断发展，云南的散居民族村也必将迎来更多的发展机遇。

---

① 《云南省扶持散居民族地区发展规划 2010—2015》（初审稿）为《云南省促进少数民族和民族地区科学发展规划》之四，为规划编制组 2010 年 1 月制定。

② "四通六有三达到"指的是通路、通电、通电话、通广播电视；有学上、有卫生室、有科技文化室、有安全的人畜饮水、有安居房、有稳定解决温饱的基本农田；农民人均有粮、人均纯收入、九年义务教育普及率基本达到国家扶贫开发目标和"两基"攻坚计划的要求。

参 考 文 献

（按照实际引用顺序编排）

1. 金炳镐：《民族理论与民族政策概论》（修订本），中央民族出版社 2006 年版。

2. 《今日民族》编辑部：《加快脱贫发展步伐　力推兴边富民行动——云南"十一五"少数民族和民族地区经济社会发展新布局》，载《今日民族》2006 年第 2 期。

3. 《建党 90 周年我国散杂居民族理论政策的成就与历史经验》，中国社会科学网，http：//www.cssn.cn/。

4. 黄凤祥、谭传位：《我国的散杂居少数民族概况》，载《民族团结》1997 年第 2 期。

5. 敖俊德：《关于散居少数民族的概念》，载《民族研究》1991 年第 6 期。

6. 沈林：《散杂居民族工作概论》，民族出版社 2001 年版。

7. 于衍学：《散杂居少数民族有关理论的系列研究与探索》，载《社科纵横》2006 年 4 月，总第 21 卷第 4 期。

8. 裴瑛：《也谈散居少数民族概念以及有关的民族法制问题——〈关于散居少数民族的概念〉质疑》，载《民族研究》1992 年第 5 期。

9. 陆平辉：《散居少数民族权益保障研究》，中央民族大学出版社 2008 年版。

10. 陆平辉：《散居少数民族概念解析》，载《西北民族大学学报》2011 年第 5 期。

11. 陆平辉、康占北：《中国民族散居化的历史与原因考察》，载《贵州民族研究》2008 年第 5 期。

12. 沈林、李志荣：《散杂居民族工作政策法规选编》，民族出版社 2000 年版。

13. 保定召：《国家保障散杂居少数民族的权益（一）》，载《今日民族》2003 年第 5 期。

14. 李安辉：《我国散杂居民族政策的主要内容及特点》，载《中南民族大学学报（人文社会科学版）》2011 年第 2 期。

15. 黄凤祥、谭传位：《我国保障散杂居少数民族权益的法制建设》，载《民族团结》1997 年第 6 期。

16. 徐曼：《试论完善我国散居少数民族立法》，载《中央民族大学学报（哲学社会科学版）》2005 年第 3 期。

17. 袁仲由：《试论散居少数民族立法》，载《民族团结》1996 年第 4 期。

18. 袁翔珠：《关于完善散居少数民族权益保障法律制度的思考》，载《西南政法大学学报》2004 年第 5 期。

19. 安绍伟：《散居少数民族权益的司法保障》，载《西北第二民族学院学报》2004 年第 1 期（总第 61 期）。

20. 杨侯第：《多一些关注：散杂居民族工作的呼唤》，载《民族团结》1996 年第 12 期。

21. 黄凤祥、杜宇：《我国的散杂居少数民族工作》，载《民族团结》1997 年第 4 期。

22. 葛忠兴：《散居民族经济工作新思路》，民族出版社 2006 年版。

23. 沈林：《中国的民族乡》，民族出版社 2001 年版。

24. 黄凤祥、谭传位：《民族乡与民族乡工作》，载《民族团结》1997 年第 7 期。

25. 覃乃昌：《关于民族乡的几个问题》，载《民族研究》2002 年第 3 期。

26. 颜勇：《试论民族乡的性质》，载《贵州民族研究》1988 年第 2 期。

27. 颜勇：《试论民族乡的作用及其保障对策》，载《贵州民族研究》1989 年第 2 期。

28. 金炳镐：《有关民族乡的几个理论问题》，载《贵州民族研究》1993 年第 1 期。

29. 晏路：《关于我国民族乡经济社会发展的思考》，载《满族研究》2004 年第 1 期。

30. 杨剑波：《当代中国民族区域自治制度的确立及其与民族乡的关系》，载《今日民族》2006 年第 1 期。

31. 曹新富：《民族乡在民族区域自治中的地位》，载《今日民族》2005 年第 1 期。

32. 唐智：《民族乡误作民族自治地方的现象及其原因分析》，载《法制与社会》2008 年第 32 期。

33. 卢贵子：《民族乡：民族区域自治制度的必要补充》，载《中国民族》

2008 年第 5 期。

34. 朱玉福：《加强民族乡法制建设，保障民族乡建设小康社会》，载《内蒙古社会科学（汉文版）》2003 年第 4 期。

35. 朱玉福：《民族乡小城镇建设的几点思考》，载《西北第二民族学院学报》2005 年第 2 期。

36. 沈林、张继焦、杜宇、金春子：《中国城市民族工作的理论与实践》，民族出版社 2001 年版。

37. 李华权：《关于城市民族工作的几点理论思考》，载《广西民族学院学报》（哲学社会科学版）2001 年第 S1 期（人文社会科学专辑）。

38. 邓行：《论新时期南方城市民族工作》，载《中南民族大学学报》（人文社会科学版）2004 年第 6 期。

39. 邓行：《试论当前城市民族工作的主线》，载《中南民族大学学报》（人文社会科学版）2008 年第 4 期。

40. 李士杰：《进一步加强和改进城市民族工作——访全国政协委员牟本理》，载《中国民族》2006 年第 4 期。

41. 范生姣：《论我国城市化进程中的城市民族问题》，载《黑龙江民族丛刊》（双月刊）2008 年第 4 期（总第 105 期）。

42. 冯正春、黄友亮：《新时期非民族地区城市民族工作浅探》，载《民族论坛》2006 年第 2 期。

43. 本刊编辑部：《纵论城市民族工作》，载《中国民族》2006 年第 9 期。

44. 沈林、和佳、王云新：《散杂居少数民族统计与分析》，民族出版社 2003 年版。

45. 吴梦宝、楼跃文：《少数民族散杂居地区民族文化的保护与开发》，载《中国少数民族》2004 年第 11 期。

46. 郭家骥、陈铁军：《辉煌与发展：看今日云南民族乡——云南民族乡发展报告》，载《今日民族》2004 年第 8 期。

47. 张海洋、良警宇：《散杂居民族调查：现状与需求》，中央民族大学出版社 2006 年版。

48. 赵殿桦：《总结经验　创新方法　探索路子——昆明市城市民族工作座谈会侧记》，载《今日民族》2008 年第 9 期。

49. 马昌忠：《如何进一步做好新时期城市民族工作》，载《民族论坛》2008 年第 9 期。

50. 本刊编辑部：《切实加强城市民族工作，推动湖南民族工作再上新台阶——本刊专访湖南省民委主任王德靖》，载《民族论坛》2008 年第

9 期。

51. 本刊编辑部：《城市民族工作模式大展示》，载《中国民族》2006 年第 9 期。

52. 廖杨、付广华：《桂林市城市化进程中的民族问题及其对策研究——南宁、桂林市城市化进程中的民族问题及对策研究之一》，载《广西民族研究》2008 年第 4 期（总第 94 期）。

53. 青海省委统战部：《青海省建立健全"五项机制"推动城市民族工作》，载《中国统一战线》2008 年第 11 期。

54. 哈尔滨市民族宗教事务局：《认真做好新形势下的城市民族工作 努力促进民族团结进步事业发展》，载《黑龙江民族丛刊（季刊）》2002 年第 1 期（总第 68 期）。

55. 汪金国、王志远：《"diaspora"的译法和界定探》，载《世界民族》2011 年第 2 期。

56. 乔恩·谢泼德、哈文·沃斯：《美国社会问题》，乔寿宁等译，山西人民出版社 1987 年版。

57. 云政发〔2011〕163 号《云南省加快少数民族和民族地区经济社会发展"十二五"规划》，云南省人民政府 2011 年 7 月 28 日印发。

58. 规划编制组：《云南省扶持散居民族地区发展规划 2010—2015 年（初审稿）》2010 年 4 月。

59. 《昆明市散杂居民族地区经济社会发展情况报告》（打印资料），昆明市民族事务委员会，2008 年 6 月。

60. 《玉溪市少数民族散居地区经济社会发展情况汇报材料》（打印材料），2008 年 6 月 2 日。

61. 《曲靖市民族散居地区经济社会发展情况汇报》（内部打印资料），2008 年 5 月 30 日。

62. 《昭通市散居民族经济社会发展情况报告》（内部打印资料），2010 年 5 月 16 日。

63. 云南省人民政府：《云南省加快少数民族和民族地区经济社会发展"十二五"规划》，2011 年 10 月 11 日。

64. 吴武：《围绕第一要务 履行第一职责 不断推动曲靖民族工作科学发展——改革开放以来曲靖民族工作回眸》，载《今日民族》2009 年第 6 期。

65. 保明富：《高举中国特色社会主义伟大旗帜 努力开创曲靖民族宗教工作新局面》，载《今日民族》2008 年第 1 期。

66. 《昆明市采取特殊举措　加快少数民族和民族地区跨越式发展》，中国民族宗教网，http：//www. mzb. com. cn/html/Home/report/170941 - 1. htm。

67. 童成清：《浅析昭通散杂居地区和谐民族关系的构建》，载《今日民族》2008 年第 1 期。

68. 马洪仓：《昆明市散杂居少数民族怎样全面建设小康》，载《今日民族》2003 年第 11 期。

69. 赵立雄：《团结一心　开拓进取　努力开创曲靖民族团结进步事业新局面——在曲靖市民族工作会议暨第六次民族团结进步表彰大会上的讲话》，载《今日民族》2010 年第 5 期。

70. 胡青：《加快昭通少数民族聚居区新农村建设的思考》，载《中共云南省委党校学报》2006 年第 6 期。

71. 明正斌：《玉溪市散居民族地区农村经济社会发展情况汇报材料》（打印稿）2008 年 6 月 2 日。

72. 赵立雄：《做好民族工作　建设和谐曲靖》，载《今日民族》2008 年第 1 期。

73. 《共同团结奋斗　共同繁荣发展——昆明市"十一五"期间民族工作记事》，载《云南日报》2010 年 12 月 28 日。

74. 王永泉：《三十年民族事业　九大历时性跨越》，载《今日民族》2008 年第 10 期。

75. 何琼香、魏文钧：《民族事业五年实现六大跨越》，载《昆明日报》2010 年 12 月 29 日。

76. 马良昌：《玉溪市构建和谐民族关系的思考》，载《今日民族》2008 年第 1 期。

77. 马仲瑾：《加快发展　确保昭通散居少数民族地区团结稳定》，载《今日民族》2010 年第 10 期。

78. 丁江伦：《谱写散杂居民族地区民族团结进步新篇章》，载《今日民族》2008 年第 10 期。

79. 姬兴波：《曲靖市民族小学区域布局调整工作面临的问题及对策建议》，载《今日民族》2010 年第 1 期。

80. 丁江伦：《把民族团结落在实处——曲靖地区实施民族团结稳定责任制的做法与效果》，载《民族工作》1997 年第 5 期。

81. 王承才：《永远高举民族团结旗帜》，载《中国民族报》2009 年 9 月 25 日。

82. 吴武、李忠莉：《以创建民族团结示范村为载体　积极推进民族地区新农村建设》，载《今日民族》2008 年第 2 期。

83. 龙琼燕：《云南民族地区"主打"示范村建设》，载《今日民族》2012 年第 2 期。

84. 曲靖市人民政府：《关于在全市农村开展"三村四化"建设的意见》，2005 年 9 月 7 日。

85. 《中共曲靖市委、曲靖市人民政府贯彻省委、省政府〈关于进一步加强民族工作　加快少数民族和民族地区经济社会发展的决定〉的实施意见》（曲发［2006］）28 号），2006 年 10 月 11 日。

86. 李敏等：《欠发达地区社会主义新农村建设的有益探索》，载《中共云南省委党校学报》2006 年第 5 期。

87. 白志红：《曲靖市实施连片扶贫开发的探索与实践》，载《曲靖师范学院学报》2011 年第 2 期。

88. 李小勇：《"866 工程"为载体加快推进新农村建设》，载《云南农业》2011 年第 1 期。

89. 李忠莉：《曲靖市"民族团结示范村"创建内涵更加丰富》，载《今日民族》2008 年第 12 期。

90. 方绍荣：《为民族工作注入新的活力——云南民族团结示范村创建活动方兴未艾》，载《今日民族》2003 年第 4 期。

91. 曲靖市民族宗教事务委员会：《提升品质　打造亮点——曲靖市民族团结示范村创建历程》，载《今日民族》2010 年第 6 期。

92. 金浩、肖锐：《关于增进各民族交往交流交融的思考》，载《中国民族报》2011 年 1 月 21 日。

93. 李忠莉：《散居民族地区经济社会跨越式发展的新模式——曲靖市民族地区新农村建设调研报告》（打印稿），2009 年 11 月。

94. 李安辉：《论中国特色散杂居民族理论的形成与发展》，载《中南民族大学学报（人文社会科学版）》2010 年第 6 期。

95. 范祖锜：《云南民族区域自治六十年的启示》，载《云南民族大学学报》（哲学社会科学版）2011 年第 1 期。

96. 云南省人民政府：《云南省加快少数民族和民族地区经济社会发展"十二五"规划》（云政发［2011］163 号），2011 年 8 月 13 日。

97. 《"兴边富民"：云南在行动》，来源：中国民族宗教网 http://www.mzb.com.cn/html/Home/report/153126－1.htm。

98. 李纪恒：《坚定信心　整合资源　加大投入　促进人口较少民族聚居区

实现跨越发展——在全省扶持人口较少民族发展工作会议上的讲话》，载《今日民族》2011 年第 11 期。

99. 刘洁、李永勤：《民族地区经济发展中的融资问题分析》，载《全国商情（经济理论研究）》2007 年第 9 期。

100.《中共昭通市委昭通市人民政府关于进一步加强民族工作　促进民族团结　加快少数民族和民族地区科学发展的决定》，（昭发［2010］3号），2010 年 4 月 1 日。

101. 中共曲靖市委　曲靖市人民政府：《关于进一步加强民族工作　促进民族团结　加快少数民族和民族地区科学发展的决定》，（曲发［2010］3号），2010 年 3 月 17 日。

102. 中央民族干部学院专题调研组：《从五个方面入手抓好民族乡基层组织建设》，载《中国民族报》2013 年 2 月 1 日。

103. 保定召：《国家保障散杂居少数民族的权益（二）》，《今日民族》2003年第 6 期。

104. 吴文源：《散居少数民族法制建设中存在的问题及对策思考》，载《太原城市职业技术学院学报》2009 年第 8 期。

105.《民族法制体系建设"十二五"规划（2011—2015）》，来源：中国民族宗教网，http：//www. mzb. com. cn/html/report/227996 - 1. htm。

106.《湖北省散居少数民族工作条例》，载《民族大家庭》2007 年第 6 期。

后　记

　　《"民族村"的实践与理论探索——云南散居民族地区农村经济社会发展研究》是2009年度国家社科基金项目西部项目《以理论和政策创新推动云南散居民族地区农村经济社会发展研究》的研究成果。课题负责人自2004年开始关注云南散居民族问题，主持完成了多项针对散居民族研究的课题，并发表相关论文多篇。在研究过程中，发现与民族自治地方相比，散居民族由于人口相对较少，占各地的人口比例不高，且居住地域广阔，零星分散，因此，在工作中，散居民族工作容易被忽视。在学术研究领域，散居民族是国内外民族学、民族理论和民族政策研究相对薄弱的环节。可以说，作为一个典型的多民族省份，云南在"大杂居、小聚居"的民族地域分布格局中，基于民族区域自治的体制背景，有关散居民族地区农村的工作实践和学术研究都相对迟滞。

　　项目立项后，课题组召开了开题论证会，并根据论证会上提出的意见及时完善了课题研究思路、方法并明确重点。2010年课题组进行了为期半年的调研，在昭通、玉溪、曲靖和昆明20余县、19个民族乡了解散居民族工作情况和当地社会经济发展情况，并选择了9个民族村进行驻村田野调研，对当地散居民族地区的基础设施状况、人才培养、教育、民族文化、机构建设、民族关系、医疗卫生、存在问题和对策建议作了进一步的调查。

　　调研完成后，在分析和梳理相关概念、理论、政策的基础上，项目总结了云南散居民族地区农村工作实践的主要成就和经验，分析云南散居民族地区农村发展的主要问题和原因，在"民族村"的工作实践和典型个案研究的基础上，对"民族村"发展的理论进行思考和探索，并在此基础上提出相关的政策构想和立法倡导，旨在以此推动云南散居民族地区农村的经济社会发展。在项目研究过程中，有四篇论文发表在《云南社会科学》等核心刊物上，多篇编入《舆情信息》、《建言献策论文集》及《云南社科动态》等刊物上。项目获得"良好"等级一次性通过评审。

　　评审专家对项目研究的成果给予了肯定：针对我国散居民族地区农村经

济社会发展缺乏系统、综合研究的现实，该项目在这一领域进行的创新研究和探索具有重要的现实意义和学术价值，为中国民族工作和民族研究增添了一份颇有价值和分量的成果；所提出的理论构想和对策建议是建立在充分的材料基础之上的，有坚实的调研基础，对相关问题的揭示有助于相关理论研究的深入和相关政策的完善；通过总报告、分市报告和个案报告结合的方式，体现了宏观与微观的统一、一般论述和具体事例的统一，田野调查资料丰富，分析、说明和小结相结合，逻辑清晰；针对云南实际，将散居理论创新的聚焦点在原有民族乡的基础上，下移到更具有散居民族地域聚居特征的"民族村"，探索散居民族理论创新发展的思路，对加快散居民族整体发展具有十分重要的理论指导意义。

项目能够顺利完成，首先要感谢在项目申报、实施、撰写过程中给予课题组指导的郭家骥研究员，感谢给课题组提供调研和资料帮助的云南省民委胡忠文副巡视员、曹新富同志，感谢昭通市民宗局童成清局长、王高云同志、曲靖市民宗委保明富主任、王芳同志、玉溪市民宗局马良昌局长、官建团同志等民族研究领域的专家和民族工作第一线的实践者，感谢参与课题组调研和报告撰写的同事王贤全、刘镜净、曹津永。

同时，要感谢以下给课题组提供帮助的单位：云南省民委、昆明市民委、团结镇党政办、阿拉乡党政办、晋宁县民宗局、玉溪市民宗局、红塔区民宗局、春和镇党政办、通海县民宗局、李山乡党政办、兴蒙乡党政办、小石桥乡党政办、洛河彝族乡党政办、曲靖市民宗委、富源县民宗局、师宗县民宗局、罗平县民宗局、马龙县民宗局、昭通市民宗局、鲁甸县民宗局、桃源乡党政办、永善县民宗局、马楠乡党政办、彝良县民宗局、威信县民宗局、镇雄县民宗局等。感谢在县、乡、村等基层调研中给予课题组帮助的基层民族工作者，感谢文中所引文献的作者，感谢不能一一列出姓名的受访民族群众，没有这些单位和个人的帮助，课题组就不能顺利完成项目研究。

在项目实施的整个过程，课题组成员不断被基层民族工作者的坚实足迹和务实作风感动，也强烈感到散居民族群众和民族工作者对相关政策出台的期盼。田野工作不仅仅是完成一项课题研究的手段，同时也承担着为散居民族"发声"的责任，希望能为散居民族地区农村经济社会的发展尽研究之力。调查与研究，绝非空中楼阁，而是苍天之树，万丈之台，始于毫末，起于箕土，分厘之高，须是精心全力之作。

虽然项目实施严格按照课题设计，在扎实田野调研基础上完成，但由于课题组成员全是年轻的科研人员，在调研经验、写作功底方面都还有所欠缺，不足之处在所难免，一些问题的研究也还有继续深入探索的空间和必

要。调研工作的准备、实施及写作、回访等历经几年，所用数据有些已相对
陈旧，但更新较为困难。由于附录部分众手成书，分市报告和个案报告的写
作风格也略有差异。限于课题组的学识和眼界，对书中存在的不足，敬请同
行专家、民族工作者和读者批评、指正。

本书各章节分工如下：

总报告第一章至第七章：王俊

附录一　分市报告

《昆明市散居民族地区农村经济社会发展调研报告》：王俊

《玉溪市散居民族地区农村经济社会发展调研报告》：刘镜净

《曲靖市散居民族地区农村经济社会发展调研报告》：王贤全

《昭通市散居民族地区农村经济社会发展调研报告》：曹津永

附录二　个案报告

《昆明市民族乡撤乡建镇、改办的个案研究——以谷律彝族白族乡、团
结彝族白族乡和阿拉彝族乡石坝彝族村委会为例》：王俊

《玉溪市红塔区春和镇黄草坝彝族村委会经济社会发展的个案研究》：
刘镜净

《曲靖市富源县后所镇庆云彝族村委会经济社会发展的个案研究》：
王俊

《昭通市永善县马楠苗族彝族乡马楠苗族村经济社会发展的个案研究》：
王俊

再次向在项目实施过程中和本书写作、出版过程中给予帮助的单位和个
人表示诚挚的感谢！

王　俊

2014 年 4 月于昆明